Europäische Dimensionen
deutschbaltischer Literatur

Literarische Landschaften

Herausgegeben im Auftrag der
Kulturstiftung der deutschen Vertriebenen
von Frank-Lothar Kroll

Band 6

Europäische Dimensionen deutschbaltischer Literatur

Herausgegeben von

Frank-Lothar Kroll

Duncker & Humblot · Berlin

Bibliografische Information Der Deutschen Bibliothek

Die Deutsche Bibliothek verzeichnet diese Publikation in
der Deutschen Nationalbibliografie; detaillierte bibliografische
Daten sind im Internet über <http://dnb.ddb.de> abrufbar.

In memoriam
Dr. Reinold Schleifenbaum
(1935 – 2004)

Die Drucklegung wurde gefördert
durch den Beauftragten der Bundesregierung für Kultur und Medien

Printed in Germany

ISSN 1439-1201
ISBN 3-428-11761-1

Gedruckt auf alterungsbeständigem (säurefreiem) Papier
entsprechend ISO 9706 ♾

Internet: http://www.duncker-humblot.de

Vorwort

Seit dem weltgeschichtlichen Umbruch von 1989/90, der den baltischen Völkern zunächst die Unabhängigkeit vom zusammengebrochenen Sowjetimperium und, nach weiteren 15 Jahren, im April 2004 die definitive Rückkehr nach Europa gebracht hat, rücken der Ostseeraum im bllgemeinen sowie das Baltikum im besonderen erneut als eine Region ins Blickfeld der internationalen Öffentlichkeit, in welcher viele verschiedene Sprachen, Kulturen und Ethnien einander symbiotisch begegnet und zu produktivem Austausch gelangt sind: Deutsche und russische, schwedische und polnische Kultureinflüsse prägten diesen Raum in den vergangenen fünf Jahrhunderten ebenso nachhaltig wie die lettische, estnische und litauische Nationalkultur. Der Aspekt der Kulturvermittlung bildet mithin geradezu ein Leitmotiv für die bewegte Geschichte dieses Geschehensraumes im Nordosten Europas.[1]

Eine Brückenfunktion besonderer Art besaß in diesem Rahmen vor allem die Literatur deutschbaltischer Autorinnen und Autoren. Viele von ihnen haben sich selbst als Vermittler zwischen den einzelnen Kultur- und Sprachräumen verstanden und bewährt – wobei gelegentlich darauf verwiesen worden ist, daß der „winzige Splitterstamm" der Deutsch-Balten, „der, gemessen an anderen deutschen Minderheiten jenseits der Grenzen, ja nie mehr als eine Handvoll Menschen ausmachte"[2] und „auch in seinen allerbesten Zeiten an Zahl nie stärker gewesen ist als etwa die Bevölkerung von Bielefeld oder Kassel",[3] eine vergleichsweise große Menge dichterischer Talente hervorgebracht hat. Vielleicht waren es ja gerade die Sprachen in ihrem vielfältigen Aufeinandertreffen – das Deutsche, das Russische, das Lettische, das Estnische –, welche eine erhöhte Sensibilität im Umgang mit dem geschriebenen und gedruckten Wort bedingten und die Entfaltung literarischer Begabungen begünstigten. „Das Hineingestelltsein in den Schnittpunkt zweier Kulturen" – so erneut Werner Bergengruen im Vorwort zu seinem 1924 veröffentlichten „Baltischen Dichter-

---

[1] Dazu beispielhaft *Frank-Lothar Kroll*: Dichtung als Kulturvermittlung. Über einen Grundaspekt im Schaffen Werner Bergengruens. In: Ders. (Hrsg.): Flucht und Vertreibung in der Literatur nach 1945. Berlin 1997, S. 103-121; *Louis Ferdinand Helbig:* Die deutschbaltische Literatur im 20. Jahrhundert und ihre Rolle im lettisch-deutschen Dialog. In: Journal of Baltic Studies 29 (1998), Nr. 4, S. 1-18.

[2] *Werner Bergengruen*: Das Individuum und seine Zugehörigkeiten (1962). In: Ders.: Mündlich gesprochen. Zürich 1963, S. 126.

[3] *Werner Bergengruen*: Baltisches Totengedächtnis (1959). In: Ebd., S. 118.

brevier" –, „die Berührung mit Andersstämmigen und Anderssprachigen hat den Balten zum berufenen Vermittler fremden Geistesgutes, zum verständnisvollen Übersetzer und Nachdichter werden lassen".[4]

Der Band „Europäische Dimensionen deutschbaltischer Literatur" – hervorgegangen aus einer vom 20. bis 22. Oktober 1999 in Stuttgart veranstalteten literarischen Fachtagung der Kulturstiftung der deutschen Vertriebenen – strebt nach einer Erfassung des Themas in seiner ganzen Breite. Nach Erörterung allgemeiner historischer und geistig-kultureller Entwicklungslinien im baltischen Raum vom Ende des Ordensstaates Preußen im 16. Jahrhundert bis zum Beginn der Russifizierungspolitik des Zarenreiches im ausgehenden 19. Jahrhundert durch Otto-Heinrich Elias (Vaihingen) präsentieren Heinrich Bosse (Freiburg i.Br.) bzw. Armin von Ungern-Sternberg (Frankfurt/ Main) in Form überblickshaft angelegter Querschnitte Hauptstränge deutschbaltischer Literaturgeschichte im 18. bzw. 19. Jahrhundert. Beide Autoren richten ihr Augenmerk dabei vor allem auf das Wechselverhältnis von regionaler Eigenart und gesamteuropäischen Verflechtungen der von ihnen jeweils vorgestellten literarischen Werke.

Einen Schwerpunkt des Bandes bildet die Auseinandersetzung mit Hauptvertretern deutschbaltischer Literatur im 20. Jahrhundert, in welchem gerade diese Region noch einmal eine erhebliche Anzahl produktiver Schriftstellerpersönlichkeiten von Rang hervorgebracht hat: Eduard von Keyserling etwa, der – porträtiert von Burkhard Bittrich (Bonn) – zu den maßgeblichen Repräsentanten der europäischen Fin-de-Siècle-Literatur zu rechnen ist, oder Siegfried von Vegesack bzw. Frank Thiess, deren beider Romanschaffen von Günter Scholdt (Saarbrücken) bzw. Louis Ferdinand Helbig (Les Echelles) thematisiert wird – nicht zuletzt mit Blick auf die entsprechende Verortung beider Autoren im nationalsozialistischen Literaturbetrieb und unter Berücksichtigung des vielschichtigen Phänomens der „Inneren Emigration".[5] Daß dabei gerade auch die von Vegesack und Thiess gleichermaßen gepflegte Gattung des historischen Romans zur Vermittlung von allerdings vielfach subjektiv gebrochenem Geschichtswissen dienen kann, belegt vor allem das Beispiel Vegesacks.[6]

---

[4] Werner Bergengruen (Hrsg.): Baltisches Dichterbrevier. Berlin 1924, S. 7.

[5] Dazu im vorliegenden Zusammenhang jetzt Frank-Lothar Kroll (Hrsg.): Deutsche Autoren des Ostens als Gegner und Opfer des Nationalsozialismus. Beiträge zur Widerstandsproblematik. Berlin 2000 (Literarische Landschaften, Bd. 3); ders. (Hrsg.): Die totalitäre Erfahrung. Deutsche Literatur und Drittes Reich. Berlin 2003 (Literarische Landschaften, Bd. 5).

[6] Zur – mit Blick auf den Nationalsozialismus – kontroversen Deutung dieses Autors vgl. zuletzt die sehr kritische Bewertung bei *Boris Röhrl*: Die revidierte Moderne. Siegfried von Vegesack – Das gescheiterte Experiment einer „neuen Heimatliteratur" im Dritten Reich. In: Frank-Lothar Kroll (Hrsg.): Die totalitäre Erfahrung (wie Anm. 5), S. 75-99. Eine positivere Einschätzung gibt *Michael Garleff*: Die Gestaltung nationaler und sozialer Gegensätze bei Siegfried von Vegesack. In: Andrew Ezergailis und Gert von Pistohlkors (Hrsg.): Die baltischen Provinzen Rußlands zwi-

Fragestellungen verwandter Art erörtern auch jene vier Beiträge, die dem wohl bedeutendsten deutschbaltischen Autor des 20. Jahrhunderts gewidmet sind: Werner Bergengruen. Während Jutta Radczewski-Helbig (Les Echelles) einen für die Motivwahl dieses Schriftstellers zentralen Aspekt behandelt – Bergengruens Beitrag zum von ihm zeitlebens bedachten Genre der phantastischen Literatur –, beschäftigen sich die Ausführungen von Frank-Lothar Kroll (Chemnitz), N. Luise Hackelsberger (Neustadt) und Maria Schütze (Fuchstal-Leeder) – unter jeweils verschiedenen Perspektiven – mit einem Quellenzeugnis besonderer Art: den ab 1940 von Bergengruen kontinuierlich niedergeschriebenen, bisher noch unveröffentlichten autobiographischen Notizen,[7] die bis zum Jahr 1963 reichen und eine Fülle auch retrospektiver, das Epochenjahr 1945 überschreitender Reflexionen zur Geschichte des Dritten Reiches aus der Perspektive dessen bieten, der die Diktatur Hitlers aus unmittelbarer Nähe in kritischer Distanz miterlebt hat.

Beschlossen wird der Band mit einem Ausblick von Maximilian Rankl (München), der sich – im methodologischen Umfeld germanistischer Imagologie und Stereotypenforschung bewegend – dem Bild Litauens in der Literatur zuwendet, sowie mit einer Folge von Erinnerungsskizzen aus der Feder des langjährigen ZDF-Chefkorrespondenten Bernd Nielsen-Stokkebye (Schlangenbad), der – als gebürtiger Estländer – in rückblickender Perspektive noch einmal kaleidoskopartig das Lebensumfeld seiner verlorenen und wiedergewonnenen Heimat im nordöstlichen Europa beschreibt.

Die literarischen Manifestationen des deutschbaltischen Kulturraums werden bei alledem nicht selbstreferenziell, d.h. als Produkte regionalen Geisteslebens betrachtet, sondern bewußt in übernationale Zusammenhänge eingebettet. Die damit programmatisch gestellte Frage nach den europäischen Dimensionen deutschbaltischer Literatur – also nach dem spezifischen Beitrag der präsentierten Autoren und ihrer Werke zur Weltliteratur – erhält ihre Legitimität durch den vielfach belegten Kosmopolitismus der meisten deutschbaltischen Schriftsteller. Bis zum Epochenjahr 1914/17 in einer noch durchaus ständisch strukturierten, vornationalen Lebenswelt sozialisiert,[8] empfanden sie das Mit- und Nebeneinander verschiedener Sprachen und Kulturen als lebenspraktische

---

schen den Revolutionen von 1905 und 1917. Köln / Wien 1982, S. 205-217; vgl. ferner *ders.*: Der deutschbaltische historische Roman im 20. Jahrhundert. Nationale und soziale Stereotypen in der Darstellung von Revolution und Krieg. In: Journal of Baltic Studies 12 (1981), S. 143-159.

[7] Vgl. jetzt *Werner Bergengruen*: Schriftstellerexistenz in der Diktatur. Reflexionen zu Politik, Geschichte und Kultur 1940-1963. Hrsg. von Frank-Lothar Kroll, N. Luise Hackelsberger und Sylvia Taschka. München 2005.

[8] Vgl. dazu eindrücklich *Michael Garleff*: Die Deutschbalten als nationale Minderheit in den unabhängigen Staaten Estland und Lettland. In: Gert von Pistohlkors (Hrsg.): Deutsche Geschichte im Osten Europas. Baltische Länder. Berlin 1994, bes. S. 502-508 (über das geistig-kulturelle Leben der „Spätzeit" im frühen 20. Jahrhundert).

Selbstverständlichkeit, waren an den Umgang mit anderen Völkern gewohnt und gewannen aus diesem Umgang Weite des Denkens, Unabhängigkeit des Geistes, Unvoreingenommenheit des Fühlens und Handelns, welches alles sie jeden bewußt herausgestellten Nationalismus, wie dieser sich aus baltischer Sicht vornehmlich im kleindeutschen Nationalstaat seit 1871 zu artikulieren pflegte,[9] als abstoßende Entartungserscheinung empfinden ließ.[10]

Auch der vorliegende, dem Andenken Reinold Schleifenbaums (1935-2004), des langjährigen Vorstandsvorsitzenden der Kulturstiftung der deutschen Vertriebenen, gewidmete Band ist solchen Intentionen verpflichtet. Er will die Vielfalt und außerordentliche Produktivität einer deutsch geprägten Kulturregion des europäischen Ostens rekonstruieren und dabei zugleich dokumentieren, daß deutsches Kulturerbe und europäische Gesinnung im Ostseeraum keine Gegensätze bilden, sondern als einander ergänzende und sich wechselseitig bedingende Impulse zu verstehen sind – in der Vergangenheit ebenso wie im gerade begonnenen 21. Jahrhundert.

Chemnitz, im Januar 2005 *Frank-Lothar Kroll*

---

[9] Dazu erhellend *Waltraut Rosenberg*: Deutschbaltische und reichsdeutsche Wesensart als Ergebnis historischer Entwicklung. In: Dies.: Baltisch-deutsche Kulturbeziehungen. Aufsätze zum 18. und frühen 19. Jahrhundert. Hrsg. von Gerhard Lüpkes. Wedemark 1996, S. 109-115.

[10] Dazu instruktiv *Hubertus Neuschäffer*: Die Rolle der Balten als Europäer. Zum historischen Verständnis der Deutsch-Balten. In: Hans Hecker und Silke Spieler (Hrsg.): Die historische Einheit Europas. Ideen – Konzepte – Selbstverständnis. Bonn 1994, S. 25-36.

Inhalt

IV.
Werner Bergengruen – Werk und Wirkung

V.
Ausblicke

VI.
Erinnerungen

Grußwort

Es ist für mich eine besondere Freude, an die Teilnehmer der literarischen Fachtagung der Kulturstiftung der deutschen Vertriebenen zum Thema: „Europäische Dimensionen deutschbaltischer Literatur“ das Begrüßungswort richten zu dürfen. Sie sind im Christkönigsheim angekommen, um die nächsten zwei Tage über die deutschbaltische Literatur in verschiedenen Jahrhunderten zu sprechen und nachzudenken.

Lettland hat sich zum Ziel gesetzt, ein modernes Land im neuen Europa zu werden. Ich erlaube mir zu behaupten, daß Lettland ebenso wie andere baltische Staaten schon seit Jahrhunderten ein Bestandteil Europas gewesen ist. Die gemeinsame Geschichte hat Lettland und andere baltische Staaten mit Deutschland lange verbunden. Wir wissen, daß es in den jahrhundertealten Beziehungen zu Deutschland nicht nur Sonnenseiten gab. Wir wollen aber an die guten Perioden unserer Vergangenheit anknüpfen, weil wir der Überzeugung sind, daß wir, Deutsche wie Letten gleichermaßen, gemeinsame europäische Ideale haben. Insbesondere gilt dies für unsere gemeinsame Geschichte im kulturellen und vor allem literarischen Bereich.

Die Geschichte der lettischen Dichtung und Prosa ist im Vergleich zu anderen Literaturen des Westens und des Ostens verhältnismäßig jung. Sie hat aber eine sehr lange Vorgeschichte. Bis zum Ende des 18. Jahrhunderts war das Volkslied die Form des poetischen Ausdrucks. Die Volkslieder wurden nur in mündlichen Überlieferungen bewahrt. Erste Anknüpfungen der lettischen Volkslieder an deutsche geistliche Lieder weisen auf die Mitte des 17. Jahrhunderts, in eine Zeit, als der Sprachwissenschaftler und Dichter Christopher Fürecker geistliche Lieder ins Lettische übertragen hat.

Die weiteren Entwicklungen des gedruckten Wortes sind mit Namen wie Ernestus Glück, Gotthard Friedrich Stender und Johann Gottfried Herder verbunden.

In den folgenden Jahrhunderten haben lettische Dichter und Schriftsteller Werke der deutschen Klassiker ins Lettische übertragen und sie damit dem lettischen Volk zugänglich gemacht. 1897 hat der lettische Dichter Rainis den „Faust“ von Goethe ins Lettische übersetzt. Diese Übersetzung gilt als eine der gelungensten überhaupt. Als besonders herausragend für die kulturellen Beziehungen zwischen Deutschland und Lettland ist die Tatsache zu bewerten, daß im „Goethe-Jahr“ 1999 eine neue „Faust“-Übersetzung ins Lettische erfolgte.

Gerade in Süddeutschland dürfte der Name der lettischen Schriftstellerin und Literaturkritikerin Zenta Maurina bekannt sein, weil sie hier ihre zweite Heimat gefunden hat. Das Besondere an Zenta Maurina ist, daß sie eine überzeugte Europäerin war. Ihr Leben lang hat sie versucht, die ihr nahen Kulturen zu interpretieren und dem Leser näherzubringen.

Heute ist der Kulturdialog von Vertretern aus allen Regionen des größer gewordenen Europa notwendiger und wichtiger denn je. Der besondere Wert der Begegnungen mit Literatur liegt darin, daß sie es vermag, Zeiten, Länder und Menschen miteinander zu verbinden. Die Literatur sollte zum Zusammenwachsen des europäischen Kontinents beitragen.

Sie werden heute und in den nächsten beiden Tagen sehr ausführlich und fachgerecht über den baltischen Raum als Bestandteil der europäischen Geschichte und Kultur diskutieren. Sie werden Vorträge über die deutschbaltische Literatur vom 18. bis ins 20. Jahrhundert hören. Ich hoffe sehr, daß Sie in den anschließenden Diskussionen zu neuen Einsichten in die deutschbaltische Literatur gelangen werden, die dem Ausbau der kulturellen Beziehungen zwischen Lettland und Deutschland zugute kommen werden.

Ich wünsche Ihnen anregende Tage und ein ertragreiches Zusammensein – verbunden mit der Hoffnung, daß diese Veranstaltung einen Beitrag zum besseren Verständnis der baltischen Literaturen leisten wird.

Berlin, im Oktober 1999

Andris Teikmanis,
Botschafter der Republik Lettland
in der Bundesrepublik Deutschland

I.

Historische Voraussetzungen

Der baltische Raum als europäische Geschichts- und Kulturlandschaft

Politische Voraussetzungen und geistige Traditionen

Von *Otto-Heinrich Elias*

Es gibt in der Geschichte der Auslandsdeutschen kein zweites Beispiel dafür, daß eine so kleine Volksgruppe in einem so riesigen Gebiet über Jahrhunderte hinweg alle gesellschaftlichen Schlüsselpositionen in der Hand behalten hat, ohne zugleich die maßgebende politische Macht auszuüben.[1] Politischen Einfluß haben die Deutschbalten zur Genüge gehabt und wahrgenommen, aber regiert wurden sie seit dem Ende des Ordensstaates, also seit dem 16. Jahrhundert, von Stockholm und von Warschau, schließlich von St. Petersburg aus. Umso höher sind das Geschick und die Hartnäckigkeit zu veranschlagen, mit denen sie ihre Position lange Zeit zu verteidigen verstanden.

In den 1880er Jahren befand sich die zwischen Memel und dem Finnischen Meerbusen lebende Volksgruppe mit rund 180.000 Personen zahlenmäßig auf dem höchsten Stand. Am Vorabend des Zweiten Weltkriegs machten noch 64.000 Deutsche von den rund 2 Millionen Einwohnern Lettlands 3,2 % aus, während in Estland unter 1,1 Millionen Einwohnern nur noch 17.000 Deutsche lebten, also 1,6 %. Selbst in ihren besten Zeiten waren die Deutschen im Baltikum nur eine sehr kleine Minderheit.[2]

Entstanden ist diese Situation im 12. Jahrhundert, als eine sekundäre Folge der Kreuzzüge, als der dänische und der niederdeutsche Adel die an der Südostküste der Ostsee lebenden heidnischen Stämme der Prußen, Litauer, Liven und Esten zu geeigneten Objekten der Schwertmission erkor. Vorausgegangen

---

[1] Generell wird verwiesen auf folgende Gesamtdarstellungen: *Reinhard Wittram*: Baltische Geschichte. Die Ostseelande Livland, Estland, Kurland 1180-1918. München 1954; *Georg von Rauch*: Geschichte der baltischen Staaten. 2. Aufl. München 1977; *Rex Rexheuser*: Die Deutschbalten. Ein Überblick über ihre Geschichte. In: Nordost-Archiv 17 (1984), S. 1-17; Baltische Länder. Hrsg. von Gert von Pistohlkors (Deutsche Geschichte im Osten Europas). Berlin 1994; Tausend Jahre Nachbarschaft. Die Völker des baltischen Raumes und die Deutschen. Hrsg. von Wilfried Schlau. München 1995.

[2] *Wilfried Schlau*: Zur Wanderungs- und Sozialgeschichte der Baltischen Deutschen. In: Tausend Jahre Nachbarschaft (wie Anm. 1), S. 177-185.

waren ergiebige Handelsbeziehungen deutscher Kaufleute zu den Bewohnern der baltischen Küsten. Hieß es später: die Flagge folgt dem Handel, so damals: das Kreuz folgt dem Handel. Es begann die *Aufsegelung,* besser gesagt: die Kolonisation Livlands.[3] Die ältere Literatur betont das Motiv der Christianisierung; heute sieht man auch die wirtschaftlichen Interessen der Kaufleute sowie die expansive Energie des Rittertums, des feudalen Systems, das Scharen militärisch gut ausgerüsteter nachgeborener Söhne von Adel hervorbrachte. Diese risikofreudige und abenteuerlustige Schicht, meist Nachkommen der Ministerialität, betätigte sich zunächst in den Kreuzzügen und, nach deren Scheitern, zunehmend in der Ostkolonisation. Daß die Mission dabei wohl nicht das wichtigste Motiv war, ergibt sich aus dem Umstand, daß zur gleichen Zeit weite Teile des von Christen bewohnten Mittelmeerraums von französischen Adelsgeschlechtern mit einem feudalen Herrschaftssystem überzogen wurden, welches erst durch den vordringenden Islam sein Ende finden sollte. Auch der im Westen Europas herrschende Bevölkerungsdruck, der in anderen Bereichen der sogenannten Ostkolonisation eine Rolle spielte, scheidet hier als Motiv aus, weil es eine nennenswerte bäuerliche Siedlung im Baltikum nie gegeben hat.

Die Eroberung der baltischen Küste samt ihrem Hinterland durch Dänen und Deutsche war schwer und verlief nicht ohne Rückschläge. Stützpunkte in den Kämpfen waren die neugegründeten und befestigten Städte und Burgen der Ordensritter. Der vom Bischof von Riga gegründete Orden der Schwertbrüder wurde aufgerieben. Die Dänen, die sich in Estland engagiert hatten, schieden wieder aus. Erst als der Deutsche Orden sich im Land als eine Art Schutztruppe etabliert und gegen kirchliche und weltliche Machthaber der ersten Jahrzehnte durchgesetzt hatte, wurden die Verhältnisse stabil. Träger der politischen und militärischen Macht waren außer den Bischöfen von Riga, Ösel, Dorpat und Kurland die Brüder des livländischen Zweiges des Deutschen Ordens, etwa 200 bis 400 Ritter auf ungefähr 60 Burgen. Sie waren persönlich zum Zölibat und zur Eigentumslosigkeit verpflichtet. Unter dem Orden entstand eine nachgeordnete Vasallität aus deutschen Rittern, die von ihm Land und Leute als Lehen empfingen. Bei diesen Adligen, oft nahe Verwandte der Ordensmitglieder, spielte das Motiv, eine eigene Herrschaft zu gründen und diese den Nachkommen zu übergeben, eine große Rolle. Diese Schicht war jedoch nicht national exklusiv; auch einheimische Adelsfamilien, die sich zur rechten Zeit auf die Seite der Eroberer geschlagen hatten, konnten sich als Vasallen des Ordens halten – freilich um den Preis der Assimilierung an die Deutschen. Die große

---

[3] *Heinz von zur Mühlen*: Eroberer, Stammbevölkerung und Nachbarn Livlands bis 1561. In: Tausend Jahre Nachbarschaft (wie Anm. 1), S. 29-46. Zur Terminologie: In Mittelalter und früher Neuzeit verstand man unter Livland in der Regel den gesamten Bereich der späteren russischen Ostseeprovinzen, die wiederum in Kurland, Livland im engeren Sinne und Estland eingeteilt wurden.

Masse der Einheimischen bildete einen abgabepflichtigen, an die Scholle gebundenen Bauernstand. Ihre Christianisierung blieb lange Zeit relativ oberflächlich, es entstand vielmehr eine Mischreligion mit starken Anteilen heidnischer Naturkulte, vergleichbar den Kulten südamerikanischer Sklaven.

In den Städten etablierte sich als zweite koloniale Lebensform jene der zugewanderten deutschen Kaufleute und Handwerker. Diese Stadtkultur entsprach rechtlich, politisch und kulturell – auch architektonisch – den deutschen Hansestädten des westlichen Ostseeraums. Zwischen Reval und Lübeck, Riga und Rostock gab es mithin nur regionale, indes keine grundsätzlichen Unterschiede. Der Städtebund der Hanse schloß alle diese Städte zu einer lockeren politischen Einheit zusammen. Die Bürger waren in Gilden organisiert, die Handwerker darüber hinaus in Zünften. Die politische Macht lag in den Händen eines sich selbst ergänzenden Rates aus gelehrten Juristen und Kaufleuten. Die Gilden hatten beratend und in Ausschüssen mitarbeitend in abgestufter Weise an der politischen Macht teil. Auch die Stadt war ursprünglich national nicht exklusiv. Einheimische konnten Bürger werden oder als freie Einwohner in der Stadt leben. Von den Deutschen wurden sie als „Undeutsche“ bezeichnet. Manche Handwerke lagen ganz in ihren Händen. Erst später änderte sich das. Dies galt auch für die Kleinstädte, die als lokale Zentren entstanden, aber in der Regel wenig Bedeutung erlangten.

Eine Basis der Kolonisation war von Anfang an die sich herausbildende Arbeitsteilung zwischen dem europäischen Osten als einem Lieferanten von Agrarprodukten und Rohstoffen sowie dem verarbeitenden und verbrauchenden, dichter besiedelten Westen. Die Konsolidierung der Verhältnisse im 15. Jahrhundert führte zu einer Blüte des Handels mit dem russischen und polnischen Hinterland, das Flachs, Wachs, Felle, Pelzwerk, Leder, Hanf, Holz und Butter lieferte und Salz, Heringe, Tuche und Metalle bezog. Das Land selbst fand für seine Produkte Flachs, Hanf und Getreide guten Absatz in Skandinavien und in Westeuropa. Livland brachte vorzüglichen Roggen hervor; da in der Erntezeit oft Regen fiel, wurde das Getreide vor dem Dreschen über offenem Feuer getrocknet. Der so behandelte Roggen war unbegrenzt lagerbar und erzielte Spitzenpreise. Es liegt auf der Hand, daß dieser Marktvorteil durch zusätzliche Arbeit der Bauern erzielt wurde.

Hatte der Adel vorher von den Abgaben seiner Bauern gelebt und sich in die Landwirtschaft nicht eingemischt, so ging er nunmehr von der Zinswirtschaft zur Eigenproduktion über.[4] Er zog einen Teil des Bodens zum Gutshof, der Rest verblieb bei den sogenannten *Bauerstellen* der estnischen und lettischen

---

[4] *Juhan Kahk*: Bauer und Baron im Baltikum. Versuch einer historisch-phänomenologischen Studie zum Thema „Gutsherrschaft in den Ostseeprovinzen“. Tallinn 1999.

Bauern. Diese bewirtschafteten ihre Äcker mit Hilfe der eigenen Familie oder ihres Gesindes. Als Gegenleistung für die Überlassung ihrer Bauerstelle waren die Bauern zu Naturalabgaben an den Gutsbesitzer verpflichtet, außerdem mußten sie dem Gutshof auf Anforderung die dort benötigten Arbeitskräfte zur Verfügung stellen. Der Unterschied zum westeuropäischen System bestand in einer sehr viel weiter gehenden Abhängigkeit der Bauern vom Gutsherrn, welcher nicht nur die Abgaben und Leistungen festsetzen konnte, sondern auch die Gerichtsbarkeit über seine Bauern ausübte und die kirchlichen Verhältnisse maßgeblich bestimmte. Im Gegensatz zu den Bauerstellen waren die Ländereien des Gutshofs von obrigkeitlichen Abgaben befreit. In der Regel wurden die Bauerstellen vom Vater an den Sohn weitergegeben, aber *de jure* konnte der Herr dem Bauern die Stelle und alles bewegliche Inventar jederzeit nehmen. Auf dem Höhepunkt der späteren Entwicklung im 18. Jahrhundert sank der Bauer zum unfreien Hörigen herab, der von seinem Herrn an einen anderen Gutsbesitzer verkauft werden konnte. Nicht nur die Kritiker dieses Systems sprachen von Sklaverei, sondern manche Gutsherren selbst beanspruchten ihren Bauern gegenüber dieselben Rechte, wie sie in der Antike der Herr gegenüber dem Sklaven ausgeübt hatte.

Im 16. Jahrhundert wurden die außenpolitischen Gefahren wirksam, die sich aus der exponierten Lage des Landes ergaben. Bisher hatte das Land in einem machtpolitischen Windschatten gelebt. Der Hochmeister des Deutschen Ordens galt als Reichsfürst, das Ordensland war also mit dem Reich lose verbunden, doch militärischen Schutz konnte es vom Reich nicht erwarten. In der östlichen Ostsee überkreuzten sich die geostrategischen Interessen mehrerer aufstrebender Großmächte. Das Königreich Schweden wollte seine Hegemonie über die gesamte Ostsee durchsetzen, das Königreich Polen erstrebte den Zugang zum Meer, und das Großfürstentum Moskau plante den Zugriff auf die Schlüsselpositionen des so ergiebigen Ostseehandels. Zwischen 1550 und 1560 verheerten die Truppen des Zaren Iwan IV. ganz Livland, nur die großen Städte konnten sich halten. Als unmittelbare Folge dieses Einfalls unterwarf sich Estland der Krone Schwedens. Livland wurde polnische Provinz, und der letzte Hochmeister Gotthard Kettler nahm den südlichen Teil Livlands, Kurland und Lettgallen, von Polen als weltliches Herzogtum zum Lehen.

Der Zusammenbruch des Ordensstaates hatte innere und äußere Gründe. Das Rittertum entsprach längst nicht mehr den Anforderungen des zeitgenössischen Kriegswesens; daß der Orden sich in seiner Spätzeit auf Söldnertruppen stützte, war nicht Ausdruck seiner Dekadenz, sondern militärische Notwendigkeit. Umso sichtbarer wurde freilich die Kehrseite des Ordensstaates: seine Funktion als Versorgungsinstitut des deutschen Adels, seine Pfründenwirtschaft, sein moralischer Verfall, das Scheitern seiner geistlichen Aufgabe. Die Reformation hatte sich in den Städten längst durchgesetzt, jetzt siegte sie im ganzen Land.

Die weiteren Stationen der Auseinandersetzung interessieren hier nur insofern, als Livland im 17. Jahrhundert durch Eroberung schwedisch wurde, und als das Russische Reich gleichwohl der Sieger in diesem Kampf um die Ostsee wurde, als der schwedische König Karl XII. den schwedischen Landgewinn an der baltischen Küste wieder verspielte. Nach einem erneut mit großer Härte geführten Eroberungsfeldzug wurden Livland und Estland im Frieden von Nystadt 1721 russisch; am Ende des 18. Jahrhunderts erwarb Rußland auch noch Kurland.

Der Übergang Estlands und Livlands an Schweden und Polen war noch ganz in den Formen des Lehnsrechts erfolgt; das heißt, die politischen Stände des Landes, die Ritterschaften und die Städte, schlossen mit den neuen Landesherren Verträge, welche die beiderseitigen Rechte und Pflichten festlegten. Die deutschbaltische Geschichtsschreibung hat den Übergang an Rußland nach demselben Muster interpretiert, was wohl nicht zutrifft. Die Zeiten hatten sich geändert: Zar Peter der Große verstand sich als absoluter Herrscher, der mit künftigen Untertanen keine zweiseitigen Verträge abschließen mochte. Die entsprechenden Kapitulationstexte sind vielmehr als Gnadenerweise des Zaren anzusehen, die inhaltlich sehr großzügig waren, aber Peter und seine Nachfolger rechtlich nicht binden konnten.[5] Der Unterschied wurde erst später wichtig, als die russische Regierung in den Rechtsstatus der Ostseeprovinzen tatsächlich eingreifen sollte. Ähnliche Entwicklungen liefen zeitgleich auch in anderen Ländern Europas ab.

Bemerkenswerterweise verkehrten sich die Erwartungen, die die Deutschbalten ihren neuen Herren entgegenbrachten, ins Gegenteil. Die Schweden regierten relativ stark in ihre neuen Länder hinein. Sie nahmen die lehnsrechtliche Konstruktion ernst, zogen viele Güter zugunsten der Krone ein und gaben sie an verdiente Offiziere wieder aus. Einige schwedische Hochadelsfamilien wie die Oxenstierna, Baner, Horn und Wrangel brachten auf diese Weise in Livland große Güterkomplexe an sich. Auch einige Offiziersfamilien schottischer und französischer Herkunft wurden damals im Baltikum ansässig. Da es in Schweden eine vergleichbare Abhängigkeit der Bauern nicht gab, versuchte die Regierung mehrfach, eine rechtliche Besserstellung der lettischen und estnischen Bauern durchzusetzen. Zu diesem Zweck wurden die Güter vermessen und die Leistungen, die die Bauern für ihre Herrschaft zu erbringen hatten, in sogenannten *Wackenbüchern* verzeichnet. Das Ziel war die Begrenzung dieser Leistungen, der Schutz der Bauern vor ungemessener Belastung. Ähnliches galt für die Städte, in denen sich die schwedische Bürokratie zum Nachteil der städtischen Selbstverwaltung gern aufsichtsführend einmischte.

---

[5] *Otto-Heinrich Elias*: Reval in der Reformpolitik Katharinas II. (Quellen und Studien zur Baltischen Geschichte, Band 3). Bonn 1978. Zur Rechtsqualität der Petrinischen Privilegierungen ebd., S. 61-66.

Anders verhielten sich die Russen. Nachdem die Grausamkeiten der Eroberungsphase abgeklungen waren, ließen sie ihren neuen Ostseeprovinzen in den ersten Jahrzehnten erstaunlichen Spielraum. Noch nicht einmal die russischen Zölle wurden eingeführt. Die schwedische Güterreduktion wurde eingestellt und teilweise rückgängig gemacht, die Rechtsstellung der Gutsbesitzer gestärkt. Die Selbstverwaltung der Städte wurde vorerst nur beiläufig tangiert, soweit die Bedürfnisse von Armee und Flotte es erforderten. Die Russen gaben sich offensichtlich damit zufrieden, ein westlich geprägtes Land gewissermaßen als Modell ihrem Staat einverleibt zu haben. Diesem Befund entspricht, daß die Bindung der Provinzen an die deutsche Kultur nicht nur in der schwedischen, sondern auch in der russischen Zeit zunächst voll erhalten blieb, ja daß sie sich nun eher noch verstärkte.

Die relativ geringe Einflußnahme der russischen Regierung bedeutete eine weitere Stärkung der von den Adelskorporationen – den aus dem immatrikulierten Adel bestehenden Ritterschaften also – delegierten regionalen Selbstverwaltungsorgane, die gewohnheitsrechtlich eine umfassende Teilhabe am Landesregiment ausübten. Im Landesstaat fielen ritterschaftliche Selbstverwaltung und staatliche Verwaltungsfunktion weitgehend zusammen. Die drei Landesteile hatten jedoch unter sich ebensowenig Verbindung wie die Selbstverwaltungsorgane des Adels mit den in ähnlicher Weise selbstverwalteten Städten. Der Bauer stand nur in einem mittelbaren Verhältnis zur Staatsgewalt. Die für ihn zuständige „Behörde" war der Gutshof. Dieser Stärkung der adligen Position entsprach der erfolgreiche Ausbau der landwirtschaftlichen Produktion gemäß den veränderten Bedürfnissen des westeuropäischen Marktes. Außer Getreide lieferte das Baltikum ab dem 17. Jahrhundert vornehmlich Schiffsbaumaterialien, nämlich Flachs, Hanf, Teer und, im Durchgang aus Rußland, Holz für den Schiffsbau. Im Gegenzug empfing das Land vor allem Salz und zunehmend westliche Manufakturerzeugnisse.[6]

Typisch für die kulturellen Zusammenhänge ist der Werdegang des ersten in Reval tätigen Druckers Christoph Reusner.[7] Dieser begann seine Laufbahn in Rostock, arbeitete ab 1614 als königlich privilegierter Drucker und Buchbinder in Stockholm und wurde 1634 Leiter der Gymnasialdruckerei in Reval. Von ihm sind 35 in Reval hergestellte Titel bekannt: neunzehn deutsche, dreizehn lateinische, ein schwedischer, dazu kommen ein Lehrbuch der estnischen Sprache und ein estnisches Gesangbuch. Reusner verlegte unter anderem Gedichte des bedeutendsten deutschsprachigen Lyrikers seiner Zeit, des Sachsen Paul Fleming, der 1634 als Mitglied einer durchreisenden holsteinischen Handelsde-

---

[6] *Ernst Gierlich:* Reval 1621-1645. Von der Eroberung Livlands durch Gustav Adolf bis zum Frieden von Brömsebro. Bonn 1991, S. 379-383.

[7] *Kyra Robert*: Tallinna esitrükkal Christoph Reusner senior. Christoph Reusner Sen., der Erstdrucker in Tallinn. In: Vana Tallinn IV (VIII) (1994), S. 24-34.

legation Reval besuchte. Reusners Sohn wurde Universitätsdrucker in Königsberg. Für die russische Zeit genügt zunächst der Verweis auf Johann Friedrich Hartknoch, den Verleger Kants, Hamanns und Herders, der aus Königsberg stammte und sich erst in Mitau, schließlich in Riga niederließ.

Der Grad der wissenschaftlichen und künstlerischen Bildung im Land war natürlich unterschiedlich. Auf reichen Besitzungen wie dem Gut Fickel/Vigala der Grafen Uexküll gab es große Bibliotheken und Gemäldegalerien mit Werken italienischer und niederländischer Meister. Andere Adelssitze besaßen zwar einen wohlgefüllten Bücherschrank, aber dessen Türen standen offen und die Buchrücken waren, soweit die Kinder hinlangen konnten, abgerissen – gelesen wurden diese Bücher offensichtlich nicht. Wenn 1766 im Nachlaß einer Frau von Krüdener die Gedichte von Johann Christian Günther und von Paul Fleming enthalten waren, und wenn dann noch der *Tristram Shandy* danebenstand,[8] so dürfte es sich um eine Literaturkennerin gehandelt haben – man kann aber nicht ohne weiteres davon ausgehen, daß diese Belesenheit für Adelskreise typisch war. Auch hier gab es sicher Leute, deren Horizont nicht weiter reichte, als der zwischen Kimme und Korn ihrer Jagdflinte anvisierte Zwischenraum. Über die städtischen Bücherschränke sind wir genauer informiert. Hier gab es ausführlichere und im großen und ganzen auch repräsentative Inventare. Im 17. und beginnenden 18. Jahrhundert überwogen noch Fachliteratur und erbaulich-theologische Bücher. Vor allem Johann Arndt mit seinen Werken „Vom wahren Christentum" und „Paradiesgärtlein" war überaus beliebt, dazu Spener und Francke. In der zweiten Hälfte des 18. Jahrhunderts nahmen Reisebeschreibungen, Memoiren und historische Werke auffällig zu, auch philosophische Bücher wurden offensichtlich gelesen. Nicht selten tauchen Christian Wolffs „Teutsche Schriften" in den Inventaren auf; seine trockene und nüchterne, auf praktische Nutzanwendung angelegte Philosophie scheint auch Kaufleute angesprochen zu haben. Zwischen den Bücherschränken der Literaten und denen der Kaufleute bestand ein quantitativer, aber kein qualitativer Unterschied, während die Handwerker nur wenige, meist fromme Bücher besaßen. Entscheidend war, daß es sich in aller Regel um lateinische und um deutsche, ganz überwiegend in Deutschland gedruckte Bücher handelte. Schwedische oder russische Druckerzeugnisse gab es kaum.[9]

Die Verbindung zwischen dem Reich und den Ostseeprovinzen wurde nicht zuletzt durch Besuche und Reisen gefestigt. Obwohl König Gustav Adolf von

---

[8] *Raimo Pullat*: 18. sajandi tallinlaste varaloendite sisalduvaid raamatuid. Bücher in den Nachlaßverzeichnissen der Tallinner Bewohner im 18. Jahrhundert. In: Vana Tallinn VII (XII), S. 173-194, hier: S. 193.

[9] *Raimo Pullat*: Buch und Leser im Reval des 18. Jahrhunderts. In: Aufklärung in den baltischen Provinzen Rußlands. Ideologie und soziale Wirklichkeit (Quellen und Studien zur baltischen Geschichte, Band 15). Köln 1996, S. 229-253.

Schweden 1632 in Dorpat eine lateinisch-schwedische Universität gegründet hatte, erwarben sich die jungen Liv-, Est- und Kurländer ihre Bildung besonders an deutschen Universitäten. Bevorzugt wurden Halle, Königsberg, Rostock und Wittenberg. Da der Bedarf an Akademikern damit nicht gedeckt war, kamen vor allem viele junge Theologen ins Land, die meist als Hofmeister in Adelsfamilien Fuß faßten, um dann eines der gut dotierten Pastorate zu übernehmen. Die Literaten in Stadt und Land, alles Männer, die eine Hochschulbildung genossen hatten, bildeten einen weiteren bürgerlichen, mit spezifischen Rechtspositionen ausgestatteten Stand. Während der Universitätsbesuch anhand der Matrikeln gut erforscht ist, weiß man bisher relativ wenig über die Kavaliersreisen der jungen Herren von Adel, und auch darüber, ob sich junge Kaufleute aus Riga oder Reval nach Abschluß der eigentlichen Lehre bei Geschäftsfreunden in Lübeck, Hamburg oder Amsterdam umsahen, ist wenig bekannt. Bei den Handwerkern gehörte die Gesellenwanderung zur Ausbildung; hier wird man eine gewisse Weltläufigkeit voraussetzen dürfen. Junge Adlige dienten als Offiziere nicht nur in Schweden, später in Rußland, sondern überall in Europa. Die Balten stellten nicht nur einen sardinischen General, sondern auch einen Marschall von Frankreich. Im preußischen Heer sollen über 100 Kurländer gestanden haben, der berühmteste Deutschbalte war indes auf der Gegenseite engagiert: Feldmarschall Laudon, der Sieger von Kunersdorf.

In diesem Zusammenhang ist bemerkenswert, daß auch einige Prominente der deutschen Geistesgeschichte für längere Zeit in den Ostseeprovinzen gelebt, hier wichtige Anregungen erhalten und wesentliche Werke geschaffen haben. Unter diesen sind vor allem zwei Namen zu nennen: Johann Gottfried Herder, der von 1764 bis 1769 Lehrer und Pfarrer in Riga gewesen ist, und August von Kotzebue, der von 1785 bis 1795 als Verwaltungsjurist in Reval tätig war. Herder entwickelte in Riga die Lehre von der Gleichwertigkeit aller Nationalkulturen, unter ausdrücklichem Bezug auf die Völker der Letten und Esten, die aus rein äußeren Gründen noch keine eigene Kultur entwickeln konnten. Es ist wichtig, dieses für Herders Werk zentrale Prinzip in unserem Zusammenhang ausdrücklich zu betonen, weil man in der Literatur, auch in der schöngeistigen, zuweilen den Gedanken findet, im Baltikum sei es zwischen den Nationalitäten zu einer Art natürlicher Arbeitsteilung gekommen; jede habe eben die Gewerbe ausgeübt, zu denen sie von Natur aus besonders begabt gewesen sei.[10] August von Kotzebue indes hat in der deutschen Literaturgeschichte keinen besonders guten Namen; umso wichtiger ist er für die Literatursoziologie als Erfinder einer Dramaturgie der Unterhaltung. Er hat damals von Reval aus nicht nur das deutsche, sondern das europäische Theater revolutioniert.

---

[10] Als Beispiel sei erwähnt *Dora Grete Hopp*: Die Zunft und die Nichtdeutschen im Osten, insbesondere in der Mark Brandenburg (Wissenschaftliche Beiträge zur Geschichte und Landeskunde Ost-Mitteleuropas, Band 16). Marburg 1954, S. 75.

Das Werk Herders markiert wiederum den Scheitelpunkt in der Geschichte der Deutschbalten. Einerseits ist es der bedeutendste im Land entstandene Beitrag zur deutschen Geistesgeschichte, andererseits stellt es die deutschbaltische oligarchische Position von innen heraus, aus dem Geist der Aufklärung, in Frage. Andere Schriftsteller griffen dieses Motiv auf. Es entstanden eine kritische Geschichtsschreibung, welche die Eroberung des Landes durch die Ordensritter als Raub und Unterdrückung freier Völker geißelte, sowie eine Publizistik, welche die besonders bedrückte zeitgenössische Lage der einheimischen Bauern vor der deutschen Öffentlichkeit unter Anklage stellte. Zu nennen sind hier Johann Georg Eisen, Johann Heinrich von Jannau und vor allen Garlieb Merkel mit seinem 1797 erschienenen Buch „Die Letten, vorzüglich in Liefland, am Ende des philosophischen Jahrhunderts".[11] Eine Erwähnung verdient auch August Wilhelm Hupel, der mit seinen „Topographischen Nachrichten von Lief- und Ehstland" (3 Bände, 1774-1782) die erste systematische Landesbeschreibung vorlegte. Es waren die deutschbaltischen Pfarrer, welche ja zur Erfüllung ihrer geistlichen Aufgabe die Sprache der Einheimischen beherrschen mußten, die Lettisch und Estnisch als regelhafte Schriftsprachen entwickelten.

Kennzeichen dieser Scheitelsituation war, daß Kaiserin Katharina II. in den 1780er Jahren die baltischen Provinzen in eine umfassende Verfassungsreform einbezog, die das ganze Russische Reich mit einer zeitgemäßen, den Idealen der Aufklärung entsprechenden Verfassung ausstatten sollte. Diese Kodifikation beruhte auf den wissenschaftlichen Erkenntnissen deutscher Kameralisten, war also keine Ausgeburt russischer Beamtenwillkür. Ausgerechnet baltische Adlige in hohen Verwaltungspositionen hatten der Kaiserin Formulierungshilfe geleistet. Das Ziel der Verfassungsänderung war, bestehende Standesschranken durchlässiger zu machen und ständische Privilegien teils abzuschaffen, teils stärker mit dem Staatsnutzen zu verknüpfen. Der Geburtsadel sollte mit der Institution des russischen Dienstadels verschmolzen, in den Städten eine nur noch schwach regulierte Gewerbefreiheit eingeführt werden. Es schien zu Ende zu sein mit der deutschbaltischen Sonderrolle.[12]

In den Ostseeprovinzen hatten sich allerdings die Verhältnisse jahrhundertelang in eine entgegengesetzte Richtung entwickelt: Abschottung statt Durchlässigkeit, Beharrung auf alten Rechten statt Rechtsreform, war hier die herrschende Tendenz gewesen. Der deutschbaltische Geburtsadel hatte sich durch die Adelsmatrikel vom Dienstadel abgegrenzt; landständische Rechte besaßen nur eingetragene alte Familien. In den Städten hatten die Handwerkergilden Letten und Esten ausgeschlossen; die sogenannten Undeutschen bildeten eine

---

[11] *Jürgen Heeg*: Garlieb Merkel als Kritiker der livländischen Ständegesellschaft. Zur politischen Publizistik der Napoleonischen Zeit in den Ostseeprovinzen Rußlands (Europäische Hochschulschriften Reihe III, Band 718). Frankfurt a.M. 1996.

[12] Vgl. Anm. 5.

Unterschicht aus Hafenarbeitern, Bootsleuten, Fuhrleuten, Hausknechten und unzünftigen Handwerkern, die von estnischen Historikern als Vorproletariat bezeichnet wird.[13] Die Kaufleute hatten die zugezogenen russischen Händler, die schon aufgrund ihrer anderen Religion nicht Bürger werden konnten, nach guter hansischer Tradition auf den Status von Gästen festgelegt, die nur eingeschränkt Handel treiben durften. Auch hier gab es eine Matrikel, aber eine ausschließende. All das hatte soziale und wirtschaftliche, nicht indes ethnische Gründe. Die deutschen Handwerker fürchteten, von ihren reichsdeutschen Kollegen nicht mehr als zünftig akzeptiert zu werden, wenn sie mit den Undeutschen gemeinsame Sache machten. Viele deutsche Handwerke waren aber auf die Ergänzung durch zuwandernde Gesellen aus dem Reich angewiesen. Auch die deutschen Kaufleute hatten gute Gründe, ihre russischen Konkurrenten von ihren überseeischen Handelsverbindungen fernzuhalten. Alle diese Mauern hätte die Katharinische Verfassung langfristig durchlässiger gemacht und zum Einsturz gebracht. Sie blieb jedoch nur zehn Jahre in Geltung, dann wurde sie von Kaiser Paul I. für die Ostseeprovinzen wieder außer Kraft gesetzt. Die Frage, ob manches anders gekommen wäre, hätten sich die Deutschbalten im 18. Jahrhundert denn auf eine Reform der gleitenden Übergänge eingelassen, ist hypothetisch, sollte aber gestellt werden. So blieben die Ostseeprovinzen für fast ein weiteres Jahrhundert ein Sonderbereich mit deutscher Amtssprache und deutschem Recht, mit schroffen ständischen Abgrenzungen, die zugleich Grenzen zwischen den Nationalitäten werden sollten.

Es gab allerdings einen Bereich, in dem die sozialen Verhältnisse sich zwar langsam, aber doch unwiderruflich zum Besseren änderten; gemeint ist die Bauernbefreiung. Das 18. Jahrhundert hatte auch hier eine Verhärtung der Situation gebracht. Eine neue Veredelungstechnik war eingeführt worden: die Branntweinbrennerei. Das bedeutete mehr Arbeit für die Bauern und hohe Gewinne für die Gutsbesitzer. Die baltischen Adligen hatten bisher in recht einfachen Gutshäusern gelebt, jetzt begannen viele von ihnen, Schlösser zu bauen und Parks anzulegen. Der Sinn für Luxus erwachte. Obwohl die Agrarkonjunktur zu Beginn des 19. Jahrhunderts wieder nachließ, bot die Lage doch eine günstigere Ausgangsbasis für eine Diskussion über die Bauernbefreiung als zuvor. Auf diesem Gebiet erwies sich die Regierung überdies als hartnäckig. Sie pflegte überall dort, wo die Gutsbesitzer keine Russen waren, sondern anderen, auf politische Eigenständigkeit bedachten Nationalitäten angehörten, etwa in Polen, in besonderer Weise auf Reformen zu insistieren.[14] Dieses Motiv kann in den Ostseeprovinzen freilich nicht wirksam gewesen sein, denn der deutsch-

---

[13] *Raimo Pullat*: Die Stadtbevölkerung Estlands im 18. Jahrhundert (Veröffentlichungen des Instituts für Europäische Geschichte Mainz, Abteilung Universalgeschichte, Beiheft 38). Mainz 1997, S. 259-266.

[14] Vgl. Anm. 5.

baltische Adel war fast durchweg regierungsloyal gesinnt. Indes mag mitgespielt haben, daß man in Rußland eine sehr hohe Meinung von der Rentabilität des baltischen Großgrundbesitzes hatte. „Ein Bauer in Livland oder Estland", befand 1789 der russische Schriftsteller Nikolai Michailovič Karamsin, „bringt seinem Herrn viermal mehr ein als einer unserer kasanischen oder simbirskischen Bauern."[15] Ein Übriges tat die Wirkung der anklagenden Aufklärungsliteratur.

Grundlegend für die Reformdebatte waren die Veränderungen des Staatsrechts. Der Staat beruhte längst nicht mehr auf der Basis des Lehnsrechts. Kaiserin Katharina II. hatte gegenüber dem Adel auf jeden lehnsrechtlichen Vorbehalt verzichtet, die Landgüter waren einschränkungslos das Eigentum ihrer Besitzer geworden. Es schien an der Zeit, auch das Verhältnis des Gutsbesitzers zu seinen Bauern zu entfeudalisieren. Die Bauernbefreiung erfolgte in den Ostseeprovinzen in drei Schüben. Im ersten Jahrzehnt des 19. Jahrhunderts griff man noch einmal zu den schwedischen Methoden des Bauernschutzes und der normierten Leistungen. Das freilich konnte nur eine Übergangslösung sein. Um 1820 erfolgte dann die eigentliche rechtliche Freisetzung der Bauern, bei der die Gutsbesitzer das gesamte Land ihrer Güter einschließlich der dazugehörenden Bauerstellen für sich beanspruchten. Dem Bauern blieb nur die Verfügung über seine Arbeitskraft, die er dem Gutsbesitzer vermieten und dafür „seine" Bauerstelle wieder zur Nutzung in Empfang nehmen konnte. Das war ein radikalliberales Verfahren und ging eindeutig zu Ungunsten der Bauern. In den 1840er und 1850er Jahren setzte eine adlige Reformpartei die endgültige Lösung durch: Jetzt endlich akzeptierten die Gutsbesitzer ein genuines anteiliges Recht der Bauern am gemeinsamen Grund und Boden. Gutsland und Bauernland wurden rechtlich getrennt und den Bauern wurde das exklusive Recht eingeräumt, das von ihnen bewirtschaftete Land zu einem Vorzugspreis vom Gutsbesitzer zu kaufen. Dieser Weg erwies sich als der richtige: In wenigen Jahrzehnten entstand ein lebenskräftiger, leistungsfähiger lettischer und estnischer Bauernstand. Die Gutsbesitzer ihrerseits gingen zu modernen Methoden des Landbaus mit Hilfe bezahlter Arbeitskräfte über; auch sie gingen gestärkt aus den Reformen hervor. Ungelöst blieb nur das Problem der Landarbeiter.

Ein estnischer Agrarhistoriker hat die baltischen Agrarreformen lobend in die Nähe der preußischen gerückt.[16] Das ist insofern richtig, als der baltische Agrarreformer Hamilkar von Foelkersam in den 1840er Jahren mehr oder weniger das seit 1807 vorliegende Modell der preußischen Bauernbefreiung nachgeahmt hat. Dazwischen lagen freilich drei Jahrzehnte, in denen der deutschbaltische

[15] Zit. nach *Guntram Philipp*: Die Wirksamkeit der Herrnhuter Brüdergemeine unter den Esten und Letten zur Zeit der Bauernbefreiung (Forschungen zur internationalen Sozial- und Wirtschaftsgeschichte, Band 5). Köln 1974, S. 76.

[16] Vgl. Anm. 4.

Adel auf die manchesterliberale Lösung gesetzt und versucht hat, die undeutschen Bauern auf den Status eines Landproletariats zu beschränken. Immerhin ist es gelungen, diese Fehlentwicklung aus eigenem Antrieb zu korrigieren. Die russische Bauernbefreiung, die ja erst in den 1860er Jahren erfolgte, kam zu ähnlichen Methoden, zeichnete sich aber durch bürokratische Schwerfälligkeit aus.

Bis in die zweite Hälfte des 19. Jahrhunderts hinein blieben die Ostseeprovinzen von der Zentralregierung relativ unbehelligt, anstehende soziale Konflikte blieben entweder liegen oder wurden, wie die Bauernbefreiung, von der ständischen Selbstverwaltung eigenständig gelöst. In der gleichen Zeit bot das Russische Reich vielen Deutschbalten fast unbegrenzte Karrieremöglichkeiten. Der baltische Adel schwärmte nicht mehr überall nach Europa aus, sondern jetzt dienten seine Angehörigen dem Zaren als Soldaten, Diplomaten und Verwaltungsbeamte. Kaufleute, Industrielle und Bankiers engagierten sich in der russischen Wirtschaft. Auch viele junge Bürger stiegen als Offiziere und Verwaltungsbeamte in den Dienstadel auf. Viele hielten die Verbindung zu ihrer Heimat aufrecht, andere heirateten russische Frauen und „verrussten" – für bewußte Deutschbalten ein schreckliches Schicksal. Nicht selten förderten Deutschbalten in den Außenprovinzen des Reiches die Ziele derselben Reichsbürokratie, die sich anschickte, in den heimischen Ostseeprovinzen die provinzielle Autonomie in Frage zu stellen.

Als ein Medium der Einbindung der Ostseeprovinzen in das Russische Reich erwies sich die durch Kaiser Alexander I. wiedereröffnete Universität Dorpat. Hier studierten nicht nur die deutschbaltischen Landeskinder und Studenten aus dem Reich, sondern auch viele Russen und bereits einzelne Esten und Letten. Die deutschbaltische Kultur war in dieser Zeit auf dem Weg zu multikultureller Vielfalt im besten Sinne. Das änderte sich allerdings, als der russische Staat begann, seinen Einfluß auf die kulturellen Einrichtungen des Landes zunehmend geltend zu machen. Ab Mitte des 19. Jahrhunderts wandelten sich die Lebensbedingungen der Deutschbalten in mehrfacher Hinsicht. Wendepunkt war das Jahr 1855, die Thronbesteigung Kaiser Alexanders II. Drei Faktoren sind hier vor allem zu nennen: Erstens eine aggressive nationalrussische Strömung, die den Sonderstatus der baltischen Provinzen vehement in Frage stellte; zweitens das nationale Erwachen der Letten und Esten, die zunehmend zu einer eigenständigen politischen Kraft wurden; drittens die einsetzende Industrialisierung, die je länger desto schneller die Sozialstruktur der Städte veränderte.

Der Kulturkampf, den die nationalrussische Bewegung entfachte, verlief, wenn man die Maßstäbe des 20. Jahrhunderts zugrundelegt, freilich lange in relativ harmlosen Formen, gleichwohl war er politisch folgenreich. Höhepunkt des publizistischen Kampfes war eine scharfe Auseinandersetzung zwischen dem panslawistischen Ideologen Juri Samarin und dem Dorpater Professor für russische Geschichte Carl Schirren; letzterer wies die Forderung nach kultureller Assimilation der Deutschbalten mit seiner berühmten „Livländischen Antwort“ zurück, deren vielzitierte Quintessenz lautete: „Ausharren, das soll die Summe unserer Politik sein.“ Schirren ging ins reichsdeutsche Exil; seine Haltung wirkte im Lande weiter im Sinne unbeugsamer Kompromißverweigerung. Die Sympathie, die viele Deutschbalten für die russische Kultur gehegt hatten, wurde nunmehr von kulturkämpferischer Animosität überlagert.

Die 1860er Jahre brachten die Abschaffung der deutschen Amtssprache und, in mehreren Schritten, die Ausdehnung der Reichsgesetzgebung auf die Ostseeprovinzen. Der von den Adelskorporationen dominierte Landesstaat hatte damit sein Ende gefunden. Die Schulen und die Universität Dorpat wurden nach russischem Muster ausgerichtet. Vor allem die Eingriffe ins Schulwesen waren hart und wurden als Demütigung empfunden. 1877 wurde die russische Städteordnung auf die baltischen Städte übertragen. Das exklusive Bürgerrecht der deutschen Kaufleute und Handwerker war damit gefallen – zum zweiten Mal, und diesmal gab es keine Rücknahme des Gesetzes. Da die Stadtverordnetenversammlungen nach einem Zensuswahlrecht gewählt wurden, das die Begüterten bevorzugte, konnten die Deutschen trotzdem in vielen Städten bis in den Ersten Weltkrieg hinein ihre kommunalpolitische Vormachtstellung bewahren. Es war allerdings eine neue Erfahrung für sie, sich in Wahlkämpfen mit Letten, Esten und Russen auseinandersetzen zu müssen. Viele Deutschbalten wanderten unter dem Eindruck dieser Entwicklung ins Deutsche Reich ab.

Estnische und lettische Bücher und Schulen hatten lange fast nur der religiösen Unterweisung gedient, Bildung war im Land gleichbedeutend gewesen mit deutscher Kultur. Einzelne Aufsteiger unter den Undeutschen, die es durchaus gab, waren vom deutschen Milieu absorbiert worden. Wohlmeinende Deutsche hielten das überhaupt für die beste Lösung der Nationalitätenfrage. Nun aber war eine einheimische Intelligenz herangewachsen, die ganz im Sinne Herders zum Bewußtsein ihres nationalen Eigenwertes gekommen war. Idealisten sammelten Sagen und Volkslieder oder schrieben sie gleich selbst. Ein reges Vereinsleben entstand; der Chorgesang wurde zum bevorzugten Medium des Nationalgefühls, vor allem bei den Esten. Diese nationale Bewegung wurde weder von den Deutschen noch von den Russen in ihrer kulturellen Bedeutung erkannt. Auch die Russen betrachteten Letten und Esten als Assimilationsobjekte. Gutgemeinte deutsche Vorschläge, Einheimische an den Selbstverwaltungsgremien des Landesstaats zu beteiligen, sind durchweg gescheitert. Bis kurz vor dem Ersten Weltkrieg gab es kein einziges lettisches oder estnisches Gymnasium im Land.

Die einschneidendsten Veränderungen bewirkte freilich die schnelle Industrialisierung in den Städten ab etwa 1870. Durch Eisenbahnbau und Fabriken, im

Großhandel und im Bankwesen eröffneten sich für die deutsche Oberschicht ungeahnte Möglichkeiten. Geld strömte ins Land, viele verspürten ein neues, optimistisches Lebensgefühl.[17] Vielleicht vermittelt die ältere deutschbaltische Literatur, welche die mentalen Auswirkungen der Russifizierung betont, ein zu einseitiges Bild, vielleicht haben die neuen Möglichkeiten wirtschaftlicher Prosperiät damals die allgemeine Stimmung stärker geprägt als die vergleichsweise abstrakte Bedrohung kultureller Überfremdung. Real war allerdings die fortschreitende Beeinträchtigung, die indirekt von den sozialen Veränderungen ausging. Riga und Reval wurden Fabrikstädte, hier entstand ein undeutsches Industrieproletariat, das sozialrevolutionärer Agitation zugänglich war. Der Anteil der Deutschen nahm prozentual ab, derjenige der anderen Nationalitäten stark zu.

Im Jahre 1905 griff die in Rußland ausgebrochene Revolution mit überraschender Stärke auf die Ostseeprovinzen über; sie begann als städtische Revolte und entwickelte sich zu einem fast ein Jahr andauernden ländlichen Bürgerkrieg, dem etwa 200 Gutshöfe zum Opfer fielen. Der revolutionäre Ausbruch deckte auf, daß die Bauernbefreiung durchaus nicht alle sozialen Probleme gelöst hatte. Am Ende des 18. Jahrhunderts war es zu einer ganzen Serie von Bauernrevolten gekommen, aber in keinem einzigen Fall ging damals ein Gutshaus in Flammen auf. Damals meuterten Bauern, die sich mit dem Gutshof trotz aller sachlichen Gegensätze noch verbunden gefühlt hatten. Die Revolution von 1905 hingegen wurde von einem Landarbeiterproletariat getragen, das keine Aussicht auf eine irgendwie beschaffene Beteiligung an Grund und Boden mehr hatte. Das war offensichtlich ein grundlegender Unterschied. Die Revolution wurde von russischen Truppen mit großer Härte niedergeschlagen: Es wurden mehr Beteiligte hingerichtet, als Menschen während der Vorfälle zu Tode gekommen waren – eine schlechte Voraussetzung für die weitere Entwicklung.

In den Jahren vor dem Ersten Weltkrieg ließ der Druck der bürokratischen Russifizierung nach. Manche Maßnahmen der kulturellen Überfremdung wurden rückgängig gemacht. Viele Deutschbalten reduzierten trotzdem ihre Loyalität gegenüber dem russischen Staat in einer dem längst obsoleten Lehnsrecht entstammenden Denkweise auf die Person des Zaren, bis das Ende der russischen Monarchie auch dieses Band löste.

Im Weltkrieg wurden die Ostseeprovinzen teilweise von deutschen Truppen besetzt. Jetzt, erstmals seit Jahrhunderten, war das Deutsche Reich militärisch

---

[17] Als Beispiel *Clas von Ramm*: Eine estländische Jugend. In: Zwischen Reval und St. Petersburg. Erinnerungen von Estländern aus zwei Jahrhunderten. Hrsg. von Henning von Wistinghausen. Weissenhorn 1993, S. 83-115.

präsent. Damals entstanden Pläne, das Land in irgendeiner Form an das Reich anzuschließen; sie wurden freilich schnell von der Entwicklung überholt. Nach dem Zusammenbruch des russischen Staates proklamierten die Republiken Estland und Lettland ihre Unabhängigkeit. Als das revolutionäre Rußland versuchte, die Provinzen mit Waffengewalt zurückzuholen, kämpften reichsdeutsche, deutschbaltische, estnische und lettische Freiwilligenverbände Seite an Seite gegen die als Eindringlinge empfundenen Bolschewiken. Das wäre eine gute Basis für eine künftige Zusammenarbeit gewesen, wenn nicht in Lettland die deutschbaltische Landeswehr versucht hätte, gewaltsam eine eigenständige Politik gegen die lettischen Kräfte zu betreiben. Es kam zu einem kurzen, für die Deutschen mit einer Niederlage endenden Bürgerkrieg. Solche Versuche beruhten auf einer Verkennung der internationalen Situation und mußten fehlschlagen. Sie belegten aber auch die noch immer wirksame Unfähigkeit vieler Deutschbalten, eine gemeinsame politische Zukunft zusammen mit den Autochthonen überhaupt ins Auge zu fassen.

Diese Vorgänge führten dazu, daß die Deutschbalten in den neu entstandenen Republiken unterschiedliche Positionen einnahmen.[18] In Lettland überwog das gegenseitige Mißtrauen; in Estland dagegen bestanden durch die ungetrübte gemeinsame Erfahrung des Abwehrkampfes gegen die Bolschewiken bessere Voraussetzungen für eine gegenseitige Zusammenarbeit. In den folgenden Jahren entschieden sich wiederum viele Deutschbalten für die Auswanderung, andere versuchten, dem Wort Carl Schirrens vom „Ausharren" durch aktive politische Mitarbeit in den neuen Staaten einen Sinn abzugewinnen. Allerdings hatte sich die wirtschaftliche Situation der Deutschbalten entscheidend verschlechtert. Beide Republiken enteigneten den historisch überkommenen Großgrundbesitz praktisch entschädigungslos bis auf einen Restbestand von 50 ha. Damit war dem deutschbaltischen Adel die ökonomische Basis entzogen, und auch die bisher von den Deutschen beherrschten städtischen Gewerbe und freien Berufe wurden stark beeinträchtigt. Aus einer politischen und wirtschaftlichen Führungsschicht wurde mit einen Schlag eine verarmende Minderheit.

Positiver war die Lage im kulturellen Bereich. Beide Staaten, aber besonders Estland, gewährten ihren nationalen Minderheiten weitgehende Kulturautonomie. Das ermöglichte vor allem ein selbstverwaltetes deutsches Schul- und Bildungswesen, einschließlich des 1927 in Riga als private deutsche Hochschule gegründeten Herder-Instituts. Letten und Esten entfalteten gerade in den ersten Jahren ihrer staatlichen Unabhängigkeit ein überaus reges kulturelles Leben. Die deutsche Minderheit versuchte mitzuhalten, orientierte sich dabei

[18] *Helmut Kause*: Letten und Deutsche in der Republik Lettland. In: Tausend Jahre Nachbarschaft (wie Anm. 1), S. 112-123; *Michael Garleff*: Esten und Deutsche im Freistaat Estland. Ebd., S. 123-140.

aber weiterhin überwiegend nach Deutschand. Es entstanden nur sehr spärliche Ansätze gemeinsamer kultureller Aktivitäten. Letten, Esten und Deutsche lebten nebeneinander her, nach wie vor durch eine „gläserne Wand“ getrennt. Es gibt sogar Stimmen, die gerade die weitgehende kulturelle Autonomie als den Grund dafür bezeichnen, daß ein Prozeß der Annäherung kaum in Gang kam.

Wenn eine derartige Entwicklung immerhin für die Zukunft denkbar gewesen wäre, so wurden ihre Ansätze 1934 in Lettland durch die von Karlis Ulmanis errichtete Diktatur zerstört. Die daraufhin einsetzende planmäßige Einengung ihres politischen, wirtschaftlichen und kulturellen Spielraums forcierte die zunehmende Anlehnung vieler Deutschbalten an die aus dem Reich auch ins Baltikum ausstrahlende nationalsozialistische Bewegung. In Estland war, wie bereits ausgeführt, die Bereitschaft der Deutschbalten zur Mitarbeit am neuen Staat stärker, dementsprechend gab es hier auch deutlich geringere Sympathien für die Politik des „Dritten Reiches“.

Der Plan Hitlers, die gesamte Volksgruppe „ins Reich“, das hieß de facto auf besetztes polnisches Gebiet, umzusiedeln, traf die meisten Deutschbalten völlig überraschend. Dieses Vorhaben hatte mit der aktuellen Situation in Lettland und Estland nichts zu tun, sondern war einzig und allein die Konsequenz aus dem Hitler-Stalin-Pakt, also aus einer unvorhersehbaren, überraschenden und kurzlebigen Wendung in der Außenpolitik Hitlers. Ob und inwieweit die Deutschbalten vorher mit dem Nationalsozialismus sympathisiert hatten, ist in diesem Zusammenhang ziemlich unerheblich. In der konkreten Situation blieb ihnen kaum eine andere Wahl, als auf das Angebot der „Umsiedlung“ einzugehen. Deshalb sind auch sie Vertriebene trotz ihres Einverständnisses, Opfer der Teilung Ostmitteleuropas in Interessensphären zwischen zwei Diktaturen. Für Letten und Esten war das der Beginn einer neuen Phase der Fremdherrschaft.

Die grundsätzliche aus dem vorgetragenen Befund sich ergebende Frage lautet: War der Abzug einer ganzen Volksgruppe das folgerichtige Ergebnis der historischen Entwicklung, wenn man von der aktuellen Situation des Hitler-Stalin-Paktes absieht? Oder wäre nicht auch für die Deutschbalten eine „hugenottische Lösung“ denkbar gewesen, ein Aufgehen unter Letten und Esten, was ja durchaus die Möglichkeit einer Pflege eigener Traditionen der Deutschbalten eingeschlossen hätte? Oder war der Abzug die Konsequenz der Aussichtslosigkeit des Versuches, nach dem Verlust ihrer rechtlichen und wirtschaftlichen Privilegien auf Dauer das eigene Volkstum zu bewahren? Der Historiker kann diese Frage nicht entscheiden, er muß sie an die Literaturwissenschaftler weiterreichen, die vielleicht in literarischen Texten Indizien für eine Antwort in dem einen oder dem anderen Sinn zu entdecken vermögen.

II.

Entwicklunglinien des 18. und 19. Jahrhunderts

Die deutschbaltische Literatur im 18. Jahrhundert

Europäische Verflechtungen und regionale Eigenart

Von *Heinrich Bosse*

Die Frage nach der deutschbaltischen Literatur vor oder um 1800 führt uns zurück in die Welt vor der Französischen Revolution, in die Standesverhältnisse Alteuropas. Auch der Umgang mit Büchern war damals ständisch bestimmt. Bücher gingen eigentlich nur diejenigen Adligen und Nicht-Adligen etwas an, die Latein gelernt und studiert hatten; nach dem Sprachgebrauch der Zeit nannte man sie „Gelehrte" (literati) – ein Sprachgebrauch, der sich in Lettland und Estland unter den Deutschen bis ins 20. Jahrhundert erhalten hat. In der Sphäre der höheren Wissenschaften – Theologie, Jurisprudenz, Medizin – hatten jedoch Dichtungen, Dramen und Erzählungen eine sehr nachgeordnete Stellung. Die „Schönen Wissenschaften" standen im Verdacht der Spielerei, zumal sie in die Lateinschule gehörten, wo man im Rahmen des Poetik- und Rhetorikunterrichts ohnehin Gedichte zu machen lernte. Christian David Lenz (1720-1798), seit 1779 Generalsuperintendent und damit ranghöchster Geistlicher von Livland, warnte in einer Schulrede geradezu davor, sich den Schönen Wissenschaften zu überlassen:

> „Gleichwie also heutiges Tages ein geschickter Schullehrer einerseits nothwendig ein Freund der schönen Musen und Gratien in den Wissenschaften seyn muß; so muß ihn dennoch andererseits die Klugheit lehren, dem Misbrauch, oder übermäßigen Studieren derselben, welcher so sehr eingerissen, bey seiner Jugend vorsichtig Einhalt zu thun, jene nicht übers Ziel zu erheben, noch fast ganz allein zu treiben und darüber denen nothwendigen Wissenschaften, z.B. der Religion, Weltweisheit, Naturlehre, Natur- und Völkerrechts u.d.gl. so unsere jungen Musensöhne dermaleinst in öffentlichen Aemtern brauchen können, den Platz zu nehmen und diese hindan zu sezen. Kurz, die sinnlichen und angenehmen Disciplinen müssen gleichsam nur Ruheplätze und verdiente Erholungen für den Jüngling auf seiner Reise in den Musentempel werden, und so ihre rechte Stelle bekommen."[1]

---

[1] Die Rede mit dem Titel „Die Weisheit und Vorsichtigkeit eines Schullehrers, in seinem Amte zwischen verschiedenen Abwegen die richtige Mittelstrasse zu halten", hielt Chr. D. Lenz bei den Amtseinführungen als Rektor sowohl von Lorenz Ewers in Dorpat (1776) als auch seines Schwie-

In Deutschland rücken die Schönen Wissenschaften nach 1760 immer mehr ins Zentrum der Aufmerksamkeit, seit der Buchmarkt, vor allem dank der Dramen- und Romanproduktion, förmlich explodiert – in Livland setzen die entsprechenden Veränderungen vorsichtiger und später ein. Denn zwei wesentliche Voraussetzungen für ein literarisches Leben müssen überhaupt erst geschaffen werden: Geselligkeit und Öffentlichkeit.

Die Klagen lesender und schreibender Autoren, man könne sich in Livland nie und nirgends über Gelesenes und Geschriebenes unterhalten, ziehen sich durch das ganze 18. Jahrhundert. Gewiß, da sind die weiten Entfernungen zwischen den deutschen Gutshöfen und Pastoraten auf dem von Letten und Esten bewohnten Lande, da sind auch die deutlichen Standesunterschiede zwischen den Akademikern und den Nicht-Akademikern (Kaufleuten und Handwerkern) in den überwiegend deutsch geprägten Städten. Vor allem aber ist es der damals bevorzugte Zeitvertreib, der ein Gespräch über Bücher verhindert, wie Johann Christoph Petri (1762-1851) noch um die Jahrhundertwende berichtet:

> „Im bürgerlichen Leben hat man selten Gelegenheit, eine interessante gelehrte Unterredung, selbst bei gemischten Gesellschaften, anzuknüpfen, weil gleich, so bald das Essen und Trinken aufgehört hat, die Spiel-Tische gesetzt werden. In den Städten athmet Alles den kaufmännischen und auf dem Lande den ökonomischen Geist. Unter den Predigern findet man noch die beste Unterhaltung über wissenschaftliche Gegenstände. Kommen durch Zufall noch einige Professoren und gereisete Edelleute zur Gesellschaft, so spinnt sich wohl dann und wann ein litterarisches Gespräch an, das aber selten lange dauert und gemeiniglich bei der Oberfläche stehen bleibt. Daher die gewöhnliche Klage beinahe aller Ausländer über den Mangel an Nahrung des Geistes, der zum Theil mit von dem Unvermögen oder der Schwierigkeit, sich Bücher anschaffen zu können, herrührt. Wer nicht in einer Stadt, oder in der Nähe derselben wohnt, noch mit einer Gesellschaft, meistens weit von einander entfernter Prediger oder Hof-Meister, in eine litterarische Verbindung treten kann, der läuft Gefahr, binnen 5 – 6 Jahren in der Teutschen und jeder andern ausländischen Litteratur ein Fremdling zu werden.“[2]

Der ökonomische Geist unter Landedelleuten – das ist auch das Thema des ersten Lustspiels, das man zur deutschbaltischen Literatur zählen kann. Es trägt den Titel „Der Neujahrs-Wunsch“ und erschien ohne Orts- und Jahresangabe anonym, vermutlich 1758 in Oberpahlen/Põltsamaa oder Reval/Tallinn, verfaßt von Jakob Heinrich von Lilienfeld (1716-1785), wie die Bibliographen der Zeit einander mitteilen konnten.[3] In diesem Lustspiel geht es darum, eine Hochzeit

---

gersohns Johann Christian Moritz in Riga (1781). Vgl. *Johann Christian Friedrich Moritz*: Beyträge zur Liefländischen Pädagogik. Erste Sammlung. Riga 1781, S. 39.

[2] *Johann Christoph Petri*: Ueber den neuesten Zustand der Gelehrsamkeit, Litteratur, Künste und Wissenschaften in Lief- und Ehstland. In: Allgemeiner Litterarischer Anzeiger, 28. Juli 1801, Jahrgang VI, Sp.1087.

[3] So Jakob Benjamin Fischer in einem Beitrag zu den „Nordischen Miscellaneen“ (1782) über das Stück: „Es trat schon vor mehr als 20 Jahren ans Licht, und ist vielleicht das erste Lustspiel,

zu verhindern, die den Hauptmann von Sturm für immer an die – abschreckend karikierte, zugleich sehr ausführlich geschilderte – Landwirtschaft fesseln würde. In der Familie von Mißwachs auf Kummerau trinkt die Dame des Hauses und ist demgemäß schlafbedürftig, der Hausherr indessen tyrannisiert seine Leibeigenen, ihrer beider Tochter Lottchen fehlt so ziemlich alles, außer einer gewissen Naivität. In der Familie von Sturm klagt der Vater konstant über den betrügerischen Verwalter, betrügerische Bauern, lästige Soldaten und teure Prozesse. Die Mutter dagegen ist in eigener Person hinter ihren Dienstboten, kalbenden Kühen und ausgerissenen Schweinen her. Der Hauptmann verhütet seine Verlobung mit Lottchen durch eine bescheidene Verwechslungsintrige, indem er seinen Kammerdiener vorschickt, und Lottchen, die einen Kammerdiener von einem Edelmann nicht zu unterscheiden vermag, ist damit hinlänglich diskreditiert, sodaß ihr zu ihrem Glück nur noch Herr von Schnopermel (ganz recht, er schnaubt sich in den Ärmel) bleibt. Der Hauptmann und sein Kammerdiener sind dadurch hervorgehoben, daß sie Bücher lesen, sodaß Lektüre zum Zeichen der Weltläufigkeit avanciert: „Ich suche durch die todte Gesellschaft zu ersezen, was mir an der lebendigen fehlet. Die kurzen Wintertage und langen Nächte würden mir in diesem rauhen Lande sonst gar unerträglich.“[4] Weltläufigkeit ist der positive Wert in diesem Stück, das die livländischen Agrarverhältnisse penetrant zur Sprache bringt, um sich zugleich von ihnen zu distanzieren: Hauptmann von Sturm samt Vater, Bruder und Hofmeister machen sich auf und reisen durch die Welt. Damit schließt Lilienfelds adelskritischer Beitrag zur Adelserziehung.

Der kaufmännische Geist in den Städten hat keinen Lustspieldichter gefunden, wohl aber seine Spuren in Herders Briefen hinterlassen. Johann Gottfried Herder (1744-1803) wurde Ende 1764 als außerplanmäßiger Lehrer an die Rigaer Domschule berufen im Hinblick darauf, daß er „in denen neuen schönen Wissenschaften Stärcke und Geschmack verrathe, in der Historie und Geographie, wie auch in der französischen Sprache und Mathematic bewandert“ sei.[5] Der Anfang fiel ihm allerdings schwer. Er klagte beispielsweise in einem Brief an Johann Georg Hamann, „u. wirklich kann Riga, einen Fremden, einen Litteratus (nach dem hiesigen Stil) einen Schulmann ... hypochondrisch machen,

---

welches ein Liefländer in seinem Vaterland geschrieben hat; wenigstens das erste worin die damaligen lief- und ehstländischen Sitten, so treffend geschildert werden. Einige wünschen eine neue Auflage. Vermuthlich ist es in Reval gedruckt. Man findet es nur in wenigen Häusern.“ Zit. nach Werner H. Preuß (Hrsg.): Jakob Heinrich von Lilienfeld (1716-1785). Der baltische Dichter und politische Schriftsteller. Eine Auswahl aus seinen Werken. St. Ingbert 1997, S. 243.

[4] Ebd., S. 18. Preuß, dem wir die verdienstvolle Herausgabe zu danken haben, schätzt das Lustspiel als eine Vorwegnahme des Sturm und Drang ein, doch gibt es eindeutige Beziehungen zu den Autoren der Jahrhundertmitte (Gellert, Haller, Hagedorn).

[5] Ratsprotokoll vom 13. Oktober 1764. Zit nach *Bernhard Hollander*: Geschichte der Domschule, des späteren Stadtgymnasiums zu Riga. Hrsg. von Clara Redlich (Beiträge zur Baltischen Geschichte 10). Hannover-Döhren 1980, S. 70.

wozu denn auch freilich die hiesige Speise u. Lebensart ein Quentchen beiträgt"; oder in einem anderen, ebenfalls an Hamann gerichteten Brief: „Da ich immer mehr meine hiesige Situation, den Genius dieses Orts, u. meine eigne Projekte kennen lerne: so mehren sich meine Arbeiten, meine Einsichten; u. meine Melankolien: es ist ein elend, jämmerlich Ding um das Leben eines Literatus – u. insonderheit in einem Kaufmannsort."[6] Doch Herders Stimmungen und die Verhältnisse änderten sich, bevor er die Stadt im Mai 1769 verließ; wer ihm seinen Aufbruch zur Bildungsreise als Vorschuß finanzierte, war der Buchhändler und Verleger Johann Friedrich Hartknoch (1740-1789).

Hartknoch begann seine Tätigkeit in Riga im November 1765.[7] Sein Verlag spezialisierte sich auf Schriften über Rußland in deutscher Sprache, dazu erschienen Werke von Voltaire, Diderot, Rousseau und anderen Aufklärern und nicht zuletzt die Publikationen von Herder und Kant. Insgesamt umfassen die belletristischen Veröffentlichungen im Jahrzehnt zwischen 1751 und 1760 nur zwei Titel, im folgenden Jahrzehnt immerhin sechs, dann jeweils 20 und 22 Titel und schließlich im Zeitraum von 1791 bis 1800 sechzig Titel. Zudem stellte Hartknochs Buchladen mit den ausliegenden Zeitschriften einen wahrhaften Ort der Begegnung dar, für die Ansässigen im Austausch durch Gespräche, für die Auswärtigen als Kristallisationspunkt von Lesegesellschaften. Eine der frühesten Lesegesellschaften bildete der Pastor August Wilhelm Hupel (1737-1819) in Oberpahlen mit seinen Korrespondenten bereits ab 1772.[8]

Ein weiterer Faktor für die Herausbildung einer literarischen Geselligkeit war natürlich das Theater. Wenn Herder „die Komödie" besuchen wollte, so mußte er in einen ehemaligen Speicher auf dem Bischofsberge gehen, wo Wanderkomödianten ihre Bühne aufschlugen; und erst 1768 wurde ein Haus an dem Paradeplatz als ständiges Theater eingerichtet; erst 1782 baute der Regierungsrat Otto Hermann von Vietinghoff Seite an Seite mit seinem eigenen Stadthaus die Kulturstätte in der Königstraße.[9] Die Etablierung stehender Bühnen war ein

---

[6] An J. G. Hamann, etwa Mitte Februar 1765 und Juli 1765; *Johann Gottfried Herder*: Briefe. Gesamtausgabe 1763-1803. Bd. I. Weimar 1977, S. 37, 46.

[7] Grundlegend ist *Henryk Rietz*: Das Verlagswesen in Riga in den Jahren 1750-1810. In: Nordost-Archiv 18/1985 Heft 79 (Teil I) und Heft 80 (Teil II). Zu Hartknoch und den Produktionsziffern vgl. bes. S. 193 ff. Zu Reval vgl. *Indrek Jürjo*: Der Buchhandel in Reval im 18. Jahrhundert. In: Nordost-Archiv NF 7/1998, Heft 1, S. 139-172.

[8] *Indrek Jürjo*: Lesegesellschaften in den baltischen Provinzen im Zeitalter der Aufklärung. Mit besonderer Berücksichtigung der Lesegesellschaft von Hupel in Oberpahlen. In: Zeitschrift für Ostforschung 39/1990, S. 540-571; 40/1991, S. 28-56.

[9] Vgl. *Heinrich Bosse*: Über die soziale Einbettung des Theaters: Riga und Reval im 18. Jahrhundert. In: Laurence P. A. Kitching (Hrsg): Das deutschsprachige Theater im baltischen Raum, 1630-1918. The German-Language Theatre in the Baltic, 1630-1918. Frankfurt a.M. / Bern 1997, S. 105-122. Unter Berücksichtigung der Bevölkerungszahlen auch *ders.*: Die Etablierung des deutschen Theaters in den russischen Ostseeprovinzen um 1800. In: Carola L. Gottzmann (Hrsg.):

komplizierter Lernprozeß für alle Beteiligten. Was vorher einfach Spaß bot, wurde nunmehr neu definiert als Kultur. Dazu mußten die Schauspieler aufhören zu improvisieren, um stattdessen dem Text zu dienen, und die Zuschauer mußten aufhören, sich während der Vorstellung zu unterhalten. Die Adligen begannen, Bilanzen für das Vergnügen durchzurechnen, die Bürger begannen, fahrende Gaukler zu subventionieren. Erst langsam wurden Theaterleute überhaupt kreditwürdig, und zwar in demselben Maße, wie sie in die neue Schicht der nicht mehr ständisch bestimmten Gebildeten integriert wurden und umgekehrt diese zu integrieren halfen. Dazu dienen überhaupt die neuen Formen der Geselligkeit: In Riga gab es in der zweiten Hälfte des 18. Jahrhunderts sechs Freimaurerlogen – für eine davon dichtete Herder als Mitglied einen „Gesang zu der Johannisfeyer“ –, in Reval gab es deren drei.[10] Daneben behauptete freilich das Spiel um Geld oft genug seinen Rang als vornehmster Zeitvertreib. Das Haus in der Rigaer Königstraße 2 wurde ab 1782 so genutzt, daß kein Tag ohne Vergnügen blieb. An vier Tagen spielte man Theater, an zwei Tagen war informelle Geselligkeit oder „Clubbe“, einmal nur für Herren mit Tabak und Kartenspiel, das andere Mal ohne Tabakrauchen für Damen und Herren mit Abendessen, Tanz und Kartenspiel (um Geld natürlich). Am siebten Tag, montags, war alle zwei Wochen Redoute oder Maskenball und umschichtig ebenfalls alle zwei Wochen ein musikalisches Konzert.[11]

Darüberhinaus hatte das Theater eine besondere Bedeutung, nicht nur für die Formen der Geselligkeit, sondern auch für Formen und Inhalte der Literatur. Wenn Lessing auf das Titelblatt seiner „Minna von Barnhelm“ (1767) setzen ließ: „Verfertiget im Jahre 1763“, so erweckte er den Eindruck, das Stück sei unmittelbar nach dem Abschluß des Siebenjährigen Krieges, von dem es handelt, entstanden. Der Dichter, heißt das, vermittelte nicht nur Wahrheiten im allgemeinen, sondern auch aktuelle Gegenwart aus der sich verändernden Welt, in der er lebte. Dies aber war exakt das Programm Diderots, wenn er verlangt, die Konflikte auf dem Theater müßten „häuslich“ (domestique) sein und dem gemeinen Leben so nahe als möglich kommen (et voisine à la vie réelle):

> „Bedenken Sie, daß täglich neue Stände entstehen. Bedenken Sie, daß uns vielleicht nichts unbekannter ist als die Stände, und daß nichts stärker interessieren sollte als sie. Jeder hat seinen Stand in der bürgerlichen Gesellschaft, jeder hat mit Menschen aus allerlei Ständen zu tun. Die Stände! Wie viel wichtige Aus-

---

Unerkannt und (un)bekannt. Deutsche Literatur in Mittel- und Osteuropa. Tübingen 1991, S. 79-101.

[10] Vgl. *Johannes von Eckardt*: Die Freimaurerei in Riga. In: Rigascher Almanach für 1900; *Hennig von Wistinghausen*: Die Kotzebue-Zeit in Reval im Spiegel des Romans „Dorothee und ihr Dichter“ von Theophile von Bodisco. Tallinn 1995, bes. S. 40 ff.

[11] *August Friedrich Wilhelm von Kerten*: Auszug aus dem Tagebuch eines Russen auf seiner Reise nach Riga. O. O. 1783, S. 136 f. In der Folge (1786) entwickelte sich daraus die Gesellschaft der „Musse“.

> führungen, wie viel öffentliche und häusliche Verrichtungen, wie viel unbekannte Wahrheiten, wie viel neue Situationen sind aus dieser Quelle zu schöpfen."[12]

Unter dem altmodischen Begriff der „Stände" verbarg sich die neue Frage nach den sozialen Beziehungen und Verhältnissen: Sie müssen vom Dichter festgehalten werden, weil sie sich vor seinen Augen verändern – womit im Jahr 1760 unüberhörbar der Realismus in der Dichtung, vor allem für das Theater gefordert wurde.

Diderot fand in Livland Gehör. Etwa bei Johann Gotthelf Lindner (1729-1776), der zehn Jahre, von 1755 bis 1765, als Rektor an der Rigaer Domschule wirkte. Er begann seit 1758, anfallende Schulfeierlichkeiten wie die Krönung oder die Thronbesteigung der Zarin Katharina mit dramatischen Redeübungen zu gestalten, darunter auch dieser: „Albert, oder die Gründung von Riga" (1760). Seinen Rückgriff auf eine der beliebtesten Theaterformen des 16. und 17. Jahrhunderts erläuterte Lindner in begleitenden Abhandlungen. Den Stoff wollte er dabei nicht nur der Historie entnehmen, sondern auch dem Alltagsleben. Und was wäre das Alltagsleben eines Schülers? Nun, die Schule selber:

> „Zuweilen, im Fall man besonders viele Scenen des Lebens einbringen will, worinnen uns mancher Neuern Erfindungen als heitre Fackeln vorleuchten; da die Geschichte vielleicht in dergleichen Begebenheiten nicht pragmatisch ist; so könnte man bürgerlichere Vorstellungen haben, wie das so genannte bürgerliche Trauerspiel ... gleichsam täglichere Vorfälle des Lebens, und nicht allein Heldenaufzüge, oder noch weniger altväterische Staatsactionen zeiget. So würde man mit Auslassung etwan der Liebe, nach Diderots Entwürfen und Muster ein ähnliches Familien- oder Hausstück, wenn ich so reden darf, hervorbringen. Der Schüler könnte selbst Charactere an die Hand geben und die Schule schildern."[13]

Eines dieser Stücke ist „Der wiederkehrende Sohn, ein Schuldrama in fünf Aufzügen". Es bringt vorsichtig den Standesunterschied zwischen Gelehrten und Kaufleuten ins Spiel, indem ein guter Hofmeister dem mit Spielschulden beladenen Sohn zum Guten, d.h. zur Beichte rät. Nicht ohne Stolz bemerkte Lindner: „... ich entwarf den Plan, und bildete die Charactere, wie sie in dem bürgerlichen Leben meines Orts wahrscheinlich, und der Moral nach sowohl angemessen, als auch intereßirend waren".[14] Man konnte allerdings noch weitergehen in der Darstellung der Wirklichkeit – wenn der „Plan", die Handlung des Stücks, einer wirklichen Begebenheit entsprach.

---

[12] Das Theater des Herrn Diderot. Aus dem Französischen übersetzt von Gotthold Ephraim Lessing (1760). Hrsg. von Klaus-Detlef Müller. Stuttgart 1986, S. 159.

[13] *Johann Gotthelf Lindner*: Beitrag zu Schulhandlungen. Königsberg 1762, Vorrede (unpag.).

[14] Ebd., S. 341. Die Resonanz von Lindners Schulschauspielen in der zeitgenössischen Öffentlichkeit ist mustergültig dargestellt von *Hans Graubner*: „Sind Schuldramata möglich?" Epilog im 18. Jahrhundert auf eine auslaufende Gattung (Lindner, Abbt, Hamann, Herder). In: Jahrbuch für Internationale Germanistik, Reihe A, Bd. 40/1996 (Aspekte des politischen Theaters und Dramas von Calderòn bis Georg Seidel), S. 93-130.

Diesen Schritt machte der junge Jakob Michael Reinhold Lenz (1751-1792) mit seinem Jugendwerk „Der verwundete Bräutigam“, das vermutlich 1766 oder 1767 geschrieben, aber erst 1845 veröffentlicht wurde. Ein Gutsherr in der Nähe von Dorpat/Tartu, der als russischer Offizier im Siebenjährigen Krieg gekämpft hatte, wurde am 16. Juli 1766 im Schlaf von seinem deutschen Diener überfallen; dieser wurde ein Jahr später in Dorpat geknutet und gebrandmarkt, der Baron selbst lag sechs Wochen krank und feierte anschließend Hochzeit.[15] Der junge Dichter änderte die Namen, motivierte den Mordversuch mit dem hochfahrenden Charakter des Dieners und ließ die Beteiligten ein emotionales Konzert von Klagen, Mitleiden, Mitfreuden aufführen, das damit endet, daß sich zum Schluß alle alles noch einmal erzählen wollen, um zu hören, was sie dabei empfunden haben – haargenau so wie in Diderots „Natürlichem Sohn“, wo die Beteiligten die vorgefallenen Ereignisse von neuem durchspielen: „wir wollten bloß das Andenken einer uns rührenden Begebenheit erhalten und sie so vorstellen, wie sie sich wirklich zugetragen hat“.[16] Allerdings – auch wenn für die Ostseeprovinzen Liebhaberaufführungen immer wieder bezeugt sind – ist es mehr als unwahrscheinlich, daß Lenzens Stück jemals aufgeführt wurde, und mit Sicherheit nicht zur Hochzeit des verwundeten Bräutigams.

Die genannten Dramen von Lenz, Lindner und Lilienfeld gehören sicherlich zur deutschbaltischen Literatur des 18. Jahrhunderts. Sie wurden von Autoren geschrieben, die sich (zeitweilig oder immer) in Livland aufhielten, sie bezogen sich (ausgesprochen oder stillschweigend) auf livländische Verhältnisse. Andererseits sind sie heute so sehr vergessen, daß man sich fragen möchte: ‚Sind diese Dramen denn wirklich wichtig?‘ Die wirklich wichtigen Bücher haben kanonischen Wert;[17] man könnte, mit einem vom Internet längst überholten Bild, einfach sagen, sie stehen in einer Bibliothek, während alle anderen Bücher im Archiv lagern und ungebraucht verstauben. Diese Spannung von Bibliothek und Archiv ist wohl charakteristisch für jede regionale Literaturgeschichte. Da ist einmal der große kanonische Bestand der deutschen Literatur, wenn auch in seiner Zusammensetzung schwankend – und da sind andererseits die unzähligen Erzeugnisse regionaler Autoren zu gelegentlichen Anlässen und Zwecken. Wenn man regionale Literaturgeschichte betreibt, kann man aufzeigen, wie diese beiden Orte, Bibliothek und Archiv, miteinander verbunden sind oder auch nicht, welche Türen, Treppen (auch Falltreppen), Vorrats- oder Schatzkammern in den Zwischenräumen zu finden wären.

---

[15] Vgl. *Heinrich Bosse*: Lenz' livländische Dramen. In: Anselm Maler (Hrsg.): Literatur und Regionalität (Studien zur neueren Literatur 4). Frankfurt a.M. / Bern 1997, S. 75-100.

[16] Das Theater des Herrn Diderot (wie Anm. 12), S. 12.

[17] Vgl. *Manfred Schneider*: Auswählen: Probleme und Lösungen des Kanons. In: Heinrich Bosse und Ursula Renner (Hrsg.): Literaturwissenschaft. Einführung in ein Sprachspiel. Freiburg i. Br. 1999, S. 363-384.

Im 18. Jahrhundert waren die russischen Ostseeprovinzen ein Einwanderungsland, offen zumal für diejenigen Berufe, die sich mit dem Lesen und Schreiben von Büchern befaßten, für die Akademiker (literati). Mindestens die Hälfte aller Geistlichen kam damals aus Deutschland nach Livland.[18] Mit ihrem Bedürfnis nach Information und Austausch verstärkten die Einwanderer jenen großen nordostdeutschen Kommunikationsraum[19] von Berlin bis St. Petersburg, in dem sich die Ideen der Aufklärung ausbreiten konnten. Wenn sich dabei literarische Zirkel oder „Geistesringe“[20] bildeten, so befaßten sie sich doch meist mit „Literatur“ im älteren Sinne, mit dem Austausch von Wissen und Gelehrsamkeit; „Literatur“ im neueren Sinne der Dichtung und des kulturellen Gesprächs blieb eine Sache von Einzelnen. Ein so ortsbeständiger Autor wie Jakob Heinrich von Lilienfeld stellte dabei eher die Ausnahme als die Regel dar: er war zwei Jahre im russischen diplomatischen Dienst in Paris, kehrte zurück, heiratete die Erbin von Oberpahlen und widmete sich dann der Verbesserung der Landwirtschaft und seiner Einkünfte, nur unterbrochen durch eine Reise nach Leipzig, wohin er seinen Sohn 1767 zum Studium begleitete.[21] Die meisten Autoren dagegen zeigten eine gewisse Unbeständigkeit in ihrem Lebenslauf, sei es, weil die Verhältnisse im Einwanderungsland zur Mobilität einluden, sei es, weil die großen Zentren des deutschen Zeitschriften- und Büchermarkts einen Sog ausübten. Typischerweise sind die schöngeistigen Autoren des 18. Jahrhunderts daher unterwegs, und nach dem Typ ihres Unterwegsseins gereiht, sollen nun einige von ihnen namhaft gemacht werden.

I. Der Fremde, der kommt und geht

Johann Gottfried Herder hatte schon als Student in Königsberg Gelegenheitsgedichte und Rezensionen publiziert, in Riga demonstrierte er seine Fähigkeiten „in denen neuen schönen Wissenschaften“ mit allem Nachdruck. So feierte er die offizielle Introduktion des neuen Rektors (und seiner selbst) an der Domschule und die Thronbesteigung der Zarin Katharina mit einer schwungvollen Ode (1765), die Vermählung des Erbprinzen Peter von Kurland mit einer Kantate (1765), aber auch private Feste im Kreis der ihm nahestehenden Patrizier-

---

[18] *Wilhelm Lenz*: Zur Verfassungs- und Sozialgeschichte der baltischen evangelisch-lutherischen Kirche 1710-1914. In: Reinhard Wittram (Hrsg.): Baltische Kirchengeschichte. Göttingen 1956, S. 115.

[19] Für die Füllung dieses Begriffs hat vor allem Heinz Ischreyt gesorgt. Vgl. *Heinz Ischreyt*: Buchhandel und Buchhändler im nordosteuropäischen Kommunikationssystem (1762-1797). In: Buch und Buchwesen im achtzehnten Jahrhundert (Wolfenbütteler Schriften zur Geschichte des Buchwesens 4). Hamburg 1981, S. 249 ff. Zur Ausbreitung der Aufklärung vgl. Otto-Heinrich Elias u.a. (Hrsg.): Aufklärung in den baltischen Provinzen Rußlands. Ideologie und soziale Wirklichkeit (Quellen und Studien zur Baltischen Geschichte 15). Köln und Weimar 1996.

[20] So *Arthur Behrsing*: Grundriß einer Geschichte der baltischen Dichtung. Leipzig 1928, S. 50 f.

[21] *Preuß*: Jakob Heinrich von Lilienfeld (wie Anm. 3), bes. S. 240 ff.

familien mit dem „Wiegenlied für das Schwartz- und Berenssche Brautpaar“ (1768). Zur Eröffnung des neuen Rigaer Rathauses schrieb er seine große bildungspolitische Rede „Haben wir noch jetzt das Publikum und Vaterland der Alten?“, die er mit einem patriotischen Gedicht beschloß (1765). Diese Rede erschien gesondert im Druck, während seine anderen Schulreden wie auch die Gedichte überwiegend in den „Gelehrten Beyträgen zu den Rigischen Anzeigen“ veröffentlicht wurden. Diese „Rigischen Anzeigen“ waren ein 1761 gegründetes Annoncenblatt, in dem amtliche Bekanntmachungen, Warenangebote, Getreidepreise, Stellengesuche von Hofmeistern, Informationen über entlaufene Leibeigene und vieles andere alle vierzehn Tage zu finden war. Um solch ein „Intelligenzblatt“ auch wirklich etwas intelligenter zu machen, fügte man ihm an vielen Orten gelehrten oder poetischen Lesestoff hinzu, so auch in den Rigaer „Gelehrten Beyträgen“, welche sich freilich nur von 1761 bis 1767 halten konnten.

In Riga, so möchte man sagen, wurde Herder als Schriftsteller geboren, mit tätiger Beihilfe Johann Friedrich Hartknochs. Hier veröffentlichte er seine wesentlichen Frühschriften, darunter jenes kritische, anfeuernde, zukunftweisende Panorama der zeitgenössischen Literatur, das er an das Rezensionsorgan von Lessing, Nicolai und Mendelssohn anschloß, „Über die neuere deutsche Literatur. Eine Sammlung von Fragmenten. Eine Beilage zu den Briefen, die neueste Literatur betreffend“ (1767). In Riga bildete sich auch seine Vorstellung vom Ursprung der Poesie deutlicher heraus, die sich im Umgang mit Johann Georg Hamann schon in Königsberg zu formen begonnen hatte. Im Grunde wollte Herder die Dichtung aus einer seelisch-leiblichen Einheit entspringen lassen, einer elementaren Selbstäußerung des Menschen, die ihn ineins tanzen, singen und dichten machte. Poesie wäre dann nicht mehr eine nachträgliche Operation auf Reden in Prosa; Poesie wäre dann der Ursprung aller Reden, den jeder Dichter für sich neu zu erschließen hätte, damit er nicht noch mehr verloren geht. Die Volkslieder wurden für Herder das Musterbeispiel einer solchen ursprungsnahen Dichtung, weil sie gesungene, vor allem aber, weil sie mündliche Dichtung waren und denkbar weit entfernt von allen „neuen schönen Wissenschaften“. Die Lieder mußten nicht „fürs Papier gemacht, und todte Lettern Verse seyn“,[22] schrieb er 1773 und begründete zugleich seine Begeisterung, die „Genesis des Enthusiasmus, über welchen Sie mir Vorwürfe machen“, in eigener Erfahrung und Anschauung:

> „Wißen Sie also, daß ich selbst Gelegenheit gehabt, lebendige Reste dieses alten, wilden Gesanges, Rhythmus, Tanzes, unter lebenden Völkern zu sehen, denen

[22] *Johan Gottfried Herder*: Auszug aus einem Briefwechsel über Oßian und die Lieder alter Völker. In: Von deutscher Art und Kunst (1773). Hrsg. von Hans Dietrich Irmscher. Stuttgart 1968, S. 13, 18 f.

unsre Sitten noch nicht völlig Sprache und Lieder und Gebräuche haben nehmen können, um ihnen dafür etwas sehr Verstümmeltes oder Nichts zu geben."

Es ist mehr als wahrscheinlich, daß Herder damit auf die lettische Johannifeier mit ihren Feuern, Umzügen, „Ligo"-Liedern und Tänzen anspielte, die ihm um so fremder vorkommen mußten, als er Lettisch nicht verstand. Die erotische Seite dieses Erlebnisses war das Thema eines Gedichts unter dem Titel „St. Johanns Nachtstraum" von 1772:

„Schönste Sommernacht!
Ich schwimm' in Rosen und blühnden Bohnen
und Blumen und Hecken und Nachtviolen,
in tausend Düften! – O Mutter Natur,
wo kenn' ich deine Kinder alle,
die Bräute alle,
die jetzt sich schmücken und lieben und paaren
und Freude duften in der schönsten Brautnacht!"[23]

Erfahrungen dieser Art konnten Herder darin bestätigen, Stimme und Melodie, kurz das Mündliche in der Dichtung, viel höher einzuschätzen als die Schrift, ja beides gegeneinander auszuspielen. So trat schon in den „Fragmenten" jener Gedanke auf, den Herder viele Jahre später wirklich in die Tat umsetzte, nämlich „sich nach alten Nationalliedern zu erkundigen",[24] um die Ausdruckskräfte der jeweiligen Muttersprache zu dokumentieren oder zu stärken.

Offenbar ist es aber gerade die Autorschaft gewesen, die Herder den Aufenthalt in Riga verleidete. Er hatte seine Schriften, wie damals üblich, anonym erscheinen lassen (um nicht durch abfällige Kritik vor Ort an Ansehen einzubüßen), dann aber den Fehler begangen, seine Arbeiten zu verleugnen, als er längst durch seinen Stil unverkennbar geworden war.[25] Überhaupt war er wohl noch nicht bereit, mit 25 Jahren eine ortsbeständige Existenz zu gründen, sondern nahm sich so etwas wie eine Auszeit zur persönlichen Fort- und Weiterbildung – wie manche seiner späteren jungen Freunde – mit der radikalen Frage: „Wenn werde ich so weit seyn, um alles, was ich gelernt, in mir zu zerstören, und nur selbst zu erfinden, was ich denke und lerne und glaube!"[26]

---

[23] *Johann Gottfried Herder*: Sämtliche Werke. Hrsg. von Bernhard Suphan. Bd. XXIX. Berlin 1889, S. 364.

[24] *Herder*: Sämtliche Werke (wie Anm. 23), Bd. I. Berlin 1877, S. 266.

[25] Vgl. hierzu *Hans Graubner*: Spätaufklärer im aufgeklärten Riga: Hamann und Herder. In: Zeitschrift für Ostforschung 43/1994, bes. S. 531 ff.

[26] *Johann Gottfried Herder*: Journal meiner Reise im Jahr 1769. Historisch-Kritische Ausgabe. Hrsg. von Katharina Mommsen. Stuttgart 1976, S. 12.

II. Das Landeskind, das geht

Am 8. März 1766 erschien in den „Gelehrten Beyträgen zu den Rigischen Anzeigen" ein Gedicht geistlichen Inhalts, „Der Versöhnungstod Jesu Christi", mit folgender Vorbemerkung:

> „Ich mache mit vielem Vergnügen dieses Gedicht bekannt, welches von einem fünfzehnjährigen Jünglinge allhier verfertigt worden. Ein paar kleinere Gedichte von ihm entdeckten mir seinen dichterischen Geist. Ich vermuthete, daß er in der höhern Dichtkunst einen Versuch mit glücklichem Erfolge würde wagen können. Ich munterte ihn dazu auf, und hier ist der Versuch, der seinem glücklichen Genie Ehre macht. Ich versichere, dass dieses Gedicht seine eigene Arbeit sey, sowohl der Plan als die Ausführung. ... Ein solches seltenes Genie verdienet alle Aufmunterung. Ich hoffe die Leser werden mit mir wünschen, dass die dichterischen Gaben dieses hoffnungsvollen Jünglings, sich immer mehr zur Ehre unsers Vaterlandes entwickeln und erhöhen werden."[27]

Unterzeichnet war diese Empfehlung von Theodor Oldekop, Pastor der estnischen Gemeinde in Dorpat, der so als poetischer und geistlicher Vater die Bedenken ausräumen half, die der wirkliche und leibliche Vater Christian David Lenz gegen die poetischen Neigungen seines Sohnes haben mochte. So begann die Laufbahn von Jakob Michael Reinhold Lenz unter erheblichen Spannungen, auch poetologischen. Denn einerseits folgte er Klopstock mit seinem religiösen Thema und den Hexametern, andererseits Diderot mit der Darstellung wirklicher Begebenheiten in Prosa. Diese Konstellation setzte sich fort, als er zum Studium nach Königsberg ging, von Herbst 1768 bis Ostern 1771. Dort wurde weitergedichtet, unter anderem ein Gratulationsgedicht für Immanuel Kant, als er 1770 ordentlicher Professor wurde – „Im Namen der sämtlichen in Königsberg studirenden Cur- und Liefländer", insgesamt 17 an der Zahl.[28] Im Herbst 1769 veröffentlichte Lenz ein weiteres Produkt religiöser Lyrik, „Die Landplagen", wiederum in Hexametern und mit einer Widmungsode an Katharina II. Er ließ sogar ein Exemplar kostbar einbinden, um es nach St. Petersburg zu schicken. Allein in Königsberg wurde das Buch vernichtend kritisiert, und diese Nachricht breitete sich alsbald in seiner Heimat aus. So erklärt es sich vielleicht, daß Lenz sich geradezu wütend weigerte, 1771 nach Livland zurückzukehren und dort Hofmeister zu werden, wie es sein Vater wünschte. Stattdessen machte er sich als Gesellschafter, d.h. ohne finanzielle Basis, mit zwei Adligen auf nach Straßburg.

---

[27] Zit. nach *Paul Theodor Falck*: Der Dichter J.M.R. Lenz in Livland. Eine Monographie. Winterthur 1878, S. 21.

[28] Gedruckt auf weißem Atlas mit einem Einband von rotem Samt und Goldborten, innen mit himmelblauem Atlas gefüttert. Vgl. *Rudolf Reicke*: Reinhold Lenz in Königsberg und sein Gedicht auf Kant. In: Altpreußische Monatsschrift 1867, S. 647-658.

Und andererseits hatte Lenz schon in Königsberg begonnen, wiederum eine wahre Begebenheit zu dramatisieren, in einem Stück, das 1774 unter dem Titel „Der Hofmeister oder Vorteile der Privaterziehung" erschien: „Den Stoff gab eine, in Livland vorgefallene scandalöse Begebenheit. Die Personen sind Liv- und Kurländer, von denen ich Paetus und Bollwerk gekannt habe", hieß es sehr viel später in einem Brief.[29] Es mußte sich also wahr und wahrhaftig eine junge Adlige mit ihrem Hofmeister eingelassen haben und erwischt worden sein. Nun hat Lenz das ganze Geschehen nach Ostpreußen verlegt, auch die meisten Namen verändert, nur eben nicht den Familiennamen „von Berg". Zwei Schwestern dieses Namens sind unter Lenzens Taufpaten zu finden, ein General dieses Namens hat das Studium seines Bruders finanziert.[30]

Also handelte es sich auch um eine skandalöse Namensgebung, die den Bruch mit allen livländischen Verhältnissen zu bezeichnen oder zu bewirken hatte. Ähnlich wie schon „Der verwundete Bräutigam" handelt das Drama vom Aufbegehren eines Unterlegenen. Der gedemütigte Hofmeister – er wird gedemütigt, weil er auf der Universität nichts gelernt hat und nur unter Unwissenden als Unwissender sein Brot verdienen kann, weder Kirche noch Schule wollen ihn haben – der Hofmeister also wird erwischt, sucht Zuflucht bei einem Schulmeister, der ihn ebenfalls tyrannisiert, woraufhin er sich aus Verzweiflung kastriert, doch ein Bauernmädchen reicht ihm trotzdem die Hand zur Ehe. So ist aus der skandalösen Begebenheit ein skandalöses Stück entstanden, das immerhin, da es im gleichen Verlag erschien wie Goethes „Werther", von einigen Zeitgenossen auch Goethe zugeschrieben wurde.

So geriet Lenz in Goethes Schatten. Lenz lernte ihn im Sommer 1771 kennen, konnte sich dann noch fünf Jahre in Straßburg über Wasser halten, bis er sich schließlich im Frühjahr 1776 aufmachte, um in Weimar Hilfe zu finden. Dort wurde er allerdings, unter sehr ungeklärten Umständen, im November des Landes verwiesen, reiste oder irrte durch die Schweiz, bis es im Januar 1778 zu dem Zusammenbruch bei Pastor Oberlin im Steintal kam. Goethes Schwager Schlosser sorgte für ihn, wollte dann aber doch die Familie in die Fürsorge für den Geisteskranken einbinden. Dem Vater war das Geschick seines Sohnes indes so peinlich, daß er ihn erst nach langem Widerstreben nach Riga zurückholen ließ, ihn bedenkenlos bei der Domschule als künftigen Rektor präsentierte (1779), aber sonst alle weitere Hilfestellung verweigerte. Lenz versuchte sich in Livland als Hofmeister, erneut 1780 in St. Petersburg und 1781 in Moskau. Dort unterstützten ihn Freunde aus den Kreisen der Freimaurer. Die Texte aus seiner späten Zeit, sofern sie gedruckt wurden, sind wohl immer noch nicht

[29] Georg Friedrich Dumpf an Ludwig Tieck, 20.4.1821. Zit. nach: Die Biographie des Dichters Jacob Lenz. In: Baltische Monatsschrift 47/1899, S. 312 f.

[30] Näheres bei *Bosse*: Lenz' livländische Dramen (wie Anm. 16), S. 87.

vollständig erfaßt,[31] öffnen sich aber selbst als Handschriften durchaus der Interpretation.

III. Der Fremde, der ansässig wird

Der wohl erfolgreichste Dramatiker des 19. Jahrhunderts, August (von) Kotzebue (1761-1819), führte ein Leben, das abenteuerlicher war als mancher Roman. Selbst sein Tod, die Ermordung durch den Burschenschafter Karl Ludwig Sand, ist eine *cause célèbre* der Geschichte, denn daraus folgten Zensur- und Unterdrückungsmaßnahmen der Metternich-Zeit. Kotzebue stammte aus Weimar, wo er schon als Kind bei einer Liebhaberaufführung von Goethes „Geschwistern" mitgewirkt hatte. Er versuchte dort auch als junger Jurist Fuß zu fassen, doch die gesuchte Anstellung wurde ihm verweigert, von Goethe selbst, wie er behauptet: „Goethe ist es, der mich hinaus in die Welt geworfen hat."[32] Die Welt war zunächst Rußland. In St. Petersburg wurde er 1781 Sekretär eines Generalingenieurs, der zugleich das Deutsche Hoftheater leitete, also selbst Theaterleiter, 1783 kam er als Assessor des Gouvernementsgerichts nach Reval. Schon 1784 verfaßte er für ein Liebhabertheater auf dem Lande „die ersten beyden Schauspiele, denen ich selbst einen Werth beylege",[33] und daraus entwickelte sich alsbald das Revaler Liebhabertheater, das 1784 mit seinen Vorführungen begann und sie erst 1795 einstellte, als man versuchte, eine stehende Bühne zu etablieren.[34] Inzwischen war Kotzebue Präsident des Gerichtshofs geworden, führte den russischen Dienstadel und hatte geheiratet. 1790 gelang es ihm – durch die Vermittlung des prominenten Arztes Johann Georg (Ritter von) Zimmermann – für ein Jahr aus Gesundheitsgründen beurlaubt zu werden und demgemäß auf Reisen zu gehen. Diese Reise beschädigte seinen Ruf: Obgleich oder weil seine Frau lebensgefährlich erkrankte, fuhr er vor ihrem Tod weiter nach Paris und berichtete alles, die Intimitäten der Krankheit wie die seines Pariser Aufenthalts, ungeniert der Öffentlichkeit in „Meine Flucht nach Paris" (1791). Damit sind wohl die beiden Pole seines Wirkens markiert, die ungehemmte Theaterarbeit wie die ungehemmte Öffentlichkeitsarbeit. Die Arbeit für das Theater resultierte in mehr als 230 Rühr- und Familienstücken, Lustspielen, Einaktern, Historiendramen, darunter „Menschenhaß

---

[31] So präsentiert Werner H. Preuß mögliche Beiträge für eine Mitauer Literaturzeitschrift aus dem Jahr 1781. *Werner H. Preuß*: „Verfasser unbekannt" – „typisch Lenz". Über den Anteil von J.M.R. Lenz an der Zeitschrift „Für Leser und Leserinnen". In: Lenz-Jahrbuch. Sturm und Drang-Studien 3/1993, S. 99-115.

[32] *August von Kotzebue*: Meine verschiedenen Bestimmungen im bürgerlichen Leben. Hrsg. von Werner Müller. In: Jahrbuch der Sammlung Kippenberg 2/1922, S. 179.

[33] *August von Kotzebue*: Mein litterärischer Lebenslauf (1796). Zit. nach *von Wistinghausen*: Die Kotzebue-Zeit (wie Anm. 10), S. 10.

[34] Grundlegend ist *Elisabet Baronesse Rosen*: Rückblicke auf die Pflege der Schauspielkunst in Reval. Festschrift zur Eröffnung des neuen Theaters in Reval 1910. Nachdruck Hannover-Döhren 1972.

und Reue“ (aufgeführt in Reval am 23. November 1788, in Berlin am 3. Juni 1789), in dem einer reuevollen Adligen ihr Ehebruch zuletzt großmütig verziehen wird. Die Arbeit für die Öffentlichkeit jedoch führte zu zahlreichen Polemiken, die auf den Autor zurückschlugen. So polemisierte er mit Garlieb Merkel in der von ihnen gemeinsam herausgegebenen Zeitschrift „Der Freimüthige“ (1803/4) gegen Goethe, in einem Pamphlet „Der hyperboreeische Esel oder Die heutige Bildung“ (1799) gegen die Romantiker und in „Doctor Bahrdt mit der eisernen Stirn“ (1790) gegen die Aufklärung.[35] Namentlich die letzte Schrift, welche Zimmermanns Gegner nur noch zwischen Bordell und Abtritt placierte, trug Kotzebue so etwas wie lebenslängliche Verachtung ein.

Reval bildete insofern einen Fixpunkt in Kotzebues bewegtem Leben, als er sich dort 1792 auf dem Gut Koppelmann/ Koppe Imaa ansässig gemacht hatte:

> „Vor kurzem habe ich mir ein kleines Rittergut, nur einige Meilen vor der Stadt, für 18000 Rubel gekauft, wo ich im Sommer immer 4 bis 5 Monate zubringen werde und fleissig zu seyn hoffe. Freylich musste ich 8000 R. darauf schuldig bleiben. Es liegt sehr romantisch an einem kleinen Flusse, und hat 42 männliche Leibeigene.“[36]

Dort lebte er als freier Schriftsteller nach 1795, ging dann aber als Hoftheaterdichter an das Burgtheater in Wien (1798) und mußte 1800 „Das merkwürdigste Jahr meines Lebens“ (1801) erleben. Nach Katharinas II. Tod regierte ihr Sohn als Paul I. (1796-1801) in paranoider Angst vor dem französischen Virus der Revolution. Er befahl allen im Ausland Studierenden, sofort zurückzukehren, und errichtete eine Mauer der Zensur, die kein Buch, nicht einmal Manuskripte aus dem Westen passieren ließ. In dieser Sphäre des Argwohns wurde Kotzebue an der Grenze verhaftet und umstandslos nach Sibirien deportiert. Als aber ein Übersetzer dem Zaren Kotzebues patriotischen Einakter „Der alte Leibkutscher Peters III.“ zuspielte, wurde er nach vier Monaten zurückgerufen, mit einem Gut in Livland beschenkt und zum Direktor des Deutschen Theaters in St. Petersburg ernannt. Dem folgten weitere Jahre als Dichter und Publizist in Weimar, Berlin und Königsberg, wo sich Kotzebue erneut mit der Leitung des Theaters befaßte (1813-1817), wie auch schon zwischenzeitlich in Reval (1812/13). Zuletzt, da er in St. Petersburg nicht leben mochte, für alle Posten in Reval aber zu hoch im Rang gestiegen war, verfiel er auf die Idee, als offizieller Ideenakquisiteur im Ausland für den Zaren tätig zu werden:

> „Der Hof, sagte ich, schickt Reisende ins Ausland, um Fabriken, neue Maschinen und dergleichen zu sehn, zu beschreiben und für Rußland nutzbar zu machen.

[35] Zum Kontext – ein Freundschaftsdienst für den Arzt Zimmermann, der ihm zu seinem bezahlten Urlaub verholfen hatte – vgl. *Frithjof Stock*: Kotzebue im literarischen Leben der Goethezeit. Polemik – Kritik – Publikum. Düsseldorf 1971, bes. S. 21 ff.

[36] Brief an die Mutter (undatiert). In: Jahrbuch des Freien Deutschen Hochstifts 1970, S. 363. Vgl. auch *von Wistinghausen*: Die Kotzebue-Zeit (wie Anm. 10), S. 54 f.

> Sollte es nicht eben so vortheilhaft, und noch vortheilhafter seyn, wenn er einen Mann im Ausland hielte, der ihn von allen neuen Ideen unterrichtete, die in der Politik, Finanz-Wissenschaft, Kriegskunst, öffentlichem Unterricht u.s.w. in Europa in Umlauf kommen?“[37]

Einer dieser Geheimberichte wurde aufgefangen, veröffentlicht, und Kotzebue war als Mann der Reaktion, der weder Pressefreiheit noch akademische Freiheit gutheißen wollte, dem fortschrittlichen Zorn preisgegeben. Seine Nachkommen wurden in die estländische Ritterschaft aufgenommen, „Die deutschen Kleinstädter“ (1803) leben in Schüleraufführungen, ja selbst auf professionellen Bühnen (Basel 1999/2000) bis heute fort.

IV. Das Landeskind, das geht und kommt

An der Schwelle vom 18. zum 19. Jahrhundert finden wir Casimir Ulrich Boehlendorff (1775-1825). Er wurde in Mitau/Jelgava geboren, verlor in früher Jugend seine Eltern, studierte ein Jahr an der Academia Petrina in Mitau und anschließend (1794-1797) in Jena. Dort gehörte er zu dem idealistischen „Bund der freien Männer“, begeisterten Fichte-Hörern, die ein neues Zeitalter geistiger Beweglichkeit herbeiführen wollten und dies auch ganz konkret einübten. Die „Vorboten des Frühlings“, schrieb einer von ihnen, „lockten uns ins Freie, wir verließen frühe mit unseren Freunden das dumpfe Zimmer, bestiegen den nahe gelegenen Berg. Angekommen auf dem Gipfel hob Böhlendorf mit einigen Gedichten, die er uns vorlas, noch mehr unsere Stimmung, es war so rein in uns und außer uns, jeder fühlte sein Herz im Busen des andern.“[38] Nach dem Abschluß der Studien und bevor er sich in Bern und Lausanne in Hauslehrerstellen versuchte, unternahm Boehlendorff mit drei seiner Jenaer Freunde eine zweimonatige Wanderung durch die Schweiz und Norditalien. Da zeigte sich, daß sein poetisches Talent von einer melancholischen Disposition verschattet war, sodaß die gerühmte Freiheit der Bewegung in reinen Nomadismus umzuschlagen drohte:

> „Ich gehe nach Italien - zwar nur nach Mayland, aber doch nach Italien. Der kalte Nordländer streift nach der wärmern Zone und sucht ein Leben, das ihm die schlanken Birken um die stille Heimath her nicht machen können. Ich bin ein Mensch, der in der temperirten Zone nicht bleiben kann. Vom fünfzigsten bis zum sechzigsten Grad treibt mich meiner Wünsche Noth und in dem siebzigsten

---

[37] *Kotzebue*: Meine verschiedenen Bestimmungen (wie Anm. 31), S. 207.

[38] Rudolf Steck an seine Mutter, 11. Februar 1797. Zit. nach *Karl Freye*: Casimir Ulrich Boehlendorff, der Freund Herbarts und Hölderlins (Mann's Pädagogisches Magazin 547). Langensalza 1913, S. 20. Vgl. auch die historisch-kritische Ausgabe der Werke von Casimir Ulrich Boehlendorff. Hrsg. von Frieder Schellhase. Frankfurt a.M. 2000.

> werden sie mich noch fliehen. Zum Vagabundenleben verdammt, werde ich nicht ruhen, als unter den letzten Trümmern meiner Hofnungen begraben.“[39]

Hellsichtige Worte, denn das Vagabundenleben wurde ihm zuteil – zunächst in unterschiedlichen Versuchen, in Bad Homburg, Bremen, Dresden, Berlin beruflich Fuß zu fassen. Sein Ehrgeiz war, Dramatiker zu werden und so zu dichten wie Schiller und Goethe. Doch das gelang schlecht mit dem Trauerspiel „Ugolino Gherardesca“ (1801) und nicht viel besser mit der dramatischen Idylle „Fernando oder Kunstweihe“ (1802), in der es um Künstlertum und Konversion eines protestantischen Malers in Spanien geht. Hölderlin allerdings lobte gerade die epische Struktur dieses Stücks:

> „Dein Fernando hat mir die Brust um ein gutes erleichtert. Der Fortschritt meiner Freunde ist mir so ein gutes Zeichen, Wir haben ein Schiksaal. Gehet es mit dem einen vorwärts, so wird auch der andere nicht liegen bleiben.“[40]

Es waren nun gerade die Anklänge an die Romantik, die Motive und Themen aus den „Herzensergießungen eines kunstliebenden Klosterbruders“ (1797), die Boehlendorff ins Unglück stürzten, als er 1802 nach Berlin zur „Vossischen Zeitung“ kam. Hier hatte die Weimarer Klassik ebenso wie die Romantik schreibgewandte Feinde in August von Kotzebue und Garlieb Merkel (1769-1850). Es erscheint fast tragisch, wie der Livländer Merkel, der mit seiner Kampfschrift „Die Letten vorzüglich in Liefland am Ende des philosophischen Jahrhunderts“ (1796) aus Riga aufgebrochen war, um deutscher Publizist zu werden, in Berlin den Kurländer Boehlendorff ruinierte, der deutscher Dichter werden wollte.

Boehlendorff hatte mit einem Kollegen zusammen ein „Poetisches Taschenbuch auf das Jahr 1803“ herausgegeben, in dem er mit einem weiteren Drama und zahlreichen Gedichten vertreten war. Nahezu gleichzeitig mit dem Taschenbuch erschien auch schon die Rezension in Merkels „Frauenzimmerbriefen“. Sie war vor allem für den Haupt-Autor Boehlendorff vernichtend. Das historische Schauspiel sei weder historisch noch ein Schauspiel, sondern ein verwirrtes Gemisch von Szenen, von denen jede beliebige weggestrichen werden könne; die Verse in den Gedichten seien schief und schlecht, der Inhalt erscheine mitunter sinnlos bis wahnsinnig, doch Sinnlosigkeit sei ja das Markenzeichen der neueren Poesie.[41] Boehlendorff verwahrte sich dagegen in ei-

[39] Abenteuerliche Briefe. Von dem Verfasser des Fernando (1803). Ebd., S. 37 f. Vgl. auch *Heinrich Bosse*: Zur Sozialgeschichte des Wanderliedes. In: Wolfgang Albrecht / Hans-Joachim Kertscher (Hrsg.): Wanderzwang – Wanderlust. Formen der Raum- und Sozialerfahrung zwischen Aufklärung und Frühindustrialsierung. Tübingen 1999, S. 135 ff.

[40] An Boehlendorff, 4. Dezember 1801; *Hölderlin*. Sämtliche Werke (Stuttgarter Ausgabe). Bd. 6,1: Briefe, S. 425. In diesem Brief bestimmt Hölderlin, über den Anlaß hinaus, das Verhältnis von griechischer und moderner deutscher Kunst.

[41] Nach *Freye*: Boehlendorff (wie Anm. 37), S. 201 ff.

nem scheuen „Recurs", den Merkel wiederum verspottete, dann gab er auf und brach zusammen. Freunde verhalfen ihm zurück nach Kurland, wo er einundzwanzig weitere Jahre lang ein Wanderleben führte, das ihn auch nach Königsberg und St. Petersburg brachte. Der russische Dichter Žukovskij schrieb für ihn 1817 einen Empfehlungsbrief mit den Worten:

> „Da schicke ich dir einen Sonderling, einen Poeten, einen Vagabunden, ein Kind, einen Greis. Werde nicht wütend auf mich, daß ich Dich mit unnötigen Bekanntschaften belästige. Der Übergeber dieses Briefes wird Dir nicht zur Last fallen; er durchwandert die Welt und beschreibt seine Wanderungen in Versen; niemals hat er einen Groschen; seine ganze Garderobe (zwei Röcke, zwei Westen und wahrscheinlich zwei Hosen, mit einer großen Tabakspfeife in der Tasche) hat er stets an, alle seine Werke trägt er stets auf der Brust; was nicht hineingeht, wird verbrannt."[42]

Dennoch haben sich weitere Texte von Boehlendorff erhalten, sei es, weil sie noch zu seinen Lebzeiten gedruckt wurden, sei es, weil sie – wie die Sammlung von 53 Gedichten unter dem Titel „Marionetten", die Aufzeichnungen unter dem Titel „Puff- und Modejournal eines Unschuldigen" oder die Bearbeitung von Schillers „Räubern" im jambischen Versmaß – in den Archiven gelandet sind. Aus den Beständen des Lettischen Staatsarchivs in Riga ist eine deutsch-lettische Edition seiner nachgelassenen Gedichte zu erwarten.

„Mit der Schriftstellerrepublik hängen wir durchs Lesen zusammen", schrieb Johann Christoph Berens, der Freund Kants und Herders, 1792 bei der Eröffnung der Rigaer Stadtbibliothek.[43] Aber vielleicht läuft die Verbindung auch über jene Geschichten, die sich von Autoren und ihren Büchern auf den verschlungenen Wegen zwischen Bibliothek und Archiv, zwischen Hauptstädten, Landgütern und Landstraßen erzählen lassen.

---

[42] Zit. nach *Freye*: Boehlendorff (wie Anm. 37), S. 229.

[43] *Johann Christoph Berens*: Bonhomien. Geschrieben bei Eröffnung der Rigischen Stadtbibliothek. Mitau 1792, S. 61.

Europäische Dimension oder regionale Eigenart?

Überlegungen zu einem Begriffsfeld mit Blick auf die deutsche Literatur des Baltikums im 19. Jahrhundert

Von *Armin von Ungern-Sternberg*

I.

1. Wie nur selten ist hier Gelegenheit gegeben, an den vorhergehenden Beitrag unmittelbar anzuknüpfen. Denn bislang – seien wir offen – beschränkt sich unsere Vorstellung der baltischen Literatur im 19. Jahrhundert vor allem darauf, die Zeit der baltischen Aufklärung und des ‚Kleinkönigs von Liefland' Vietinghoff als ihren Ausgangspunkt zu nehmen. Wenige Namen leuchten aus dem Dunkel eines Jahrhunderts – genau genommen, nur einer: Theodor Hermann Pantenius. Eigentlich sollte uns auch Garlieb Merkel einfallen; daß dieser erste wirklich politische Journalist der deutschen Zeitungsgeschichte erst 1850 starb, ist jedoch den wenigsten bewußt. Irgendwann im 20. Jahrhundert, besonders in den 1930er und dann in den 1950er und 1960er Jahren taucht sie dann wieder auf, die baltische Literatur, offensichtlich völlig verwandelt. Was nämlich z.B. Garlieb Merkel und Werner Bergengruen, Johann Christoph Petri und Else Hueck-Dehio als gemeinsame ‚regionale Eigenart' verbinden sollte, erscheint doch einigermaßen schleierhaft. Nicht zu Unrecht und aus leidvoller Erfahrung ließe sich einwenden: hier einen gewissermaßen zeitlosen Stammescharakter feststellen zu wollen (und sei es nur im Sinne eines literarischen Stils), das sei doch ebenso ignorant wie reaktionär, in zwei Worten: ziemlich schollenverhaftet. Andererseits: Lassen sich solche Kontinuitäten (und sei es nur im lockeren Sinne einer Familienähnlichkeit) *nicht* feststellen, so ist zu fragen, was mit dem Begriff einer ‚baltischen Literatur' überhaupt bezeichnet sein soll – und ob er nicht eher und möglicherweise ersatzlos aus unserem Vokabular zu streichen wäre. Ähnlich verhält es sich übrigens mit Begriffen wie ‚deutsche', ‚englische' oder ‚japanische' Literatur, sofern man sich nicht auf den rein linguistischen Gesichtspunkt beschränken möchte; ähnlich mit der Rede von einer ‚bayerischen', ‚elsässischen', ‚deutschen', ‚österreichischen', ‚schweizer' oder ‚DDR-' und schließlich: einer ‚europäischen' Literatur.

Mit solch grundsätzlichen Schwierigkeiten wären wir also bereits mitten beim Thema, das sich uns so stellt: Welche ‚regionalen Eigenarten' erlauben es, im 19. Jahrhundert von einer *baltischen* Literatur zu sprechen, und in welcher Hinsicht wäre sie als *europäische* einzuordnen? Oder, etwas präziser formuliert: In welcher Hinsicht ist es möglich und sinnvoll, aus der amorphen Unmasse der literarischen Werke und Lebenswerke des 19. Jahrhunderts eine bestimmte Gruppe als solche zu identifizieren? In welcher Hinsicht wäre diese als ‚baltische' und inwiefern als ‚europäische' Literatur zu bezeichnen, und in welcher Beziehung stehen diese beiden Charakteristika zueinander? Unser Programm ist mithin jenes einer Begriffsbestimmung der baltischen Literatur des 19. Jahrhunderts. Doch bevor wir uns nicht darüber klar geworden sind, was als ‚baltische Literatur' zu bezeichnen wäre, bleibt es unsinnig, ja unmöglich, Schlüsselwerke herauszustellen oder Tendenzen nachzuzeichnen. Die Rede von ‚regionalen Eigenarten' und ‚europäischen Dimensionen' scheint naheliegend und unproblematisch. Was aber soll überhaupt damit ausgesagt sein?[1]

2. Die ‚europäische Dimension' ist uns in vielen Bereichen vorgegeben und sie wird vor allem als Aufgabe verstanden: als etwas noch zu Schaffendes oder, weniger konkret: als längst vorhandene Zusammenhänge, die es lediglich ins (womöglich alltägliche) Bewußtsein zu heben gelte. Man kann indes noch etwas anderes darunter begreifen: Wir alle, oder zumindest die meisten von uns, *sind* Europäer durch Erziehung, Lebensweg oder Geburt. Sofern man darunter nicht lediglich unsere Staatsbürgerschaft als Mitglied der Europäischen Union, sondern eine Wertegemeinschaft gewisser abendländischer Kulturgüter und deren Geschichte verstehen will, ist sie von uns kaum zu hinterfragen.

Ersichtlich gilt dies für Literatur nicht in gleicher Weise. Daß eine ‚europäische Dimension' ihr vorgegeben sei, als Thema oder gar als Aufgabenstellung, läßt sich nicht sinnvoll behaupten; es wäre einigermaßen diktatorisch. Aus Zeiten, welche literarische Äußerungen weniger als subtil-genialische Selbstaussage und Dekonstruktion der Zeitläufte ansehen, kennen wir Elogen auf allergnädigste Landesfürsten und Generalsekretäre. Auch heute ließe und läßt sich mit dem Zeitgeist angepaßter ‚Euro-Literatur' wohl einiges Renommee erschreiben; die entsprechenden Literaturpreise gibt es, wie bereits im vorletzten Jahrhundert der Weg zum Großschriftsteller häufig über einen Beitrag zur nationalen Selbstfindung der Leserschaft führte.

Zugegebenermaßen scheint dies ein etwas oberflächliches Verständnis einer ‚europäischen Dimension' von Literatur zu sein, geradezu ein Mißverständnis davon, wie und warum Literatur entsteht und wirkt. Daß aber sonst irgendwie eine ‚europäische Dimension' der Literatur auf unserem Kontinent vorgegeben sei, wollen wir wohl kaum behaupten. Wir sollten uns statt dessen Rechen-

[1] Vgl. dazu jetzt ausführlich *Armin von Ungern-Sternberg*: „Erzählregionen". Überlegungen zu literarischen Räumen mit Blick auf die deutsche Literatur des Baltikums, das Baltikum und die deutsche Literatur. Bielefeld 2003.

schaft darüber geben, was mit einem solchen Ansatz benannt werden könnte und wofür er überhaupt gut sein soll. Was heißt es denn, von einer ‚europäischen Dimension' von Literatur zu sprechen – gar einer näher bestimmten von noch dazu ‚regionaler Eigenart'?

Offensichtlich handelt es sich um einen durch einen komparatistischen Ansatz gewonnenen (bzw. ihm vorausliegenden) Begriff. Doch sofern sich unser Vergleich ‚innerhalb' der europäischen Literaturen bewegt, ist der Begriff einer ‚europäischen Dimension' überflüssig bzw. kaum zu definieren. Er scheint die Vorstellung einer Gemeinschaft oder mindestens einer Gemeinsamkeit zu implizieren, an der eine Vielzahl von Autoren größeren bzw. minderen Anteil hätte. Zu fragen ist allerdings, was dies für Berührungspunkte, Ähnlichkeiten, Parallelen sein sollen. Ließen sich solche Fixpunkte tatsächlich herausarbeiten, gäbe es bei der amorphen Vielfalt, wie sie die Literaturgeschichte nun einmal darstellt, im Ergebnis zwangsläufig weniger ‚europäische' und ‚europäischere' Autoren und Werke in Europa. Was aber hätte es dann für einen Sinn, überhaupt von einer *europäischen* Literatur zu sprechen? Alternativ könnte man sich mit der Vorstellung eines ‚kleinsten gemeinsamen Nenners' aller europäischen Literaturen behelfen. Doch dürfte dies eine schmale Basis sein, deren Sinn ebenso unsicher ist wie ihr möglicher Nutzen. Denn ob ein solch dürres Konstrukt dann tatsächlich geeignet wäre, eine ‚europäische' Literatur von anderen Literaturen abzugrenzen, ist zweifelhaft. Das ‚Europäische' der europäischen Literatur kann aber nur im Vergleich zu ‚Nicht-Europäischem' aufscheinen und literaturwissenschaftlich von Belang sein. Wir müssen unsere Vorstellungen einer ‚europäischen' bzw. ‚regionalen' Dimension von Literatur also etwas konkretisieren – womit sie zwangsläufig einiges an Faszination verlieren dürften.

3. Die Rede von solchen ‚regionalen Dimensionen' bezieht sich offenbar auf einen Teilaspekt literarischer Werke, welche sich in anderer Hinsicht anderweitig gruppieren ließen: nach Epochen, Gattungen, als pietistische oder sozialistische Literatur oder eben – und dies scheint das eigentliche Begriffsfeld zu sein – als west- und osteuropäische so gut wie nord- und südeuropäische, als skandinavische oder mediterrane. Irgendwie und irgendwo in diesem Schema wäre dann auch eine ‚baltische' Literatur zu ‚verorten' – aufgrund feststellbarer ‚regionaler Eigenarten' – also irgendwo im Kreis osteuropäischer Literaturen deutscher Sprache, sozusagen am nördlichsten Ende einer Reihe, die von Pommern, West- und Ostpreußen über Schlesien, Böhmen und Mähren und die Zips nach Galizien, Wolhynien und die Ukraine bis zur Wolga reicht und weiter südlich über den Banat, Siebenbürgen, die Bukowina, Bessarabien, Dobrudscha und Budschak zur Schwäbischen Türkei, zur Batschka und nach Syrmien weiterführt. Das klingt nicht unvernünftig, und doch ein wenig nach einer geographischen Kästchenbildung, die sich offenbar mehr von Nachbarschaften

anstatt durch literarische Gemeinsamkeiten inspirieren läßt. Die Linie scheint Unzusammenhängendes in großem Bogen aneinanderzureihen, hat jedoch literaturwissenschaftlich wie kulturhistorisch ihren Sinn, wenn man sie anderen Regionalliteraturen deutscher Minderheiten, etwa Nord- und Südamerikas, gegenüberstellt.

Versuchen wir also einmal – mit Blick auf den Einzelfall der deutschen Literatur des Baltikums – zu fragen, was an ihr im 19. Jahrhundert sinnvollerweise als allgemein ‚europäisch' bzw. genuin ‚baltisch' zu bezeichnen wäre, denn so ist das Begriffspaar offenbar aufzulösen.

II.

1. Zwischen einer Regionalliteratur, z.B. der ‚baltischen' und der großen Masse/Einheit ‚europäischer Literatur', scheint eine Teil-Ganzes-Beziehung vermutet zu werden. Das Entscheidende indes ist das *tertium comparationis* der vergleichenden Zuordnung einzelner Werke zu größeren Gruppierungen. Eine wie auch immer geartete ‚baltische' Literatur als fest umrissene Größe im noch größeren Ganzen einer europäischen Literatur wird, ja kann es nicht geben, denn solche Einordnungen sind jeweils einer bestimmten Fragestellung geschuldet; nach wechselnden Aspekten wird man die Bezeichnung ‚baltisch' jeweils anderen Gruppierungen zurechnen, wodurch sich auch ihr Begriff selbst ändert: Jedes Mal stehen andere Werke im Vordergrund, sind andere Ausnahmen von der Regel zu verzeichnen. Eine baltische Literatur ‚als solche', welche in jeder Hinsicht ein wenn auch nicht abgeschlossenes, so doch wahrnehmbares Ganzes bildet, gibt es nicht. Zumindest läßt sie sich nicht begrifflich fassen. Aus der zunächst amorphen und unübersichtlichen Vielzahl aller Literaturdenkmäler spezifisch ‚baltische' herauszuheben, ist ein literaturwissenschaftliches Konstrukt, nicht verläßliche Grundlage einer Untersuchung, sondern eine Arbeitshypothese.

2. Doch angenommen, wir hätten keinerlei Schwierigkeiten damit, die Teilliteraturen einer ‚europäischen Literatur' (und unter anderem eine ‚baltische') zu definieren: Welche Einheit sollte mit dem Begriff einer ‚europäischen Literatur' bezeichnet sein? Es kann nicht die der europäischen Sprachen sein, welche sich auch und gerade als Literatursprachen mittlerweile über den gesamten Globus verbreitet haben. Nach sprachlichen Kriterien gibt es keine ‚baltische' Literatur; keinen zusammenhängenden literarischen Text im prägnanten deutschbaltischen Dialekt, nicht einmal aus dem 19. Jahrhundert, als Fritz Reuter und Klaus Groth im Plattdeutschen ihre auch im Baltikum populären Meisterwerke schufen. Gewiß haben baltische Autoren besonders im 19. Jahrhundert wiederholt im sogenannten Halbdeutsch, einer deutsch-estnischen bzw.

deutsch-lettischen Mischsprache (zuweilen mit russischen Einsprengseln) geschrieben – jedoch aus parodistischer Absicht. Es war nicht ihre Sprache, und es ist nicht unvernünftig zu vermuten, daß in der vielsprachigen baltischen Region gerade ein elaboriertes Hochdeutsch eine gewisse Kulturschranke darstellen sollte,[2] zumal im 19. Jahrhundert, im Kontext zunehmender Nationalismen, aber auch den ‚eigenen' kleinen deutschen Leuten gegenüber.

3. Doch wer soll uns dann überhaupt als ‚europäischer' bzw. ‚baltischer' Autor gelten? Spätestens um 1900, als die Vorstellung einer Gruppe baltischer Literaten im Bewußtsein der Öffentlichkeit des Deutschen Reiches gerade genauere Züge anahm, wurde die baltische Literatur längst eine „nordostdeutsche Emigrantenliteratur".[3] Zu allen Zeiten zogen Schriftsteller, Publizisten, Akademiker ins Baltikum, zogen wieder weg oder blieben da, aber veröffentlichten in ausländischen Verlagen, in Stuttgart, Leipzig oder in Berlin. So mancher Balte ist anderen Literaturszenen mit größerem Recht zuzuschlagen als seiner nordosteuropäischen Heimat oder zeitweisen Arbeitsstätte (Roman Budberg war auf seine Mitgliedschaft im Berliner „Tunnel über der Spree" vermutlich stolzer als auf das Lob in der Heimat); einigenorts entstanden ‚Baltenkolonien', wie in München um 1900. Wären solche Emigranten – z.B. auch Pantenius – die ‚Europäer' unter den baltischen Autoren, und inwiefern wären sie dann noch oder zusätzlich als ‚baltische' zu bezeichnen?

Abgesehen davon, daß Herkunft und Wirkungsstätte eines Autors literaturwissenschaftlich nur insoweit von Interesse sind, als sie nachvollziehbar etwas über seine Werke aussagen, sind sie nicht einmal für sich genommen trennscharfe Kriterien. Ist Jakob Michael Reinhold Lenz „wirklich ein ‚Balte', nur weil sein pommerscher Vater in der Seßwegener Pfarre einen neuen Lebensanfang fand?"[4] Sollen wir einen baltischen Mindeststammbaum oder eine Mindestverweildauer vor Ort ansetzen? Und wären nicht estnische und lettische Autoren ebenso zur deutschbaltischen Literatur zu zählen? Die wenigen deutschen Gedichte Kristian Jaak Petersons, welche 1823 in der Leipziger „Zeitung für die elegante Welt" erschienen, stehen denen seiner deutschen ‚Landsleute' – selbst denen von Peter Alexander Rydenius – in nichts nach, im Gegenteil. Umgekehrt schrieben auch deutsche Autoren auf estnisch und lettisch. Schon im 17. Jahrhundert war das „Estnisch möchte ich schreiben" eine beliebte Mode, im 18. Jahrhundert wurde aus einem Gesellschaftsspiel oder pastoralem Nutzen volkskundliche, linguistische Ambition; das uns hier interessierende 19. Jahrhundert begann mit starken estophilen/lettophilen Tendenzen, die sowohl

---

[2] *Gero von Wilpert*: Baltische Literatur. Thesen und Hypothesen. [Manuskript, 1979], S. 6.

[3] *Max Hildebert Boehm*: Die Balten als mündliche Menschen. In: Jahrbuch des baltischen Deutschtums 1958, S. 35.

[4] *Lutz Mackensen*: Baltische Wortkunst. Heimat und Mutterland. In: Max Hildebert Boehm und Hellmuth Weiß (Hrsg.): Wir Balten. Salzburg / München 1951, S. 208.

als Ausläufer der Spätaufklärung wie auch als typische Beispiele der Hochromantik gelten können.

Eine ‚baltische Literaturgeschichte' als die Geschichte der Lebenswerke einiger Autoren ist nicht zu schreiben. Bereits die Vorstellung eines erkennbaren, zumal regional zu deutenden Kriteriums, das mehrere Gesamtwerke insgesamt wie ein roter Faden durchziehe und miteinander verknüpfe, scheint doch einigermaßen phantastisch. Natürlich prägt uns unsere Umgebung; wie sehr Ortswechsel eines Autors auch sein Schreiben verändern, dafür bietet die Literaturgeschichte zahlreiche Beispiele. Doch können wir kaum sinnvollerweise davon ausgehen, daß ein (vielleicht nur zeitweilig) gemeinsames, häufig keineswegs homogenes kulturelles Umfeld in gleicher Weise auf eine Vielzahl von Autoren wirkt. Man hat dies freilich für unseren Zeitraum getan und besonders angesichts der 1802 wiedereröffneten Landesuniversität unterstellt, „durch Dorpat" sei das „Weltbild des Balten" „zu einer unerhört geschlossenen geistigen und gesellschaftlichen Einheit ... in seltener Ausgeglichenheit" geformt worden".[5] Doch nicht wenige Literaten – und gerade Literaten – opponierten gegen die „Spießbürger am Dünastrand";[6] die baltische Literaturgeschiche ist voll von ungeliebten Landsleuten, Petri und Merkel nicht weniger als Pantenius, Eduard von Keyserling oder Frank Thieß. Die baltische Literatur nicht nur des 19. Jahrhunderts war keineswegs der Lesestoff der Deutschen bzw. jener der deutschen Sprache mächtigen Gruppen in den Ostseeprovinzen. In den 1930er Jahren wird eine nationalsozialistisch getönte jungbaltische Bewegung entsprechend auftrumpfen:

> „In Deinem Zeichen, Heimat, beginnen wir unser Werk. – Für Dich und durch Dich. Wir sind jung in einer jungen Zeit, deswegen wenden wir uns an die Jungen und Suchenden. Wir wollen Reife und eine reife Zeit, deswegen wenden wir uns an die Reifen und an die Grösse des verklungenen Baltentums. – Bewusst wollen wir das Erbe der Kultur antreten, das unsere Väter uns hinterlassen haben. Und gerade heute scheint das so notwendig, da man vergessen hat, erbbewusst zu sein."[7]

Doch solche Manifeste finden wir immer wieder und überall, sie sagen mehr aus über einen ‚europäischen Zeitgeist' oder eine kleine (Splitter)gruppe als über eine mögliche regionale Eigenart ‚baltischer' Literatur.

Die Rede von den ‚europäischen Dimensionen' bzw. ‚regionalen Eigenarten' (und global gesehen ist auch eine ‚europäische Dimension' eine bloß regionale Qualität) arbeitet von vornherein mit Sammelbegriffen. Jede wissenschaftliche Rede beinhaltet Klassifizierungen, und sofern wir uns mit einer Größe wie ‚bal-

---

[5] *Karl Kurt Klein*: Literaturgeschichte des Deutschtums im Ausland [1939]. Hildesheim / New York 1979, S. 196 f.

[6] *Korfiz Holm*: Farbiger Abglanz. [Erinnerungen]. München 1947, S. 8.

[7] Heimat Nr. 1, 29. Juli 1932 (Redaktionelle Vorbemerkung).

tischer Literatur‘ beschäftigen, ist es uns weder um Stammbäume zu tun noch um Völkerpsychologie auf kleinem Raum, sondern um literarische Zusammenhänge. Was aber könnte dann eine ‚baltische Literatur‘ gegenüber einer ‚europäischen‘ kennzeichnen?

4. Etwas plastischer stellt man sich die Teil-Ganzes-Beziehung zwischen Regionalliteraturen und einer ‚europäischen‘ Literatur gerne als eine Art ‚Innen-Außen-Beziehung‘ vor. In einer Region, z.B. den russischen Ostseeprovinzen des 19. Jahrhunderts, werde eben Literatur verfaßt und gelesen, die eher weniger als mehr über die Grenzen hinauswirke, während von außen erfolgreichere Einflüsse aus den europäischen Zentren kämen. Dies scheint ein einleuchtendes Modell zu sein – allein: was hätte als ‚Innen‘, was als ‚Außen‘ zu gelten? Die politischen Grenzen und Gouvernementsbezirke der baltischen Provinzen lassen sich zwar besonders im 19. Jahrhundert recht genau zeichnen, doch ist ihr Verlauf für künstlerische Zusammenhänge unerheblich, die nun einmal über Grenzen hinweg wirken. Ansonsten wäre jede Rede von einer ‚europäischen Dimension‘ obsolet.

Und wer sagt uns denn, daß die drei baltischen Provinzen (die erhebliche deutsche Kolonie in St. Petersburg sowie Beziehungen in andere russische Gouvernements einmal beiseite gelassen) literarisch überhaupt eine Einheit bilden? Wo sollen wir ‚nach innen‘ die Grenze ziehen? Und wie wäre denn das ‚Außen‘, die europäische Literatur, zu begreifen? Wo verlaufen sie denn, die Ränder der europäischen Literatur? Kulturelle Zusammenhänge lassen sich weder über geographische Regionen noch über politische Gebilde definieren – und wo man die politischen Grenzen im Baltikum setzt, ist vor allem eine Frage der gewählten Jahreszahl. Unsere Charakteristik ‚baltischer Literatur‘ wird sich mithin ebensowenig wie auf Autoren auf politische Gebilde verlassen können, zumal der Zusammenhang zwischen beiden durchaus wechselt. Wie gesagt: Baltische Autoren im üblichen Sinn wurden weder ausschließlich im Baltikum verlegt, noch dort vorzugsweise gelesen.

Bei der Frage, was als baltische Literatur des 19. Jahrhunderts zu bestimmen sei (aufgrund einer wie auch immer gearteten regionalen Eigenart) kommen wir so nicht weiter, geschweige denn mit der Anschlußfrage, worin ihre europäische Dimension bestehen könnte.

5. Wählen wir also einen anderen Ansatzpunkt, und gehen wir einmal davon aus, wir hätten eine Entität ‚baltische Literatur‘ definiert. Es gäbe dann weitere Möglichkeiten, ihre ‚europäischen Dimensionen‘ und ‚regionalen Eigenarten‘ zueinander in Beziehung zu setzen: Man könnte z.B. zwischen beiden Begriffen eine Qualitätsbeziehung herstellen. Die europäische Dimension dieser Regionalliteratur wäre dann in jenem zu suchen, was über das bloß Regionale

hinauswirkte auf andere Literaturen, Autoren und deren Werke. Wir können dieses Argument nach zwei Richtungen hin genauer differenzieren:

a) Es kann sich tatsächlich auf die (unterschiedliche) literarische Qualität der Werke einer Regionalliteratur beziehen und setzt dann so etwas wie einen ‚europäischen Standard' voraus. Indes: wer möchte allgemeingültige Kriterien eines solchen europäischen Kanons festsetzen? Unsere Vorstellungen eines einigermaßen überschaubaren Bestandes an ‚Klassikern' europäischer Literaturgeschichte(n) sind mehr dem Geschmack unserer Altvorderen und unseren momentanen Vorlieben geschuldet als darüber hinaus verläßlich, und sie wechseln in entsprechender Regelmäßigkeit. Bedenken wir nur, wer heute allgemein als ‚baltischer Autor' gilt und wodurch solche Reputation zustandekam. Aber selbst wenn wir da weniger skeptisch sein könnten – eine derartige Herangehensweise enthebt uns nicht der Frage, was denn das ‚Europäische' eines solchen ‚europäischen Standards' oder das ‚Baltische' an der baltischen Literatur sein soll; sie überspielt sie nur.

Und: Oftmals erreichen gerade die innovativen Leistungen einer Regionalliteratur, d.h. die literaturgeschichtlich bedeutsamen Werke, eben nicht einen solchen überregionalen Standard. Als wegweisend in der baltischen Literaturgeschichte des 19. Jahrhunderts haben die beiden Romane von Johanna Conradi zu gelten, welche um 1860 einen realistischen Blick auf die Provinzialverhältnisse bieten, deren Lektüre man jedoch nur regional Interessierten empfehlen möchte. Umgekehrt haben die baltischen Werke, die tatsächlich überregionale Wirkung entfalteten, mit regionalen Besonderheiten nurmehr wenig zu tun. Die Schloßgeschichten Eduard von Keyserlings sind ein solcher Fall, ein noch deutlicherer das Schaffen August von Kotzebues. Kein anderer Autor aus den Ostseeprovinzen, kaum ein zweiter deutscher Schriftsteller (außer vielleicht Brecht oder Kafka) hat eine derartige europäische, ja weltweite Wirkung entfaltet, doch wollen wir „Menschenhaß und Reue" oder „Die Indianer in England" nicht gerade als ‚baltische' Dramen bezeichnen.

b) Die Frage, inwiefern welche Werke über regionale Grenzen hinauswirken, läßt sich (es klang bereits an) auch quantitativ fassen. Doch inwiefern ist dies eine ‚europäische' Dimension? Ist es eine bestimmte Absicht der Autoren, und inwieweit beeinflußt eine solche Absicht die Werke? Denn zunächst ist europäische Breitenwirkung ja keine Dimension der Werke selbst.

Und wie steht es umgekehrt? Welche Werke wirken ins Baltikum hinein? Was wurde dort – im 19. Jahrhundert – ganz besonders gelesen? Die gleiche, lang vergessene Tagesliteratur wie überall, die großen Werke des heutigen Kanons mit der üblichen Verzögerung, Cooper ebenso wie Scott – und natürlich spielt dabei ganz besonders auch Gedankengut Herders mit hinein, das dieser im Baltikum herausbildete. Ist die weltweite Wirkung Scotts am Ende eine ‚europäische' Dimension der baltischen Literatur? Der größte baltische

Romancier des 19. Jahrhunderts, Theodor Hermann Pantenius, der, wie so viele, seine Heimat angefeindet verließ und dessen kritische Romane Glanzstücke baltischer Literatur bleiben, hat vor allem von Goethes „Wilhelm Meister", Kellers „Grünem Heinrich" und, natürlich, Walter Scott gelernt. Gerade gelungene Beispiele baltischer Literatur kennen die Erfolgsmodelle ihrer Zeit. Alles andere würde wohl auch überraschen. Die Entwicklung der europäischen Literatur – und deren einheitliche ‚europäische Dimension' – ist nicht zuletzt darin zu sehen, wie seit dem 18. Jahrhundert der Roman englischer bzw. französischer Provenienz andere (nicht zuletzt auch regionale) Formen sukzessive abschleift und verdrängt.

III.

1. Die Rede von einer fehlenden oder möglicherweise besonderen ‚Qualität' baltischer Literatur läßt sich natürlich auch anders verstehen: als Suche nach partikularen Eigenarten. Das ‚Baltische' der baltischen Literatur wäre dann schließlich das, was sich in anderen Regionalliteraturen oder eben der ‚europäischen' Literaturtradition insgesamt in dieser oder jener Form nicht fassen läßt. Ein solches Verfahren wirkt wie ein Spiel mit Restsummen, und das ist es auch. Die seit den 1920er Jahren gängige (und noch bis weit in die 1960er Jahre verbreitete) Rede von einem besonderen ‚Stammescharakter' einer Regionalliteratur läßt sich in diesem Sinne auch lesen als ein solches Operieren mit nicht wieter ableitbaren Größen bzw. Unbekannten: als Leerstellen der Forschung. So war dies seinerzeit natürlich nicht gemeint. Anstatt sich mit Restsummen abzugeben, beanspruchte man, die Wesensart einer Regional- bzw. ‚Stammesliteratur' zu umschreiben oder gar zu benennen. Heute würden wir eher von ‚Mentalitäten' sprechen, von ‚Wertemustern' und ‚-hierarchien', nach denen eine Gesellschaft ihr Verhalten ausrichte bzw. Abweichungen sanktioniere.

Doch auch die Versuche, solche kollektiven Identitäten (bzw. Identitätsmerkmale) für ‚das Baltikum' zu umreißen, fördern keine brauchbaren Ergebnisse zu Tage. Nicht, weil es keine ‚baltische Mentalität' gäbe; natürlich funktionierte die baltische Gesellschaft – und zumal im 19. Jahrhundert zwischen Russifizierung, Modernisierung und estnischen/lettischen, ‚reichsdeutschen' Nationalismen – als ‚Wertegemeinschaft' nach bestimmten Regeln. Doch ist es mehr als zweifelhaft, ob wir damit tatsächlich eine ‚regionale Eigenart' als unterscheidendes Merkmal aufdecken können. In den 1960er Jahren stellte die deutschbaltische Historikerin Waltraut Rosenberg ‚deutschbaltische und reichsdeutsche Wesensart' einander gegenüber; ihre Charakterisierung dürften viele ‚Balten' und Kenner baltischer Geschichte bis heute als treffende Zusammenfassung ‚baltischer Wesensart als Ergebnis historischer Entwicklung' empfinden:

> „Gesinnung und Verhalten der Deutschbalten richteten sich also nicht nach dem russischen Staatsethos, das sie auf Grund ihrer politischen Sonderstellung in keiner Hinsicht verpflichtend empfanden, sondern nach dem ungeschriebenen Gesetz, das ihnen Standesehre und Landesdienst auferlegte. Verantwortungsfreudigkeit, Gemeinschaftssinn und Opferbereitschaft galten in einer Gesellschaft, in der die Übernahme eines jeden Amtes auf Freiwilligkeit beruhte, als vornehmste Eigenschaften. Und da nicht einseitige Begabungen, sondern die Qualifikation der Gesamtpersönlichkeit wie Weitblick, Entschlußkraft, Zuverlässigkeit usw. zur Ausübung des Landesdienstes besonders befähigten, hat auch in der Menschenbewertung des Balten das Sein immer den Vorrang vor der Leistung gehabt. Diese Einstellung hatte zur Folge, daß auch der weniger Tüchtige und der Erfolglose, sofern er nur ehrenhaft, geistvoll und liebenswürdig war, von der Gemeinschaft mitgetragen und geachtet wurde. Freilich ist dieses Verhalten seiner Umgebung auch manchem Charakterschwachen zur Versuchung geworden, auf Leistung und Arbeit jeder Art zu verzichten.“[8]

Allein welche Gesellschaft sähe sich nicht gerne in solchen Idealen gespiegelt? So präsentiert sich auch der Moralkodex ‚baltischer' Literatur, wenigstens soweit baltisches Leben den Gegenstand der Darstellung bildet. Doch gibt es natürlich ebenso baltische Autoren, welche diesen historisch-utopischen Gesellschaftsentwurf subtil unterlaufen oder ihn gar offen in Frage stellen; hier seien nur Theodor Hermann Pantenius, Maurice Reinhold von Stern, Eduard von Keyserling und (bereits im 20. Jahrhundert) Walther von Hollander erwähnt. Die Liste baltischer Autoren, die in baltischen Kreisen nicht nur ignoriert wurden, sondern alles andere als wohlgelitten waren, ist lang. Es klingt als Grundregel ungut dogmatisch und ist doch eine oft bestätigte Erfahrung der Literaturgeschichte, daß gerade die bedeutendsten Autoren ihrer Zeit oder ihrem Lande am allerwenigsten gelten; ausgerechnet die ungelittenen Außenseiter, welche von ihrem Umfeld loszukommen trachten, hinterlassen oft dessen kulturelles Vermächtnis und werden nachträglich zu Heroen einer ‚geistigen Landschaft' erkoren. Schon Schiller bekannte dementsprechend: „Ein seltsamer Mißverstand der Natur hat mich in meinem Geburtsort zum Dichter verurteilt“.[9]

Natürlich kann man – mehr oder weniger geistreich – dem vernehmbar ‚Schwäbischen' im Werk dieses „Moraltrompeters von Säckingen“ nachspüren, und die ältere Regionalismusforschung hat dies ausführlich getan. Doch müssen sich solche Bemühungen fragen lassen, wozu sie gut sein sollen. Irgendwann muß man – schon um ein *tertium comparationis* zu haben – generalisieren, etwa nach der Art: „Die Schwaben suchen einen höheren Sinn ihres Lebens in einem Erlebnis, das über die Endlichkeit dieser Welt durchbricht ins Unend-

---

[8] *Waltraut Rosenberg*: Deutschbaltische und reichsdeutsche Wesensart als Ergebnis historischer Entwicklung [1964]. In: Dies.: Baltisch-deutsche Kulturbeziehungen. Aufsätze zum 18. und frühen 19. Jahrhundert. Wedemark 1996, S. 112.

[9] *Friedrich Schiller*: Rheinische Thalia und Thalia. Ankündigung. In: Ders.: Werke. Nationalausgabe, Bd. 22: Vermischte Schriften. Hrsg. von Herbert Meyer. Weimar 1958, S. 93.

liche, in eine Ordnung und Bedingtheit höherer Art."[10] Aber solche Aussagen reizen geradezu zum Widerspruch, und derartige Diskussionen verstricken sich leicht im Kleinkarierten. Ob man solcherlei Aperçus etwas abgewinnen kann oder nicht, hängt oft genug davon ab, ob man sich der eigenen Sozialisation nach angesprochen fühlt oder nicht. Tragfähige Kriterien lassen sich so jedenfalls nicht gewinnen:

> „In der ersten Hälfte des 19. Jahrhunderts wurde das starke politische Engagement im Wort und auch in der Tat geradezu zu einem Charakteristikum der Autoren des deutschen Südwestens. Nicht daß sich Schriftsteller anderer deutscher Stämme nicht auch für politische Fragen interessiert hätten, aber in Württemberg, dem Land mit seiner eigenen ‚Magna Charta', dem Tübinger Vertrag von 1514, war und ist das ‚politisch Lied' kein ‚garstig Lied' ... Poeten, die keineswegs als idealische Musensöhne fernab der harten Realitäten ihrer Gegenwart in elfenbeinernen Türmen saßen, sondern Protest erhoben gegen das Unrecht, sich für Freiheit und Menschenwürde einsetzten, sich zuweilen allerdings auch, das sei nicht übersehen, aus ihren Enttäuschungen über die Wirklichkeit in eine erträumte Ersatzwelt flüchteten. ..."[11]

Es ist zwar nicht falsch, dergleichen festzustellen, doch man sieht zugleich die Probleme, in die solche Ansätze sich verstricken; ganz abgesehen davon, daß hier wieder von Autoren und nicht von Literatur die Rede ist. Gerade auch baltischen Schriftstellern hat man gerne einen metaphysischen Zug nachgesagt; und daß baltische Literatur gerade in den Umwälzungen des 19. Jahrhunderts an keiner Stelle unpolitisch bzw. ‚ideologiefrei' war, steht von vornherein zu vermuten. Besonders seit den 1860er Jahren lassen sich baltische Romane immer auch als publizistischer Beitrag lesen, ohne die Texte damit allzu sehr zu verbiegen.

2. Selbst wenn wir davon ausgehen wollen und können, es gäbe so etwas wie eine baltische Mentalität und regionale Eigenart: sie ist weder einzigartig noch ein geeignetes Unterscheidungsmerkmal. Doch hat man immer wieder und unabhängig voneinander aus baltischen Texten (wie aus allen anderen Regionalliteraturen) ein besonderes ‚Aroma', eine Art bezeichnenden poetischen Zungenschlag heraushören wollen. Sollte dies alles gleichermaßen Selbsttäuschung unterschiedlich ausgewiesener Kenner sein? Indessen bleibt das Problem, wie sich solche Beobachtungen in tragfähige Fragestellungen übersetzen lassen könnten. Es gibt keine ‚Baltische Rahmenerzählung' – so wenig wie eine ‚Schwäbische Ode' oder eine ‚Kurländische Erlebte Rede'. Gibt es aber so etwas wie einen ‚Baltischen Stil'?

---

[10] *Heinz Otto Burger*: Schwäbische Romantik. Studie zur Charakteristik des Uhlandkreises. Stuttgart 1928, S. 155.

[11] *Bernhard Zeller*: Literatur und Politik. Von Christian Friedrich Daniel Schubart bis Ludwig Pfau. In: Bernhard Zeller und Walter Scheffler (Hrsg.): Literatur im deutschen Südwesten. Stuttgart 1987, S. 221.

a) Man hat versucht, sich dem Problem gewissermaßen auf Umwegen zu nähern, etwa herauszufinden, welche literarischen Gattungen sich in welchen Regionen besonders ausprägen. So hat man gerne festgestellt, im Baltikum sei das Drama „nicht zum vollen Blühen gelangt".[12] Allerdings verweisen solche Überlegungen mehr auf literatursoziologische Sachverhalte als auf die Texte selbst. Große Dramatik oder auch nur eine erhebliche Zahl produktiver Dramatiker setzt vor allem ein reges Bühnenleben voraus. Und daß baltische Autoren es auf diesem Gebiet nur selten über mediokre Ergebnisse hinaus gebracht haben, sagt noch nichts darüber aus, inwiefern sich solche Erzeugnisse von der Dutzendware anderer Regionalliteraturen unterscheiden könnten. Doch ist der Durchschnitt nun einmal allerorten ziemlich durchschnittlich.

Um solchen Überlegungen größeres Gewicht zu verleihen, behilft man sich darum oft damit, sie zu verallgemeinern: Baltische Literatur sei *insgesamt* ‚undramatisch' oder gar ‚konfliktscheu'. Man setzt einen Fall für typisch und führt über das rein quantitative Argument, das Überwiegen einer Form, ein qualitatives ein, beispielsweise so:

> „Karl Petersen – da haben wir wirkliche, wesenhafte baltische Dichtung: unliterarisch (seine Werke erscheinen, eine Erinnerungsgabe für seine Freunde, erst lange nach seinem Tode), ganz auf den ‚Volkmerschen Kreis' bezogen, dessen Mittelpunkt er, Dorpats erster Universitätsbibliothekar und Hochschullehrer des Deutschen, war, dabei nicht nur liebenswürdig und geistvoll, nicht nur belesen und feinsinnig, sondern auch meisterhaft im Schliff der Form, in jener Formkunst, die sich im Flemingkreis zum ersten Male angedeutet und seitdem in eigentlich allen baltischen Schriftstellern zur Vollendung hingedrängt hatte, die sich keiner Richtung allein verschrieb und nicht den Ehrgeiz hatte, eine neue Richtung zu begründen, die aber durch Regeltreue und Formfeinheit besticht. Und ‚baltisch' ist doch wohl auch die sparsame, darum um so eindrucksvollere Beimischung des Persönlichen, die peinliche Bekenntnisse und Seelenergüsse meidet, aber doch, wo Zustände, Ereignisse oder Erlebnisse zur Stellung nötigen, den Mut zur eigenen Meinung hat."[13]

Doch ist Gelegenheitsdichtung natürlich ein denkbar ungünstiges Beispiel, um ‚regionale Eigenarten' zu verdeutlichen. Überhaupt entstehen im Baltikum des 19. Jahrhunderts mehr oder minder alle Gattungen. Allein vom ausgehenden 18. Jahrhundert bis 1912 hat man einmal über 80 baltische Dramatiker mit einem Ausstoß von rund 300 Stücken festgestellt;[14] von einer schwachen Dramenproduktion zwischen Libau und Narva kann also keine Rede sein. Die scheinbare Dominanz der einen oder anderen Textsorte gründet in der Regel

[12] *Wilhelm Schneide:* Die auslanddeutsche Dichtung unserer Zeit. Berlin 1936, S. 12.

[13] *Lutz Mackensen*: Baltische Wortkunst. Heimat und Mutterland. In: Max Hildebert Boehm und Hellmuth Weiß (Hrsg.): Wir Balten. München 1951, S. 212.

[14] *Paul Th.[eodor] Falck*: Das Drama im Baltenlande. Eine literarhistorische Anregung. In: Baltische Monatsschrift 1912, S. 222.

darauf, daß die ursprüngliche Bandbreite des Schrifttums kaum mehr überblickt werden kann, und daß dieses Schrifttum in der Mehrzahl auch gar nicht mehr oder nur mit unverhältnismäßigem Aufwand greifbar ist. Früher oder später erreichen die meisten Gattungen eine Region. Zudem gibt es auch innerliterarische Entwicklungen. Bildet sich eine Form heraus (oder wird sie importiert), so wird sie später dekonstruiert und durch eine differenziertere oder einfach abweichende ersetzt werden.

b) Doch natürlich verlaufen solche Entwicklungen nicht überall in gleicher Weise und nicht im selben Tempo. Es gibt – auch wenn dies etwas eurozentrisch klingt – Literaturen ‚am Rande' der Weltliteratur, die ganze Epochen wie im Zeitraffer auf einmal nachvollziehen oder überspringen. Solche Hybridbildungen kennt man – gerade im 19. Jahrhundert – zumal aus den Literaturen Osteuropas. Es erschiene vielversprechend, die ‚baltische Literaturgeschichte' einmal mit der Entwicklung der russischen Literatur zu vergleichen, und es ist nicht auszuschließen, daß sich hier seit dem 18. Jahrhundert in manchem engere Parallelen auftun könnten als gegenüber der ‚deutschen Literaturgeschichte'. Jedenfalls ergibt sich gerade im Hinblick auf die zwar nicht quantitativ, doch in unserer überkommenen Vorstellung von ‚baltischer Literatur' dominierende Prosa eine bemerkenswerte Kurve.

Setzen wir um 1800 ein, so finden wir einige Ausläufer der interessanten baltischen Romanproduktion des 18. Jahrhunderts. Die folgenden Jahrzehnte bleiben im Gedächtnis als eine Zeit zahlreicher Almanache und Zeitschriften ohne herausragende Beispiele erzählerischer Prosa, die, obwohl teilweise ambitionierte Projekte, stets alsbald eingestellt werden müssen, ohne auch nur in der Zeit ihres Erscheinens größere Wirkung entfaltet zu haben. Es sind dies schüchtern wirkende Versuche, bisweilen mit regionaler Thematik eine vernehmbare Provinzialliteratur (zunächst vornehmlich auf den Gebieten von Lyrik und Dramatik) zu schaffen. Die Entwicklung dieser Netzwerke einiger Autoren genauer nachzuzeichnen, bedürfte langjähriger Arbeit, die auf zufällige Archivfunde angewiesen wäre, und es ist keineswegs sicher, ob sich Briefwechsel oder sonstige Dokumente überhaupt erhalten haben. Die verstreuten Ansätze befinden sich zudem in offensichtlicher Isolation. Noch 1906 wollten Kenner wie Carl Hunnius und Viktor Wittrock als verlegerisches Ziel ihrer „Heimatstimmen" „eine Art geistiger Jahresbilanz unserer Heimat ... bei der doch nur relativen geistigen Produktion, die in unserer Mitte herrscht, von vornherein als wenig aussichtsvoll"[15] ausschließen. Im Rückblick relativiert sich also auch der erneute, nunmehr dauerhafte Aufschwung, den die baltische Prosa in den 1860er Jahren eingenommen hat.

---

[15] *Carl Hunnius / Viktor Wittrock*: Vorwort zu: Heimatstimmen. Ein baltisches Jahrbuch. 2. Jg. Reval 1906, S. V f.

Bis dahin waren alles in allem rund fünf literarische Neuerscheinungen pro Jahr zu verzeichnen gewesen. Wie allerorten nahm auch der Buchmarkt im Baltikum in der zweiten Jahrhunderthälfte stetig zu, professionalisierte sich – wurde noch internationaler als ehedem und drängte den in der Masse sinkenden Anteil baltischer Titel bis 1905 weiter an den Rand. Sofern man in den baltischen Literaturdenkmälern der letzten drei Jahrhunderte eine Entwicklung nachzeichnen will, verläuft diese der ‚deutschen' in vielem parallel, häufiger noch phasenverschoben und in Hybridbildungen. Insofern die baltische Aufklärung die estnische und lettische Nation entdeckte, nahm sie bereits Begriffe und Vorstellungen der Nationalromantik vorweg. Als man zu Bismarcks Zeiten über Nationalitäten sprach, klang es dagegen immer noch wie in einem aufgeklärten Magazin für gebildete Stände:

> „Würden solche vereinten günstigen Verhältnisse bei anderen Völkern, die wir wilde zu nennen pflegen, eingewirkt haben, so wäre die Reihe vielleicht an uns, Barbaren genannt zu werden. Aus diesem Grunde haben wir kein Recht, uns stolz Nationen gegenüber zu stellen, die unsere vermeintliche Bildungsstufe noch nicht erreicht haben, sondern nur die Pflicht, uns diese Bildungsstufe zu erhalten und anderen weniger gebildeten Nationen mitzutheilen."[16]

Bezeichnenderweise haben gleichermaßen kompetente Kritiker beinahe alle Epochen der Literaturgeschichte als für die baltische Literatur besonders typisch herausgestellt – und jeder dabei eine andere; die Romantik ebenso wie die Aufklärung, pietistische Strömungen nicht weniger als realistische Ansätze. Was kein Kritiker bei alledem bemerkt hat, war ein ‚Baltischer Expressionismus'[17] oder eine ‚Baltische Trümmerliteratur'.

Unserer Frage nach möglichen regionalen Besonderheiten der baltischen Literatur, welche es überhaupt erlaubten, von einer solchen zu sprechen, hilft indes auch eine solche eindeutige Feststellung nicht weiter. Denn *nirgendwo* verläuft die literarische Entwicklung anders. Um regionale Verwerfungen der Chronologie sichtbar zu machen, fehlt ein echter Vergleichspunkt, da Epochen auch ‚in Deutschland' (geschweige denn in ‚Europa') keineswegs flächendeckend oder gleichmäßig ablaufen. Bereits die ‚deutsche' Literatur ist kein ‚natürlicher' Vergleichsmaßstab, vielmehr bereits selbst ein Konstrukt. Es ist eine der Leistungen regionaler Literaturbetrachtung, die Fragwürdigkeit solcher und ähnlicher Begriffe aufgezeigt zu haben.

Letztlich stoßen wir hier erneut auf die bereits angesprochene und weiter ungelöste Problematik der Beziehung von Teil und Ganzem. Diese ist der Litera-

---

[16] *G.[eorg?] Adelman*: Ueber die geographischen Gränzen und die Nationalität der Wissenschaften. In: Baltische Monatsschrift 1860, S. 410 f.

[17] Die Naturlyrik ‚baltischer' Schriftsteller nach 1900 zeigt freilich populäre ‚expressionistische' Anklänge.

tur nicht inhärent, vielmehr eine ihr zugewiesene Fragestellung. Literatur gibt es nur von Einzelfall zu Einzelfall. Es ist unsinnig, eine Regionalliteratur auf biographische Zusammenhänge einiger Autoren zu gründen (die es so eindeutig ohnehin nicht gibt) und von daher eine ästhetische Nähe ihrer Werke vorauszusetzen oder abzuleiten.

IV.

1. Noch eine weitere (und tatsächlich textnahe) Weise läßt sich denken, von einer ‚europäischen Dimension' einer Regionalliteratur zu sprechen: inwiefern nämlich ‚Europa' zum Thema wird. Wie sieht das ‚Spektrum Europas' der deutschbaltischen Literatur aus? Es gibt – sehen wir von Hermann von Keyserling ab – im 19. Jahrhundert keine baltische Utopie Europas, keine Philosophie europäischer Kulturleistungen. Darf man so etwas von Literatur überhaupt verlangen? Keineswegs. Literatur kennt keine Aufgabenstellungen. Doch ist die Lücke charakteristisch; eine Arbeit über das Europa-Bild Goethes, Thomas Manns oder Bertolt Brechts klingt sinnvoll, im Falle der baltischen Literatur fiele sie schmal aus und vielleicht karger als in den Rheinlanden oder in Baden.

In den Werken baltischer Autoren des 19. Jahrhunderts kommen wir vom Baltikum aus kaum über Berlin und München hinaus; daß Eduard von Keyserling in seinem Frühwerk die Reichs- und Residenzstadt Wien zum Schauplatz wählt, ist eine jener Ausnahmen, welche bekanntlich die Regel bestätigen. Auf der Landkarte baltischer Literatur ist England, von dem gerade so viele literarische Einflüsse kamen, ein sehr undeutlicher Fleck, Frankreich nicht minder, von Spanien oder Österreich-Ungarn ganz zu schweigen. Es gibt aus dem 19. Jahrhundert keinen baltischen Roman, welcher etwa die Koalitionskriege gegen Napoleon behandeln würde; der Krimkrieg findet in der baltischen Literatur ebensowenig statt wie die erheblichen Umwälzungen im deutschen Sprachraum. Doch sieht es in der sonstigen deutschen Literatur entschieden anders aus? Eine Besonderheit baltischer Romane ist indes, daß selbst Berlin und München – gegen Ende des 19. Jahrhunderts schlicht die beiden konkurrierenden Kulturzentren, die jeder Deutschlandreisende besuchen mußte – nicht als autonome Schauplätze erscheinen, sondern stets an das Baltikum durch Reisen oder enge Verwandtschaftsbezüge rückgebunden werden. Ebenso selten treffen wir in der baltischen Literatur ‚Europäer'; es gibt viel weniger französische Gouvernanten und englische Sprachlehrerinnen in der baltischen Literatur als man erwarten möchte.

Anders, geradezu umgekehrt, verhält es sich mit russischen Orten, die in der baltischen Literatur des 19. Jahrhunderts mit den Ostseeprovinzen kaum je etwas zu tun haben, doch ungleich häufiger auftauchen; interessanterweise besonders im Werk von heute ganz (und meist zu Recht) vergessenen Provinzialautoren: Wer kennt heute noch Alexander Schmidt oder Gabriele von Schlippenbach? Einen gewissen Namen haben Frances Külpe und Alexander Badendieck behalten; Erwin Bauer erinnert man zumindest als Journalisten.

Die baltische Erzählliteratur des 19. Jahrhunderts ist keine idyllische Winkelliteratur, die sich skizzenhaft (und schönfärberisch) auf das Leben zwischen Narowa und Niemen beschränken würde. Mit dem wichtigen Roman Maurice Reinold von Sterns („Walter Wendrich", 1895) und dem eher zu vernachlässigenden von Alfred Lortsch („Fern von der Heimat", 1886) setzt sie von Livland sogar auf nordamerikanische Plantagen und bis nach Australien über. Doch Europa wird ihr weder als abstraktes Thema noch stofflich interessant, und auch Deutschland nur sehr am Rande. Die Tatsache ihrer weniger enggezirkelten als deutlich auf das Baltikum zentrierten literarischen Grenzen unterscheidet diese Autoren von ihren unbefangeneren Vorläufern im 18. Jahrhundert sowie der nächsten, ab 1890 geborenen Schriftstellergeneration, die ihre Novellen und Romane ganz selbstverständlich in Italien und Frankreich – zeitweise auch an skandinavischen Orten – ansiedelt; im gleichen Maße verlieren dann russische (und baltische) Stoffe an Attraktivität.

Die ausgeprägte Beschränkung auf eine baltische (bzw. russische) Thematik, wie wir sie in der baltischen Literatur des 19. Jahrhunderts feststellen können, ist mithin keine dauerhafte ‚regionale Eigenart'. Zudem sind bemerkenswerte Ausnahmen festzuhalten: Die zwei baltischen Autoren mit dem weitaus größten Erfolg beim außerbaltischen Publikum, Juliane von Krüdener und Alexander von Ungern-Sternberg, fallen völlig aus diesem Rahmen. Der knapp zwanzigjährige Ungern-Sternberg veröffentlicht in den 1820er Jahren immerhin einige kleine Erzählungen baltischer Thematik in der „Esthona", aber nur, um bald mit allen anderen als baltischen Stoffen sein Glück in den Dresdner und Berliner Salons zu machen. Interessanterweise fällt die Schaffenszeit dieser beiden Autoren in die oben konstatierte Lücke baltischer Prosa in der ersten Jahrhunderthälfte. Damit haben wir diese Lücke gleichwohl nicht geschlossen, denn nach welchen Maßstäben Schriftsteller, welche sich – durchaus bewußt – aller regionalen Eigenarten enthalten, als ‚baltische' Literaten zu bezeichnen wären, scheint mir nicht einsichtig. Umgekehrt sind baltische Autoren jedoch nicht einfach diejenigen, in deren Werken das Baltikum eine Rolle spielte – dann wären T.S. Eliot, Jules Verne oder Wilhelm Raabe baltische Autoren.

2. Wer aber wäre dann überhaupt noch als ‚baltischer' Autor zu bezeichnen? Wäre nicht z.B. Georg Julius von Schultz („Dr. Bertram") als solcher zu nennen, der Autor jener erstmals 1852 in der *St. Petersburger Zeitung* erschienenen „Baltischen Skizzen", aus deren Fundus und stilistischer Prägnanz sich später ganze Reihen baltischer Bücher bedienen werden? Nicht nur geht der estnische „Kalewipoeg" auf eine Anregung „Dr. Bertrams" in einem Vortrag in der *Est-*

ländischen Gelehrten Gesellschaft zurück; die Arbeiten von Schultz zur estnischen Volksdichtung sind so etwas wie die Grundlegung der Estnischen Literaturwissenschaft. Schultz verfaßte auch selbst estnische Epen; haben wir hier also nicht geradezu ein – beinahe multikulturelles, mehrsprachiges – Paradebeispiel eines wahrhaft baltischen Autors vor uns?

Indes: Das Vorbild für den „Kalewipoeg" bot die finnische „Kalevala", welche in Amerika einen Henry Wadsworth Longfellow zu seinem Indianerepos „Hiawatha" inspirierte (ein wahrer Bestseller des 19. Jahrhunderts), dessen Lektüre nun wiederum Julius von Schultz zu einer ähnlichen deutsch-estnischen Dichtung, „Ilmatar", beflügelte.[18] Was man – nicht einmal zu Unrecht – als ein ‚wirklich estnisches' bzw. ‚deutschbaltisches' ‚Literaturdenkmal' bezeichnen könnte, läuft mithin in seinen literaturgeschichtlichen Zusammenhängen, wenn auch nicht rings um den Globus, so doch einmal über den Ozean, Nord- und Ostsee und wieder zurück. Dies schließt nicht aus, daß Schultz sich als wahrhaft baltischer Autor fühlte, der im übrigen von seinen Landsleuten bis heute als Humorist mißverstanden wurde und wird.

Bereits 1801 verfasste Leyon Pierce von Campenhausen sein „Drama aus den Ritterzeiten Lieflands" „Die Belagerung von Wenden", mit dem ebenso entschuldigenden wie programmatischen Hinweis: „Fast alle Nationen haben theatralische Stücke ihrer Geschichte entlehnt."[19]

> „Mein Wunsch ist erfüllt, wenn ich den Gedanken vaterländischer Stücke rege gemacht, und eine geschicktere Feder als die Meine, sich dieser Arbeit unterzieht."[20]

Eine solche „vaterländische Literatur" war im ersten Drittel des 19. Jahrhunderts ein Anliegen der diversen literarischen Zeitschriftengründungen in den Ostseeprovinzen. Vom „Russischen Merkur" (1805) bis zum „Literärischen Monatsblatt" (1904) sind rund vierzehn solcher Initiativen zu zählen, die allesamt, selbst die bedeutenden wie „Esthona" (1828-1830), über zwei, maximal drei Jahrgänge nicht hinausgelangten; die sehr ambitionierte „Nordische Rundschau" hält mit vier Jahrgängen (1884-1888) einen einsamen, traurig kurzen Rekord. Die wegweisenden, aber in ihrer Auswahl ebenso kritiklosen wie zeitgebundenen Almanache baltischer Poesie von Jegór von Sivers, Nikolai Graf Rehbinder bis hin zu Jeannot Emil Freiherr von Grotthuß' bekannterem „Balti-

---

[18] Schultz erwähnt „Hiawatha" ausdrücklich im Vorwort zu seinem zweisprachigen Epos „Womba Wido". *Dr. Bertram [Georg v. Schultz]*: Gesammelte Schriften, Bd. 3. Dorpat 1878, S. 16. Vgl. *Arved Freiherr von Taube*: Georg Julius von Schultz (Dr. Bertram) 1808-1875. Möglichkeiten und Grenzen der Estophilie unter den Deutschbalten im 19. Jahrhundert. In: Zeitschrift für Ostforschung 26 (1977), S. 577–596, bes. S. 588.

[19] *P.[ierce] Freiherr von Campenhausen*: Die Belagerung von Wenden. Ein Drama aus den Ritterzeiten Lieflands in 5 Aufzügen. Riga 1801, Vorrede (unpag.).

[20] Ebd.

schen Dichterbuch" von 1894/95 verfolgten ähnliche Ziele – mit wechselndem, insgesamt mäßigem Erfolg.

Schon 1824 klagte das „Ostsee-Provinzen-Blatt" anläßlich der Leipziger Ostermesse: „Viele inländische Producte freilich, besonders die von geringerem Umfange und bloß localem Interesse, machen nicht einmahl in ihren Titeln die Reise nach Leipzig".[21] Als ein halbes Jahrhundert später „jetzt doch eine erkleckliche Zahl von Schriftstellern"[22] zwischen Mitau und Narva aufgetreten war, entdeckte die baltische Kritik mißmutig-gebildet „viel Halbfertiges"[23] und mißbilligte insbesondere, daß „ein baltischer Dichter ... sich an baltische Stoffe gebunden" glaube:[24]

> „Die baltischen Dichter haben die allgemeine provincielle Eigenthümlichkeit des Portraitartigen in sich zu bekämpfen ... Sie müssen vor Allem sich der Gefahr bewusst werden, welche in der Beschränkung auf baltische Stoffe der eigentlich künstlerischen Conception, der Freiheit des Gedankens und Schaffens entgegentritt." [25]

Das „letzte Ziel der Dichtkunst"[26] lag im Verständnis des baltischen Publikums und seiner Meinungsführer weder in einem Realismus noch überhaupt innerhalb der eigenen Grenzen. Daß „der Kunst gar kein Stoff versagt ist, wenn sie ihn nur künstlerisch bewältigen kann",[27] wie es der bedeutsamste ästhetische Beitrag, welcher jemals in der „Baltischen Monatsschrift" erschien, proklamierte, war ein vorsichtiger Hinweis auch auf die Berechtigung einer stofflich an der eigenen Realität orientierten ‚baltischen' Provinzialliteratur.

Doch im Baltikum pflegte man einen weiteren Horizont. Die „Könige der Scholle", wie sie Peter Zoege von Manteuffel in seinen etwas erdigen Romanen während der 1920er Jahre titulieren wird, waren keine Provinzfürsten, sondern – was man immer wieder als typisch baltisch hervorgehoben hat – mit den Dimensionen Europas vertraut, und seien es nur die jeweiligen Modeströmungen seiner Hauptstädte. Elisa von der Recke, zu Anfang des 19. Jahrhunderts, war ebenso sehr außerhalb des Herrschaftsbereiches von Alexander I. unterwegs und heimisch, wie Maurice Reinhold von Stern aus dem Reich Alexanders III. und Nikolaus' II. ausbrach. Umgekehrt wurde die ‚baltische Literatur' von ‚ihrem' Publikum im provinzialen Kontext bestenfalls angesehen als Instrument zur nützlichen vaterländischen Erziehung der Jugend oder als Beweis

---

[21] Ostsee-Provinzen-Blatt, 1824, S. 105.

[22] *L.[udwig] P.[ezold]*: An unsere Romanciers und Novellisten. In: Baltische Monatsschrift 1877, S. 504.

[23] Ebd., S. 507.

[24] Ebd., S. 511.

[25] Ebd., S. 514.

[26] Ebd.

[27] *O.[skar] Kleinenber*: Das System der Künste. In: Baltische Monatsschrift 1895, S. 600.

eines in den Ostseeprovinzen existenten Geisteslebens herangezogen gegenüber dem Vorwurf zurückgebliebenen Banausentums, ansonsten aber schlicht als eine Kategorie minderwertiger Produkte betrachtet, um die man sich kaum zu kümmern hatte. Was die allgemeine Einstellung in den Ostseeprovinzen zur Belletristik anging, so stammen ausgerechnet von der langjährigen Hauslehrerin Johanna Conradi, der wir die ersten zwei modernen baltischen Romane verdanken, recht skeptische „Gedanken über Literatur und Lectüre“:

> „Weit davon entfernt indessen das Romanlesen besonders zu empfehlen, halten wir es als ausschließlichen Bücherumgang sogar für verderblich, aber nicht nur bloß für die Jugend, sondern für jedes Lebensalter. Das Phantasieleben wird durch dasselbe auf Kosten der leiblichen und geistigen Gesundheit genährt, die Geistesbildung verflacht, der Geschmack verweichlicht oder verbildet und das thätige Leben verkümmert. Das sicherste Mittel die Jugend vor demselben zu schützen ist die Vorliebe der ganzen Familie für andere Bücher. Kommen Romane selten ins Haus, so bringen sie auch selten Gefahr.“[28]

Literatur ist ein viel zu eigenartiger und eigengesetzlicher Bereich, um in ihr die Eigenart einer Region zu erkennen. Und die Eigenart einer literarischen ‚Region‘ muß nicht in ihren Grenzen liegen – eher schon darin, wie Schriftsteller mit solchen ‚Erzählregionen‘ umzugehen lernen und pflegen. Oder – wie Hölderlin am 4. Dezember 1801 aus Nürtingen an seinen „teuren“ baltischen Freund Casimir Ulrich Böhlendorff schrieb:

> „Wir lernen nichts schwerer als das Nationelle frei gebrauchen. ... Aber das Eigene muß so gut gelernt sein wie das Fremde.“[29]

---

[28] *Johanna Conradi*: Gedanken über Literatur und Lectüre. In: Baltische Monatsschrift 1867, S. 204.

[29] Friedrich Hölderlin an Casimir Ulrich Böhlendorff, 4. Dezember 1801. In: *Ders.*: Sämtliche Werke und Briefe. Hrsg. von Günter Mieth. München 1970, S. 927.

III.

Autoren des 20. Jahrhunderts

Eduard Graf Keyserling

Ein baltischer „homme de lettres“ von europäischem Rang

Von *Burkhard Bittrich*

Als Benno von Wiese 1962 im Rahmen seiner Novellen-Interpretationen eine Deutung von Keyserlings Erzählung *Am Südhang* vorlegte, da behauptete er mit Fug und Recht, daß ihr Verfasser „heute zu den fast verschollenen Dichtern“[1] gehöre, und noch 1985 konnte Fritz Martini im Nachwort zur Neuausgabe des Romans *Die dritte Stiege* aus der Zeit der Werdejahre dieses Schriftstellers konstatieren: „Kein anderer bedeutender Autor des frühen 20. Jahrhunderts ist so unbekannt wie er.“[2] Diese Feststellungen gelten leider auch heutzutage noch für das gebildete oder, zeitgemäßer formuliert, geistig interessierte Publikum.[3] Keyserling widerfährt zudem noch das ärgerliche Mißgeschick, gar nicht so selten mit seinem Neffen, dem umtriebigen und exzentrischen Philosophen Hermann von Keyserling (1880-1946), verwechselt zu werden. In Hinsicht auf die wissenschaftliche Erschließung von Keyserlings dichterischem Schaffen ist die Klage über dessen Nichtbeachtung allerdings nur noch in eingeschränktem Maße berechtigt. Zwar schlummert immer noch ein Teil seiner essayistischen Bemühungen in schwer zugänglichen Tageszeitungen und Zeitschriften – eine vollständige Edition seines Gesamtwerkes wäre demnach dringend erforderlich –, und auch die Erforschung seiner Biographie steckt noch in den Anfängen; aber seit den 1950er Jahren erscheinen wertvolle Untersuchungen über die Eigentümlichkeit seiner poetischen Produktion und seine Stellung innerhalb der literarhistorischen Entwicklung.

Was die Erhellung seines Lebensganges angeht, so wird freilich auch künftiger Gelehrtenfleiß wenig ausrichten können. „Der Autor war [nämlich] bei allem gesellschaftlichen Talent im Persönlichen von äußerster Diskretion und

---

[1] *Benno von Wiese*: Die deutsche Novelle von Goethe bis Kafka. Interpretationen II. Düsseldorf 1962, S. 280.

[2] *Eduard Graf Keyserling*: Die dritte Stiege. Mit einem Nachwort versehen von Fritz Martini. Heidelberg 1985, S. 296.

[3] Eine derartige Reduktion des traditionellen Bildungsbegriffes hatte Hanns W. Eppelsheimer bereits in der für die Brüsseler Weltausstellung 1958 zusammengestellten Bibliothek eines geistig interessierten Deutschen (Katalog Frankfurt a.M. 1958) vorgenommen. Eduard von Keyserling ist in dieser Bibliothek nicht zu finden.

verfügte, daß nach seinem Tode alle Aufzeichnungen und Lebensdokumente vernichtet würden.“[4] So wissen wir von seinem Leben nur Dürftigstes. Er entstammte einem alten baltischen Adelsgeschlecht, das schon im 18. Jahrhundert, in Verbindung mit Johann Sebastian Bach, Friedrich dem Großen und Immanuel Kant, von sich reden machte. Geboren wurde Eduard Graf Keyserling am 15. Mai 1855 auf dem Gut Paddern in Kurland, das damals zu Rußland gehörte, aber weitgehend von der zahlenmäßig geringen deutschen Oberschicht verwaltet wurde. Nach Gymnasialjahren in Goldingen immatrikulierte er sich 1874 an der Universität Dorpat, die er drei Jahre später wegen einer nicht näher benannten ‚Lappalie‘ verlassen mußte. Handelte es sich um einen Verstoß gegen die Korporationsregeln, vielleicht um eine Duellverweigerung? Wir wissen es nicht. Immerhin hatte diese ‚Lappalie‘ die Ächtung durch seine Standesgenossen zur Folge. Rätselhaft blieben auch die sich anschließenden achtzehn weiteren Jahre seines Lebens. Bekannt ist nur, daß der Graf zeitweilig die Güter seiner Mutter verwaltete und daß er sich Jahre hindurch in Wien, vielleicht auch in Graz aufgehalten haben muß. Seit Ende 1895 bis zu seinem Tod am 28. September 1918 wohnte er dann in München. Nennenswerte Unterbrechungen erfuhr seine aristokratisch distanzierte Bohèmeexistenz im Kreis von Max Halbe, Frank Wedekind und Lovis Corinth, der ihn lebensecht porträtierte, nur durch eine in den Jahren 1899 und 1900 unternommene Italienreise sowie durch Sommerfrischen in Oberbayern. Seit 1908 war er erblindet, und es peinigte ihn zunehmend ein perniziöses Rückenmarksleiden. „So gern Keyserling von seiner Kindheit erzählte“, berichtet Max Halbe in seinem Erinnerungsbuch *Jahrhundertwende*, „so wenig mitteilsam war er, was seine Entwicklungs- und seine junge Manneszeit anging. Manchmal ließ es sich geradezu an, als liege da ein Geheimnis seines Lebens verborgen, das er nicht gern enthüllt sehen wollte.“[5] Vielleicht hat er sich in Wien eine luetische Erkrankung zugezogen, und diese Stigmatisierung, verbunden mit der Außenseiterstellung innerhalb seiner Kaste, hat ihn möglicherweise erst der durchschnittlichen Vita eines Landedelmannes enthoben und in die Doktor-Faustus-Sphäre der Kunst versetzt. Nach ersten Roman- und Dramenversuchen publizierte er seit *Beate und Mareile* (1903) bis zu den nachgelassenen *Feiertagskindern* (1919) im S. Fischer-Verlag diejenige Reihe seiner Schriften, welche seinen Namen mit Sicherheit durch die *happy few*, in Zukunft aber hoffentlich auch seitens einer größeren Leserschaft weitertragen wird.

Nach ersten zeitgenössischen Standortbestimmungen und einigen vortastenden Dissertationen begannen die substantiellen wissenschaftlichen Keyserling-Studien recht eigentlich mit Richard Brinkmanns Heranziehung von *Beate und*

---

[4] *Wolfgang Nehring*: Eduard von Keyserling. In: Deutsche Dichter. Bd. 6: Realismus, Naturalismus und Jugendstil (= Reclams Universalbibliothek 86166). Stuttgart 1989, S. 285.

[5] *Max Halbe*: Jahrhundertwende. Geschichte meines Lebens 1893-1914. Danzig 1935, S. 321.

Mareile innerhalb seiner Begriffsbestimmung des literarischen Realismus, die er 1957 unter dem Titel *Wirklichkeit und Illusion* veröffentlichte.[6] Auf Benno von Wieses *Südhang*-Deutung von 1962 war bereits eingangs dieser Ausführungen hingewiesen worden. 1967 erschien dann Hans Baumanns fundierte Arbeit über Keyserlings *Abendliche Häuser*, die er allerdings unter dem größere Erwartungen weckenden Haupttitel *Eduard von Keyserlings Erzählungen* herausgab.[7] Baumann bestätigte die bereits zu Lebzeiten des Schriftstellers gängige literarhistorische Einordnung seines Schaffens unter die Rubriken ‚Impressionismus' und ‚Fin de siècle'. In kurzen Andeutungen hatten ihm wenige Jahre zuvor (1960) auch Richard Hamann und Jost Hermand impressionistisches Lebensgefühl bescheinigt.[8] Waren schon 1957 und 1967 wichtige Jahre in der Keyserling-Forschung gewesen, so gehörte seit 1977 Rudolf Steinhilbers Veröffentlichung *Eduard von Keyserling. Sprachskepsis und Zeitkritik in seinem Werk* dazu.[9] Während sich Brinkmann und Baumann auf Einzelschriften konzentriert hatten, bezog Steinhilber das erreichbare Gesamtwerk des Autors, also auch noch die dem Naturalismus nahestehenden Dramen und Romane vor *Beate und Mareile*, in seine Untersuchungen ein. Endlich (1973) waren auch Keyserlings seit langem (bis auf eine ganz knappe Textauswahl in der Manesse-Bibliothek[10]) vergriffenen Hauptwerke in einer einbändigen, von Rainer Gruenter veranstalteten Ausgabe wieder verfügbar geworden, und die Welt des Dichters hatte der Herausgeber in einem einleitenden Essay fast kongenial beschworen.[11] Den Lesern in der DDR stand sogar schon 1970 eine mit einem klugen Nachwort von Wulf Kirsten versehene Keyserling-Auswahl bereit.[12] Einfühlsam unterrichtende Lektüre-Einladungen an den geistig interessierten Leser fehlten also nicht. Daß die Restauflage von Gruenters Keyserling-Ausgabe verramscht wurde, sprach indessen nicht für eine breite Rezeption.

---

[6] Vgl. *Richard Brinkmann*: Wirklichkeit und Illusion. Studien über Gewalt und Grenzen des Begriffs Realismus für die erzählende Dichtung des neunzehnten Jahrhunderts. Tübingen 1957 (2. Auflage Tübingen 1966). Keyserlings Erzählen mit seiner „Objektivierung des Subjektiven" erscheint hier als Endstufe „Auf der Suche nach der Tatsächlichkeit und nach dem ‚Objektiven'."

[7] *Hans Baumann*: Eduard von Keyserlings Erzählungen. Eine Interpretation des Romans ‚Abendliche Häuser'. Zürich 1967.

[8] Vgl. *Richard Hamann / Jost Hermand*: Impressionismus (= Deutsche Kunst und Kultur von der Gründerzeit bis zum Expressionismus. Bd. 3). Berlin 1960, S. 170 und 172.

[9] *Rudolf Steinhilber*: Eduard von Keyserling. Sprachskepsis und Zeitkritik in seinem Werk (= Canon. Literaturwissenschaftliche Schriften. Bd. 4). Darmstadt 1977.

[10] *Eduard von Keyserling*: Werke. Herausgegeben von Rainer Gruenter. Frankfurt a.M.1973. – Beim genießenden Lesen von Gruenters schöner Einführung stolpert man dann freilich über einen preziös unverständlichen Satz, den einzigen Flecken in dieser sonst makellosen Prosa: „Das Müde und Morbide der leidenden Personen ist die kritische Wachheit des Autors, wie die Starre und seelische Erloschenheit der Stützen der Gesellschaft seine Menschlichkeit ist." (S. XIX).

[11] *Eduard von Keyserling*: Schwüle Tage und andere Erzählungen. Zürich 1954.

[12] *Eduard von Keyserling*: Abendliche Häuser. Ausgewählte Erzählungen. Herausgegeben von Wulf Kirsten. Berlin 1970. Nachwort S. 438-460.

Seit den 1980er Jahren gibt es einen neuen beredten Anwalt in Sachen unseres Autors: Wolfgang Nehring. In dem von Karl Konrad Polheim herausgegebenen *Handbuch der deutschen Erzählung* (1981) stellte er Keyserling mit seinen literarischen Zeitgenossen an den *Beginn der Moderne*[13] und bestimmte in einem gleichzeitig erschienenen, von einer Erzählung des Autors ausgehenden und wie diese *Harmonie* betitelten Aufsatz[14] seine Position zwischen Fontane und Schnitzler. 1989 gelang Nehring dann die gegenwärtig beste, auch stilistisch die Höhe ihres Gegenstandes haltende knappe Gesamtdarstellung der Persönlichkeit und Bedeutung Keyserlings in der Reclam-Reihe *Deutsche Dichter*. Nehrings zusammenfassende Schlußbetrachtung bot einen Extrakt der gesamten, seine eigenen Erkenntnisse einbeziehenden Keyserling-Forschung seit den 1950er Jahren. Die Erzählungen des Balten seien „einerseits von dem Lebenswillen Nietzsches, andererseits von dem pessimistischen Geist Schopenhauers durchdrungen. Seine Gesellschaftsporträts erinnern an Fontane und gelegentlich an Schnitzler. Sein Stil kommt vom Realismus und Naturalismus her und entwickelt sich zu einem symbolischen Impressionismus."[15] Aus den 1980er Jahren wären noch der bedeutende Aufsatz Wolfdietrich Raschs über *Décadence-Motive in Eduard von Keyserlings Romanen und Erzählungen*[16] sowie Helmut Koopmanns *Weltuntergang ostelbisch*[17] nachzutragen, ein Rückblick auf Keyserlings *Abendliche Häuser*, in welchem dieser Roman vor allem als Kritik an der Lebensfeindlichkeit der Vätergeneration innerhalb der ostelbischen Adelswelt angesehen wurde. Auch kamen in jenem Jahrzehnt Keyserlings Werke als Fischer-Taschenbücher wieder in den Handel.

Natürlich ist die wissenschaftliche Beschäftigung mit dem Fin-de-siècle-Autor auch im letzten Dezennium des 20. Jahrhunderts weitergegangen. Nehring selbst hat 1996 unter dem Titel *Jagdlust und Erotik* einen feinsinnigen Beitrag zur *Metaphorik der Jagdszenen bei Eduard von Keyserling* geliefert,[18] und zwei Dissertationen bildeten geradezu Meilensteine auf dem Wege zu einem tieferen Verständnis unseres Autors. Angela Schulz stellte in ihrer *Ästhetische Existenz im Erzählwerk Eduards von Keyserling*[19] betitelten Arbeit dem

[13] Vgl. *Wolfgang Nehring*: Der Beginn der Moderne. In: Handbuch der deutschen Erzählung. Herausgegeben von Karl Konrad Polheim. Düsseldorf 1981, S. 382-408; hier S. 395 f.

[14] *Wolfgang Nehring*: Harmonie – Die Welt Eduard von Keyserlings. In: The Turn of the Century. German Literature and Art 1890-1915. Bonn 1981, S. 227-235.

[15] *Wolfgang Nehring*: Eduard von Keyserling (wie Anm. 4), S. 284.

[16] Erschienen in: *Wolfdietrich Rasch*: Die literarische Décadence um 1900. München 1986, S. 224-243.

[17] In: Romane von gestern – heute gelesen. Herausgegeben von Marcel Reich-Ranicki. Bd. 1: 1900-1918. Frankfurt a.M. 1989, S. 212-218.

[18] In: Zeitschrift für deutsche Philologie 115 (1996), S. 560-575.

[19] *Angela Schulz*: Ästhetische Existenz im Erzählwerk Eduards von Keyserling (= Europäische Hochschulschriften. Reihe I. Bd. 1231). Frankfurt a.M., Bern, New York, Paris 1991.

‚schönen Leben' der Ästheten die „Absage an das ‚schöne Leben'"[20] in den Gestalten der Nicky von Reichel (aus *Nicky*) und Hilda von Üchtlitz (aus *Fürstinnen*) sowie die „Bejahung des un-beschönigten Lebens"[21] bei den Werktagsmenschen Ulrich und Isa von Buchow (aus *Feiertagskinder*) gegenüber, erkannte also im Spätwerk Keyserlings den Ansatz einer Gegenwelt innerhalb der grundsätzlich dekadenten Adelsgesellschaft. Die andere hervorzuhebende Hochschulschrift lieferte Angela Sendlinger mit *Lebenspathos und Décadence um 1900,*[22] einer hochqualifizierten Studie, in welcher das dialektische Verhältnis von Lebensschwäche und Lebensgier an der Grenze vom 19. zum 20. Jahrhundert sowie die Verwandtschaft des Lebensgefühls von Keyserling und seinem Zeitgenossen Georg Simmel (1858-1918) augenfällig gemacht wurden. Auch das Werkspektrum Keyserlings wurde in den 1990er Jahren erweitert. Klaus Gräbner entdeckte in der Wiener *Neuen Freien Presse* der Jahre 1907 bis 1917 zahlreiche völlig in Vergessenheit geratene Texte aus seiner Feder, die er 1991 unter dem Titel *Sommergeschichten* edierte.[23]

Die Keyserling-Forschung der letzten fünfzig Jahre, die wir in einer kurzen Rückschau durchmaßen, hat Wesentliches zur Erkenntnis seines Ranges und seiner literaturgeschichtlichen Stellung herausgearbeitet, beschränkte sich dabei aber fast ausschließlich auf die Bestimmung seiner Position innerhalb der deutschsprachigen Literaturentwicklung. Kaum je, daß einmal Namen fielen, wie Turgenjew, Jacobsen oder Herman Bang, um Keyserlings Verflochtenheit mit dem europäischen Raum anzudeuten. In dieser Hinsicht hatten seine Zeitgenossen einen weiteren Horizont.

Keyserlings Europäertum betonte bereits Thomas Manns Freund Kurt Martens in seiner Essaysammlung *Literatur in Deutschland* aus dem Jahr 1910.[24] Seinen Keyserling-Artikel begann er mit den Worten: „Von Natur und Erziehung ein echter Abkömmling des selbstherrlich kurländischen Adels, hat sich Graf Eduard Keyserling in späteren Jahren aus eigener Machtvollkommenheit zum guten Europäer gewandelt",[25] und zum Beweis des übernationalen Charakters seiner Werke zitierte er eine Stellungnahme des insbesondere als Nietzsche-Forscher seinerzeit weithin bekannten französisch gesinnten elsässischen Literaturwissenschaftlers und Publizisten Henri Albert (Pseudonym für Henri-

[20] Ebd., S. 159-179.

[21] Ebd., S. 180-224.

[22] *Angela Sendlinger*: Lebenspathos und Décadence um 1900. Studien zur Dialektik der Décadence und der Lebensphilosophie am Beispiel Eduard von Keyserlings und Georg Simmels (= Europäische Hochschulschriften. Reihe I. Bd. 1441). Frankfurt a.M., Berlin, Bern, New York, Paris, Wien 1994.

[23] *Eduard Graf Keyserling*: Sommergeschichten. Herausgegeben und mit einem Nachwort versehen von Klaus Gräbner (= insel taschenbuch 1336). Frankfurt a.M. und Leipzig 1991.

[24] *Kurt Martens*: Literatur in Deutschland. Studien und Eindrücke. Berlin 1910.

[25] Ebd., S. 65.

Albert Haug, 1868-1921), die er im Hinblick auf Keyserlings *Beate und Mareile* zu Papier brachte: „Est-ce bien là un livre allemand? Il ne contient pas une seule niaiserie. C'est le livre d'un honnête homme, au sens traditionnel de ce mot. Quelle mesure dans l'agencement de ce récit! Quelle sévère retenue! Comme on devine une connaissance profonde des moeurs de grande allure! C'est froid et chaud tout à la fois. Avec un seul mot les situations prennent du relief."[26] In unsere Sprache übersetzt: „Ist das wirklich ein deutsches Buch? Es enthält keine einzige Unbeholfenheit. Es ist das Buch eines *honnête homme* im ursprünglichen Wortsinne. Welches Feingefühl im Arrangement dieser Geschichte! Welche streng beobachtete taktvolle Zurückhaltung! Wie stark spürt man eine tiefe Vertrautheit mit den Gepflogenheiten der großen Welt! Es ist kalt und heiß zugleich. Ein einziges Wort verleiht den Begebenheiten Relief."

Im gleichen Jahre 1910 berief sich der bedeutende Regisseur und Intendant Saladin Schmitt (1883-1951) im Rahmen eines Bonner Keyserling-Vortrags auf eine Eintragung im *Journal intime* des Philosophen, Literarhistorikers und Dichters Henri Frédéric Amiel (1821-1881) aus dem Jahr 1871, eine Notiz, in welcher er die Schwächen des damaligen deutschen Romans als Folge der gesellschaftlichen Roheit und Rückständigkeit im neu gegründeten Deutschen Reich beklagte. „Stil, Manieren, Erziehung, Welt"[27] mangelten den Deutschen und ihren Romanen. Erst wenn „sie Romane aus der wirklich guten Gesellschaft haben werden, dann haben sie ihre Lehrzeit bestanden."[28] Keyserling, so glaubte Schmitt durch seine Ausführungen deutlich gemacht zu haben, sei dieser von Amiel erhoffte deutsche Zukunftsroman geglückt, und er habe damit den Anschluß an die europäische Weltliteratur gefunden. Schon Amiel und auch der Vortragende hätten, so könnten wir einstige Schrift und einstiges Wort ergänzen, als Vorgänger Keyserlings aus der zweiten Hälfte des 19. Jahrhunderts den Romancier Theodor Fontane nennen können, und als bedeutender zeitgenössischer Roman von europäischem Rang „aus der wirklich guten Gesellschaft" wären zwar nicht mehr von Amiel, wohl aber noch von Saladin Schmitt Thomas Manns *Buddenbrooks* (1901) anzuführen gewesen.

1912 bezeichnete der bedeutende impressionistische dänische Erzähler Herman Bang (1857-1912) in der *Neuen Rundschau* den baltischen Grafen als einen „Iwan Turgenieff, der noch lebt."[29] In seinem Keyserling-Essay charakterisierte er meisterlich die Wesensverwandtschaft ihrer jeweiligen Künstlernaturen: „Beider Stil hat dieselbe Farbe, ein melancholisches Silbergrau, in dem

---

[26] Ebd., S. 69.

[27] Zitiert bei: *Saladin Schmitt*: Keyserling, die Novellen. In: Mitteilungen der Literarhistorischen Gesellschaft Bonn. 6. Jahrgang (1910), Dortmund 1910, S. 257-281; hier S. 281.

[28] Ebd.

[29] *Herman Bang*: Graf Eduard Keyserling. In: Die neue Rundschau. XXIII. Jahrgang der freien Bühne. 1912, S. 427.

ihre Erscheinung sich schwermütig spiegelt. Ihre Sprache hat denselben Rhythmus, das gleitende leise Singen eines Flusses, wenn es dämmert. Ihre Worte haben dieselben Töne, wie ein wehmütiges Erzählen von Wanderern, die über Felder ziehen, weiße Felder an dunkeln Abenden. Stille schildern sie vor allem. Turgenieff läßt die ewigen Ebenen atmen, Keyserling kennt auch das Meer. ... Sie stammen aus Schlössern. In Schlössern haben sie gelebt, und ihre Heimat verlassen sie nicht. Ihre Heimat ist eng, aber gerade darum kennen sie sie, wie Kinder den Garten vor ihres Vaters Hause kennen. Sie kennen Alleen und Rasenplätze, die Teiche und den Küchengarten mit seinen Gewächsen, die Saat auf den Feldern und die Tiere in ihrem Stall und die Wiesen, die grün sind in der Sonne. Sie kennen die Stuben und Gastkammern und die langen halbschläfrigen Mahlzeiten und Kaffeestunden auf der Veranda unter dem herabgelassenen Zeltdach. Sie sind zu Hause hier, und sie bewegen sich hier wie Menschen, die zu Hause sind."[30]

Wurde Keyserling von Herman Bang mit osteuropäischem Künstlertum in Verbindung gebracht, so sah ihn Thomas Mann in seinem Nachruf *Zum Tode Eduard Keyserlings* (1918) mit der gesamteuropäischen Stilentwicklung verknüpft. „Sein Werk", so hob er ihn von seinem Vorgänger Fontane ab, „ist schmaler, graziler, später, wählerischer, es hat nervöseren Puls; der Blick auf das Leben ist kälter geworden, die Ironie geistiger, das Wort präziser, der Gesamthabitus ungemütlicher, künstlerischer und weltläufiger – man spürt die Europäisierung der deutschen Prosa seit 1900."[31] Außer auf Fontane und Turgenjew wies Thomas Mann nachdrücklich auf Herman Bang als geistigen Aszendenten Keyserlings hin und meinte, „daß er das schmerzliche Werk des Dänen gut gekannt, daß er es geliebt und daran gelernt hat, wie vielleicht nur ein Deutscher zu lieben und zu lernen versteht."[32] Während Bang eine Stil-Übereinstimmung zwischen Turgenjew und Keyserling herauszuhören meinte, glaubte Mann eine ebensolche zwischen dem Balten und Bang ausmachen zu können: „Es gibt", so lesen wir in seinem Nachruf, „einen Tonfall, der ihnen innig gemeinsam ist, einförmig wie Tropfenfall in einer Höhle".[33] Bang hatte seinerseits „dieselben Töne" bei dem russischen und baltischen Prosaisten vernommen, „das gleitende leise Singen eines Flusses". Beide Interpreten bedienten sich in ihren Vergleichen (in leichter Abwandlung) des Wasser-Tropus. Fügt man, wie wir es hier getan haben, die Keyserling-Charakteristiken des deutschen und des dänischen Schriftstellers zusammen, so wird man eine bedenkenswerte russisch-baltisch-dänische literarische Dreieinigkeit gewahr.

---

[30] Ebd., S. 427 f.

[31] *Thomas Mann*: Zum Tode Eduard Keyserlings. In: Ders.: Rede und Antwort. Gesammelte Abhandlungen und kleine Aufsätze. Berlin 1922, S. 258-263; hier S. 261.

[32] Ebd., S. 262.

[33] Ebd.

Als letzten von Keyserlings Zeitgenossen wollen wir den expressionistischen Literaten und Publizisten Kasimir Edschmid (1890-1966) zu Wort kommen lassen. In seiner Betrachtung *Keyserling und die Gefühls-Mosaikler oder der impressionistische Roman* (1920) konstatierte er, daß unter den Deutsch Schreibenden „Keyserling, Graf, Balte und Dichter die einzige Entschuldigung, die einzige Rechtfertigung dieser Zeit“[34] bleibe. „Er ist nahe bei Renoir. Er hält Deutschland allein gegen Bang und Jacobsen.“[35] Er sei zudem „der einzige Nenner gegen die Zeitblamage“,[36] und er allein könne „neben France, Chesterton, D'Annunzio auf irgendeinem Olympos der Völker, wo ... um Repräsentation der Gefühle und Gezeiten gefochten wird, ... eingeführt und empfangen werden.“[37] Die drei Namen Anatole France, Gilbert Keith Chesterton und Gabriele d'Annunzio dürften hier stellvertretend für Frankreich, England und Italien stehen und mit Keyserling dementsprechend der deutsche Sprachraum den führenden westeuropäischen Kulturen als gleichrangig beigeordnet werden.

Keyserlings Mitlebende haben uns die Augen für seine übernationale Repräsentanz geöffnet. Wir wollen nun prüfen, ob sich deren generalisierende Behauptungen auch *en détail* verifizieren lassen. Als ein Kronzeuge für motivliche und strukturelle Gemeinsamkeiten soll uns der schon durch seine wechselnden Wohnsitze in Rußland, Deutschland und Frankreich und durch seine ausgedehnten Reisen nach England und Italien zu einem europäischen Grandseigneur gewordene Iwan Turgenjew dienen, Turgenjew, an den sich ja bereits Herman Bang bei der Lektüre des Balten so lebhaft erinnert fühlte; und wir verfahren wie seinerzeit der dänische Enthusiast, der sich (des Russischen wohl ebensowenig mächtig wie der Verfasser dieser Studie) zum Textvergleich „eine deutsche Ausgabe von Turgenieff neben Keyserlings Werke gelegt“[38] hatte. Sporadische Seitenblicke auf andere europäische Größen, wie Gontscharow, Bang, Thomas Mann und Rilke, mögen unser Bild von dem Europäer Keyserling erweitern und vertiefen.

In den *Aufzeichnungen eines Jägers*, übersetzt von Manfred von der Ropp, nehmen wir teil an den Beobachtungen und Empfindungen des erzählenden Weidmannes, der sich rastend im Wald hingestreckt hat, und parallel dazu stimmen wir uns auf die Waldrast-Erlebnisse der Komteß Billy aus Keyserlings *Bunten Herzen* ein. Beide genießen die Ruhe auf dem Waldboden als etwas Köstliches. „Es ist eine äußerst angenehme Beschäftigung, im Wald auf dem

---

[34] *Kasimir Edschmid* [eigtl. Eduard Schmid]: Keyserling und die Gefühls-Mosaikler oder der impressionistische Roman. In: Ders.: Die doppelköpfige Nymphe. Aufsätze über die Literatur und die Gegenwart. Berlin 1920, S. 258-263; hier S. 36.

[35] Ebd.

[36] Ebd., S. 37

[37] Ebd., S. 46.

[38] *Herman Bang*: Keyserling (wie Anm. 29), S. 427.

Rücken zu liegen und nach oben zu schauen",[39] heißt es bei Turgenjew. Und weiter lesen wir: „Man bewegt sich nicht – man schaut; und es läßt sich unmöglich in Worte fassen, wie froh und still und süß einem ums Herz wird."[40]

Keyserling wählt, um die gleiche Empfindung auszudrücken, die folgenden Worte: „Köstlich war es, die Beine von sich zu strecken, den Rücken an das warme Heidelbeerkraut zurückzulehnen. Etwas Schöneres konnte es im Leben nicht geben."[41] Was beide dann sehen und fühlen (die entsprechenden Zitate folgen nach einigen einführenden Worten), differiert ein wenig durch ihre etwas voneinander abweichende Körperlage. Während Turgenjews Erzähler flach auf dem Boden liegt, lehnt sich Billy an einen niedrigen Mooshügel. So schauen wir bei Turgenjew unmittelbar ins Himmelblau, während Billys Sinne an den optischen, akustischen und olfaktorischen Eindrücken ihrer nächsten Umgebung haften bleiben. Die Erzähler-Impressionen Turgenjews öffnen sich den Reizen der Ferne, Billys Impressionen dagegen den Reizen der Nähe. Auch bedeutet Turgenjews Umdeutung des Luftmeeres in ein Wassermeer eine Keyserling mangelnde Kühnheit. Aber beide Autoren begegnen sich im Einheitsgefühl von Mensch und Natur, einer Natur indessen, die nicht mehr wie noch in der Romantik zu Gott oder zu Dämonen führen kann, sondern im Innerweltlichen verharrt. In der Darstellung dieses Einswerdens von Mensch und Welt könnte man Keyserling fast als den kühneren ansehen. Denn während sich bei dem russischen, dem älteren Autor noch ein ganz leicht trennendes *als ob* zwischen das Ich und das Außen schiebt, verschmelzen sie gänzlich bei seinem jüngeren Dichter-Kollegen. Aber dazu muß man in Betracht ziehen, daß erst der um eine Generation später ins Leben Getretene vom Monismus des Jahrhundertendes mitgetragen wurde.

Wenden wir uns zunächst Keyserlings Text zu: „Um die Lichtung standen junge Föhren und Tannen blank wie Metall und so regungslos, daß die Tropfen, die noch hier und da an ihren Nadeln hingen, gefroren schienen. Alles war regungslos unter diesem gelben Lichte, die Halme, die Moosblüten, die kleinen blauen Falter, eine Hummel kroch in die Glocke eines Benediktenkrautes und blieb dort hängen wie verzaubert. Im Dickicht kam ein Fuchs daher, den Kopf suchend niedergebeugt, und plötzlich blieb auch er stehen, ohne ein Glied zu regen, und starrte vor sich hin, die Lichter durchsichtig wie grünes Glas, gebannt von dem gewaltsamen Schweigen der Stunde. Billy saß da und auch auf ihr lastete diese Regungslosigkeit, die so wunderbar wohltat, dieser köstliche Rausch des Lichtes, des Schweigens und all der heißen Düfte, welche die Blät-

---

[39] *Iwan Turgenjew*: Aufzeichnungen eines Jägers (= Fischer Bücherei. Exempla classica 28). Frankfurt a.M. und Hamburg 1961, S. 121.
[40] Ebd.
[41] *Eduard von Keyserling*: Bunte Herzen. Am Südhang. Harmonie (= Fischer Taschenbuch 2526). Frankfurt a.M. 1983, S. 58.

ter, die Tannennadeln, die großen sich sonnenden Schwämme ausatmeten. Auch sie starrte vor sich hin, sie fühlte, wie auch ihre Augen so glashell wurden wie die Lichter des Fuchses dort und alles in ihr nur dazu da war, die sonnige Stille zu trinken."[42] Und nun Turgenjew: „Es scheint, daß man in ein bodenloses Meer blickt, daß es sich weit *unter* einem ausbreitet, daß die Bäume nicht von der Erde in die Höhe ragen, sondern daß die Wurzeln riesiger Gewächse senkrecht in jene glasklaren Wogen hinabhängen; die Blätter auf den Bäumen blitzen bald wie Edelsteine, bald verdichten sie sich zu einem goldigen, fast schwarzen Grün. Hoch oben steht am Ende eines dünnen Zweiges unbeweglich ein einzelnes Blatt auf einem Flecken azurblauen Himmels, und neben ihm schaukelt ein anderes, dessen Bewegungen an das Plätschern eines Fisches erinnern, als ob es sich selbständig regte und nicht vom Winde geschaukelt würde. ... Man schaut – und jene tiefe, reine Himmelsbläue ruft auf den Lippen ein Lächeln hervor, das ebenso unschuldig ist wie sie selbst. Man schaut den Wolken zu, die über den Himmel wandern, und es ist einem, als ob gleichzeitig mit ihnen in langsamer Prozession glückliche Erinnerungen an der Seele vorbeizögen, der Blick immer weiter und weiter dränge und uns selbst nachzöge in jenen ruhigen, schimmernden Abgrund, und es ist unmöglich, sich loszureißen von dieser Höhe, von dieser Tiefe."[43]

Haben wir soeben das atmosphärisch Gemeinsame der Prosa Keyserlings und Turgenjews, ihren steten Tropfenfall, ihr gleitendes leises Fließen auf uns wirken lassen, so wollen wir nunmehr auf Handlungs- und Gesinnungszusammenhänge den Blick richten. Drei Erzählungen des Balten, nämlich *Schwüle Tage* (1904), *Bunte Herzen* (1908) und *Am Südhang* (1911), stellen wir zu diesem Zweck einen der berühmtesten Texte des Russen gegenüber, seine stark autobiographisch gefärbte Novelle *Die erste Liebe*. Ihre *editio princeps*, die auch den neueren Ausgaben und Übersetzungen in der Regel zugrunde gelegt wird,[44] datiert aus dem Jahr 1860. Für unseren Vergleich wählen wir jedoch die durch einen für uns unentbehrlichen moralisierenden Schlußteil erweiterte, 1881 erschienene Übertragung im Rahmen der sogenannten Mitauer Ausgabe (1869-1884). Mit dieser von Louis Viardot herrührenden, jedoch von Turgenjew stillschweigend autorisierten Ergänzung,[45] die auch schon Friedrich Bodenstedts Verdeutschung von 1865 aufwies, lernte das mittel- und westeuropäische Pu-

---

[42] Ebd.

[43] *Turgenjew*: Aufzeichnungen (wie Anm. 39), S. 121 f.

[44] So beispielsweise Johannes von Guenthers Übersetzungen mit dem Titel *Erste Liebe* in dem Sammelband: *Iwan Turgenjew*: Drei Begegnungen und andere Erzählungen (= Kleine russische Bibliothek). Hamburg und München 1962, S. 175-264. – Auch die zweisprachige Reclam-Ausgabe bietet den Text des Erstdrucks: *Iwan Turgenjew*: Erste Liebe. Russisch und deutsch. Übersetzungen von Kay Borowsky. Nachwort von Ortrud Appel (= Reclams Universal-Bibliothek 1732). Stuttgart 1976.

[45] Vgl. *Iwan Turgenjew*: Briefe an Ludwig Pietsch. Berlin und Weimar 1968, S. 119 f.

blikum des 19. Jahrhunderts Turgenjews *Erste Liebe* kennen. So dürfte auch Keyserling die Erzählung gelesen haben, falls er nicht auf das Original zurückgriff; denn daß er als hochgebildeter Mann die Hauptwerke Turgenjews zur Kenntnis genommen hat, sollte bei der Beliebtheit gerade dieses Schriftstellers unter seinen Zeitgenossen keinem Zweifel unterliegen.

Vier essentielle Bestandteile von Turgenjews Erzählung finden sich, allerdings auf die drei oben erwähnten Texte verteilt, bei Keyserling wieder. – (1) Eine kokette Frauengestalt bildet den Mittelpunkt eines ihr sklavisch ergebenen Männerkreises. In der *Ersten Liebe* ist es die einundzwanzigjährige Fürstin Sinaida, in Keyserlings *Südhang* nimmt ihre Position die von ihrem Gatten geschiedene Daniela von Bardow ein. – (2) Ein junger Mann macht die ihn schockierende Entdeckung, daß sein Vater eine ehebrecherische Beziehung zu einer von ihm selbst umschwärmten jungen Dame unterhält. Bei Turgenjew handelt es sich um den in Sinaida verliebten sechzehnjährigen Wladimir, in *Schwüle Tage* um den fast achtzehnjährigen Bill, der seine ihm an Jahren und stolzer Attitüde überlegene Cousine Ellita zwar nicht eigentlich liebt, unter deren Blicken es ihm jedoch „heiß werden“[46] kann. Verliebt ist er vielmehr in deren Schwester Gerda. – (3) Der ehebrecherische Vater findet nach dem Ende der Liebesaffäre den Tod. Wladimirs Vater erleidet einen tödlichen Schlaganfall, Bills Vater tötet sich mit einer Morphiumeinspritzung. Das Motiv findet sich auch in abgewandelter Form: Im *Südhang* erschießt sich der Daniela von Bardow verfallene, aber nicht von ihr erhörte Aristides Dorn. – (4) Der Kritik an der Adelsdekadenz des Sinaida-Kreises (durch Doktor Luschin) und an den sozialen Zuständen Rußlands überhaupt (im Schlußgespräch des Novellenrahmens) in Turgenjews *Erster Liebe* entsprechen bei Keyserling adelskritische Äußerungen eines Angehörigen des Adels selbst (Graf Hamilkar) und zweier Bürgerlicher (Herr Post und Fräulein Demme) in *Bunte Herzen* sowie, ebenfalls aus bürgerlicher Sicht, des Hauslehrers Aristides Dorn in der *Südhang*-Erzählung.

Bei derart auffälligen Ähnlichkeiten eine bewußte oder unbewußte Beeinflussung Keyserlings durch den russischen Meister anzunehmen, scheint unabweislich. Allerdings sollte man hier keinesfalls an Epigonalität oder gar an ein Plagiat denken. Schon das aparte, von Turgenjew selbst erlebte[47] Hauptmotiv: die keusch Geliebte ist des Vaters Liaison, ist ja von Keyserling verändert worden, da Bill in *Schwüle Tage* keineswegs von leidenschaftlicher Liebe ergriffen ist. Auch verfügt der jüngere Autor bereits durch die Verteilung einzelner *Erste*

---

[46] *Eduard von Keyserling*: Schwüle Tage. Seine Liebeserfahrung. Zwei Erzählungen (= Fischer Taschenbuch 5351). Frankfurt a.M. 1983, S. 10.

[47] Vgl. dazu des Dichters eigene Äußerung: „in der Ersten Liebe ... wird ein wahres Ereignis beschrieben, ohne die geringste Schönfärberei, und beim erneuten Durchlesen stehen die handelnden Personen wie lebend vor mir.“ Zitiert in: *Turgenjew*: Liebe (wie Anm. 44), S. 201.

Liebe-Bauelemente auf drei verschiedene Werke frei über das bei dem älteren Vorfindliche; und der die Kongruenzen erspähende Fernblick gewahrt bei näherem Hinsehen immer wieder bemerkenswerte Abweichungen. So entbehren Daniela von Bardow und Ellita der für Sinaida charakteristischen Anwandlungen von Sadismus. Undenkbar wäre bei Keyserling, daß eine seiner Adelsfräulein ihrem Seladon, wie sich Sinaida dem Doktor Luschin gegenüber erfrecht, einen tiefen Nadelstich zufügte und ihn auch noch dabei zu lachen nötigte. Und die Nahsicht auf die Vätergestalten in *Erste Liebe* und *Schwüle Tage* läßt Wladimirs Vater als einen „noch junge[n] und sehr hübsche[n] Mann“[48] hervortreten, während Ellitas Liebhaber in einem *Tête-à-Tête* seiner Partnerin „für das letzte Glück – das du einem alternden Manne gabst“,[49] dankt. Überhaupt geht es uns bei diesen Werk-Vergleichen weniger um den Nachweis direkter Abhängigkeiten als um atmosphärisch Gemeinsames, gesellschaftlich Verbindendes in den endlosen, mit verstreuten Adelssitzen gemusterten Weiten nördlich und östlich der Memel, des russischen Njemen, wo nicht nur Turgenjews, sondern auch Keyserlings Gestalten zu Hause sind; denn durchaus zutreffend ist, was schon 1917 anläßlich seiner *Fürstinnen* ein Rezensent, C. Th. Kaempf, bemerkte: „Immer spielen die Erzählungen auf scheinbar norddeutschen Gutshöfen und Schloßbauten, die im Grunde nur in den baltischen Provinzen zu finden sind.“[50]

Zu den tieferen, über jegliches Abhängigkeitsverhältnis hinausweisenden Verbundenheiten beider Autoren gehört die Kritik an den Degenerationserscheinungen innerhalb der höheren Gesellschaftsschichten ihrer jeweiligen Heimatregionen, wo sie ihre stärksten und fruchtbarsten Eindrücke empfingen, also Rußlands und des Baltikums. In Wladimir Petrowitschs Erzählung von seiner *Ersten Liebe* ist es Doktor Luschin, der ihn, das frevle Spiel Sinaidas im Grunde seines Herzens verabscheuend und ihren Capricen dennoch verfallen, gewissermaßen als Arzt vor dem Schwächend-Ungesunden des fürstlichen Ambiente warnt: „Die Luft hier ist für Sie schädlich – glauben Sie mir, Sie könnten davon angesteckt werden“,[51] ruft er ihm zu, und er verstärkt diese Warnung, „die Stimme erhebend“,[52] indem er zusätzlich den Gewächshausdunst in Sinaidas Umgebung anführt: „Ich sage es Ihnen noch einmal: die Luft hier taugt nichts für Sie. Es gefällt Ihnen hier, das mag schon sein! in einem Treibhaus ist der Geruch auch angenehm – aber es läßt sich dort nicht wohnen.“[53] Ja, das *Cave aera!*[54] wird sogar noch ein zweites Mal wiederholt, und

---

[48] *Iwan S. Turgenjew*: Die erste Liebe. Aus der Mitauer Ausgabe. In: Ders.: *Turgenjew*: Erzählungen 1857-1883. Gedichte in Prosa. München 1967, S. 74.
[49] *Keyserling*: Schwüle Tage (wie Anm. 45), S. 44.
[50] *C. Th. Kaempf*: Keyserlings „Fürstinnen“. In: Das literarische Echo 19 (1917), Sp. 1183.
[51] *Turgenjew*: Liebe (wie Anm. 44), S. 104.
[52] Ebd., S. 105.
[53] Ebd.

zwar an der bedeutsamen Stelle des Kapitelendes: „‚Schädlich ist für Sie die Luft hier, sehr schädlich, junger Mann‘, sagte Luschin nochmals zu mir.“[55] Was in der Sinaida-Welt krank macht, das ist schon mehr als erschlaffende Kaldarium-Hitze, es sind die aus zerrütteten Verhältnissen aufsteigenden Sumpfdünste, es ist die grundsätzliche Unordentlichkeit dieses Lebens, die schließlich zur Aufhebung der ehelichen Ordnung führt, ein *désordre*, der durch das ehebrecherische Treiben des Vaters auch noch das scheinbar so fest gefügte Elternhaus Wladimirs dem Zerfall preisgibt.

Für jemanden, der von klein auf in der Kaldariumsluft der vorrevolutionären östlichen Adelswelt aufgewachsen ist, ohne daß diese Atmosphäre wie in der *Ersten Liebe* mutwillig durch Hasardeure des Spieles oder der Liebe vergiftet wird, mag sie als Grundlage und Voraussetzung eines umhegten Treibhauslebens zuträglich sein. Der von draußen in diese Luxus-Enklaven Verschlagene indes begegnet in ihnen *kränkelnden Blumen* (im Sinne Baudelaires)[56] respektive (bei Keyserling) kranken Früchten. Diese bildliche Redeweise bedarf einer etwas eingehenderen Erläuterung: In der *Südhang*-Erzählung trifft während des Wetterleuchtens einer Gewitternacht im Schloßpark der *Insider* Karl Erdmann von West-Wallbaum auf den *Outsider* Aristides Dorn. Dieser rechtfertigt seine Schlafstörungen gegenüber dem jungen Adligen, der zu den von Caesar favorisierten Menschen gehört, welche „sleep a-nights“,[57] mit den Worten (und hier fühlen wir uns unmittelbar an Doktor Luschins Repetitionen erinnert): „Natürlich, Sie sind hier in dieser Luft aufgewachsen, ich meine die ganze Lebensatmosphäre, aber wenn einer von außen kommt, aus einer ganz anderen Atmosphäre, dann wirkt das seltsam stark auf ihn.“[58] In dieser Atmosphäre werden die Menschen, „empfindlich und feinschalig wie eine Frucht, die auf dem Südhange gereift ist“,[59] und die ihnen entsprechenden Baumfrüchte, zum Exempel Birnen, sind demgemäß „die süßesten und die saftigsten“;[60] aber es sind nach Dorns Meinung „kranke Birnen“,[61] und „wenn man nicht geboren ist, um [wie solche Birnen] in Seidenpapier gewickelt zu werden, so ist das gefährlich.“[62] Um die Gefährdungen beim Eintritt in die adlige *Zauberberg*-Welt, zu deren Lockungen es gehören kann, „daß man [wie Karl Erdmann] immer auf eine Mahlzeit wartete“,[63] die aber auch fast ebenso verführerisch Schwächung und Dekomposition in sich birgt, wissen Luschin wie Dorn; aber während sie für

[54] Hüte dich vor der Luft! (falls das Latein gerade nicht zur Hand ist).
[55] *Turgenjew*: Liebe (wie Anm. 44), S. 105.
[56] Vgl. seine Widmung der *Fleurs du mal*!
[57] Shakespeare: Julius Caesar, Act I, Scene II.
[58] *Keyserling*: Südhang (wie Anm. 41), S. 98.
[59] Ebd., S. 82.
[60] Ebd., S. 98.
[61] Ebd.
[62] Ebd., S. 99.
[63] Ebd., S. 92.

jenen wie für Joachim Ziemßen eine Episode bleiben, bewahrheitet sich Dorns Befürchtung, es könne ihm, wie er es selbst formuliert, „passieren, daß ich nicht mehr hinaus könnte."[64] Der einzige Ausgang, der sich ihm schließlich öffnet, ist der Tod. Hans Castorp, auch einer derjenigen, welche der Gefahr erliegen, sich „zu versitzen, nicht weiter zu wollen",[65] findet ihn, so müssen wir annehmen, in den Materialschlachten des Ersten Weltkrieges, Aristides Dorn gibt sich, zermürbt durch hoffnungslose Liebe, die Kugel.

Lebensuntauglichkeit außerhalb der Komfort- und Schonsphäre der Adelssitze, diese Schwäche charakterisiert vorwiegend die Angehörigen jüngerer Jahrgänge in Keyserlings Erzählungen, seien es nun die Schloßherrinnen selbst oder deren Söhne und Töchter; die mitunter noch das Regiment führenden alten Herren sind im allgemeinen aus etwas härterem Holz geschnitzt. Es ist (und bei dem folgenden Streiflicht auf die russische Szene blicken wir kurz über Turgenjew hinaus), als habe die *oblomowtschina*, die nach Gontscharows *Oblomow* (1859) benannte russische Indolenz am Ende des Jahrhunderts, auch die baltischen Provinzen des Zarenreiches erfaßt, wo sie allerdings ästhetisiert wird und sich vielfach mit der krankhaft nervösen Lebensgier des *Fin de siècle* verbindet. Man liegt wie Karl Erdmanns Schwester Oda täglich von elf bis zwölf Uhr in der Hängematte, man sitzt wie ihr Bruder am Parkteich „auf einer schattigen Bank, sieht einen roten Sonnenschirm durch all das Grün fahren und denkt an nichts"[66] oder liegt „stundenlang im Grase" und läßt sich „von einem starken, süßen, ein wenig erschlaffenden Gefühle[67] wiegen." Die ästhetische Komponente der modernisierten Oblomowerei kommt besonders prägnant in einer Reflexion Felix von Bassenows in Keyserlings Erzählung *Harmonie* zum Ausdruck: „Etwas tun, das war keine Kunst, da konnte man bald einen Tag hinbringen. Aber stillesitzen und an hübsche, helle Dinge denken, das ist Kultur."[68]

Nach bösen Erfahrungen – die Ehe seiner Tochter Lisa mit dem Fürsten Katakasianopulos hat keinen Bestand gehabt, und seine zweite Tochter, Komtesse Sibylle, genannt Billy, deren Waldrast-Erlebnis uns schon beschäftigte, ist soeben nach einem blamablen Liebesabenteuer mit seinem düster-theatralischen Neffen Boris von Dangellô heimgekehrt – zieht in Keyserlings Erzählung *Bunte Herzen* Graf Hamilkar, Herr auf Schloß Kadullen, die ästhetisierte *leisure class*-Lebensart seines Standes ernstlich in Zweifel: „War sie nicht vielleicht ein Mißverständnis, sein Mißverständnis, diese hübsche Kultur, die er sorgsam

---

[64] Ebd., S. 99.

[65] *Keyserling*: Schwüle Tage (wie Anm. 45), S. 18. Auch Karl Erdmanns Vater, dessen Äußerung das Zitat mitteilt, will schließlich nicht mehr weiter. Die Magd Margusch kommentiert sein selbstmörderisches Ende mit den Worten: „Ach Gottchen! Der arme Herr, der hat nu auch nicht mehr gewollt!" In: *Keyserling*: Schwüle Tage (wie Anm. 45), S. 52.

[66] *Keyserling*: Südhang (wie Anm. 41), S. 90.

[67] Ebd., S. 82

[68] *Keyserling*: Harmonie (wie Anm. 41), S. 158.

um sich und die Seinen eingehegt hatte? Konnte man hier leben lernen?"[69] Seine und seinesgleichen Unfähigkeit, für ein Leben außerhalb der Parkmauern zu erziehen, ein Eingeständnis, welches die ganze Zukunft dieser Fin-de-siècle-Adelskultur in Frage stellt, artikuliert sich in den folgenden, wegen ihres Gewichtes und ihrer Einprägsamkeit verständlicherweise vielzitierten, an seine Schwester gerichteten Worten: „Ich sage, Betty, was erziehen wir da für Wesen? Die können ja nicht leben. Denen kann man ja das Ding, das wir Leben nennen, gar nicht anvertrauen. Ein Stubenmädchen, das zum Stallknecht schleicht und sich verführen läßt, weiß, was es will, aber was wir da erziehen, Betty, das sind kleine berauschte Gespenster, die vor Verlangen zittern, draußen umzugehen, und wenn sie hinauskommen, nicht atmen können. Das ist's, was wir erziehen, Betty."[70] Fast noch schärfer äußern sich der Hauslehrer, Herr Post, und die Gouvernante, Fräulein Demme, als Pädagogen immerhin in Erziehungsfragen stimmberechtigt. „Herr Post hatte [angesichts des Billy-Abenteuers] vor dem Frühstück zu Fräulein Demme gesagt: ‚Man sieht doch, diese sogenannte vornehme Kultur hält nicht stand, es ist doch manches innerlich faul', worauf Fräulein Demme ihre kurzen Locken schüttelnd geantwortet hatte: ‚Es fehlt eben an innerer Freiheit.'"[71] Thomas Mann hat in seinem Keyserling-Nachruf an dieser kleinen Szene kein gutes Haar gelassen. „Nichts kann fontanischer sein", so führte er dort aus, „als diese Art, über Gesetz und Sehnsucht ein ordinäres Ressentiment sprechen zu lassen, damit auf seine Kosten, durch die Lächerlichkeit, die es sich dabei zuzieht, ihr [Billys] Konflikt an Würde und Lebensmelancholie gewinne."[72] Wir sollten es uns angelegen sein lassen, die beiden Schloßbediensteten ein wenig gegen ihren strengen Kritiker in Schutz zu nehmen. Natürlich sind ihre Äußerungen nicht frei von Ressentiments, Neid schwingt mit und Schadenfreude. Aber die Urteile, wenn auch lieblos abgegeben, sind doch nicht unbegründet. Soweit sie sich auf den adligen Verführer beziehen, sind sie sogar vollauf berechtigt. Treffend charakterisiert Graf Hamilkar diesen großsprecherischen, dekadent morbiden Herrn von Dangellô, der auf einen gemeinsamen ‚Liebestod' spekuliert hatte und sich dann selbst erschoß, nachdem ihm die Geliebte, angeekelt von der schmierig-muffigen Häßlichkeit einer einsamen Waldschenke, davongelaufen war: „Das sind die Leute, die ihr Leben damit verbringen, wie die Schauspieler vor dem Spiegel zu stehen und sich Gesten einzuüben für ein Publikum. Ich liebe – wie steht mir das. Ich bin unglücklich, ich sterbe – wie steht mir das, was werden die anderen dazu sagen. Tod und Leben – Toilettensache und ein hübsches Mädchen, das uns liebt, ist auch nur Toilettensache, wie eine Gardenie, die man

[69] *Keyserling*: Bunte Herzen (wie Anm. 41), S. 76.
[70] Ebd., S. 70.
[71] Ebd., S. 67.
[72] *Mann:* Zum Tode Keyserlings (wie Anm. 31), S. 261.

sich ins Knopfloch steckt, und wir erziehen unsere Mädchen als Gardenien für solche nichtsnutzigen Snobs."[73] Hier ist in der Tat „manches innerlich faul".

Nicht so einfach liegen die Dinge bei Komtesse Sibylle. Bei ihr ist vieles verzeihlich. Lebensungeeignetheit, eine Folge ihrer verfehlten Erziehung, und übel angebrachte Liebe stürzen sie ins Unglück. Aber gehört nicht auch eigenes Angekränkeltsein dazu, um einem so innerlich hohlen Phraseur zu verfallen? Und fehlt es nicht wirklich und wahrhaftig „an innerer Freiheit" in der von Keyserling geschilderten Adelskultur? Welche Triebgebundenheit begegnet uns da auf Schritt und Tritt! Wir kennen den ehebrecherischen Vater aus *Schwüle Tage*. Er steht für viele seinesgleichen. Spielleidenschaft ruiniert Dietz Egloff in dem Roman *Abendliche Häuser*. Irma von Buchow verläßt Mann und Kind, um dem Bruder ihres Gatten, einem notorischen Spieler, anzugehören (*Feiertagskinder*), und die Gattin des Barons Werland läßt ihren kranken Gemahl für eine flüchtige Liebschaft im Stich (*Dumala*). Von innerer Freiheit ist da nicht viel zu spüren. – Die beiden kleinbürgerlichen Kritiker Post und Demme sind zwar nicht die angemessenen Richter über adliges Fehlverhalten, und sie verlieren durch ihre Engherzigkeit an Sympathie; aber die Substanz ihrer Aussagen bleibt gültig und verfällt nicht der „Lächerlichkeit". Von „Würde" kann bei Billys Konflikten keine Rede sein. Auch von „Lebensmelancholie" bei diesem noch ganz unreifen Geschöpf zu sprechen, scheint entschieden zu hoch gegriffen.

Herrn Posts Bemerkung, daß im Bereich der Adelskultur „doch manches innerlich faul" sei, gibt uns Veranlassung, nochmals auf Turgenjews *Erste Liebe* zurückzukommen. Von sozialer Fäulnis ist nämlich auch in dem (der Erstausgabe noch fehlenden) Rahmen-Schlußgespräch dieser Erzählung die Rede. Die Jugendgeschichte habe gezeigt, so führt dort der gastliche Hausherr aus, auf dessen Anregung Wladimir seine erste Liebeserfahrung vorgetragen hatte, „daß die sozialen Zustände, unter welchen wir alle groß geworden sind, sich bei uns in ganz besonderer Weise gebildet und entwickelt haben, wie das weder früher je gewesen noch auch voraussichtlich künftig je wieder sein wird. ... Es gibt, ich wiederhole es, und Sie selbst fühlen das – es gibt bei uns ein Etwas, das unwillkürlich an die Worte des Marcellus im Hamlet erinnert: ‚Etwas ist faul im Staate Dänemark.'"[74]

Der Hausherr spricht im Verlauf seiner längeren Rede von einer allgemeinen Schuld des ganzen russischen Volkes. In Wladimirs Erzählung werden aber lediglich die Gebrechen der höheren Gesellschaftskreise vorgeführt, und von hier aus ergeben sich die Parallelen zu Keyserlings Werken. Dessen Klagen über und seine, wenn auch verschleierten, Anklagen gegen seinen Stand basie-

---

[73] *Keyserling*: Bunte Herzen (wie Anm. 41), S. 71.
[74] *Turgenjew*: Liebe (wie Anm. 44), S. 140 f.

ren also, wenn man den unter vergleichbaren Voraussetzungen schreibenden Turgenjew hinzunimmt, auf einem tiefen und breiten Fundament. Der jüngere Autor erlebte noch den Anfang der Zerstörung seiner Welt in den revolutionären Wirren von 1905. „Zahlreiche Güter in Liv-, Est- und Kurland wurden 1905 von revolutionären Banden niedergebrannt: 184 Herrenhöfe, insgesamt sehr viel mehr ganz oder teilweise zerstörte Gebäude sowie über 80 Morde waren die Bilanz dieser von den Städten ausgehenden sozialrevolutionären Bewegung mit teilweise agrarrevolutionärem Einschlag."[75] Ganz knapp vor dem endgültigen Untergang der baltischen Adelsgesellschaft ist Keyserling 1918 gestorben. In seinen Werken findet sich freilich nichts von den sie bedrohenden oder bereits heimsuchenden apokalyptischen Reitern. Das ist zunächst einmal mit seinen Lebensumständen zu begründen. Im Jahr 1905 weilte er in München als kranker Mann, weitab von den Unruhen, die seine Heimat erschütterten. Aber vielleicht wollte er seinen Adels-Enklaven auch ganz bewußt alle von außen einwirkenden Korrosionselemente fernhalten. Die Verlegung seiner Handlungsschauplätze, soweit man sie überhaupt ausmachen kann, in die östlichen Provinzen des damaligen Deutschen Reiches mag möglicherweise in diese Richtung zielen. Sein eigentliches Thema, die Darstellung des inneren Zerfalls der *loca amoena* eines schönen Lebens, ließ sich jedenfalls reiner ohne zentripetale Destruktivkräfte gestalten. Geradezu symbolhaft für diese interne Zerstörung bei äußerlich wohltemperierter Stimmung sind die nächtlichen Vergewaltigungen, deren sich Felix von Bassenow (wir kennen ihn bereits von seiner ‚Kultur-Definition' her) in der Erzählung *Harmonie* schuldig macht. Die Ironie ihrer Betitelung wird das folgende Zitat unverkennbar machen: „Etwas geschah, von dem der Tag mit seiner hübschen Ordnung nichts verriet. Kein Wort, kein Blick erinnerte daran. Aber Felix mußte dieses Bild immer mit sich herumtragen. Nachts – ... wenn das hübsche Uhrwerk der Malten angehalten war – dann kauerte in dem weißen Zimmer, unter der weißen Ampel, das weiße Figürchen auf dem Bette. Die Augen, sehr dunkel in all dem Weiß, schauten ihm angstvoll entgegen. Und der schmale kühle Körper lag regungslos in seinen Armen, das bleiche Gesicht hatte den Ausdruck hochmütig verschlossener Qual."[76]

Das auffällige Weiß dieser Szene läßt uns den Blick kurz auf Herman Bang und Rilke richten. Ganz in diese Farbe der Reinheit, aber auch der Todesnähe ist Bangs *Det hvide hus* (‚Das weiße Haus', 1898) getaucht. Nicht nur das Haus selbst trägt diese Farbe, sondern auch seine Einrichtung – und seine Herrin, die Pfarrersfrau, starrt „weiß und stumm, in die Schönheit des Sommerabends

---

[75] Deutsche Geschichte im Osten Europas. Baltische Länder. Herausgegeben von Gert von Pistohlkors. Berlin 1994, S. 426.

[76] *Keyserling*: Harmonie (wie Anm. 41), S. 182.

hinaus".[77] Wie der bleichen Annemarie in Keyserlings *Harmonie* schwindet ihr, allerdings erst nach mancherlei Versuchen, sich dem Leben zu stellen, an ihm teilzunehmen, die Blutwärme, und nach gestorbener Liebe singt sie am Ende:

> „Wie Pflanzen welken,
> deren Wurzeln ohne Nahrung,
> wie Blumen bleichen hin,
> weil sie der Sonne ferne,
> so bleiche ich und welke hin,
> weil Du mich nicht mehr liebst."[78]

Keyserlings ‚Weiße Frauen', die seit der Gestalt der Beate im Roman *Beate und Mareile* (1903) immer wieder in seinen Werken erscheinen, sind Schwestern dieser früh Verblichenen, und nur bei schonendster Behandlung, von einer Sanatoriumsliebe umgeben, können sie gedeihen. Rilkes *Weiße Fürstin* (diese „Szene am Meer" ist im Erscheinungsjahr [1898] von *Det hvide hus* entstanden) gehört ebenfalls zu den *femmes fragiles* der Zeit um 1900.[79] Auch in der Bevorzugung solcher anämischer Wesen erweist sich Keyserling als typischer Vertreter des europäischen *Fin de siècle*.

Um auf den Vergleich der Situation des baltischen Adels um 1900 mit den Schilderungen Keyserlings zurückzukommen, so ist auch noch der Umstand zu berücksichtigen, daß es sich bei den Schöpfungen des Dichters um Fiktionen mit eigener Seinsweise handelt, die mit der in ihnen dargestellten Realität nur bedingt in Zusammenhang gebracht werden dürfen. Natürlich gebrach es dem „baltischen, besonders dem kurländischen Adel", wie Otto von Taube, selbst Balte und mit Keyserling gut bekannt wie auch verwandt, in seinem *Buch der Keyserlinge* ausführte, keineswegs „an Kraftnaturen, auch an verbauerten, auch an verwilderten", und es mangelte auch nicht „am alltäglich braven Durchschnitt".[80] Keyserling nahm sich, wohl als Realist, aber nicht als ein mit photographischer Detailgenauigkeit abbildender, aus der ihm vertrauten Wirklichkeit – und das war in erster Linie der *mundus Balticus* – diejenigen Elemente, die er für das Zusammenfügen einer ihm eigenen Fiktionswelt benötigte. Seine Auswahl aus dem Vorfindlichen aber war bestimmt durch die *Fin-de-siècle*-Stimmung seiner Schaffenszeit, und so betonte er, gewissermaßen überbelichtet, die Anzeichen von Erschlaffung, Stagnation, Respektmangel gegenüber sittlich oder gesetzlich gebotenen Ordnungen. Dem ‚Verfall einer Familie' (*Buddenbrooks*) stellte er den Verfall eines Standes zur Seite. Man hätte bei

---

[77] *Herman Bang*: Das weiße Haus. Aus dem Dänischen von Walter Boehlich (= Bibliothek Suhrkamp. Bd. 586). Frankfurt a.M. 1978, S. 107.

[78] Ebd., S. 129.

[79] Vgl. *Ariane Thomalla*: Die ‚femme fragile'. Ein literarischer Frauentypus der Jahrhundertwende (= Literatur in der Gesellschaft. Bd. 15). Düsseldorf 1972.

[80] *Otto Freiherr von Taube*: Das Buch der Keyserlinge. Berlin 1944, S. 52.

fortdauerndem Weltfrieden und auch im 20. Jahrhundert fortdauernder traditioneller Gesellschaftsordnung seine Schilderungen als zwar interessante und künstlerisch hochstehende, aber als Wirklichkeits-Deutungen allzu zeitverhaftete Einseitigkeiten rubrizieren können, als einen vorübergehenden Schatten auf einer pittoresken Szenerie, bleibend als Kunstwerke, doch gottlob überzeichnet als Wiedergaben von dokumentarisch Nachweislichem.

Nun aber ist nicht nur Thomas Manns bürgerliche Welt, sondern auch Keyserlings Adelswelt in den Stürmen zweier verheerender Kriege tatsächlich untergegangen. Ihr Zerfall hat stattgefunden, wenn auch primär nicht durch die dichterisch erschaute innere Zerrüttung bedingt, sondern durch den ‚Donnerschlag'[81] des Ersten Weltkrieges. Die eintretende äußere Katastrophe ist bei beiden Autoren nach innen verlegt worden. Ihr Vorhandensein aber wandelte ihr Bild vom inneren Verfall zum Sinnbild des Verfalls überhaupt. Die dichterische Wirklichkeit ist von der faktischen Wirklichkeit bestätigt worden, so aber, daß ihre jeweilige Sonderart bewahrt blieb: Immer noch und für alle Zeit wird der Historiker das Ende der deutschbaltischen Adelswelt, wird er das Ende der bürgerlichen Epoche anders darstellen, als es der Dichter gesehen hat. Doch die dichterische Deutung wird sich neben der historischen behaupten, und sie kann überdies das Wort des Boethius für sich in Anspruch nehmen: „Qui cecidit, stabili non erat ille gradu."[82]

---

[81] „Der Donnerschlag", so lautet bekanntlich die letzte Kapitelüberschrift des Zauberbergs.

[82] *Boethius*: Consolationis philosophiae libri quinque / Trost der Philosophie. Übertragen von Eberhard Gothein (= Die Bibliothek der alten Welt. Reihe Antike und Christentum). Zürich 1949, S. 36. Übersetzung (B. Bittrich): Wer gestürzt ist und fiel, hatte nicht sicheren Schritt.

Siegfried von Vegesack

Ein Deutschbalte im Dritten Reich

Von *Günter Scholdt*

I.

Nein, ein Nationalsozialist war Siegfried von Vegesack gewiß nicht, obwohl auch er zu Hitlers 50. Geburtstag ein „Führer"-Gedicht anfertigte, der *Völkische Beobachter* seine *Baltische Tragödie* empfahl oder die Heerespropaganda im Rußlandfeldzug sich seiner bediente. Gedichte gegen die Hakenkreuzler in der Weimarer Republik, Reibungen mit örtlichen Parteiinstanzen ab 1933, die ihm sogar einige Tage Haft eintrugen, Äußerungen in Briefen, Zeitschriften, Büchern und besonders in nachgelassenen Dokumenten belegen vielmehr unzweifelhaft seine Mißbilligung zentraler nationalsozialistischer Dogmen.[1] War er also schlicht ein Oppositioneller, der sich verschiedentlich durch Auslandsaufenthalte dem Druck entzog und direkt oder verschlüsselt das Regime attackierte? Sicher auch das, und doch dürfen wir es uns bei seiner Person respektive seinem Autorentypus nicht zu einfach machen. Denn Vegesack verkörperte auch jene spezifische Ambivalenz von Widerspruch und Loyalität, die für große Teile konservativer bzw. auslandsdeutscher Intellektueller charakteristisch war und die mit einer gewissen Zwangsläufigkeit durch die verwickelten und verfahrenen politischen Umstände bedingt wurde.

Sein Leben und seine literarische Leistung zu würdigen, erfordert vom Biographen also ein erkleckliches Maß an historiographischem Einfühlungsvermögen und Fingerspitzengefühl für Wertungen im Spannungsfeld von Politik und Literatur.[2] Der begrenzte Raum eines Aufsatzes gestattet nur eine knappe Pro-

---

[1] Zur Problematik „Drittes Reich" vgl. *Franz Baumer*: Siegfried von Vegesack. Heimat im Grenzenlosen. Heilbronn 1974, S. 90 ff.

[2] Etwas zu simpel fällt dagegen Boris Röhrls Fazit aus, das sich vor allem auf Vegesacks *Soldaten hinter dem Pflug* stützt: „Das Werk weist einen deutlich chauvinistischen Charakter auf, sodaß man Vegesack wohl kaum als Vertreter der inneren Emigration bezeichnen kann." (*Boris Röhrl*: Ungleiche Welten? Die Aufarbeitung des Nationalsozialismus im literarischen Werk von Hans

blemskizze, doch mag damit immerhin methodisch bzw. argumentativ das Feld abgesteckt werden. Dies geschieht im Rahmen weniger Themenschwerpunkte bzw. durch die exemplarische Interpretation von Schlüsseltexten, insbesondere seines opus magnum, die *Baltische Tragödie*.[3]

Es handelt sich bei diesem Roman um eine Familiensaga mit allen spezifischen Qualitäten ihrer Gattung. Angesichts der exponierten Stellung des baltischen Adels, dem auch Vegesack entstammte, verdichten sich viele der geschilderten Ereignisse und Schicksale zusätzlich zu einer unerhört anschaulichen anekdotischen Chronik der Deutschen im Baltikum bis zu ihrer weitgehenden Vertreibung im Jahre 1919. Das flüssig geschriebene Werk läßt sich in Stimmung und Niveau dem *Radetzkymarsch* von Joseph Roth vergleichen, und die auffallend geringere Beachtung, die dieser Text in der zeitgenössischen Germanistik gefunden hat, gehört zu den symptomatischen, aber gleichwohl kaum zu rechtfertigenden Versäumnissen einer einseitig ideologisierten Zunft.

Erzählt wird zunächst aus der Kinderperspektive von Aurel Heidenkamp, dem sich zunehmend die Welt erschließt. Trotz einer Fülle von Personen prägen sich diese dem Leser durchweg als Individuen ein, von Aurels Eltern und Geschwistern über Onkel Nicolas und Tante Madeleine, den politischen Antipoden Onkel Oscha und Onkel Jegor bis hin zu nur scheinbaren Nebenfiguren wie Bjelinski, Nix, Karlomchen, Warinka, Dr. Spalwing, Sonjetschka, Elch oder Mischka. Man vergißt sie nicht mehr, weil alle ein Eigenleben haben und weniger Sprachrohre als wirkliche Persönlichkeiten sind, an deren meist traurigem Schicksal wir bis zum Schluß interessiert bleiben. Die Eigenart ihrer Lage in einem dünn besiedelten Land innerhalb einer fremdstämmigen Umgebung bringt es mit sich, daß nicht wenige dieser Figuren eine kauzige Originalität aufweisen: der olle Mojahnsche etwa, der sich auch in blutigsten Revolutionswirren, um Zeitungen und Petersburger Zeitereignisse unbekümmert, nur dem Rotwein und der Patience widmet,[4] der Auswanderer Onkel Henry, dessen einziger Ertrag eines langen Amerika-Aufenthalts offenbar in einer umfangreichen Schmetterlingssammlung besteht und der diskret zur Abreise bewegt werden muß (177-180), Onkel Nicolas, der als aufrechter Balte stirbt und die Hilfe seines politisch wankelmütigen Arztes ablehnt (363-366, 385), oder Pa-

---

Carossa und Siegfried von Vegesack. In: Literatur in Bayern 44 [1996], S. 31 f.). Ähnlich jetzt auch *Boris Röhrl*: Die revidierte Moderne. Siegfried von Vegesack – Das gescheiterte Experiment einer „neuen Heimatliteratur im Dritten Reich. In: Frank-Lothar Kroll (Hrsg.): Die totalitäre Erfahrung. Deutsche Literatur und Drittes Reich. Berlin 2003, S. 75-99.

[3] Im Herbst 1933 erschien der Roman *Blumbergshof*, 1934 bzw. 1935 folgten die Bände *Herren ohne Heer* und *Totentanz in Livland*. 1936 erschien die Trilogie dann einbändig unter dem Titel *Baltische Tragödie*. Ein Fortsetzungsband, der bis an die Gegenwart heranführte, war bereits 1940 abgeschlossen, erschien jedoch wegen ideologischer Besorgnisse des Schünemann-Verlags im Dritten Reich lediglich als Vorabdruck in der *Kölnischen Zeitung*.

[4] *Siegfried von Vegesack*: Baltische Tragödie. Eine Roman-Trilogie. Berlin [1936], S. 304, 312.

stor Nötkens, der seine Predigten mit einer alten Glocke einzuläuten pflegt: „Kling-ling-ling – die Post kommt an! Was bringt sie mit? Einen Brief vom Apostel Paulus!“ (232) Dabei geraten solche humoristischen Ausmalungen nie in ein Stadium bloßer Witzelei, sondern veranschaulichen häufig gerade in ihrer Schrulligkeit die sozialen Verhältnisse jener Epoche.

Darüber hinaus wird das ungemein intensive Naturerlebnis, das den Deutschbalten insbesondere nach ihrer Emigration sicherlich noch ihr Leben lang in schmerzlicher Erinnerung blieb, detailreich illustriert. Die zuweilen magisch beschworene Landschaft (295), Pflanzen und Tiere, die man hegt, beobachtet (27, 29, 43, 55 f.) oder denen man in zahlreichen Jagdpartien nachstellt (371 f.), werden in ihrer Bedeutung für die dort lebenden Menschen erkennbar. Wir realisieren anhand solcher Eindrücke auch, welch gemeinschaftliches Trauma die Verpflanzung dieser Bevölkerung in andere Länder oder gar Großstädte hervorgerufen haben dürfte. Von regelrechtem Haß auf die Stadt ist zuweilen die Rede und von einer kollektiven Entfremdung: „alle trampelten wie verirrte Waldtiere in den steinernen Straßen herum und konnten sich nicht daran gewöhnen, daß die Erde gepflastert war“ (196; vgl. 193, 379).

Charakteristisch für Landschaft wie Stimmung jener Zeit ist auch eine intensive Tradition mythischer Welterfassung. In mehr oder weniger furchteinflößenden Sagen und (Gespenster)-Geschichten, die dem jungen Aurel von dem Kindermädchen Mila und anderen zugetragen werden, ersteht eine phantasiereiche Welt, für die insbesondere einfache Menschen anfällig sind. Das ist die andere Seite der tiefen Geborgenheit, die Aurel durch die Betreuung von Mila, Janz oder Karlomchen erfährt: jenes lustvoll-gruselige Eintauchen in Bereiche zwischen Märchen und Aberglauben, in denen z.B. der „Wolfsmensch“ sein spukhaftes Unwesen treibt (22 f., 37 f.). Die naive Kinderperspektive dient dem Autor dabei nicht nur dazu, frühe Eindrücke möglichst erinnerungstreu zu rekonstruieren; sie eignet sich auch vorzüglich zur kritischen Hinterfragung von Werten und Überzeugungen der politischen und sozialen Erwachsenenwelt.[5] Natürlich erhält auch das langsame Erwachen erotischer Empfindungen in dieser Familiensaga seinen Raum. Aurels diesbezügliche meist unglückliche Versuche und der daraus folgende langanhaltende Liebeskummer werden mit anschaulicher Dezenz, zugleich aber auch mit erfrischender Selbstironie dargeboten.[6]

Auch die geistige Entwicklung der Heranwachsenden findet gebührende Aufmerksamkeit. Zu den Bildungseinflüssen der Zeit zählen die Werke von Dostojewski und Tolstoi (116, 421 f., 439), Wagner (204), Beethoven (214)

---

[5] Exemplarisch: Ebd., S. 56 f., 59 f. Davon unten mehr.

[6] Stellvertretend: Ebd., S. 213, 293, 360 f., 486. Eine besondere Variante stellt die Haßliebe zu Sonjetschka dar, der er weltanschaulich wohl am fernsten steht: S. 227 f., 401 f., 523.

oder Thomas Mann (423), zu dem sich Vegesack gerade in der Exilzeit bewußt bekannte. Auch religiöse Fragen werden intensiv behandelt (125 f., 148, 234 f.), besonders am Beispiel von Aurels frühen Glaubensbedürfnissen einschließlich seinem Wunsch, Missionar zu werden. Solchen Überzeugungen stehen zunehmend andere Einflüsse gegenüber. Ein Bruder von ihm bringt Darwin ins Spiel und vertritt ausgesprochen materialistische Auffassungen (224 f.). Kusine Tatjana liest Marx und Bakunin (278), zur Bebel-Lektüre rät Tante Ara (283). Überhaupt wird es zunehmend schwer, alte Überzeugungen bedenkenlos zu wahren in einem Zeitalter, in dem Luftschiffe gebaut werden (272, 380) und man Atom- und biologische Forschung betreibt (387).

Diesem Gedanken gehorchen zahllose Symbole, mit denen Vegesack die Handlung und insbesondere die historischen Verhältnisse strukturiert. Da ist von einer gläsernen Wand die Rede, durch welche die Ober- von der Unterschicht – und das heißt in der Regel Deutsche von Letten – hermetisch getrennt wurde. Sie gilt als Ursache bzw. Menetekel der späteren Katastrophe (16-18, 32, 102 f., 112 f., 276, 509). Als weiteres metaphorisches Signal wirkt der Fluß Aa, der jedes Jahr ein beträchtliches Stück Sand vom hohen Ufer des väterlichen Landes wegschwemmt, wodurch auch dicke Eichen umstürzen (82 f.). Später werden die Balten mit Bäumen verglichen (462), und auch der Elch in seinem Beharrungswillen gilt als Symbol (577) im Gegensatz zur Möwe (579). In einer bestimmten Phase der politischen Entwicklung hinterfragt Aurel das Ideal des kettengepanzerten Ordensritters und konstatiert resignierend: „die Zeit der Ritter war vorbei, die Zeit der Radfahrer war gekommen" (291). Er selbst stellt nur noch eine baltische „Nebenfigur" im Welttheater dar (478). Nicht weniger sinnbildlich ist die Episode vom Mojahnschen Gut, wo man nach Jahrzehnten endlich die Uhr von der altlivländischen auf die neue Zeit umstellte. „Aber da geschah das Merkwürdige: die Uhr blieb stehen." (389)

Angesichts solcher Deutungen stellt sich die Frage nach der politischen Tendenz in Vegesacks Werk. Natürlich sind gewisse deutschbaltische Grundüberzeugungen in diesen Text eingegangen. Jedes Milieu prägt, und selbst wo wir die ernsthafte Bemühung eines Autors feststellen können, den Vorurteilen der eigenen Umwelt zu entkommen, bleiben in aller Regel Relikte, die sich auch in der Darstellung niederschlagen. Insofern kann man sich eine Schilderung dieses Landes natürlich auch aus anderer Warte vorstellen: derjenigen der lettischen Unterschicht etwa. Entscheidend für den belletristischen und damit letztlich auch historiographischen Wert eines Werkes ist nun aber nicht der selbstkasteiende Verzicht auf milieugeprägte Sehweisen, sondern vielmehr lediglich der redliche Versuch, auch anderes Denken und Empfinden zur Geltung kommen zu lassen. Dieser Forderung hat Vegesack gewiß genügt, und in diesem Sinne ist der Roman bei aller selbstkritisch reflektierten Subjektivität[7] durchaus authentisch. Dies gilt auch, wo manche Ressentiments zum Tragen kommen, denn sie werden in aller Regel als perspektivisch gezeichnet oder dialektisch relativiert, sodaß auch hier die ästhetische Formel anwendbar bliebe: Literatur beginnt dort, wo die Tendenz aufhört. Vegesack hat z.B. die gravierenden sozialen Ungleichheiten keineswegs ausgeblendet oder Ungerechtigkeiten harmonisierend überspielt. Sie dienen ihm vielmehr zur Erklärung der späteren blutigen Konflikte, in die auch Wohlmeinende einbezogen werden. Auf das Symbol der „gläsernen Wand" wurde bereits verwiesen. Sie dient als Leitmotiv, das alles Geschehen strukturiert:

> „Hier in der verräucherten, dunstigen Gesindestube fühlte er etwas, was ihm in den stillen, hellen Herrenhausräumen fehlte: derbes, ursprüngliches Leben. Aber zugleich fühlte er, daß er von diesem Leben ausgeschlossen war, daß er hier immer ein Fremder, ein Nichtdazugehöriger bleiben würde. Sogar der alte Marz nannte ihn ‚Jungherr', und Minna, die Wäscherin, küßte ihm jedesmal die Hand, wie alle Dienstboten der Mutter die Hand küßten. Nein, er gehörte nicht in die Gesindestube, etwas stand zwischen ihm und diesen Leuten, etwas, was er nicht begriff und doch spürte, wie eine gläserne Wand, die ihn von allem abschloß. So sehr er sich auch bemühte, das Glas zu durchbrechen – er blieb doch immer draußen, und selbst wenn er Janz' verbrannte Hand hielt oder Mickels Daumenstumpf befühlte, war etwas Fremdes zwischen seiner und ihrer Haut, ein unüberbrückbarer Abgrund." (16)

> „Nun war alles wieder gut, alle Fragen, alle dunkle Unruhe verstummt. Die Toten lagen auf dem Kirchhof, aber der Kirchhof war weit. Und die Knechtskinder wälzten sich in dickem Staub – aber das Knechtshaus war tief unten, hinter dem Gartenzaun. Die Welt war wieder schön, und dies hier war die Welt: das Haus mit den weißen Säulen, den blühenden Oleandern, den hohen, schlanken Lebensbäumen, die sich, eine grüne Mauer, schützend auf der Gartenseite erhoben. Und alles, alles gehörte Papa." (34)

> „Und dann gab es noch ein paar Bauernjungen, mit denen Krieg geführt wurde. Sie waren in großer Überzahl, auch sicher stärker, trotzdem ergriffen sie nach kurzem Kampf immer die Flucht: sie wagten es nicht, die beiden ‚Jungherren' richtig anzupacken. Selbst wenn Boris ihnen wütend befahl: ‚Ihr müßt ordentlich schlagen!' knufften sie bloß widerwillig, nur aus Höflichkeit, und grinsten verlegen.

> Auch hier war die Glaswand, die unübersteigbare Mauer, die beide Welten trennte. Ja, hier – das fühlte Aurel – war diese Mauer noch höher, noch dicker als zu Hause in Blumbergshof. Hier lag die eine Welt nicht neben, sondern tief unter der anderen. Gesindestube, Küche, alle Leuteräume befanden sich im Souterrain, nur durch eine Treppe mit der oberen Welt verbunden. Und die Speisen schnurrten sogar ganz allein in einem Aufzug aus der Küche direkt in den Speisesaal ...

---

[7] Vgl. Vegesacks Brief an den Schünemann-Verlag vom 31.1.1941. In: *Baumer*: Vegesack (wie Anm. 1), S. 107.

Unten aber, in der unsichtbaren Tiefe, herrschte Koch Linde, lärmte, kreischte, schwatzte und rannte aufgeregt durcheinander ein ganzes Heer von Küchenmädchen, Hausmägden, Waschweibern, Plättfrauen und Näherinnen ..., die Knechte – an zwei langen Tischen wurde gegessen. Nein, hier konnte man sich nicht dazusetzen, wie in der Gesindestube in Blumbergshof, hier bekam man kein Stück Schwarzbrot mit Quark darauf – hier ging man fremd, wie ein Wesen anderer Art, an den vielen fremden Gesichtern vorbei, und der schlanke, dunkle Boris sah wie ein kleiner Prinz aus, wenn er die vielen untertänigen Grüße mit einem leichten Kopfnicken erwiderte oder mit einer kurzen Handbewegung irgendeinen Befehl aus der Oberwelt ausrichtete.

Und Aurel gehörte zu seinem Freund, zu Boris, zur hellen, unbeschwerten, immer heiteren Welt da oben, die durch einen dünnen, aber undurchsichtigen Parkettboden von der Unterwelt getrennt war." (102 f.)

„Da stapfte Herr Bjelinski um die Hausecke: ‚Schämst du dich nicht', rief er schon von weitem, ‚den Jungen so zu behandeln!'

‚Er ist so feige', erklärte Boris, ‚er läuft immer fort!'

Krischjan erhob sich und lief heulend davon.

‚Und ist das nicht auch feige, mit jemand zu kämpfen, der sich nicht wehrt?' fragte Herr Bjelinski, und seine Stimme bebte.

‚Aber warum wehrt er sich denn nicht?' erwiderte Boris entrüstet. Schmal, mit geröteten Wangen stand er da, die braune Samtmütze schief auf dem Kopf.

‚Weil du der Herr bist, wagt er es nicht, dich anzufassen', sagte Herr Bjelinski, und in seinen schwarzen Augen war wieder das Feuer, vor dem man den Blick senken mußte. ‚Und weil du der Herr bist, darfst du deine Macht nicht mißbrauchen!'

‚Dann dürfen wir also nicht mit den Jungen spielen?' fragte Aurel bekümmert.

‚Spielen dürft ihr', sagte Herr Bjelinski, ‚aber das ist kein Spiel, wenn ihr die Jungen, die sonst nichts anzuziehen haben, in den Schnee schmeißt und mit Schnee abreibt!'

Wieder war diese unsichtbare Mauer da: man konnte nicht hinüber, man war abgesperrt von allem, was hinter der Glaswand lag. Und wenn man sie mal durchbrechen wollte, zerschnitt man sich nur die Finger. Da blieb man lieber drinnen und gewöhnte sich daran, wie die Pflanzen im Treibhaus unter schützendem Glas zu leben." (112 f.)

„In der letzten Ballnacht, während alle Mazurka tanzten, öffnete sich lautlos die Flügeltür zum Speisesaal. Dort saß Onkel Nicolas im Rollstuhl, Tante Madeleine stand neben ihm. Niemand sollte hinsehen, niemand den Tanz unterbrechen.

Die Musik schmetterte, die Paare flogen klackernd über das blanke Parkett, drehten sich und flogen weiter. Onkel Arnold warf sich in die Knie, ließ Warinka um sich herumwirbeln und stampfte dann wieder quer durch den Saal. Die Studenten hielten die zusammengepreßten Farbendeckel an die Hüften gedrückt und klackerten hüpfend mit den Hacken durch die Luft.

Onkel Nicolas machte eine müde Handbewegung. ‚Wer kann heute noch Mazurka tanzen', sagte er und schüttelte lächelnd den zerfurchten Kopf. Tante Madeleine beugte sich zu ihm. Dann schloß sich die Flügeltür.

> Hinter den dunklen Fensterscheiben aber, die zur Veranda führten, klebten fremde weiße Gesichter wie Gespenster. Dort, auf der Veranda, standen die Knechte, Bauernburschen und Mädchen vom Hofe in zerlumpten Kitteln, Schafspelzen, die Fellmütze tief über die Ohren gezogen, und starrten mit weitaufgerissenen Augen neugierig-spöttisch in den hell erleuchteten Tanzsaal.
>
> Die dunkle Unterwelt war heraufgedrungen bis vor die Fenster. Aber noch stand eine dünne gläserne Wand zwischen ihr und der hellen Oberwelt.“ (275 f.)

Und gegen Ende des Romans – die lettische und russische Revolution sind über das Land hinweggebraust – wird dieses Motiv abermals aufgegriffen. Der ehemalige Jungherr Aurel und der ehemalige Knecht Janz verständigen sich beim gemeinsamen Dampfbad im Sinne einer Art privatmenschlichen Utopie, die einen bewußten Kontrast zum sonstigen historischen Finale darstellt:

> „Janz zögerte. Dann sagte er leise, wie zu sich selbst: ‚Wozu Russen? Wozu Deutsche? Jeder soll bleiben, wo er zu Hause ist. Gottchen hat jedem sein Plätzchen gegeben, und da soll er bleiben. Warum Krieg? Warum marschieren? Wenn ich zu Hause geblieben wäre, hätte ich noch mein Bein. Jetzt fault es irgendwo in fremder Erde ...‘ Janz hob den roten Beinstumpf und klopfte ihn bekümmert.
>
> ‚Und ich?‘ fragte Aurel nach einer Weile, ‚ich bin doch auch Deutscher – soll ich dann auch fort?‘
>
> ‚Nein‘, Janz blickte auf und schüttelte den Kopf: ‚Nein, Jungherr ist hier geboren, Jungherr ist hier zu Hause!‘
>
> Noch lange schwatzten sie im Dämmerlicht der dampfenden Badstube. Die Funzel flackerte. ... Ja, hier war Aurel zu Hause, hier war ihm alles vertraut: der runde Wasserbottich, die rußgeschwärzten Balken, der rauchende Lehmofen. Und vertraut von Kindheit an war ihm dieses gutmütige Gesicht von Janz, das immer um ihn gewesen war.
>
> Da lagen sie, zwei nackte Menschen. Nicht Deutscher und Lette, nicht Herr und Knecht – zwei Menschen, wie Gott sie einmal geschaffen. In der verräucherten, engen Badstube war endlich die gläserne Wand zerbrochen.“ (509)

Auch jenseits dieser Symbolebene hat Vegesack in zahlreichen Episoden die sozialen Machtverhältnisse konkretisiert: Es herrscht das Patronat, wonach ein Gutsbesitzer tausenden von Gemeindemitgliedern seinen Pastor aufzwingen kann, und das Wegegehorch, das die finanziellen Lasten allen Bauern aufbürdet (299). Da ist Aurels Vater, Besitzer großer Ländereien, vor dem die Bäuerchen auf den Knien rutschen und der bei geringfügiger Übertretung unnachgiebig zur Pfändung schreitet (161). Da wird das Kindermädchen Mila mitleidlos entlassen, weil sie mit dem Pferdeknecht „etwas hatte“ (158). Und da gruselt es den Jungen, als er einmal zufällig in die Armenstube des Müllers gerät angesichts der bedrückenden Verhältnisse und der schmutzigen, zerlumpten Gestalten. „Aber er fragte nicht mehr, warum es so sein müsse: er hatte sich damit abgefunden“ (172), heißt es weiter. Schließlich war er in seiner seelischen Bedrängnis zuvor von der Mutter eher zweifelhaft beschieden worden:

> „Eine dunkle Erinnerung stieg in Aurel auf: alle diese Äcker, Heuschläge und Wälder – gehörte nicht alles dem Vater? ‚Und warum ist der eine arm und der andere reich?‘ forschte Aurel weiter.
>
> ‚Weil der liebe Gott es so eingerichtet hat‘, meinte die Mutter ... ‚Aber im Himmel werden wir alle gleich sein!‘
>
> Warum erst im Himmel? grübelte Aurel. Und warum hat Gott es so eingerichtet, wenn er wirklich allmächtig ist? Und der Vater? Warum baut er nicht einfach ein paar Zimmer und noch ein paar Betten für den armen Müller – er hat doch so viel Bäume im Wald?
>
> Aber dann öffnete sich wieder die Gartenpforte, die tief herunterhängenden, schwerbeladenen Apfelzweige nahmen ihn schützend auf, und alle unbeantworteten Fragen blieben hinter dem grauen Bretterzaun zurück.
>
> Viel wichtigere Fragen stürmten jetzt auf ihn ein: ob im Grase unter dem alten Birnbaum wieder die gelben, kleinen Birnen liegen, die ein wenig holzig, aber doch gut schmecken, besonders wenn man sie in der Bratröhre schmoren läßt, bis sie ganz weich und faltig werden.“ (57)

Gerade diese Schlußreflektion macht Vegesack zu einem glaubwürdigen Erzähler. Enthält er sich doch jener so verbreiteten schriftstellerischen Unsitte, die jeweiligen Helden mit retrospektiven (moralischen) Einsichten zu überfrachten. Dagegen bemüht sich der Autor hier wie in anderen Passagen darum, nicht einfach wünschenswertes Verhalten, sondern das damalige Selbstverständnis zu spiegeln, auch im Bewußtsein von Zwischenstellungen und Halbheiten. Das gilt analog für Aurels spätere Erlebnisse in Riga oder Dorpat, in denen die Sonderstellung der damaligen Elite teils als politischer Sprengstoff geahnt, teils genossen wird. In den Rigaer Schützengarten haben – wie Vegesack berichtet – nur Deutsche Einlaß (217), auf dem Dorpater Barclay-Platz dürfen sich nur Livländer sonnen. „Und die vielen Livländer Dackel und Vorsteherhunde sonnen sich mit.“ (357) Kein Wunder also, daß sich Aurel und seine soziale Gruppe bald einem politischen Stimmungswandel ausgesetzt sehen, der lettische Unterwürfigkeit in revolutionäres Ressentiment verwandelt. Daß dabei russische Lehrer und Popen eine besondere agitatorische Rolle spielen – wie von Gutsbesitzerseite vorwurfsvoll angeführt wurde (220-222) –, traf gewiß zu. Eine Momentaufnahme von russischen Seminaristen vertieft diesen Aspekt:

> „In schmierigen, abgewetzten Uniformen laufen sie umher, aber in ihren blassen, verhungerten Gesichtern brennt jenes Feuer, das Aurel schon in den Augen Herrn Bjelinskis ... gesehen hat – ein unheimliches Feuer, das ihm fremd bleibt, und von dem er ausgeschlossen ist.
>
> Der Wahlspruch der Livonia lautete: ‚Es bleibe beim Alten!‘ Und es blieb beim Alten. Die Revolution draußen hatte auch nicht ein Staubkorn aufgerührt von den ehrwürdigen Emblemen, die im großen Saal über dem Chargiertentisch an der Wand hingen: Fahnen, der Livländer Greif, Wappen, Trinkhörner und gekreuzte Rapiere – alles blieb beim Alten. Man trank, man schlug sich, man war der unumschränkte Herr der Stadt.“ (353)

Die Milieuskizze veranschaulicht eine Art Baltenideologie, die im Kern oder zu einem Großteil auf Beharrung, Konservatismus oder gar Immobilismus beruhte. Zahlreiche Äußerungen, mal kritisch, mal zustimmend akzentuiert, gelten dieser unzeitgemäßen Befindlichkeit. Von verschlafener Rückständigkeit im „muffigen Riga" ist die Rede,[8] von „Ausharren" als „Summe aller Politik, die uns bleibt" (280), von „mittelalterlichen Ideen" (462) oder „Donquichotterie" (511). Und schließlich wird das baltische Schicksal in einem Disput zwischen Aurel und Sonjetschka noch einmal allegorisch auf den Punkt gebracht:

> „‚Sehen Sie, Sonjetschka, der Sand läßt sich hinüberschwemmen, aber die Eichen bleiben. Und so ist es auch mit uns Balten: Auch wir stehen, bis wir fallen!'
>
> Sonjetschka hatte aber für alte Eichen kein Verständnis. Respektlos meinte sie: ‚Das ist überhaupt die dumme Angewohnheit der Bäume, immer auf einem Fleck zu stehen. Aber Menschen sind schließlich keine Bäume. Übrigens stimmt Ihr poetischer Vergleich gar nicht. Einmal wuchst ihr Balten ganz woanders, irgendwo in Deutschland. Und als euch die Erde dort zu eng wurde, wandertet ihr sogar über ein ganzes Meer.'" (462)

Die militärische Eskalation, in welche die baltischen Konflikte schließlich münden, findet in Vegesack teils ihren Kritiker, teils ihren mitfühlenden Panegyriker. Er beklagt die politische Unvernunft[9] und Phrasenhaftigkeit[10] in den Aktionen der Baltischen Landeswehr. Aber er kündet auch mit leidenschaftlicher Anteilnahme von den Kämpfen der Weißgardisten zur Befreiung Dorpats und Rigas, die zahlreichen dem Terror ausgesetzten Zivilgefangenen das Leben retteten (537, 547 ff.). Deren um Haltung bemühtes Sterben gilt ihm als heroische Bewährungsprobe im „letzte[n] und furchtbarste[n] Akt der baltischen Tragödie" (519; vgl. 541, 550 f.). Und hier ist auch der Punkt, wo sich die Hauptfigur und mit Einschränkung der Autor dann letztlich doch mit seinen Landsleuten und ihrem prekären Schicksal solidarisierten:

> „Es ist immer derselbe Krieg: Westen gegen Osten, immer dasselbe Blut, das hier zwischen Ostsee und Peipus vergossen wird. Der Weltkrieg ist ausgekämpft, aber dieser Krieg um das baltische Schicksal hat noch kein Ende gefunden, ja er fängt jetzt erst eigentlich an. Die Hauptakteure des großen Welttheaters haben ihr Stück zu Ende gespielt, sie treten zur Seite. Kleine baltische Nebenfigur, endlich kommst du an die Reihe. Und selbst wenn du jetzt für immer von der Bühne verschwinden solltest – es kommt auch auf den Abgang an, ob man zu sterben versteht. Deine Vorfahren konnten es, und gerade deshalb blieb ihr Blut hier leben. Nun hast du ihr Erbe anzutreten und nachzuweisen, daß du

---

[8] *Vegesack*: Baltische Tragödie (wie Anm. 4), S. 216: „die Schiffe sind eingefroren, wie dieses ganze Land, in dem alles schläft – bis man euch einmal unsanft wecken wird, hoffentlich ist es dann nicht zu spät!"; vgl. S. 215.

[9] Ebd., S. 511: „Vernunft? In diesem Land hat sie keine Geltung. Hier wird immer ‚va banque' gespielt"; vgl. S. 555, 565.

[10] Zur Diskrepanz zwischen Worten und Taten: Ebd., S. 512 f., 561 f.; dagegen S. 515.

> ihrer würdig bist. Ein hoffnungsloser, ein verzweifelter Kampf – aber kämpfte man hier nicht immer ohne Hoffnung, und kämpfte trotzdem? Erst mit dem ‚Trotzdem' fängt es an: einer gegen hundert – und trotzdem! Ein winziges versprengtes Häuflein Deutscher, verlassen vom Mutterland, allein, ohne jeden Beistand, gegen tausendfache Übermacht – und trotzdem! Eine hoffnungslose, eine verlorene Sache – aber immer noch besser, ohne Hoffnung zu kämpfen, als kampflos unterzugehen."[11]

Denn bei aller aus der Rückschau gewonnenen Distanz zu den kolonialistischen Sozialverhältnissen seiner Heimat schwingt stets auch Trauer mit über eine letztlich doch geliebte untergegangene Kultur, und eine andere (erzählerische) Haltung schiene ohnehin wenig authentisch. Gerade aus dieser Schwebestellung erklären sich auch die unerhört plastischen Schilderungen elitärer Gruppendynamik, die sich auf jahrhundertelange Traditionen beruft. Die quasi ‚heilige' Studentenmütze der „Livonia" (223) beherrschte offenbar weitgehend das Denken jener *Jeunesse dorée* gemäß dem Ausspruch: „Ohne Farbendeckel ist man doch nur ein halber Mensch, ... wie man ohne ‚von' überhaupt kein Mensch ist!"[12] Trotz aller Schimpferei auf die „albernen Farben" (354) oder die elenden Schikanen, die den „Füchsen" als sogenannte „Erziehung" bis über die Grenze der Selbstachtung hinaus zugemutet werden,[13] trotz der Tatsache, daß

---

[11] Ebd., S. 507; vgl. die antipathetische Einschränkung, die gleichwohl nichts Grundsätzliches relativiert.

[12] Ebd„ S. 323; vgl. S. 257: „nur wer schlagen und trinken kann, ist ein ganzer Mann!"

[13] Ebd., S. 351 f.: „Am Giebel des Konvents-Quartiers der Livonia flattert die rot-grün-weiße Fahne; vor den steinernen Stufen auf dem holprigen Pflaster der Mühlenstraße halten Zweispänner; die Türen knallen; vom Fechtboden dröhnt das Klirren und Klatschen der stumpfen Plempen. Die Füchse werden eingepaukt. In langer Reihe stehen sie da, den schwarzen Lederhelm auf dem Kopf, das dicke, gelbe Polster vor dem Bauch, den Arm bis zum Ellbogen im Fechthandschuh, den Schläger in der Hand. Aber sie dürfen sich nur wehren, nicht selber schlagen. Und die jungen Häuser dreschen drauflos: auf Brust, Arm und Schulter. / Blaue Striemen bedecken die Brust, die Haut brennt, die Muskeln sind wie durchgeschnitten, die Knochen wie zerhackt – Aurel kann nachher am Mittagstisch im großen Speisesaal kaum den Suppenlöffel halten. Und immer wieder der furchtbare Ruf: ‚Fuchs!' ‚Fuchs, einen Märzen!' ‚Fuchs, einen Zweispänner!' Nicht einmal essen kann man in Ruhe. / Und was kann man überhaupt? Immer auf dem Sprung, immer gehetzt, immer geschunden. Dieses ‚Schinden' soll Erziehung sein und wird mit allen Kniffen und Schikanen einer grausamen Seelenfolter betrieben. Wie auf dem Fechtboden, darf der Fuchs sich nur wehren: er darf ‚fordern'. Aber wehe ihm, wenn er ‚hai' ist, vorzeitig fordert und schon beim harmlosen ‚Pliggern' aufspringt. Wenn ihm in einer äußerst spitzfindigen zermürbenden Couramage nachgewiesen wird, daß die Beleidigung im Grunde gar keine Beleidigung war. Dann muß der Fuchs seine Forderung zurückziehen, das heißt dann ‚zurgeln' und ist eine große Schande. Aber eine noch größere Schande ist es, wenn er sich übertölpeln läßt, wenn er vorzeitig zurgelt. Wenn ihm in einer noch spitzfindigeren Couramage nachgewiesen wird, daß die Beleidigung im Grunde doch eine Beleidigung war. So oder so, der Fuchs fällt in jedem Falle herein, denn der Fuchs ist, wie es in seiner Definition heißt, ein ‚Stück Fleisch ohne Sinn, Witz und Verstand', und dann muß er einen ‚Wanzen' trinken. Bierreste mit Selters oder Wein gemischt, was gerade auf dem Tisch steht, oder Rigaschen Balsam, ein unsagbar widerwärtig stinkendes und grauenhaft schmeckendes Gesöff, bei dem Aurel jedesmal zum Speien übel wird. / Aurel ist tief enttäuscht. Das soll die Studentenfreiheit sein, von der er geträumt hat? Abends muß man im verräucherten Saal hocken, Bierflaschen holen, warme Gläser mit Rotwein oder Arrak bereiten, wird in der Folterkammer des

„Held“ wie Verfasser bei einer Mensur ein Augenlicht einbüßen (358 f.), bleiben beide im Banne jener Initiationsriten, die zugleich die soziale Zugehörigkeit zementieren. „Das dünne Farbenband ist dicker als jede Mauer, wer draußen bleibt, verliert seinen besten Freund!“ (354), heißt es in einem analytischen Bild, und die Stunde seiner Verleihung verwandelt früher Geschundene in entflammte Verschworene:

> „Wenn auch vieles vom bunten Zauber der Burschenzeit später im Laufe der Jahre verblichen ist, dieser eine Augenblick hat auch in der Erinnerung nach Jahrzehnten nichts vom Überschwang des Freudentaumels eingebüßt, den Aurel damals erlebte. Nur mit Mühe konnte er die Tränen zurückhalten. Zum erstenmal sang er mit aus übervollem Herzen, überströmender Begeisterung. Sein scheues, in sich gekehrtes Ich war gesprengt, der harte Panzer war gefallen. Zum erstenmal fühlte Aurel sich untertauchen in etwas, was er bisher nicht gekannt hatte, was über Ich, Familie und Verwandtschaft hinausging: das große Erlebnis einer männlichen Gemeinschaft, Brüderschaft und Kameradschaft. Mit dem Farbendeckel und Farbenband war Aurel in diese Gemeinschaft aufgenommen worden, wie man früher mit dem Schwert zum Ritter geschlagen wurde.“ (356)

Anderen wird solche mittelalterliche Tradition zur lebensfeindlichen und -zerstörerischen Belastung. Nix, der letzte Baron von Redern, erschießt sich, weil ihn die Bürde einer siebenhundertjährigen Vergangenheit, die ihm „wie eine eiserne Kette um den Hals“ hängt (256), überfordert (366 f.). Tradition und Machtausübung stoßen ihn eher ab. „Was hat man davon, andere Menschen zu beherrschen?“ (258), sinniert er, und eine Domruine provoziert seine verzweifelte Anklage:

> „‚Wie ich dieses Monstrum hasse‘, sagte Nix, ‚Ruinen sind immer etwas Schreckliches, aber diese Ansammlung von toten Steinen ist kaum zu ertragen! Einmal hat mich dieses Ungeheuer sogar im Traum verfolgt: es wälzte sich über mich, und da wußte ich, daß es unsere gräßliche siebenhundertjährige Vergangenheit war, die mich erdrückte!‘
>
> ‚Aber eine schöne alte Bibliothek ist darin. ... In der Handschriftensammlung gibt es sogar Briefe von Kant und Herder!‘
>
> Für Nix ist Kant kein Trost. Im Gegenteil: die vermoderten Bücher, die Dokumente erhöhen noch die bedrückende Last der angehäuften Steine. ‚Alles Plunder‘, meint er respektlos, ‚alles Plunder! Wenn man sich doch dieser ganzen Vergangenheit entledigen könnte! Kein Baum, kein Tier ist so unvernünftig wie der Mensch. Wenn ein Baum verfault, dann fällt er, und ein anderer wächst unbekümmert an seiner Stelle, zerstört ihn mit seinen Wurzeln. Wenn ein Tier stirbt, dann lebt das Kind ohne Erinnerung an seine Vorfahren weiter. Die Natur

---

Kaminzimmers geschunden, muß, wenn man Dejour hat, oft bis zum Morgen vor verschaltem Bier stumpfen. Und wenn man nicht Dejour hat, wenn man sich ausschlafen will, wird man mitten in der Nacht von einer schwer besoffenen Bande junger Häuser ‚geschrägt‘ – das heißt aus dem Bett geschmissen. Das alles soll, wie es heißt, sehr erzieherisch sein. Am liebsten wäre Aurel gleich am ersten Tag wieder fortgefahren, aber das wäre eine solche Schande gewesen, als ‚Schwarzer‘ ohne Farben heimzukehren – daß er nun wenigstens bleiben muß, bis er den Deckel auf dem Kopf hat.“

kennt keine Geschichte, für sie ist das Leben immer neu. Nur der eitle und geschwätzige Mensch kann nicht sterben, ohne die Nachwelt mit Erinnerungen, Memoiren und Chroniken zu beglücken. Der Wust wird von Geschlecht zu Geschlecht immer größer, bis die Vergangenheit eines Tages die Gegenwart und damit alle Zukunft erstickt. ... Unsere Vergangenheit frißt uns auf!'" (354 f.)

Dem stehen Vertreter adliger Borniertheit gegenüber: das snobistische Petterchen etwa, schulisch unbegabt, mit einem Weltbild, das sich in „geborene" und „gewisse" Menschen gliederte. „Nur wer ein ‚von' hatte, war geboren." (233) Letten und Esten wurden von vielen Baronen nur hinsichtlich ihrer Dienstleistung wahrgenommen. Wo sie revolutionärer Tendenzen verdächtig schienen, empfahl man strengste Maßnahmen. „Kopfchen schief!", riet Aurels Bruder Balthasar in zynischem Jägerjargon zum Erschießen, darüber hinaus zu rigorosem Austausch der lettischen Bauern durch deutsche aus Wolhynien (499). Selbst Ansätze einer sozialen und ethnischen Aussöhnung unterblieben nach dem Aufstand von 1905. Für einheimische Kultur oder Autonomie fand sich keine Mehrheit:

„Gerade die junge Generation, verbittert durch die Schrecken von 1905 und 1906, wollte nichts von einer Verständigung mit den Letten wissen. Willig stellten sie sich der deutschen Militärverwaltung zur Verfügung, ja spornten sie noch an, organisierten eifrig mit. Wer sich unter den Letten und Esten nationaler Bestrebungen verdächtig machte, wurde als ‚Bolschewik' rücksichtslos verfolgt, verhaftet und in Konzentrationslagern in Schutzhaft genommen.

‚Man muß mit dieser Saubande aufräumen, und je gründlicher es geschieht, desto besser!' Graf Bork klatschte mit der flachen Hand auf den prallen Schenkel, ein hartes Lachen gluckerte in der Kehle, im geröteten, von Schmissen zerschnittenen Gesicht zeigten sich die Zähne."[14]

Spätestens in solchen Passagen erweitert sich die Baltenchronik zur generellen Zeitkritik, in die zentrale Praktiken, Denkmuster und sogar Begriffe der Hitler-Ära einbezogen sind.[15] Zahlreiche Stellungnahmen im Text zeigen den Autor dabei als engagierten Vertreter christlicher Humanität. Sie richten sich gegen Gewalt[16] oder autoritäre Anmaßungen in Erziehung (123) und politischer Führung, sind völkerversöhnend und tendenziell pazifistisch. Bereits der jugendliche Aurel wird in diesem Sinne beeinflußt. So verurteilt der russische Hauslehrer Bjelinski, ein bekennender Tolstoianer und Vegetarier, der bei allem Eifertum in seinem ethischen Anliegen respektiert wird, das Soldatenspielen wie das Töten überhaupt (105 ff.), und bei Ausbruch des Ersten Weltkriegs bleibt die Schelte der Fürstin Torklus unwidersprochen:

---

[14] Ebd., S. 497; vgl. 337 f.

[15] Neben den Formulierungen der o.a. Textstelle noch eine ergänzende: Ebd., S. 338: „Nee, mit Humanitätsschwindel wird jetzt Schluß gemacht".

[16] Dazu gehört auch seine nur schwer überwundene Abneigung gegen die Jagd: Ebd., S. 151 f., 163 f.

„Quelle bêtise, quelle bêtise diese schreckliche Krieg! ... Was das hat für eine Sinn, daß junge, ganz junge Menschen schießen sich tot? Ich lieben Deutschland, ich lieben Rußland. Warum müssen diesen beide Völker sich machen kaputt? Quelle bêtise! ... Für uns Frauen es gibt keine Feind, keine Krieg! Wenn Männer sind verrückt, dann sie sollen allein verrückt sein!“[17]

Ein Erzählerkommentar schließt sich dem an, ausgehend vom Schicksal Mischkas, der im Alter den Verstand verliert:

„Und da draußen kämpften die Menschen, Tausende, Millionen, ein ganzer Erdball, nicht gegen das Böse, sondern gegeneinander, Brüder gegen Brüder, Völker gegen Völker. Wer war nun wahnsinnig: Mischka oder die Welt? ‚Wenn wir den Feind nicht in unserm Inneren besiegen, ist alles Kämpfen draußen umsonst!‘ Hatte Mischka nicht recht? Aurel kam es plötzlich so vor, als wäre die ganze Welt verrückt geworden, und als hätte man den einzigen vernünftigen Menschen im Irrenhaus eingesperrt.“ (408)

Zwar kann sich Aurel nicht ganz dem kriegerischen Zeitgeist entziehen und will auch kein Drückeberger sein (409), aber als er dann gegen Ende doch noch ins Gefecht kommt, entspricht er – zumal bei seiner moralischen Desorientierung – so gar nicht dem heldischen Ideal (555 f., 558 f.). Andere wie der jugendliche Rembert tun dies schon eher, doch gerade seine Kampfeslust wird vom Autor eindrucksvoll durch die Todesnachricht von Aurels Bruder konterkariert (502 f.), die eine der drastischsten Anti-Kriegs-Stellungnahmen nach sich zieht. In einer Art Tagtraum erscheint Aurel nochmals das Bild des stets begeisterungsfähigen, so optimistischen und zukunftsgläubigen Bruders, der nun gefallen ist.

„‚Brüllender Roggen ... Die Urrasse der Pferde ... Atome, Moleküle ... Der Urschleim ... und bald wird man hinter das ganze Welträtsel kommen!‘

Nun liegt er irgendwo verscharrt, zerfetzt von einer Granate, zerrissen – und das Welträtsel ist noch immer nicht gelöst. Ja, es wird nur noch rätselhafter. Fortschritt? Entwicklung? Auslese der Tüchtigen? Das Leben widerspricht alledem. Es wird im Gegenteil immer barbarischer, vernichtet die Besten, verschont nur die Krüppel und Schwächlinge. Die Helden fallen, und die Feiglinge bleiben leben.“ (504)

Bei solchem Freimut verwundert es nicht, daß auch Vegesacks Äußerungen über andere Völkerschaften keineswegs den Hierarchien der nationalsozialistischen Dogmatik entsprechen. Über Juden, die er an anderer Stelle sogar öffentlich verteidigt hat,[18] fallen generell im Dritten Reich keine bösen Worte. In der *Baltischen Tragödie* wird ein Handel treibender Schlunski mit dem „dicken, schwarzen Kaftan“ durchaus wohlwollend geschildert.[19] Auch die kulturelle

[17] Ebd., S. 401, 403; vgl. den Kommentar der Mutter S. 418.

[18] Vgl. *Baumer*: Vegesack (wie Anm. 1), S. 98 f.

[19] *Vegesack*: Baltische Tragödie (wie Anm. 4), S. 62. Zigeuner erscheinen nur in der perspektivischen Wertung aus Sicht des Vaters (S. 156).

Förderung der lettischen Bevölkerungsmehrheit, ihre sprachliche wie politische Gleichberechtigung (501) und die Selbstbestimmung des Landes finden in Vegesack ihren Fürsprecher,[20] im Gegensatz zu den verbreiteten Ansichten von Vertretern eines brutalen Großmachtdenkens:

> „‚... unsere Pastoren und Gelehrten, wie der alte Bielenstein, haben erst die nationale Kultur der Letten ins Leben gerufen und gefördert ...'
>
> ‚Und ihren Dünkel großgepäppelt!' fiel Balthasar der Mutter heftig ins Wort. ‚Damit muß jetzt Schluß gemacht werden. Für Miniaturnatiönchen und -kultürchen gibt es keinen Raum. Selbstbestimmungsrecht? Jeder Kulle kann ja selbst bestimmen, was ihm lieber ist: hierbleiben und deutsch werden – oder bei den Bolschewiken verrussen. Ein Drittes gibt es nicht!' Und wie Balthasar, so dachten viele: der junge Mojahnsche, Graf Bork, die Orlaaschen Puchlars, der Römerhofsche, der Groß-Selburgsche und natürlich Petterchen, Petterchen der Elfte." (497)

Letten werden zwar zum Teil als grausame Feinde im Bürgerkrieg erfahren (291 f., 315-319, 336, 350), aber Vegesack verwirft daraus abgeleitete Nationenklischees, zumal er den Gegenterror nicht verschweigt (297, 319-324). „Kein Volk ist besser oder schlechter" (390, 582) – das wiederholte Urteil der Mutter beschreibt auch des Autors Generaltendenz, die durch zahlreiche weitere Aussprüche und Handlungen untermauert wird. Süffisant wird auf Nietzsches „polnisches Blut" angespielt (421), und wie ein antirassistisches Lehrstück wirkt die Episode, in der Onkel Rembert Petterchens pauschale Beschimpfung der Letten durch eine delikate Enthüllung bestraft:

> „‚Alle Letten eine Schweinebande? Das würde ich doch nicht sagen, jedenfalls nicht an deiner Stelle, liebes Petterchen! Komm mal her, ich will dir etwas zeigen!' Petterchen folgt dem Onkel in das Arbeitszimmer. Nach zehn Minuten kommt er puterrot heraus, verabschiedet sich schnell und rennt davon.
>
> Der Onkel nimmt wieder seine Wanderung durch den Saal auf, bleibt dann nachdenklich am Fenster stehen, lächelt vor sich hin: ‚Diesmal mußte ich es ihm doch sagen, daß seine Urgroßmutter eine ‚Gewisse' war, und zwar eine Upit, eine ganz simple Lettin. Petterchen der Achte heiratete nämlich in seinen alten Tagen seine lettische Wirtschafterin! Komisch, daß immer die so arrogant und intolerant sind, bei denen etwas nicht stimmt! Wer wirklich reines Blut hat, macht nicht so viel Aufhebens davon.'" (326 f.)

Die lettische Dienerschaft auf Blumbergshof erweist sich schließlich in Notzeiten sogar als rührend anhänglich, tapfer und hilfsbereit (509, 530, 582). Überhaupt neigt der Verfasser dazu, das verfahrene Verhältnis von eingewan-

---

[20] Im Roman werden von bornierten Standesvertretern solche Ideen als demokratische Auswüchse kritisiert (ebd., S. 497). Vegesacks Position ergibt sich nicht zuletzt daraus, daß er zeitweilig dem kritisierten Paul Rohrbach nahestand. Er tat dies in der Funktion als Lektor in der Berliner Zentralstelle für Auslandsdienst im Auswärtigen Amt, die von Rohrbach geleitet wurde. (*Baumer*: Vegesack [wie Anm. 1], S. 61).

derter zu einheimischer Bevölkerung letztlich als eine (politische) Leidensgemeinschaft zu begreifen,[21] die sich besonders unter der bolschewistischen Terrorherrschaft neuen christlichen Zielen öffnet. Solchen völkerverbindenden Überzeugungen stehen allerdings antirussische Tendenzen gegenüber, die den Roman über weite Strecken kennzeichnen und näherer Erklärung bedürfen.

Sie sind zunächst einmal Ausdruck repräsentativer Stimmungen unter den Deutschbalten, die der Autor als Zeitzeuge wiedergibt. Onkel Oscha und der alte Mojahnsche z.B. erweisen sich als bärbeißige Russenfresser, die mit entsprechenden verbalen Ausfällen nicht geizen (59, 270 f.). Der Schüler Aurel haßt die Russen (192), will ihre Sprache nicht lernen (194) und sogar gegen sie kämpfen (198). Er lebt seine Überzeugungen und Ressentiments im Konflikt mit dem Geschichtslehrer Rutzki aus, der ihm als panslawistischer Schultyrann erscheint (205 f., 247 ff.), berauscht sich an japanischen Erfolgen im Krieg von 1904/05 und beschwört die historische Tradition (210) wie die politische Gegenwart (335) gegen die ‚halbasiatischen' (462) Usurpatoren (262 f.). Dennoch bleiben solche Einstellungen nicht ohne (ironische) Einschränkungen.[22] Darüber hinaus gibt es auch politische Gegenpositionen, verkörpert z.B. durch Onkel Jegor, der sich als „Weltbürger" versteht (253) und für gutes Einvernehmen mit Petersburg eintritt. Nachdem der lettische Aufstand blutig niedergeschlagen worden ist, stellt er die rhetorische Frage, wie es denn ohne russische Garde mit der „baltischen Herrlichkeit" der Deutschen ausgesehen hätte (322, vgl. 278), und findet damit sogar bei Aurel Gehör (325 f.). Unverkennbar ist auch, daß Vegesack bei aller situationsgebundenen Streitlust seines „Helden" der russischen Literatur (422 f.) und dem in Bjelinski gezeichneten Typus einer radikalen Religiosität mit bewunderndem Respekt begegnet (527 f.).

Wenn wir gleichwohl von einer russophoben Tendenz in diesem Buch sprechen können, so liegen die Ursachen dafür im Bereich geschichtlicher bzw. politischer Erfahrungen. Zunächst einmal trauerten die Deutschbalten dem Verlust jahrhundertelanger Souveränität bzw. ihren Sonderrechten nach. Sie widersetzten sich, wenn auch letztlich erfolglos, einer nationalstaatlichen Homogenisierung, wobei ihre Gefühlsbindungen zu Deutschland im Zuge panslawistischer Stimmungen zusätzlichen Konfliktstoff boten. Insofern war der im Roman geäußerte Verdacht wohl nicht abwegig, daß Petersburg in der lettischen Revolution von 1905 ein Doppelspiel spielte. Indem die Einheimischen gegen die deutschen Barone rebellierten und Rußland mit seiner Hilfe zunächst

---

[21] *Vegesack*: Baltische Tragödie (wie Anm. 4), S. 541: „Deutscher? Lette? Der Tod macht keinen Unterschied." Vgl. S. 525.

[22] Kindliche Fragen der Art, ob die Russen „überhaupt richtige Menschen" seien (ebd., S. 59), Oschas Tiraden, der alle Russen am liebsten im Meer ersäuft wissen will (S. 59), oder Bjelinskis Entgegnung, wenn Aurel alle Russen bekriegen wolle, müsse er auch gegen ihn kämpfen, laufen sämtlich auf eine Relativierung unreflektierter Stimmungen hinaus.

einmal zögerte (298, 312 f.), erwies sich deren Abhängigkeit nur um so drastischer. Und indem sich der baltische Adel anschließend an den brutalen russischen Strafaktionen beteiligte, zog gerade er Revanchegelüste der Unterworfenen auf sich.[23] Der Erste Weltkrieg schließlich bot antirussischen Gefühlen weitere Nahrung. Denn obwohl die Balten, getreu ihrer ‚Lehenspflicht', im russischen Heer ihren Dienst versahen, begegnete man ihnen dennoch mit Mißtrauen. Russische Niederlagen schufen ein Klima der Repression gegen die Deutschbalten, das sich in Haussuchungen, Deportationen, Schulschließungen und Sprachverboten auswirkte (410 f., 414 f.). Die Absetzung und Liquidierung des Zaren, von den Balten als unwürdige Barbarei empfunden (460 f.), zerschnitt schließlich das letzte Band der Loyalität und untermauerte eine neue Allianz mit Deutschland.

Das, was jedoch vermutlich am stärksten von Rußland entfremdete, war der Schock der Ereignisse nach der Oktoberrevolution, als alles auf eine baltische „Bartholomäusnacht" hinauslief (466). Die Skala der Drangsale reichte von Plünderungen durch den Straßenmob (466) über Haussuchungen, Ausweisungen, willkürliche Verhaftungen oder Zwangsumsiedlungen bis zu Massenerschießungen (513, 528). Einem noch unsystematischen Morden folgte schon bald der kalkulierte Terror (513, 519) in Form von sozialen oder ethnischen ‚Säuberungen', die erkennen ließen, daß es den Revolutionären im Endziel darauf ankam, nicht nur den Adel, sondern mehr noch das Deutschtum auszurotten (545). Auch ging es um Nimbus- und Traditionsvernichtung der ehemaligen Elite, sei es, daß die Leichen der kurländischen Herzöge aus ihren Särgen gerissen und verstümmelt wurden, sei es, daß ein Revolutionsdekret unbezahlte Zwangsarbeit für „Adlige, Hausbesitzer, Direktoren und Prostituierte" verfügte (539). Wer Mitleid mit den Verfolgten zeigte wie Diener Janz, wurde grausam bestraft (575). Humanistische Idealisten wie Bjelinski kamen bei den obligatorischen Linienschwenks geradezu zwangsläufig unter die Räder (525 f.); die Revolution fraß nun mal ihre Kinder. „Umdenken oder sterben!" lautete die Alternative gemäß „Roter Fahne" (540), was jedoch für die ausgemachte Feindgruppe so wenig als wirklicher Ausweg in Frage kam wie der spätere zynische NS-Slogan „Arbeit macht frei".

In Vegesacks Schilderungen dieser Grausamkeiten bestürzen immer wieder Einzelheiten, die bis in die Formulierungen hinein spätere nationalsozialistische Untaten vorwegnehmen. Wir erfahren von Geiseltransporten (539) im Viehwagen (484) in Konzentrationslager (545), Erschießungen in Verhörkellern und Massengräbern, die von den Opfern selbst ausgehoben werden mußten. Die Liquidation erfolgte, nachdem man sie gezwungen hatte, sich zu entkleiden

[23] Von daher auch Remberts Empörung (ebd., S. 326): „Henkersdienst ist nie unsere Sache gewesen, außerdem ist es dumm und wird sich einmal böse rächen."

(519 f., 537, 541 f.).[24] Vegesack war übrigens objektiv und mutig genug, es nicht mit der Schilderung des roten Terrors bewenden zu lassen. Es ekelte ihn genauso vor den Rachetaten der Weißgardisten, exemplarisch illustriert am Beispiel eines Wäldchens voll aufgehängter Kommunisten bzw. Menschen, die in die Mühle des Verdachts geraten waren:

> „Und dann, diese russischen Weißgardisten, dieser Bulak-Bulakowitsch mit seiner Räuberbande, mit der man gemeinsame Sache machen mußte – worin unterschied sich diese Horde von den Bolschewiken? In Gdow wurde jeder, der irgendwie verdächtig erschien, kurzerhand an einem Laternenpfahl oder Hoftor aufgeknüpft; mitten auf dem Marktplatz, an den beiden Fahnenstangen der von den Roten errichteten Tribüne baumelten ganze Trauben von aufgehängten Bolschewiken. Ja, diesem Räuberhauptmann Bulak-Bulakowitsch machte es Spaß, eigenhändig Wehrlose niederzuknallen, und seine Bande raubte und plünderte überall nach Herzenslust. Kein Wunder, daß die unglückliche Bevölkerung von diesen ‚Befreiern' mit der Zeit einigen Schrecken bekam. Roter Terror – weißer Terror: der Unterschied war nicht sehr groß."[25]

Während der Autor Rußland gegenüber Vorbehalte hegt, erklärt er Deutschland zur ersehnten, zuweilen idealisierten Wahlheimat. So endet der Roman denn auch in einem allegorischen (576 f., 584 f.) Treuebekenntnis zu ihr, abgelegt in einer Phase spektakulärer Erniedrigung des Deutschen Reiches durch Compiègne und Versailles, stellvertretend für die baltische Emigration: „da war es Aurel, als wäre er nach jahrhundertlangen Irrfahrten wieder heimgekehrt, als umschlössen ihn, fest und stark, die Arme einer Mutter." (585) In diesem allegorischen Topos mögen Gefühlsmuster der soeben beendeten Saar-Abstimmung mitschwingen,[26] doch enthielt Vegesacks Empfindung gewiß auch viel Authentisches, vor allem die Erleichterung darüber, als Deutschstämmiger erstmals seit langem nicht mehr ein „Fremdkörper in feindlicher Welt" (382) sein zu müssen. Gleichwohl zeichnet die *Baltische Tragödie* kein propagandistisch verwertbares Deutschlandbild. Die kritischen Äußerungen zu Politik und Nationalcharakter sind vielmehr so zahlreich, daß häufig eher das Gegenteil zutraf. Ohnehin stand die trotzige (280) Solidarisierung mit Deutschland bzw. seinem „Blut", das nicht „verraten" werden dürfe, stets unter dem Vorbehalt, daraus keinen engstirnigen Dünkel erwachsen zu lassen:

> „Man kann guter Deutscher und zugleich guter Weltbürger sein, das haben unsere Größten – Goethe, Herder, Hölderlin, Jean Paul – bewiesen. Und nichts ist

---

[24] Die Lektüre solcher Details und das Wissen, welche Erfahrungen manche Balten somit in die NS-Bewegung einbrachten, hätte gewiß auch einigen Teilnehmern des sogenannten Historikerstreits gutgetan. Befremdet doch noch heute die verbohrte Dogmatik, mit der seinerzeit (von ideologisch interessierter Seite) die offenkundige Dialektik politischer Gewaltmuster ignoriert oder gar unter Ideologieverdacht gestellt wurde.

[25] Ebd., S. 555.

[26] Vgl. *Gerhard Paul*: „Deutsche Mutter – heim zu Dir!" Warum es mißlang, Hitler an der Saar zu schlagen. Der Saarkampf 1933 bis 1935. Köln 1984.

> undeutscher, als nationaler Eigendünkel. Deutsch sein ist kein Verdienst, mit dem man sich brüstet. Deutsch sein ist selbstverständlich: man ist deutsch und schwatzt nicht davon!" (271)

Darüber hinaus schildert Vegesack die baltische Deutschland-Sehnsucht auch als eine Art Utopie, z.B. zum Land der Musik (381). Wer sich Illusionen bewahren wolle, möge diesen Berg „Ararat" besser nie erreichen (362). Für Realisten wiederum gebe es „nichts Heilsameres" als die „reichsdeutsche Pferdekur" (362), zumal man so erfahren könne, daß die Liebe beider Länder zueinander relativ einseitig war und man im übrigen dort kaum Nennenswertes über das Baltikum wußte (377 f.).

Im Ersten Weltkrieg kamen weitere Enttäuschungen hinzu, sei es, daß man den später bejubelten (466 f.) Vormarsch deutscher Osttruppen angesichts russischer Repressalien als viel zu zögerlich ansah,[27] sei es, daß das Lenin-Ludendorff-Arrangement der Revolution Vorschub leistete (495), sei es, daß nach couragierten Militärschlägen (547 f., 550 ff.) sich die Rußlandfront 1918 schlagartig auflöste (505 f., 510, 517) und sich die Baltische Landeswehr im Frühjahr 1919 im Stich gelassen fühlte (566). Für die Deutschbalten war dies besonders prekär, da Vegesack auch der kurzzeitigen deutschen Verwaltung kein gutes Zeugnis ausstellen konnte, was negative Reaktionen nach deren Abzug hervorrufen mußte. Hatte Onkel Rembert doch schon vor ihrem Erscheinen ahnungsvoll geäußert, wenn die deutschen Soldaten nur deshalb kämen, damit die Letten nun von anderen unterdrückt würden, „wäre es besser, wenn sie überhaupt nicht kämen" (455). Und es fehlt ja dann auch nicht an Monita über deren Besatzungspolitik, wobei autoritäre Arroganz und (illegale) Geschäftemacherei Kommentare hervorriefen wie:

> „Merkwürdig, wie diese Reichsdeutschen es verstehen, sich überall unbeliebt zu machen. Auch von den lettischen Bauern wurden sie als Retter begrüßt – und jetzt ..." (492)

Vegesacks nähere Schilderungen zielten dabei zugleich auf weiterbestehende kollektive Eigenschaften und waren deshalb besonders provokativ:

> „Wieder hatten sich bei der Etappe unerfreuliche Dinge zugetragen – man munkelte von dunklen Geschäften eines Beamten der Militärverwaltung, der dann plötzlich versetzt wurde, Genaueres erfuhr man nicht. ‚Aber Sie sehen doch, der Schuldige ist bestraft worden', wandte Aurel ein: ‚Die deutsche Verwaltung ist so gut organisiert ...'
>
> ‚Organisiert! Da haben wir es! Wissen Sie, was der größte Schwindel ist, mit dem die Deutschen einen richtigen Kultus treiben? Das ist dies eine Wort: Organisation! Das ist ihr Gott, vor dem sie alle auf dem Bauch liegen. ... Alles wird bei ihnen organisiert. Und wenn es verkehrt war: umorganisiert. Und wenn es

[27] *Vegesack*: Baltische Tragödie (wie Anm. 4), S. 481: „noch immer zögert man in Berlin – wie man im Deutschen Reich vor vierhundert Jahren zögerte, bis es zu spät war".

nicht genügt: durchorganisiert. ... Die andern Völker organisieren, um zu leben – die Deutschen leben, um zu organisieren. Das höchste Ideal des Deutschen: auf einen Knopf zu drücken, der funktioniert. Ob und was dabei herauskommt, ist Nebensache. Sicher werden die Deutschen es einmal so weit bringen, daß jeder von ihnen ein organisierter Knopf ist: einer drückt – und alle funktionieren' ... Noch lange hatten sie sich damals herumgestritten. Sonjetschka war ungerecht, übertrieb. Aber einiges stimmte. Auch von anderen Seiten hörte Aurel, daß die deutsche Militärverwaltung keine sehr glückliche Hand hatte: überall griff sie daneben, haute vorbei – ‚organisierte'. Die Landwirtschaft, der Handel, sogar die Fischerei am Strande wurden durchorganisiert, eine Fischerinnung gebildet, von der die alten Fischer nichts begriffen, der gesamte Fang beschlagnahmt. Und das Resultat? In kurzer Zeit war der ganze Strömlingsfang wegorganisiert!

Noch verhängnisvoller war es, daß die Justiz unter die Verwaltung gestellt wurde. Sogar im reaktionären Rußland war das Gericht seit Jahrzehnten völlig unabhängig gewesen, das russische Recht patriarchalischer, weniger formell, die Gerichtskosten viel geringer. Alles dieses änderte sich nun, wurde ‚umorganisiert'. Deutsches Gericht, deutsche Schulen.“ (496 f.)

Nicht weniger herausfordernd war die Kritik an bestimmten negativen Formen des Preußentums: dem Drill, Gehorsamskult (402), Statusdünkel (389) oder großspurig schnarrendem Rigorismus, der nur selten im eigenen Opfer sein Äquivalent fand.[28] Entsprechende kritische Passagen stammen meist von Onkel Jegor:

„Wie Aurel diesen ... militärischen Drill verabscheute! Wie es ihn empörte, daß ein Deutscher vor diesem Russen katzbuckelte, sich den russischen Orden stolz ins Knopfloch steckte! ...

‚Ja, so sind deine Reichsdeutschen', meinte Onkel Jegor lachend, als Aurel ihm entrüstet von diesem Ministerempfang berichtete, ‚das Strammstehen macht ihnen Spaß, besonders vor einem General!',, (265)

Oder noch grundsätzlicher:

„Onkel Jegor hatte immer einen etwas ironischen Ton, wenn er mit Aurel sprach ... ‚Nun, immer noch Wagnerianer, immer noch so deutsch? Ihr Balten seid doch merkwürdige Leute: lebt in Rußland und bildet euch weiß Gott was auf euer Deutschtum ein! Wollt nicht russisch sprechen, glaubt, daß alle Russen Teufel sind, und kapselt euch immer mehr in eurer kleinen Welt ein, die doch zum Untergang verurteilt ist! Und die desto schneller verschwinden wird, je tiefer ihr euren Kopf zwischen die Beine steckt, um nur nichts von der Welt da draußen zu sehen!'

‚Bist du denn kein Balte?' fragte Aurel beklommen.

‚Gewiß bin ich Balte, bin Deutscher', lachte Onkel Jegor, ‚aber ich bin zugleich auch Weltbürger, verschließe mich nicht gegen alles Fremde! Du siehst, ich lese französisch, russisch, bin in Paris, in Petersburg zu Hause. Auch Deutschland

---

[28] Bezeichnenderweise ist der durch markige Sprüche und Radikalismen auffallende Graf Bork einer der ersten, der bei Gefahr das Land verläßt: Ebd., S. 514, vgl. S. 497.

> liebe ich, besonders den Süden – für das neue Preußen, wo jeder sich wie ein kleiner Bismarck oder wenigstens wie ein kleiner Wilhelm vorkommt, habe ich allerdings nicht viel übrig. Aber Preußen ist ja, Gott sei Dank, noch nicht Deutschland. Alle großen Deutschen waren Weltbürger – sogar dein Freund Wagner war in Riga, Petersburg, Paris und Zürich, bevor er seinen Wundertempel in Deutschland erbaute, und das tat er auf einem bayerischen Hügel und nicht in Potsdam!'" (253)

Solche deutlichen Worte, deren aktueller Anspielungscharakter auf der Hand lag, waren nur möglich, weil Vegesack den Spielraum des im Dritten Reich Sagbaren weitgehend ausnutzte und sich als ein Meister der verdeckten Schreibweise erwies. Er bediente sich dabei vor allem der Technik perspektivischer Urteile, sodaß ihm bei brisanten Wahrheiten noch die Schutzbehauptung blieb, sie charakterisierten ja nur bestimmte Personen und gäben nicht die Ansicht des Verfassers wider. Solche Gegenmeinungen werden aber ausführlichst dargelegt, ohne abwertende Häme oder Verkürzung, und selbst dort, wo ihnen von der Hauptfigur ausdrücklich widersprochen wird, bleibt zumindest der Eindruck relativer Berechtigung. Der Erzähler kommentiert dies in Wendungen wie: „Vielleicht hatte sie in manchem recht, aber ...", oder: „Sonjetschka war ungerecht, übertrieb. Aber einiges stimmte." (496) Es ist genau diese wertungsmäßige Offenheit bzw. Dialektik, die Heinz Kindermann in Alfred Rosenbergs *Bücherkunde* rügend von einem „zwiespältigen Eindruck" bei der Lektüre sprechen ließ. Vermißte der Rezensent doch einen klaren ideologischen Standpunkt im Sinne reichsoffizieller Außenpolitik. „Viel allzu Persönlich-Privates" werde

> „mißverständlich als allgemeingültig hingestellt. Und mehr als ein Fehlurteil begleitet deshalb die sonst so anschaulich geschilderten Entwicklungsvorgänge der baltischen Tragödie. Die große Linie dieses baltischen ‚Trotzdem' sieht in ihrer letzten Konsequenz anders aus, als Vegesack sie uns ausmalt."[29]

Durch dieses Verfahren gelang es dem Autor, wie bereits gezeigt, ein beachtliches Quantum an gegenwartsbezogener ideeller Konterbande einzuschmuggeln, vor allem aber für eine Haltung zu werben, die grundsätzliche menschliche Positionen wahrte und sich einem politisch geforderten Freund-Feind-Denken verschloß. Völkischen Klischeevorstellungen zum Trotz machte er darauf aufmerksam, daß der Dienst von Balten in Rußland eine zum Teil durchaus freudig erbrachte Selbstverständlichkeit war.[30] Oder er ironisierte den reflexhaften Abscheu vor neuen Ideen wie etwa dem Sozialismus, dem Tante Ara als „dunkler Punkt in der Familie" anhing:

---

[29] *Heinz Kindermann*: Deutsche Dichtung aus dem Baltikum. In: Bücherkunde 4 (1937), S. 206.

[30] Neben Onkel Jegor z.B. Christof (*Vegesack*: Baltische Tragödie [wie Anm. 4], S. 342, vgl. S. 398).

„Tante Ara war etwas rot angefärbt durch ihre Schwester, die in Berlin einen Sozialdemokraten geheiratet hatte. ... So ein Mann mit einer Ballonmütze auf dem Kopf und einem roten Halstuch – das war doch schon fast ein Teufel! Wie verschieden auch Onkel Jegor und Onkel Rembert über Politik, über Russen und Letten dachten, darin waren sie sich einig: jeder Sozi ist ein Verbrecher! Denn war es nicht ein Verbrechen, das Volk durch unerfüllbare Wünsche, wahnwitzige Zukunftsträume und lächerliche Forderungen aufzuhetzen, überall Unzufriedenheit und Unruhe zu verbreiten und jede Autorität zu untergraben? Und was das schlimmste war: diese Sozis standen überall miteinander im Bunde, deutsche Sozialdemokraten unterstützten ihre lettischen Genossen im Kampf gegen die Deutschen! Nicht nur der Zar mit seiner Russifizierungspolitik, nicht nur die russischen Revolutionäre, die Volksschullehrer und Popen, nicht nur die durch Landversprechungen aufgestachelten Letten – sogar die Deutschen im Reich, die Sozis schlossen sich diesem Kampf an, fielen über die ‚Baltischen Barone‘ her! ...

Tante Ara war aber anderer Ansicht. Breit und mächtig stand sie am Fenster, den Blick über die eingefrorene Düna, hinter der die Wintersonne eben versank. Die letzten Strahlen brannten in ihrem roten Haar. ‚Ihr kämpft für alte Privilegien, für euer verbrieftes Recht, ... das ist das Leben – gegen das Leben, gegen den Strom der Zeit kommt ihr nicht an! Ihr müßt euch entscheiden: euch mit der russischen Reaktion gegen den Strom stemmen – vielleicht gelingt es euch, ihn ein wenig aufzuhalten – oder aber mit dem Strom die russische Reaktion beseitigen!‘

‚Und was wird dann aus uns‘, fragte Aurel und antwortete selbst: ‚Siegt die Reaktion, dann werden wir russifiziert; siegt die Revolution, dann werden wir enteignet. So oder so – für uns gibt es keine Rettung!‘

‚O diese bequeme Ausrede, sich vor jeder Entscheidung zu drücken: Hände in den Schoß, es ‚belohnt‘ sich nicht!‘“ (283 f.)

Ja, sogar zur Kommunistin Sonjetschka steht Aurel in engem Kontakt, wie er seinerseits noch nach der sowjetischen Machtübernahme von ihr gepflegt wird (538, vgl. 576). In Bjelinski zeichnet der Autor ohnehin den idealistischen Typus der kommunistischen Bewegung. Und obwohl ihm in den Tagen des Terrors die bolschewistische Herrschaft als „unmenschliche, dämonische Macht: das Böse schlechthin“ oder gar als „Satan“ erscheint (514), sucht er dieser Weltanschauung in den noch zu respektierenden utopischen Motiven und sozialen Ursachen ideell gerecht zu werden. Dies geschieht in einem theologischen Gespräch zwischen Bjelinski und Pastor Hahn, die gemeinsam in einem Gefangenenkeller auf ihre Hinrichtung warten.[31] Am deutlichsten aber distan-

[31] Ebd., S. 527 f.: „‚Wir tragen selbst viel Schuld‘, meinte er [Pastor Hahn] nachdenklich, ‚auch die Kirche. Unsere Lehre stand im Widerspruch mit unserem Leben, wir nahmen es mit dem Gotteswort nicht ernst genug. Wenn der Bolschewismus unser Gewissen wachrüttelt, kann er auch für uns von Segen sein!‘ / Herr Bjelinski ergriff Pastor Hahns Hand und drückte sie stumm. ... die Augen sprühten, die Stimme bebte, der dürre, eingesunkene Körper richtete sich noch einmal auf und warf sich hin und her, wie eine flackernde Kerze vor dem Verbrennen: ‚Ja, die Christen hatten Christus verraten, die Kirche war Dienerin der Macht, des Besitzes geworden. Die Besitzenden

ziert sich Aurel von ideologisch sanktionierter Grausamkeit durch seine Weigerung, an der Liquidation Wehrloser teilzunehmen:

> „Immer wieder mußte Aurel an ein Birkenwäldchen am Ufer der Pljussa denken – junge, weiße Birkenstämme im ersten hellen Maigrün auf einer Anhöhe. Aber Schwärme von Aaskrähen hingen an den Zweigen, und als sie kreischend aufflogen, blieb noch etwas Dunkles an den Birken hängen: an jedem Stamm baumelte eine halbverweste Leiche mit bläulich-zerfressenem Gesicht, fast schwarzen Händen und Füßen. Ein ganzes Wäldchen aufgehängter Bolschewiken. Weiß Gott, ob das alles wirklich Bolschewiken waren. Und selbst wenn – es waren doch schließlich Menschen." (556)

Im Zusammenhang mit der bolschewistischen Terrorherrschaft im Baltikum reitet der Autor seine schärfste Attacke gegen jede Art von Despotismus. Und es besteht kein Zweifel, daß seine Philippika gegen „immer dieselben Methoden" von „Diktatur und Terror", gegen die Tyrannei der „Masse" und die allgegenwärtige „Gefängnisluft" nicht nur die Sowjetunion betraf:

> „‚Jede große neue Idee müssen wir mit Blut bezahlen, alles Leben wird in Blut geboren!'
>
> Sonjetschka sprach und sprach. ... [Aurel] raffte sich zu einer kleinen Gegenrede auf:
>
> ‚Die Idee – welche Idee? Ich sehe nur Greuel und maßloses Elend. Die Welt beglücken – aber womit? Kann das Los der Besitzlosen auch nur um ein Jota verbessert werden, wenn man die Besitzenden totschlägt? ...'
>
> ‚Sie sind ein hoffnungsloser Individualist, ein Romantiker aus dem vorigen Jahrhundert! Lassen Sie sich einmotten! In unsere Zeit passen Sie nicht hinein!'
>
> Aurel blieb mit einem Ruck mitten im Zimmer stehen, stellte sich breitbeinig vor Sonjetschka hin und schrie es fast hinaus:

---

teilten die Erde unter sich auf, die Armen wurden auf das Jenseits vertröstet. Und nun' – die Stimme versagte vor Erregung, dann fuhr sie keuchend fort, es klang fast wie ein Schluchzen, ‚und nun verraten die Kommunisten Christus, der als erster den Besitz aufhob, und fallen auf den flachen Materialismus herein, statt den Hebel viel tiefer anzusetzen: mit dem göttlichen Wort die kapitalistische Welt aus den Angeln zu heben!'" S. 534: „Leise, aber eindringlich kam Herrn Bjelinskis Stimme aus dem Dunkel: ‚Judas wollte gar nicht Christus ans Kreuz bringen, er wollte ihn nur zwingen, endlich von seiner Macht Gebrauch zu machen, das Wort in die Tat umzusetzen, sein Reich schon auf Erden zu verwirklichen! Er glaubte an Christus, an seine göttliche Allmacht, keinen Augenblick zweifelte er daran, daß der Herr – jetzt, als die Schergen an ihn herantraten, endlich sein Wort einlösen und sein Gottesreich errichten würde. Und als Christus sich statt dessen ruhig gefangennehmen, sich zum Kreuz führen ließ, da fühlte sich sein Jünger betrogen, in seinem Glauben an den Herrn betrogen – da ging er hin und erhängte sich!' / Nach einer Weile meinte Pastor Hahn zögernd, als suche und prüfe er jedes Wort, bevor er es aussprach: ‚Christus sagte: Mein Reich ist nicht von dieser Welt – Judas aber wollte das Paradies schon hier auf Erden verwirklichen. Ist das nicht auch der ganze Irrtum des Bolschewismus? Auch er verrät und kreuzigt den Herrn und dient ihm vielleicht gerade dadurch in einem anderen viel tieferen Sinne. ... Wir alle sind schuldig, auch wir Christen haben den Herrn verraten. Aber jetzt können wir für ihn Zeugnis ablegen, die Schuld mit unserem Blute sühnen ...'"

‚Individualist – ja, das bin ich! Kein typisierter Massenartikel, Schablone USA. oder Moskau – das kommt auf dasselbe heraus –, sondern ein einmaliges, unverwechselbares, nie wiederkehrendes Exemplar dieser fragwürdigen Gattung *homo sapiens*! Ein Querkopf, Eigenbrötler, vielleicht, ja, sicher ein Narr – denn ist es nicht närrisch, sich an etwas zu klammern, was unrettbar dem Untergang geweiht ist? Aber besser, bleiben, was man ist, und fallen, als sich selbst preisgeben, sich der Masse unterwerfen! Wie ich diese Masse verabscheue, dieses erbärmliche Pack, das jedem nachrennt, der seine niedrigsten Instinkte wachruft – Haß, Neid und Habsucht – und das im Gefühl der eigenen Minderwertigkeit alles zu sich herunterzerren und zertrampeln will, was noch ein menschenwürdiges Antlitz trägt, noch eine eigene Überzeugung hat. Diktatur und Terror – es sind immer dieselben Methoden, deren sich die Minderwertigkeit bedient, alles wahrhaft Menschliche auszurotten: die Freiheit der Persönlichkeit, die Unantastbarkeit des Ich. Wer, wie die Masse, kein Ich kennt, keine eigene Überzeugung hat, dem ist es eine Wonne, vor der Peitsche auf dem Bauch zu liegen und das nachzubrüllen, was der blödeste Leithammel vorblökt. Die Masse ist immer in der Mehrheit, daher hat die Minderwertigkeit immer die meisten Stimmen ... ‘

‚Großartig! Sie widerlegen sich selbst: das ist ja gerade der Unsinn der Demokratie, des Liberalismus – dieser Aberglaube an die Majorität! Die Diktatur dagegen ...‘

Sie drehten sich im Kreise und kamen nicht vom Fleck.

‚Aber ich kann keinen Zwang ertragen! Ich lasse mir nicht vorschreiben, was ich zu meinen habe. Wenn ich nicht sagen darf, was ich denke, dann ersticke ich. Fühlen Sie denn gar nicht diese Gefängnisluft? Daß wir alle schon hinter eisernen Gittern hocken? Jedes Haus eine Zelle, jede Straße ein Gefängniskorridor, und die ganze Stadt, das ganze Land ein einziger Kerker? Und dazu soll ich ja sagen? Und wenn man mir die Zunge herausreißt: nein, nein, nein!‘“ (521 f.)

Die konsequent perspektivische bzw. diskursive Darstellungsweise bot also beachtliche Freiheiten, und Vegesack tat noch ein Übriges, solche Effekte zu steigern. Er wählte als Zentralfigur einen mittleren oder gar Antihelden, der entgegen den Idealen des Zeitgeistes zu den (politischen) Entscheidungen eher ein ängstliches oder zögerlich-reflexives Verhältnis besaß. Aurel ist ein weicher Knabe, der schnell weint (53) und die blutige Jagd zunächst verabscheut (151 f.). Im Gegensatz zu seinen Brüdern fehlt es ihm an natürlicher Sicherheit. Auch seine täppischen Werbungen um jeweilige Jugendlieben vermag er nicht durch damals bewunderte Taten zu fundieren (293, 301). In der Mensur, die ihn ein Augenlicht kostet, wahrt er die Fassung nur durch (schon ansatzweise in Frage gestellten) ehernen Komment: „Auch wenn man kein Held ist, muß man wenigstens so machen, als wenn man einer wäre.“ (359). Im Ersten Weltkrieg hindern ihn „lächerliche“ (480) Erkältungskrankheiten zweimal an militärischen Einsätzen und stempeln ihn zur geborenen „Nebenfigur“ (478, 507, 555), ja fast zum „Krepierling“ (486):

„Gerettet, wieder im letzten Augenblick gerettet, wie damals auf dem Eise. Und wieder liegst du mit diesen abscheulichen Stichen in der Brust, diesem widerlichen Gerassel in der verschleimten Luftröhre, läßt dich von der alten Aufwärte-

> rin pflegen – sogar Sonjetschka kommt jeden Tag und verwöhnt dich wie ein Baby. Welch ein Held! Statt mit den anderen zu kämpfen, liegst du warm eingepackt im Bett, gurgelst, machst Kompressen ...“ (538)

1919 im Rahmen der Baltischen Landeswehr schließlich doch noch im Einsatz, plagen ihn „abscheuliche Angst“ und Schuldgefühle angesichts eines von ihm getöteten Feinds:

> „Komisches Gefühl: bald im Hals, in der Magengrube, sogar in den Kniekehlen. Ein Saugen in den Schläfen, ein widerlicher Geschmack im Munde. Ganz einfache, ordinäre Angst. Von Mut, von Heldentum auch nicht die geringste Spur. Selbst wenn er mit scheinbar tollkühnen Sprüngen losstürmt, es ganz so macht wie die anderen, ja, sie noch zu übertreffen sucht – aus Angst, daß man ihm die Angst anmerken könnte – nichts hilft: ihm ist zum Kotzen übel. Nein, kleine Nebenfigur, auch in Uniform bist du kein Held. Und wenn du schießen sollst, dann knallst du, ohne viel zu zielen, ein paar Löcher in die Luft.
>
> Nur einmal, als er geschossen hatte, versank ein Kopf wie abgeschnitten hinter einem Erdhümpel. Später sah Aurel das kleine, runde Loch mitten in der Stirn. Das war bisher das schlimmste Erlebnis. Immer wieder versuchte er, sich zu beruhigen: ein Bolschewik – vielleicht hat er Balthasar oder Marion erschossen. Aber nichts half. Dieses kleine Loch wurde er nicht mehr los. Es war ihm, als hätte er mit seinem Finger in diese Stirn hineingebohrt, in die weiche Gehirnmasse. Und nun wirst du in alle Ewigkeit dieses kleine Loch nicht wieder in Ordnung bringen ...“ (558 f.)

Auch kann er sich mit diesem „sonderbare[n] Krieg“ (556) mit wechselseitigen Grausamkeiten, anonymen Mächten dahinter (559) und einer dubiosen Politstrategie (565) nicht recht identifizieren, wird nach der Schlacht von Wenden in den jämmerlichen Rückzug hineingerissen (566 ff.) und zieht schließlich eine ernüchternde Bilanz:

> „Ein Wunder, daß du überhaupt noch lebst, daß du auf dem Eise nicht erfroren, im Dorpater Keller nicht ermordet, in den Peipussümpfen nicht liegengeblieben bist. Heldentod? Den sterben nur die Helden. Kleine Nebenfiguren bleiben am Leben.
>
> Nein, schön waren diese letzten Monate da oben nicht gewesen: Bald mußte man weit zurück, bald wieder vor, ein ewiges Hin und Her in den gottverlassenen Morästen zwischen der Luga und Pljussa. Oft versanken die Gäule bis zum Bauch, und die Feldgeschütze blieben in einem Sumpfloch stecken. Patrouillen schieben, Posten stehen. Da hockt man in einem Erdloch, knüppeldicke Finsternis rund herum, ... horcht; schleicht da nicht etwas? ... Knackte nicht ein Ast? Von allen Seiten kriecht es auf dich zu, schiebt sich immer näher, schon spürst du den würgenden Griff an der Kehle – Angst? Ja, Angst, von den Zehenspitzen bis zu den Haarwurzeln nichts als Angst, keine Spur von Tapferkeit, namenlose, grauenhafte Angst vor dem Tode. Als wenn dies bißchen Leben so kostbar wäre ...
>
> Nicht eine Wunde, nicht eine Schramme, nicht ein Blutstropfen! Dafür bekamst du einen Ausschlag. Ein ekelhaftes Ekzem, mußtest wochenlang, mit einer gräßlichen schwarzen Teersalbe eingeschmiert, in Lumpen eingewickelt, im Lazarett

von Iwangorod liegen. Ausschlag und Wanzenstiche – damit mußtest du dich begnügen; zarte, empfindliche Haut – zum Heldenleben wenig geeignet. Und doch hattest du noch immer nicht genug. Als der letzte Vormarsch gegen Petersburg kam, schwangst du dich wieder auf deinen Gaul. Du hattest einfach nicht die Courage, ‚nein' zu sagen: ‚Diesen Blödsinn mache ich nicht mit!' So wie die Fledermaus es tat: ‚Melde gehorsamst, ich kämpfe für meine Heimat, habe aber nicht den Ehrgeiz, Sibirien zu erobern!' Aber dann ging er doch mit. Disziplin? Kameradschaft? Er selbst nannte es ‚solidarische Dummheit!' ‚Zum letztenmal', schwor er sich – und es war auch sein letztes Mal: drei Tage darauf wurde er bei Kraßnoje Sselo zerrissen." (571 f.)

Nein, Aurel ist wahrlich kein Soldat, wie ein nationalsozialistischer Rezensent aus seiner Sicht vorwurfsvoll festhielt,[32] auch kein Draufgänger. Schon sein Name ist Programm, verweist, durch Mischka immer wieder mit Kaiser Marc Aurel verbunden, eher auf eine sensible, philosophische Natur. Er ist der geborene Cunctator, eine Figur zwischen den Parteien und Ideologien,[33] ein Vertreter vom Schlage des Thomas Mannschen Hans Castorp, der vieles für hörens- oder bedenkenswert hält und seinen Weg erst finden muß. Dabei griffe zu kurz, wer solche Haltung allein aus einer nunmal gegebenen Charakteranlage erklärte. Denn was ihn von seinen älteren Brüdern unterscheidet, die sich ihrer Aufgabe und Stellung gewiß sind (Reinhard als Bauer, Christof als Soldat, alle als „Herren"), ist jene beneidete Sicherheit, die aus einer noch unbefragten Überlieferung herrührt. In diesem Sinne ist Aurel auch gemäß selbstkritischem Eingeständnis (495) kein richtiger „Erbe" mehr, sondern nur noch „Nebenfigur" wie allerdings das Baltikum inzwischen weltpolitisch überhaupt (478). In Vegesacks epischer Dramaturgie besitzt Aurel die Rolle des Epigonen. Als Angehöriger wie Typus einer Spätzeit gerät er zwangsläufig in Gewissensqua-

[32] *Manfred Jasser*: Siegfried von Vegesack. In: Kritische Gänge, Jg. 7, Nr. 12, Beilage zur Berliner Börsenzeitung, 20.3.1938: „Es ist Vorzug und Mangel des Buches zugleich, daß Vegesack nicht mehr erzählt, als er erlebt hat. ... Aber gerade deshalb ist der dritte Band nicht ganz das geworden, was wir hätten brauchen können und was uns noch immer fehlt: das Buch vom Kriegserlebnis der Balten, also das baltische Gegenstück zu den entsprechenden Büchern von Zillich für Siebenbürgen, Möller für das Banat, Bodenreuth für Sudetenland. ... Aurel ist überhaupt kein Held, er ist schon als Knabe beim Impfen in Ohnmacht gefallen, weil er kein Blut sehen kann. So ist in diesem Buch mehr vom Leid die Rede als vom Kampf."

[33] *Vegesack*: Baltische Tragödie (wie Anm. 4), S. 257 f.: „‚Das waren schönere Zeiten', erklärte Erhard und blickte aus einer Schießscharte in das tiefe Tal der sich schlängelnden Aa hinunter: ‚Hier saß man, das Schwert in der Faust, und beherrschte das Land! Damals war man noch wirklich der Herr!' / ‚Ob das so schön war?' meinte Nix skeptisch. ‚Ich glaube nicht, daß mir das Spaß gemacht hätte! Wenn schon jetzt das bißchen Herrsein mich nur bedrückt. Was hat man davon, andere Menschen zu beherrschen? Warum muß einer über dem anderen stehen? Kann man nicht nebeneinander leben?' / ‚Nein, das kann man nicht, jedenfalls nicht in diesem Lande', Erhard hatte die Faust geballt, als hielte er ein unsichtbares Schwert. ‚Hier gibt es für uns nur zweierlei: sich als Herr behaupten oder untergehen. Denn wir sind zu wenige, um neben und unter den Letten zu leben. ... Wenn ich mich nicht als Herr fühlen könnte, hätte das Leben für mich keinen Sinn!' / Aurel verstand Erhard, aber er verstand auch Nix. Er war wie gespalten."; S. 265: „Welcher Onkel hatte nun recht: der Ritter – oder der Weltbürger? Der Ritter stand Aurels Herzen näher, viel näher; aber dunkel fühlte er, daß die Zeit der Ritter vorbei war."

len (228), wie es andererseits zu seiner Funktion gehört, (sich) kritische Fragen zu stellen:[34]

> „Aber was das schlimmste war: Aurel spürte, wie dieses Gift sogar bis in sein Herz drang. Hatten nicht die Deutschen einmal dieses Land erobert, die Letten geknechtet, lebten die Gutsbesitzer nicht besser als die Bauern? Etwas Wahres war doch daran, etwas, was sein Gewissen quälte und ihn nicht in Ruhe ließ. Dunkel fühlte er durch das drückende Gewicht der Jahrhunderte eine Schuld, die auf seinen Schultern lastete und die er tragen mußte, ohne sie je abwerfen zu können, wie man seine Haut nicht abwerfen kann." (290)

Nun lassen sich ja nicht alle Selbstzweifel oder perspektivischen Einreden ausnahmslos als (regimekritische) Generaltendenz vereinheitlichen, und der Leser bleibt in Pflicht, aus diesem argumentativen Geflecht unterschiedlicher Meinungen die Position des Verfassers herauszufiltern. Dabei dürfen wir allerdings nicht allein auf die quantitativen Anteile vertrauen. Auch eine Mindermeinung kann zumindest Bedenkenswertes enthalten oder wichtige Einschränkungen formulieren. So wird z.B. der „Weltmann" Onkel Jegor nicht allein durch zahlreiche Gegenpositionen desavouiert, auch nicht ohne weiteres durch den unglücklichen Handlungsverlauf, der alle seine Verständigungsillusionen in Blut erstickt. Denn auch die Mehrheitsfraktion, die ihm stets seine „russische Krankheit" vorgehalten hat, kann die historischen Abläufe nicht einfach als Bestätigung für ihre Positionen werten (543 f.). Vielmehr belegen die meisten Schicksale im Roman eigentlich vor allem das Wirken einer tragischen Absurdität der Geschichte.[35]

Dennoch läßt sich wohl Vegesacks dominierende Überzeugung im Text ausmachen als grundsätzlich humanitäre Gesinnung, für die nicht zuletzt die Mutter durchweg eintritt. Ihre Stellungnahmen in Sachen Ethik haben fast etwas von Urteilen einer letzten Instanz, so etwa: Man dürfe „kein Volk hassen", „auch nicht die Russen" (192), „ohne Liebe bleibt alle Gerechtigkeit tot" (299), oder das bereits zitierte „Kein Volk ist besser oder schlechter als das andere –

---

[34] Ebd., S. 211: „Und war es nicht ein Unrecht ..., daß wir dieses Land eroberten und die Letten unterjochten?"; S. 212: „Und warum sitzt kein einziger Lette im Landtag?"

[35] Es gibt in diesem blutigen Schlußakkord eigentlich für niemanden einen sicheren Rettungsweg. Balthasar, der alle lettischen Bauern rauswerfen will, wird ebenso getötet wie Onkel Oscha, der dem widerriet (ebd., S. 338, 349 f.), oder Bjelinski, der sogar für die Revolution gekämpft hatte. Im Gefängnis der Bolschewisten finden sich Menschen aller religiösen, nationalen oder sozialen Unterschiede bzw. Einstellungen (S. 525 ff.) und antizipieren damit in Ansätzen gerade jene Gesellschaft, für die ihre Peiniger zu kämpfen vorgeben. Mischka, der den Frieden liebte und den Krieg für Wahnsinn hielt, landet in der Irrenanstalt und findet – wie es sarkastisch heißt – seinen „Frieden" in der Bolschewistenzeit, indem er verhungert (S. 579). Im Kontext solcher Merkwürdigkeiten versteht sich auch Onkel Jegors Schicksal. Der rußlandfreundliche Weltbürger, dessen Sohn im Dienst des Landes gefallen war, wurde zur Zarenzeit zweimal nach Sibirien verbannt. Mit Ankunft der Bolschewisten sitzt er dann zum drittenmal im Kerker, und selbst seine Tochter, die Kommunistin, kann einem „Baron" nicht helfen (S. 455, 517, 543 f.). Onkel Rembert hingegen, eher rußlandfeindlich eingestellt, bleibt zu Hause unbehelligt.

Schufte und Verbrecher gibt es überall" (390, 582). Gegen Terroraktionen nach dem lettischen Aufstand wendet sie sich mit dem Bibel-Zitat: „Nein ‚mein ist die Rache', spricht der Herr" (319), verteidigt Toleranz im Blick auf Sprache und Kultur gegenüber forcierten Eindeutschungsabsichten (497) und kommentiert die Vorstellung vom Krieg als einer „großen Zeit" mit den Worten: „Eine große, aber schreckliche Zeit! Wieviel Niedertracht, Verleumdung, Bosheit, wieviel Haß und Lüge! Und wieviel Blut!" (418) Von allen Personen macht sie aufgrund der Schreckenserfahrungen vielleicht die entschiedenste Entwicklung durch und entfernt sich damit von einem allzu bequemen Christentum (57). Sie wird charakterlich stärker (517), erkennt, wieviel Überflüssiges ihr früheres Luxusleben enthielt (543) und welche sozialen Ungerechtigkeiten es verdeckte. Sieht sie sich doch erst jetzt ohne feudale Privilegien in einer klassenübergreifenden Solidarität mit früheren Dienstboten geborgen (582). Zum Romanende plädiert der Autor ganz in ihrem Sinne keineswegs für eine gewaltsame Revision der Verhältnisse, sondern für echte Aussöhnung. Sie trifft sich in dieser Intention mit Mischkas Vermächtnis:

> „Ich glaube, es schreit so viel in jedem Menschen nach Verständigung, Aussöhnung, Versöhnung und Frieden, und man kann nichts Höheres erleben, als Versöhnung zu geben und zu erhalten, auch da, wo man glaubt, im Recht gewesen zu sein. Es gehört große Überwindung, Gerechtigkeit, Liebe und mehr dazu." (580)

II.

Daß man sich darum ernsthaft bemühe, lautete Vegesacks literarischer Appell in einer Zeit sich erneut verschärfender Konflikte, und auch manche der folgenden Werke warben für eine friedliche Welt. Der Autor mied allerdings zunächst einmal die Balten-Thematik und zudem deutsche Stoffe bzw. Schauplätze überhaupt. Es folgte statt dessen der skandinavische Inselroman *Meerfeuer*, der eher Unterhaltungsware bot. Anspruchsvoller sind exotische Erzählungen und Erlebnisberichte aus Vegesacks südamerikanischer Zeit mit Titeln wie *Unter fremden Sternen*, *Eine dunkle Geschichte*, *Aufruhr in der Quebrada* oder *Die gestohlene Seele*. Hinzu kam bereits 1936 das reizende Kinderbuch *Der Spitzpudeldachs*, das humorvoll erzählte Tiergeschichten präsentierte, die zahlreiche politische Anspielungen enthalten. Seine Tendenz dürfte den Jugenderziehern des Dritten Reiches wenig behagt haben, denn die in den Fabeln verkündete Wertewelt hatte so gar nichts Völkisches oder Heldisch-Kriegerisches.

Vielmehr opponiert z.B. die Hasenmutter gegen eine Staatsraison, wonach sie immer neue Kinder in die Welt setzen solle, die dann doch nur den Raubtieren zum Opfer fielen.[36] Auch darf sich – laut Papa Langlöffel – der Hase als eigentlicher Held fühlen, denn „wer laufen will, muß gute Beine haben, gute Lungen und ein starkes, tapferes Herz." (52) Es warnt der kluge Fuchs seinen Nachwuchs vor übertriebenem Risiko: „Wirst du wieder tapfer sein und dumm, – oder klug und ein wenig vorsichtig? Denk daran: du hast nur einen Kopf, nur ein Herz, nur ein kurzes Leben". (37) Oder es lehrt der Igelvater, daß Waffen nichts für Kinder und ausschließlich zur Verteidigung da sind (82 f.). Mit Hilfe seiner Stacheln gelingt es schließlich unter einstimmigem Jubel des Waldes, den eingedrungenen Wolf Reißzahn zu vertreiben (97 f.). Der hatte sein Schreckensregiment errichtet, nachdem er den Fuchs als vorherigen Gewaltherrscher kurzerhand aufgefressen hatte. Im übrigen bediente er sich bei seinem blutigen Maulwerk blumiger Gemeinschaftsphrasen nach der Art von George Orwell, etwa: „Weißt du denn nicht, daß *alles allen* gehört?!" (76) Offene Gegner hat er fast keine, da die Tiere aus Furcht oder ästhetischer Selbstbespiegelung (73 f.) nur die ureigensten Interessen im Auge haben, und die Eichhörnchen als Medienvertreter ihr Mäntelchen nach dem Wind hängen:

> „Nur Zottelschwanz, das Eichhörnchen, hatte keine Angst. Es hatte sein rotes Fell abgelegt, den grauen Winterpelz angezogen, – inzwischen war es ja Herbst geworden, – und als der kalte Böhmerwind blies, drehte es seinen Zottelschwanz ganz einfach auf die andere Seite.
>
> ‚Man muß mit der Zeit gehen und nie zurückbleiben!' erklärte Zottelschwanz im ‚Waldboten': ‚Und man muß immer von *einem* Baum auf den *andern* springen!

[36] *Siegfried von Vegesack*: Der Spitzpudeldachs und andere Tiergeschichten aus dem Bayrischen Wald. Berlin 1936, S. 25-27: „Böser war es schon, daß Herr von Rotrute sich in dieser Nacht allein drei junge Hasen geholt hatte, – ‚im Blütenalter' war in der Todesanzeige zu lesen: ‚die tieftrauernd Hinterbliebenen – Dr. Hans Langlöffel und Frau Marliese, geborene Schnellpfot'. Frau Langlöffel selbst war auf die Redaktion gekommen, mit schwarzumflortem Ohr. / ‚Warum ausgerechnet meine Jungen – wo es doch so viel andere Hasenjungen gibt!' schluchzte sie mit tränenerstickter Stimme: ‚Pürzelchen, Plüschnäschen und Sammetpfötchen, – was waren das für süße Kerlchen! Noch gestern hüpften sie so fröhlich um mich herum, – und jetzt? Nicht einmal die Knochen hat er mir gelassen!...' / ‚Pst, pst', flüsterte Zottelschwanz und sah sich ängstlich nach allen Seiten um: ‚Er ist unser Herr und Gebieter, wir müssen gehorchen. Andere Herren sind ja noch viel schlimmer. Denken Sie doch nur an Reißzahn, der würde auch Sie nicht verschonen, während unser gnädiger Herr meist nur die Jungen nimmt ...' / ‚Damit wir Mütter immer neue gebären sollen! Aber nun ist's Schluß: ich setze keine Jungen mehr in die Welt! Sie haben gut reden, Herr Zottelschwanz. Wenn ich wie Sie auf die Bäume klettern könnte ...' / ‚Mein Beruf ist nicht so einfach, Frau Langlöffel: immer über den Dingen stehen, bald hierhin, bald dorthin springen, wie es die öffentliche Meinung verlangt, immer schnuppern, woher der Wind kommt, und immer den Schwanz nach dem Winde drehen, – das ist keine leichte Kunst! Aber dafür gewinnt man aus der Höhe, aus unserer Wipfel-Schau ganz andere Einblicke, und da kann ich Ihnen nur versichern: Ihre Jungen sind nicht umsonst gestorben, alles dient einem höheren Zweck, einer wunderbaren Weltordnung!' / ‚Nein', unterbrach Frau Langlöffel erregt die Rede des Herrn Zottelschwanz: ‚ich finde diese Weltordnung gar nicht wunderbar, wo der eine höchstens einen Kohlkopf zu fressen bekommt und der andere ...' / ‚Pst, pst, nicht so laut, – aber jetzt muß ich leider auf eine wichtige Konferenz ...' Und Zottelschwanz kletterte schnell zum Gipfel der Tanne hinauf, machte es sich dort oben bequem und hielt Umschau. Wenn es ihm unten in der Redaktion zu bunt wurde, zog er sich hierher zurück, und das nannte er ‚Konferenz'."

Was gestern falsch war, das ist heute richtig. Und richtig ist immer das, was die öffentliche Meinung ist. Und die öffentliche Meinung, – das bin ich!'

Seitdem Herr von Rotrute sich tief in seinem Bau verkrochen hatte und Reißzahn heulend durch die Wälder trabte, schnalzten und funkten die grauen Eichhörnchen von Baum zu Baum:

,Nieder mit Rotrute, dem Ausbeuter! Es lebe Reißzahn, der Volksbeglücker: alles für alle!' Aber Zottelschwanz selbst verspeiste die Kerne der Tannenzapfen ganz allein für sich, – nur die leeren Blätter der Zapfen streute er überall auf dem Moose aus, damit alle die öffentliche Meinung lesen konnten: ,Alles für alle!'

Der alte Stachelborst las aber keine Zeitung, und deshalb hatte er keine öffentliche, sondern nur eine eigene Meinung, und die war: *,Etwas für jeden!*'"[37]

Bliebe schließlich noch zu erwähnen, daß der titelgebende Spitzpudeldachs ein weitgehend verachteter Mischling ist, dem, nachdem man mit ihm auf Erden nicht gerade gnädig verfuhr, erst durch eine Intervention Gottes ein bescheidenes Plätzchen im Himmel gewährt wird – wegen einer großmütigen Friedenstat übrigens (99 f., 110 f., 114). Auch dieses scheinbar so heiter-harmlose Kinderbuch belegt also Vegesacks zunehmend perfektionierte Fähigkeit zur Anspielung und Tarnung. Zwar verkörpert Wolf Reißzahn auf den ersten Blick die sowjetische Bedrohung, doch andere totalitäre Despoten sind stets mitgedacht. Ein weiteres Meisterstück politischer Camouflage stellt Vegesacks Satire *Hundeschau* vor, enthalten in seinem 1939 erschienenen Geschichtenband *Das Kritzelbuch*. Der antirassistische Text spricht für sich selbst, sodaß hier eine kommentarlose Zitierung des Schlußteils erfolgen kann:

„In der Ausstellung erhält jeder Hund seinen Pflock, seine Nummer und ein Ausweispapier mit Geburtsdatum, Rassebezeichnung und Glaubensbekenntnis. Die ganz vornehmen haben auch einen Stammbaum. Lappa hat leider keinen. Ihre Geburt ist dunkel. Ursprung und Geschichte ihrer Familie sind noch nicht ergründet. Ihre Schönheit ist noch vom Reiz des Geheimnisvollen umschleiert (man munkelt von sehr, sehr vornehmer Abstammung, einer illegitimen Verbindung fürstlichen Geblütes).

An jedem Pflock heult ein Hund. Lappa ist klug und heult nicht. Sie ordnet diskret ihre Frisur. Herren vom Vorstand und vom Preisrichteramt mit flatternden weißen und blauen Bändchen rennen aufgeregt hin und her. Schon werden die ersten Hunde zur Richtstätte, einem seilumspannten Rasenplatz, abgeführt.

Klopfenden Herzens, wie ein Schüler vor dem Examen, betrachte ich die ausgestellten Preise: ein Aluminiumtintenfaß mit sinnreich angebrachtem Aluminiumhirschgeweih als Federhalter, ein bronziertes Eichhörnchen, das mit sehr erstauntem Gesicht einen Leuchter hält, einen blau und weiß karierten Puls- und Seelenwärmer und zwei Adler aus weißem Gips. Besonders das bronzierte Eichhörnchen läßt mir keine Ruhe. Brennender Ehrgeiz packt mich. Aber auch das Aluminiumtintenfaß mit dem Hirschgeweih lockt verführerisch.

---

[37] Ebd., S. 79 f.

Da wird Lappas Nummer aufgerufen, ich löse sie vom Pflock und betrete mit etwa zehn Herren und ebensoviel Schäferhündinnen den Richtplatz. Wir ordnen uns nach den Nummern in einer Reihe und umschreiten in feierlicher Runde den Preisrichter, der streng in der Mitte steht und Befehle austeilt: ‚Ausschreiten! ... Schneller! ... Trab! ... Schritt! ... Halt!'

Und wir hüpfen, tänzeln und schreiten immer in der Runde, einer hinter dem andern. Dann wird jeder einzeln vorgerufen. Lappa muß ihre Zähne zeigen. Man fragt nach ihrem Stammbaum. Ich versuche, den Herrn über ihre dunkle, aber mutmaßlich sehr vornehme Herkunft aufzuklären, aber der Herr scheint wenig Sinn für Romantik zu haben.

Wir kehren etwas bedrückt zu unserem Pflock zurück.

Und wirklich: Lappa hat keinen Preis bekommen. Weder das Aluminiumtintenfaß mit dem Hirschgeweih, noch das bronzierte Eichhörnchen.

‚Sie hat keinen Stammbaum,' erklärte man mir, ‚und überhaupt: sie ist zu zart, zu schlank, – die Muskeln und Knochen sind nicht stark und robust genug!'

Da haben wir es: Muskeln und Knochen – die allein entscheiden! Brutale Kraft – nur darauf kommt es an!

Und der seelenvolle Blick deiner klugen, dunklen Augen, die hinreißende Schönheit und Grazie deiner zarten Glieder, deines schlanken, geschmeidigen Wuchses, das alles ist ihnen gleichgültig.

Ganz wie bei den Menschen: der Boxer, der die meisten Nasenbeine zertrümmert, wird gefeiert. Die brutale Muskel wird angebetet. Geist und Seele sind nichts.

Komm, Lappa, wir fahren nach Hause.

Das bronzierte Eichhörnchen ist nicht für uns."[38]

III.

Nun wäre es allerdings unredlich und analytisch steril, bei Vegesack nur Regimekritisches aufzureihen und zu unterschlagen, daß es auch Gemeinsamkeiten und ideelle Berührungspunkte gab, die prekärerweise gerade in der Spätphase des Regimes öffentlich zum Ausdruck kamen. Da ist z.B. das bereits erwähnte Hitler-Gedicht, erschienen im April 1939, mit folgendem Wortlaut:

„Was Jahrhunderte versäumten
und den Größten nicht gelang,
was Millionen nur erträumten, –
Einer ohne Blut bezwang:

Aus Erniedrigung und Kleinheit
Kleinmut, Ohnmacht, Zwist und Zank
die Geburt der deutschen Einheit, –
Dir, dem Einen, unser Dank!"[39]

---

[38] *Siegfried von Vegesack*: Das Kritzelbuch. Bremen 1939, S. 26 f.

Hinzu kommt eine Heeresveröffentlichung von 1944 unter dem Titel *Soldaten hinterm Pflug*,[40] die manchen Satz enthält, der auch in reichsoffiziellen Verlautbarungen hätte erscheinen können. So ist eingangs von der den Deutschen angeblich auferlegten „Titanenarbeit" die Rede, „den Osten durch deutsche Aufbauarbeit für das neue Europa zu erschließen". Hier werde „das Fundament für ein neues Europa gelegt" (8). Aus solcher Aufgabe rechtfertigt Vegesack auch verschiedentlich Strenge zur Hebung der Arbeitsmoral (38, 105 f.) oder die Verschickung von Fremdarbeitern nach Deutschland (77-85). Insgesamt verteidigt oder idealisiert er die deutschen Besatzer (39, 51, 75) oder sammelt aus Interviews Belege dafür, daß das „Unternehmen Barbarossa" als Präventivkrieg gesehen werden kann (117). Seine Schlußbilanz fordert, daß in einer Situation, wo es „um das Sein und Nichtsein von uns allen geht, alle Sonderwünsche und Sonderhoffnungen einzelner, ja auch einzelner Volksgruppen schweigen müssen":

> „Die Welt nach diesem Kriege wird anders aussehen. Keiner von uns wird in seine alte Haut zurückkriechen, wie eine Schnecke sich in sein Häuschen zurückziehen können. Dieser Krieg formt alles um, auch die Menschen. Und das ist gut, denn das neue Europa wird neue Menschen brauchen. Wer am Vergangenen klebt, und sich nach vergangenen idyllischen Zeiten zurücksehnt, der taugt nicht für die ungeheuren Aufgaben, die das neue Europa an uns stellen wird." (146)

Es gehe in diesem Krieg schließlich darum,

> „ob wir auch in Zukunft das seit Jahrhunderten eingeengte und verkümmerte Volk Mitteleuropas bleiben sollen ... oder ob wir endlich den Raum erlangen, auf den wir als größte Nation Europas Anspruch erheben dürfen. Wachsen oder verkümmern – ein Drittes gibt es auch im Leben der Völker nicht." (148)

Regimekonform sind auch die in diesem Text zum Ausdruck kommenden antibolschewistischen Tendenzen. Vegesack sieht Rußland unter dem „halbasiatischen" Einfluß des „Moskowitertums", das es in seine „ursprünglichen Grenzen zurückzudrängen" gelte, um Europa „die von Moskau usurpierten Gebiete" wieder zuzuführen (13). Er deutet die sowjetische Guerillatätigkeit als terroristisches Bandenwesen (44), in dem sich eine destruktive „Fleischwerdung des Teufels" äußere (37 f.). Darüber hinaus kritisiert er in Rußland die seelenlose Massenfabrikation ohne individuelle Nuance und den talmihaft-protzigen öffentlichen Baustil, in denen er das Wesen des Kommunismus repräsentiert sieht.[41] Auch die Menschen würden in diesen Prozeß der Uniformierung einbe-

---

[39] In: Festgabe deutscher Dichter für Adolf Hitler. Berlin 1939, o.S.

[40] *Siegfried von Vegesack*: Soldaten hinterm Pflug. Berlin 1944.

[41] Ebd., S. 44-46, 144; exemplarisch S. 45: „Das elende Wachstuch will vornehmes Leder vortäuschen! Dieses Sofa will mehr sein, als es ist. So wie hier alles imponieren will, und schaut man näher zu, – ist nichts dahinter! / Genau so ist es mit diesen auf den ersten Blick imposanten, hochragenden und weit ausladenden Bauten der Partei und Behörden, wie man sie überall zu sehen

zogen, einschließlich der Frauen, denen er – stellvertretend am Beispiel einer Botanikerin – intellektuelle Überzüchtung und Auslöschung aller Weiblichkeit vorhält (116). Die verbreiteten (Fehl)-Urteile der dortigen Bevölkerung erklärt er aus jahrzehntelanger propagandistischer Verblendung und elender Atomisierung durch Furcht (51 f.):

> „Oh, diese gottverfluchte Angst: Was hat sie aus uns Russen gemacht! Sie hat uns zerbrochen, sie hat uns jeden Willen, jede Kraft genommen, sie hat uns in kleine Stücke zerschlagen, in willenlose Werkzeuge in der Hand des Teufels. Die Angst hat uns atomisiert. Wir sind nicht mehr Menschen, sondern bloß Atome in einer grauen, völlig gleichen Masse. Und diese Masse hält, wie ja auch Atome zusammenhalten, wenn jemand sie beherrscht ..." (52)

In diesem Zusammenhang kommt Vegesack auch auf die brutalen Verschleppungs- und Umsiedlungsaktionen zu sprechen, die Deutschstämmige in der Sowjetunion bei Kriegsausbruch über sich ergehen lassen mußten (86 f.). Die Identifikation mit solchen Schicksalen ist hier aus vergleichbarem Erlebnis im Baltikum 1918/19 besonders eng.

Doch mit diesen nicht zu unterschlagenden Stellungnahmen sind die Konkordanzen zur Außenpolitik des Dritten Reiches in dieser Zeit ausgeschöpft, und für viele andere Ausführungen gilt eher, daß Vegesack sich propagandistischen Vorgaben entzieht. Denn so sehr er – aus eigener Erfahrung – den Kommunismus verabscheut, so wenig ist er bereit, solche Abneigung auf Völker zu übertragen. Eher nutzt er selbst in dieser Schrift vielfältige Gelegenheiten zu positiven Äußerungen etwa über russisches Geschick und russischen Erfindungsreichtum (76 f.). Am Beispiel der Kabardiner stellt er fest, es sei „merkwürdig, wie wenig Verständnis manche Menschen für fremde Völker haben" (130). Wo die nationalsozialistische Ideologie eine enge Verbindung zwischen Marxismus und Judentum herstellt, fehlen entsprechende Erklärungsmuster bei Vegesack völlig. An einem sehr drastischen Beispiel ukrainischer Mädchen (72) wendet er sich gegen die Vorstellung sittlicher Verwahrlosung der Menschen in der Sowjetunion. Bei all den mutigen Einreden verschanzt er sich – wie nun schon hinreichend bekannt – hinter Äußerungen anderer, die er beifällig oder als relativierende Widersprüche bewertet. Ein typisches Exempel für solche Antiklischees enthält die folgende Passage:

---

bekommt ... Der schöne, charaktervolle Baustein wird verschmäht, weil er immer Kanten und Ecken hat und sich nicht so leicht und gleichmäßig behauen läßt. Aber Zement, diese in jede beliebige Form gießbare und preßbare seelenlose Masse, dieser graue trostlose Gips, der aus *einer* Form gegossen, mit immer den gleichen Lenins und Stalins die Plätze zierte, – jetzt sieht man meist nur noch ihre hohlen Hosenröhren und traurigen Füße auf dem stolzen Sockel, – das sind die rechten Baustoffe für diese öde Massenfabrikation, die Wachstuchsofas, Einheitsstühle, Häuser – nein, Wohnmaschinen – und Denkmäler nach einem Schema herstellt. / Auch dieser grausige Einheitsstuhl ist ein Sinnbild des Bolschewismus: Von beleidigender Primitivität, seelischer Armut und Verlogenheit."

„Sind die Russen faul? Sind sie intelligent? Sind sie moralisch minderwertig? Hat der Bolschewismus das Volk verdorben? Besteht noch in der Masse ein religiöses Gefühl? Wie muß man die Russen behandeln?

Und hier ein paar Antworten von urteilsfähigen Männern, die schon seit einem Jahr im Osten tätig sind:

Die Russen sind ein stinkfaules Gesindel, das sich vor jeder Arbeit drückt. Die Russen arbeiten ausgezeichnet, sie sind fleißig und anspruchslos.

Die Russen sind dumm und schwerfällig. Die Russen sind intelligent und geschickt. Mit einem Stück Blech und Draht können sie jeden Wagen wieder in Ordnung bringen.

Der Bolschewismus hat das Volk moralisch verseucht. Die russischen Mädchen sind sehr anständig und schwer zu haben.

Die Russen wollen nichts von der Religion wissen. Die Kirchen sind überfüllt.

Der Russe braucht die Peitsche. Man darf den Russen nicht schlagen, man muß streng, aber gerecht sein.

Wer hat nun Recht und wer Unrecht? Das sind nicht müßige, theoretische, sondern eminent wichtige Fragen, die für unsere ganze Aufbauarbeit im Osten von entscheidender Bedeutung sind. Denn so oder so: Wir sind auf die Einwohner des Landes und ihre Mitarbeit angewiesen." (23)

Vorstellungen wie die vom germanischen Herren- und slawischen Untermenschen sind Vegesack also fremd. Er nimmt Anteil am namenlosen Leid der Zivilbevölkerung[42] und plädiert für „väterliche Fürsorge" sowie für eine gerechte, verläßliche Behandlung auch in Kriegszeiten (31). In diesem Zusammenhang lobt er auffallend häufig Deutsche, die auf „falsch verstandenes Herrentum, das sich mit Reitpeitsche und Gebrüll Autorität zu verschaffen sucht", verzichten (31). Er formuliert Befürchtungen eines russischen Försters, ob die jetzigen Herren im Lande sich ähnlich wie die früheren verhalten könnten (52), rügt eigenmächtige Requisitionen (30) und Zwangserhebungen von Arbeitskräften (78) oder spricht sich gegen Despotie und Ausbeutung durch die Eroberer aus. In diesem Sinne legt er einem Hauptmann die Worte in den Mund:

„Für den Krieg müssen wir das Letzte herausholen; wenn wir aber für den Frieden und den wirtschaftlichen Aufbau arbeiten, dann dürfen wir das Land nicht ausbeuten, die Bevölkerung nicht auspressen. Denn auf die Mitarbeit dieser Bevölkerung sind wir angewiesen. Mit Zwang allein werden wir es nie auf die

[42] Ebd., S. 31: „Das ist oft schwer, besonders hier im Kahlfraßgebiet, wo die Not und das Elend der Leute groß ist und man ihnen nicht helfen kann und sie immer wieder vertrösten muß. Auch die stereotype Versicherung: ‚Wer arbeitet, wird nicht hungern!' kommt einem angesichts dieser fast zum Skelett abgemagerten Gestalten, die sich in Lumpen und undefinierbaren Kleidungsfetzen vor unserem Hause drängen, nicht ganz angebracht vor. Wie sollen diese verschrumpelten uralten Weiblein, diese bärtigen Zittergreise, diese ausgemergelten, ausgezehrten Mütter mit ihren schon vom Tode gezeichneten wächsernen Säuglingen auf den Armen – wie und wo sollen die arbeiten? Es wird zwar an Bedürftige etwas Getreide ausgeteilt, aber der Vorrat ist nicht groß und wird kaum bis zur nächsten Ernte reichen. Und was dann?"

> Dauer schaffen. Man kann nicht 45 Millionen Ukrainer mit der Peitsche regieren. Sie müssen es selbst einsehen, daß sie es unter uns besser haben als unter den Bolschewiken. Deshalb müssen wir ihnen ein besseres Leben verschaffen, ihnen Land geben. Nur dann werden wir sie gewinnen. Alles Erobern nützt nichts, wenn wir nicht auch die Menschen erobern. Diese größere und sehr viel schwierigere Aufgabe steht uns noch bevor." (106)

Dem entspricht die Schlußbilanz des Autors:

> „Aber auch aller Raum und alles, was wir erobern, hilft uns nichts, wenn wir nicht auch die Völker gewinnen, wenn wir nicht eine bessere und gerechte Ordnung für alle schaffen. Nur die Macht hat Bestand, die sich ihrer Verantwortung bewußt ist. Jedes Volk hat seine Schicksalsstunde, in der es sich bewähren oder untergehen muß. Ein Jahrtausend hat die Geschichte gezögert, bis sie uns zu dieser Titanen-Arbeit aufrief. Werden wir ihrem Ruf gewachsen sein? Werden wir genügend tatkräftige und charakterfeste Menschen haben, um diese ungeheure Aufgabe zu bewältigen?" (148)

Wer auch nur rudimentäre Kenntnisse des deutschen Ostfeldzugs besitzt, weiß, daß dieses scheinbar so staatskonforme Plädoyer in Wirklichkeit eine massive Kritik an der täglichen Praxis der deutschen Besatzungspolitik darstellte,[43] an der Heloten-Rolle, die Hitler diesem Gebiet künftig zugedacht hatte, allemal. Eine typische Propagandaschrift war *Soldaten hinterm Pflug* also keineswegs, eher ein Text, der sich phasenweise auch gegen den Strich lesen ließ.[44] Er enthält stets ein Mehr an Eindrücken als deren literarische Umset-

---

[43] Vegesack ging in einem geheim gebliebenen Gutachten im Auftrag von General Stapf, des damaligen Chefs des Wirtschaftsstabes Ost, sogar noch weit darüber hinaus und formulierte in einer Denkschrift über die Behandlung der Bevölkerung in den besetzten Ostgebieten Sätze wie: „Bei der Aussicht aber, die eine Gewaltherrschaft (der Bolschewiken) nur durch eine andere (die deutsche) zu vertauschen, zu einer deutschen Kolonie herabzusinken und als ‚weißer' Neger und ‚Untermenschen' für den deutschen Herrn zu schuften, war es kein Wunder, daß auch die deutschfreundlichen Elemente, die uns mit Begeisterung als Befreier begrüßt hatten, in kurzer Zeit alle Sympathien für uns verloren und wieder dem Bolschewismus zugetrieben wurden, – worüber sich ein Bolschewik schmunzelnd folgendermaßen äußerte: ‚Wir haben das russische Volk wirklich schlecht behandelt, so schlecht, daß es eine Kunst ist, es noch schlechter zu behandeln. Ihr Deutschen habt diese Kunst fertig gebracht. Auf die Dauer wählt ein Volk von zwei Tyrannen den, der seine Sprache spricht. Also werden wir den Krieg gewinnen!'" (In: *Siegfried von Vegesack*: Als Dolmetscher im Osten. Ein Erlebnisbericht aus den Jahren 1942-43. Hannover-Döhren 1965, S. 237). Vgl. auch den Text der gesamten Denkschrift S. 235-265, die mit das Schärfste darstellt, was über die Besatzerpraxis formuliert worden ist.

[44] Schon Vegesacks Versicherung, General Schubert habe ihm bei seinem Bericht über die dreijährige Erkundung der Sowjetunion völlige Freiheit gelassen, einen „wahrheitsgetreuen Erlebnisbericht" zu verfassen und „keine Propaganda" (*Vegesack*: Soldaten [wie Anm. 40], S. 8) klingt einigermaßen provokativ angesichts der Tatsache, daß Goebbels und sein Ministerium diesen Begriff schließlich positiv besetzt hatten. Ein weiteres Beispiel ist die Geschichte des „Kommandanten" eines ukrainischen Sägewerks, die sich in ihrer schockhaften Schlußpointe geradezu als Antipropaganda liest (S. 56-63), oder die Schilderung eingestandener Angst (S. 47).

zung,[45] dazu bei aller Verstrickung eine humanistische Grundhaltung und ist damit vielleicht doch nicht so meilenweit vom Geist und Niveau der *Baltischen Tragödie* von 1936 entfernt.

IV.

Gleichwohl stellt sich die Frage, was Vegesack dazu bestimmt haben mochte, sich auch nur partiell öffentlich für Hitlers Politik auszusprechen. Am einfachsten ist die Erklärung für das oben zitierte Geburtstagspoem. Es wurde von offiziellen Instanzen schlicht eingefordert bzw. angemahnt, wie wir das auch aus anderen Fällen kennen,[46] und der einzelne konnte sich einer entsprechenden Loyalitätsgeste nur schwer entziehen. Doch darüber hinaus gab es auch einen gewissen Fundus an ideellen Gemeinsamkeiten, war etwas abzurufen, was mit der spezifischen Herkunft des Autors und seinen Erlebnissen zusammenhing. Denn Vegesacks Zustimmung zu einem aus „Erniedrigung", „Ohnmacht" und „Zank" befreiten, vereinigten und um Österreich vergrößerten Deutschen Reich erwuchs seiner Idealvorstellung von Deutschland, wie sie aus baltischer Ferne durch Generationen schon früh geprägt war. Dieses Land seiner Sprache und seiner Ahnen war schließlich über Jahrhunderte hinweg geistig-politischer Bezugspunkt gewesen, darüber hinaus eine potentielle und erwünschte, Ende des Ersten Weltkriegs sogar tatsächliche Schutzmacht, die kurzzeitig vor russischen oder lettischen Bedrängungen bewahrte. Sie fungierte als spirituelle „Mutter", wie bereits die politische Mythologie im Schlußband der *Baltischen Tragödie* verheißt. Insofern brach eine Welt zusammen, als der Versailler Vertrag die Tendenz erkennen ließ, Deutschland zu einer Macht zweiten Ranges zurückzustufen, und innenpolitische Gesellschaftskämpfe das Land zudem jahrzehntelang schwächten. Die im Österreich-Anschluß kulminierende ‚Wiederauferstehung' Deutschlands hat Vegesack zweifellos begrüßt, wobei ihm besonders wichtig war, daß dies ohne militärischen Konflikt ablief.

Kurzfristig keimten in Vegesack dadurch sogar aktuelle Hoffnungen für die bedrängten Deutschen in Lettland und Estland auf, die der Hitler-Stalin-Pakt allerdings schnell zunichte machte. Werfen wir in diesem Zusammenhang einen kurzen Blick auf den 1940 beendeten Roman *Und wenn sie nicht gestorben sind ...*,[47] der die *Baltische Tragödie* fortsetzte und zeitlich bis an die damalige

---

[45] Vgl. exemplarisch z.B. die Episode vom russischen Förster in seiner patriotischen Ambivalenz (ebd., S. 50-53), die Schilderung landschaftlicher und ethnographischer Eigenheiten oder die Mond-Impression (S. 106).

[46] Vgl. den Fall Carossa. In: *Günter Scholdt*: Autoren über Hitler. Deutschsprachige Schriftsteller 1919-1945 und ihr Bild vom „Führer". Bonn 1993, S. 754 f.

[47] In: Kölnische Zeitung, Morgenblatt, Nr. 1- 41, 1.1.-10.2.1941.

Gegenwart heranführte. Er behandelt Schicksale der in ihrer Heimat verbliebenen Deutschen, die im Zuge der politischen Umwälzungen 1918/19 ihren Herrenstatus einbüßten und nun auf wesentlich verkleinerten Höfen einen harten Überlebenskampf führten. Dieser mündete nach Kriegsausbruch und deutsch-sowjetischem Arrangement in ihre endgültige Aussiedlung.

Vegesacks Erzählweise hat sich gegenüber den ersten drei Bänden kaum geändert, einschließlich seiner spezifischen Technik, politisch Unbotmäßiges perspektivisch zum Ausdruck zu bringen. Seine Haltung zur lettischen Mehrheit oder russischen Minderheit bleibt trotz gelegentlicher Mißbilligung von Schikanen der neuen Herren abwägend und versöhnlich.[48] Krieg, symbolisiert durch einen „kahlen Totenschädel am nächtlichen Himmel" (Folge 29), gilt ihm weiterhin als Katastrophe schlechthin und besser vermiedenes Schrecknis, darüber hinaus als absurde Repetition von Geschichte:

> „Damals war Krieg gewesen. Sollte es wirklich wieder dazu kommen? Sich alles wiederholen? Wie eine Schulaufgabe, die man schlecht gelernt hat und die man deshalb noch einmal machen muß?" (Folge 25)
>
> „Friede, tiefer Friede. Aurel konnte nicht an einen Krieg glauben. Der letzte stand doch noch zu frisch in der Erinnerung aller; keiner wollte den Krieg: wie sollte es dazu kommen?
>
> Aber der Patriarch war pessimistischer. Auch damals hätte kein Volk den Krieg gewollt, und dann sei man doch hineingestolpert. Heute sei es genau so. Nur stolpere man nicht, sondern marschiere sehenden Auges in das Verhängnis ..." (Folge 28)

Eine Rechtfertigung des deutschen Angriffs unterbleibt, wie der Autor generell, demonstrativ und zweifellos absichtlich[49] im Text kein Interesse für tagespolitische Umstände zeigt. Hitler z.B. oder andere weltgeschichtliche Namen kommen im Text nicht vor. Es geht vielmehr nur um privates menschliches Leid. Regimekonform sind allenfalls Verweise auf die Pflicht, die dem einzelnen angesichts der soldatischen Opfer zukäme (Folge 29, 31, 37), oder zwei England-kritische Stellen, die jedoch zugleich ihre dialektischen Widerhaken enthalten (Folge 25). Ähnliches gilt für (sicherlich historisch korrekt gezeichnete) Stimmungsbilder, nach denen es zahlreiche junge Balten begeistert ins Kampfgeschehen zog (Folge 33). Hier vermischen sich beim Autor Restsympa-

---

[48] So erscheint Dr. Spalwing z.B. als positive lettische Figur, die Ungerechtigkeiten gegenüber Deutschen nicht wünscht. Vgl. auch die Folgen 21, 33, 37.

[49] Vgl. Vegesacks Brief an den Schünemann-Verlag vom 31.1.1941 in: *Baumer*: Vegesack (wie Anm. 1), S. 108 f.: „Sie werden deshalb verstehen, warum ich meinen Roman nicht ‚politisch überbauen' kann, wie Sie es verlangen: täte ich es, dann müßte ich das sagen, was ich und die meisten Balten darüber denken, und eben dies ist unter den heutigen Verhältnissen nicht möglich. So mußte ich alles Politische auf ein Minimum beschränken, und das Rein-Menschliche um so stärker in den Vordergrund rücken. Sicher ist das ein Mangel, – aber ein Mangel, den nicht ich verschuldet habe!"

thien für jugendliches Draufgängertum mit dem Bewußtsein, wie forciert und sekundärgesteuert doch manches dabei ablief.[50]

Anfällig machten gewiß auch bestimmte Hoffnungen auf ein starkes Deutsches Reich als Anwalt deutscher Interessen im Baltikum. Die Rückkehr von Memel und dem Sudetenland zur „deutschen Mutter“ galten Vegesack bzw. einzelnen seiner Romanfiguren offenbar kurzfristig als Muster einer künftigen baltischen Lösung (Folge 19, 28). Gleichzeitig äußert sein Sprachrohr Aurel jedoch tiefe Skepsis in bezug auf solche Erwartungen. Man sei schließlich schon einmal im Stich gelassen worden (Folge 19). In diesem Sinne liest sich denn auch das Romanende mit der Darstellung der Umsiedlungsaktion über weite Strecken als flammende Anklage gegen solche Art von Bevölkerungspolitik. Zwar wird dem Ganzen auf den allerletzten Seiten noch ein halbwegs positiver Schluß abgetrotzt, doch behalten die vorangestellten Elendsschilderungen ihre Wirkung auf die Leser gleichwohl. Vegesack macht deutlich, daß man hier für die Vision einer schöneren Zukunft letztlich eine ganze Generation opferte: die der Älteren. Sie selbst verlassen denn auch ihr Land ausgesprochen widerwillig, apathisch oder bestenfalls innerlich gespalten, einzig bedacht, ihren Kindern bessere Berufschancen zu sichern. Der Elch z.B. stirbt, als das Schiff die baltische Küste verläßt. Die Tanten, der Patriarch oder der Mojahnsche gehen schon gar nicht erst mit. Andere bezweifeln den Sinn, und es handelt sich durchaus um sympathietragende Personen:

> „‚Welch ein Blödsinn!‘ meint er: ‚Ich bin doch kein Radieschen, das man hier ausrupft und dort in die Erde steckt! Und selbst ein Radieschen kann man nicht verpflanzen! Wer hier bleibt, soll kein Deutscher mehr sein! Da bin ich neugierig, was dann aus mir werden wird! Vielleicht ein Chinese?! Oder sind wir in diesen siebenhundert Jahren nicht Deutsche geblieben – deutscher vielleicht als mancher dort drinnen im Reich, weil wir immer für unser Deutschtum kämpfen mußten? ‚Heimkehr‘ – wie kann man in ein Land heimkehren, das uns keine Heimat ist? Nein hier bin ich zu Hause, und hier bleibe ich. Keine zehn Pferde bringen mich von hier fort!‘„ (Folge 32)

> „Früher dachte ich immer – nein, ich fühlte es einfach und brauchte gar nicht daran zu denken –, daß alles, was geschieht, irgendeinen Sinn hat, nach irgendeinem Plan abläuft, einer höheren Ordnung, kurz, an den lieben Gott, der keinen Spatzen vom Dach fallen läßt. Aber jetzt läßt er reichlich viele fallen, und ganz ohne jeden Sinn. Nicht das ist das Schlimme, daß wir weg müssen, sondern daß wir weg müssen und nicht wissen warum. Ich meine nicht die äußeren Gründe

[50] Folge 19; 36: „Wie verwandelt war der Junge, alle Schlaffheit, Trägheit und Entschlußlosigkeit hatte er abgestreift, über Nacht war er ein Mann geworden. Auch ihm fiel der Abschied von Blumbergshof nicht leicht, viel schwerer, als er es sich gedacht hatte. Gerade weil er viel weicher als Gotthard war, wollte er sich erst recht nichts anmerken lassen: ‚Nur keine sentimentalen Gefühle. Der Abschied ist hart, und wir selbst müssen auch hart werden!‘ erklärte er etwas betont. Als Boris aber dann wegfuhr, konnte er sich kaum beherrschen. Kreideweiß im Gesicht, mit einem merkwürdigen Zucken um den Mund, schwang er sich aufs Rad und fuhr schnell davon.“

und Hintergründe, die dazu geführt haben, die gehen mich nichts an. Von Politik begreife ich nichts und will auch nichts davon begreifen. Nein, ich meine den tieferen Sinn – das, was sich der liebe Gott dabei gedacht hat. Warum ließ er uns noch zwanzig Jahre hier zappeln, wenn wir die Heimat so wie so verlieren sollten?“[51]

Mag also letztlich im Roman auch der Sinn notdürftig darin gefunden werden, daß die 1919 Daheimgebliebenen durch ihre zwanzigjährige Plackerei immerhin eine ideelle Umwandlung von müßigen Herren- zu tatkräftigen Arbeitsmenschen erfahren hätten (Folge 40). Mag auch dem Verlust der Heimat die Hoffnung auf ein nun nicht mehr infrage gestelltes Vaterland entgegengehalten werden – Vegesacks karger an die junge Generation delegierter Schlußoptimismus[52] löscht frühere Eindrücke nicht aus. Es bleibt das weltanschauliche Skandalon, daß ausgerechnet Heimatliebe mit der praktischen Politik einer völkischen Bewegung kollidiert. Man braucht also nicht viel Phantasie, um sich die Gründe vorzustellen, die den Schünemann-Verlag davon Abstand nehmen ließen, dieses Buch 1941 zu veröffentlichen. Da Vegesack Änderungen gegenüber dem Vorabdruck in der *Kölnischen Zeitung* im Sinne der offiziellen Politik ablehnte, konnte das Werk erst 1957 in Buchform erscheinen.[53] Vegesacks briefliche Weigerung vom 31.1.1941 ließ es an Deutlichkeit nicht fehlen:

> „Eine der grundverkehrtesten Voraussetzungen Ihres Urteils ist, daß die Rückwanderung der Balten ‚als Ausdruck des geschlossenen Heim-Wollens, als Bekenntnis volksdeutschen Reichsstrebens‘ gedeutet werden müsse, da ‚dieses Thema der Nation durch die ganze Propaganda als ein erhabenes dargestellt worden sei‘. Sie schreiben: ‚Kein Mensch verlangt von Ihnen, daß Sie lügen. Aber jeder verlangt von Ihnen, daß das Große darin, das nun einmal wirklich nicht zu leugnen ist, nach Möglichkeit hervorgehoben wird.‘
>
> Ich muß Ihnen ehrlich gestehen, daß ich beim besten Willen nichts Großes darin erblicken kann, daß hunderttausend Menschen aus ihrer jahrhundertealten Heimat herausgerissen und in einem wildfremden Lande, das niemals deutsch gewesen ist, angesiedelt werden. Im Gegenteil, diese ganze sogenannte ‚Heimkehr ins Reich‘, die ja in Wirklichkeit gar keine ‚Heimkehr‘, sondern Neu-Ansiedlung in einem reichsfremden Gebiet bedeutet, empfinde ich, genauso wie die Preisgabe Südtirols, als eine aus politischen Gründen vielleicht notwendige,

---

[51] Folge 36; 39: „Wir Balten sind so furchtbar stolz auf unsere Vergangenheit, auf unsere siebenhundert Jahre, und bilden uns so viel darauf ein, als wären wir vor siebenhundert Jahren ganz allein auf der Welt dagewesen. Und was war unsere Geschichte in Wirklichkeit? Ein furchtbares Durcheinander von kleinlichen Kämpfen: der Orden gegen den Erzbischof, der Erzbischof gegen die Städte, die Städte gegen den Orden. Alle lagen sich in den Haaren, jeder zankte sich mit jedem – ein Wunder, daß die Polen, Schweden und Russen mit uns nicht fertig wurden. Nein, von diesen siebenhundert Jahren will ich nichts wissen. Aber auf die letzten zwanzig Jahre bin ich stolz. Da haben wir wirklich etwas geschaffen. Und nun ist alles umsonst gewesen.“

[52] In der letzten Folge (41), kurz vor Ankunft des Aussiedlerschiffs, regt sich das Kind in Bärbels Bauch, offenbar ein symbolischer Kontrapunkt zum sterbenden Elch.

[53] Jetzt unter dem Titel *Der letzte Akt.*

aber doch höchst unerfreuliche und sehr schmerzliche Angelegenheit, die jedenfalls kein Ruhmesblatt der deutschen Geschichte bedeutet. Im Mittelalter wurde Livland, die älteste deutsche Kolonie, vom Reich im Stich gelassen. Jetzt hat man unser Land für ein paar Silberlinge an unseren Todfeind, die Bolschewiken, verschachert und verraten, wir waren der Preis für die sogenannte ‚Russen-Freundschaft'! Und das Groteske dabei ist, daß diese Bolschewiken bis 1939 ja auch die erklärten Feinde des Nationalsozialismus waren!

Über diese beschämenden Dinge sollte man lieber schweigen als sie, – wie unsere Zeitungen es leider auf Befehl täglich tun müssen, – in etwas ‚Großes' und ‚Erhabenes' zu verfälschen: Sie ahnen nicht, wie schwer mir dieses Schweigen und Verschweigen gewesen ist, aber mir blieb ja nichts anderes übrig. Daß ich aber weiß schwarz und schwarz weiß nennen soll, wie Sie es verlangen, ist mir beim besten Willen nicht möglich ... Zeitungen können und müssen wohl auch lügen, – ein Dichter hat sich an die Wahrheit zu halten. Schwer genug ist es, sie nicht auszusprechen; aber ihr widersprechen darf er in keinem Fall. ...

Wissen Sie, wie es jetzt im Warthegau ausschaut? Es gibt kaum einen Balten, der nicht sofort, wenn nötig zu Fuß, unter Zurücklassung aller Habseligkeiten, in die alte Heimat zurückwandern würde, wenn das möglich wäre!

Auch die, die mit großer Begeisterung kamen, sind nun gründlich, durch reichsdeutsche Parteibonzen, von ihren Illusionen geheilt worden ..."[54]

Trotz solcher deutlichen Kontraposition bleibt der Umstand, daß sich für Vegesack mit Ausbruch des Zweiten Weltkriegs eine weitere Loyalitätsfalle geöffnet hatte. Durch Hitlers Anfangserfolge beeindruckt, scheint er zeitweilig an eine grundsätzliche Neuordnung Europas geglaubt zu haben. Hier mischten sich scheinbar pragmatische Einschätzungen einer dauerhaften deutschen Vorherrschaft, wie wir sie gleichzeitig etwa auch von Gerhart Hauptmann oder Robert Musil kennen,[55] mit traditionellen Denkmustern einer Kulturmission im Osten, wie sie für große Teile der baltischen Führungsspitze charakteristisch waren, falls manche verfängliche Passagen von *Soldaten hinterm Pflug* nicht einfach auf redaktionelle Eingriffe der Heereszensur zurückgingen.[56] Für Vegesack als Balten, der seit der Kindheit an weite Räume gewöhnt war und Großstädte nach Möglichkeit mied, könnten ab 1941 frühere politische Raumansprüche reaktiviert worden sein. Eine Legitimation sah er wohl nicht zuletzt darin, daß der Einfluß des Bolschewismus zurückgedrängt werden müsse. Wie bereits geschildert, gehörten die Applizierung der kommunistischen Theorie auf die baltischen Verhältnisse und der bislang unvorstellbare sowjetische Terror zu den Schockerlebnissen seiner frühen Zeit. Dieser Ideologie künftig auch mit massiver Macht entgegenzutreten, sah er als politische Aufgabe an, eine Haltung, die offenbar in dem Maße auf Verständnisverweigerung stieß, wie im Laufe der 1960er Jahre euphemistische Kommunismusklischees Eingang in das

---

[54] Zitiert nach *Baumer*: Vegesack (wie Anm. 1), S. 108 f.

[55] Vgl. *Scholdt*: Autoren über Hitler (wie Anm. 46), S. 680, 762 f.

[56] Dazu Vegesack im Rückblick, in: *Vegesack*: Als Dolmetscher (wie Anm. 43), S. 11.

Geschichtsdenken fanden. Der Verlauf des Zweiten Weltkriegs brachte es nun einmal mit sich, daß eine Diktatur nur durch die andere bekämpft werden konnte, und wir haben uns daran gewöhnt, denen politische Absolution zu erteilen, die bereits lange im Vorfeld den „Teufel Hitler“ mit dem „Beelzebub Stalin“ auszutreiben empfahlen. Vegesack hat offenbar seitenverkehrt Ähnliches gewollt oder gebilligt, und dies anfangs zu einer Zeit, als die politische Schreckensbilanz noch sehr zu ungunsten des Kommunismus ausschlug. In seinem 1952 veröffentlichten Werk *Das Weltgericht von Pisa*, einer historischen Allegorie dieser Zeit, steht der Satz:

> „Leider ist es so auf der Welt, daß das Recht allein, ohne Macht, nichts ausrichten kann. ... Deshalb sind wir gezwungen, im Kampf gegen das Böse uns des Bösen zu bedienen: wir müssen den Teufel mit dem Satan und den Tyrannen mit Hilfe der Barbaren erschlagen.“[57]

Wir wissen, daß sich diese politische Strategie als illusionär und fatal erwiesen hat. Aber wir sollten einem Autor zumindest ein Teil jenes Verständnisses entgegenbringen, das im umgekehrten Fall weitgehend selbstverständlich ist, zumal Vegesack stets nur einem politischen System, nie aber einer Bevölkerung den Kampf angesagt hat. Aber fraglos zeigt sich in seiner Weltsicht auch, so humanitär sie im einzelnen auch fundiert sein mochte, ein gewisses Maß jener Befangenheit, die Deutschlands Eliten in dieser Zeit generell eignete. Und auch darin steckt, vom Intellektuellen wie vom Moralischen her, leider ein Gutteil von baltischer Tragödie.

---

[57] *Siegfried von Vegesack*: Das Weltgericht von Pisa. Heilbronn 1962, S. 99.

Auseinandersetzungen um Diktatur und Emigration

Frank Thiess im Romanwerk und im öffentlichen Disput

Von *Louis Ferdinand Helbig*

Die Auseinandersetzungen, von denen hier die Rede sein soll, haben nicht erst nach 1945 begonnen. Ihre Ursachen gehen auf die Zeit unmittelbar nach 1933 zurück; einige haben Wurzeln, die bis in die 1920er Jahre reichen. Der Bogen, der zu spannen ist, erstreckt sich vom Roman *Der Leibhaftige*, den Frank Thiess im Jahr 1924 beendete, bis zu seinem Rechenschaftsbericht *Jahre des Unheils*, der im Jahr 1972 erschien. Ein halbes Jahrhundert im Leben und Schaffen zwischen Anerkennung und Schmähung eines bedeutenden Schriftstellers ist also das Thema, ein Vorhaben, das nach einer Neubetrachtung der sogenannten „großen Kontroverse" gleich nach 1945 über die „Innere Emigration" (I) anhand der folgenden Werke und Schriften von Frank Thiess wenigstens in Umrissen geschehen soll: am Beispiel des schon genannten, noch vor 1933 erschienenen Romans *Der Leibhaftige* (II), des Romans *Tsushima* (1936) aus der Zeit unmittelbar vor dem Krieg (III) und seines 1941, also während des Krieges veröffentlichten Romans *Das Reich der Dämonen* (IV); abschließend soll eine Neubewertung der Freundschaft von Frank Thiess und Hermann Broch unternommen werden (V). Literaturgeschichtlich geht es um fünfzig Jahre Vorkriegs-, Kriegs- und Nachkriegszeit: um ein halbes Jahrhundert von der Inflation über das Vorspiel der intellektuellen Emigration bis hin zu Flucht, Vertreibung und Rückkehr in die beiden Rest-Deutschlands derjenigen Opfer, die – anders als Frank Thiess – wieder heimkehren konnten, sofern sie dies wollten; denn Thiess, aus dem Baltikum stammend und weder Vertriebener noch Exilierter, hätte diese Freiheit nicht gehabt.[1]

[1] Geboren am 13. März 1890 in Eluisenstein bei Uexkül l/ Livland, kam Frank Thiess bereits als Dreijähriger nach Deutschland; er starb am 22. Dezember 1977 in Darmstadt. – Es gilt die Schreibweise „Thiess", ausgenommen bei Zitaten, die „Thieß" verwenden.

I. Die „große Kontroverse“

Nach 1945 sahen viele der in der Emigration verbliebenen wie der zurückgekehrten Exilautoren einen Ansatzpunkt für die Beurteilung – oft: Verurteilung – von Autoren der Inneren Emigration in deren Mitgliedschaft oder Mitwirkung an der gleichgeschalteten „Preußischen Akademie der Künste“, insbesondere der „Reichsschrifttumskammer“. Einige in Deutschland gebliebene Schriftsteller – Ernst Jünger und Hans Carossa sind Beispiele – hatten eine Mitgliedschaft grundsätzlich abgelehnt oder waren, wie Ricarda Huch, unter Protest ausgetreten; andere – ob Frank Thiess einer von ihnen war oder nicht, ist bisher unklar – gehörten im Oktober 1933 zu den achtundachtzig Unterzeichnern eines „Treuegelöbnisses“, das „ein aktives Eintreten für den ‚Wiederaufbau des Reiches‘“ zum Inhalt hatte. Die von Joseph Wulf veröffentlichte Liste enthält seinen Namen nicht.[2] Fest steht indes, daß neben Gottfried Benn und Rudolf G. Binding auch Oskar Loerke, Ina Seidel und Walter von Molo ihre Unterschrift leisteten.[3]

Gleichgültig, wie sich Thiess verhalten hatte – in der späteren Kontroverse schien zumindest Thomas Mann davon auszugehen, daß Thiess zu jenen zu rechnen sei, die mit der „Reichsschrifttumskammer“ kooperiert, und nicht zu denen, die als Kritiker oder gar als Gegner des Regimes gewirkt hatten. Seine Unkenntnis bzw. sein Mißverständnis war einer der Gründe, weshalb Thiess im Verlauf der Kontroverse immer heftiger angegriffen wurde. Zum Höhepunkt dieser durch Walter von Molo eingeleiteten, aber hauptsächlich von Frank Thiess geführten Auseinandersetzung zwischen inneren und äußeren Emigranten kam es vor allem deshalb, weil letztere gewissermaßen Recht behalten hatten im Hinblick auf das Schicksal Deutschlands unter dem Nationalsozialismus. Es war – wie so oft im Leben –, daß für den Spott nicht zu sorgen brauchte, wer den Schaden erlitten hatte. Die Frage war nur, wer auf längere Sicht den größeren Schaden davonzutragen hatte: die daheimgebliebenen oder die exilierten Literaturschaffenden.

Die Kontroverse hätte man abschwächen oder ganz vermeiden können, wäre man davon ausgegangen, daß Vieles weniger auf äußere Gegebenheiten, etwa auf Zensurmaßnahmen des Regimes, als auf das persönliche Schicksal, beispielsweise schriftstellerischen Erfolg oder finanzielle Unabhängigkeit, ankam. Statt dessen begingen beide Seiten den Fehler, die jeweils schlimmsten Leidensfälle zu verallgemeinern: die Emigranten, die, aus ihrer Sprachheimat gerissen, den Selbstmord wählten (etwa Stefan Zweig oder Karl Wolfskehl); die inneren Emigranten, die zeitweise oder ganz zum Schweigen verdammt wurden

[2] Joseph Wulf (Hrsg.): Literatur und Dichtung im Dritten Reich. Reinbek 1963, S. 112 f.
[3] *Ralf Schnell*: Literarische Innere Emigration 1933-1945. Stuttgart 1976, S. 26.

(etwa Rudolf Alexander Schröder, Werner Bergengruen oder Erich Kästner) oder die, wie Ernst Wiechert, Kompromisse mit den NS-Behörden eingingen oder aber, wie Frank Thiess, solche Kompromisse vermieden oder ablehnten. Jegliches Pauschalurteil über das Verhalten der Autoren mußte daher das Bild verzerren.

Eines indes ist sicher: niemand, und ganz gewiß nicht Frank Thiess, zweifelte an der moralischen Integrität Thomas Manns, und eben aus diesem Grunde mußte es nicht nur Thiess, sondern viele andere inneren Emigranten wundern, daß gerade Thomas Mann sich in seinen Radiobotschaften aus dem Ausland dazu veranlaßt fühlte, so gut wie nie seinem Bedauern über die Leiden der deutschen Zivilbevölkerung, dagegen immer wieder seinem Urteil Ausdruck zu verleihen, den Deutschen sei grundsätzlich eine kollektive Mitschuld am NS-Regime anzulasten.[4] Thomas Manns Tagebuch, besonders der Jahre 1943 bis 1945, das Thiess allerdings nicht kannte, gibt darüber Aufschluß.

Man wird heute sagen dürfen, daß Thomas Mann und andere, vor allem Nichtliteraten, am Verbreiten der Behauptung nicht unbeteiligt waren, alle im Lande Gebliebenen seien automatisch auch Mitschuldige, und dies ohne Rücksicht darauf, was deren tatsächliche Rolle von 1933 bis 1945 gewesen war. Nicht der Grundsatz, im Zweifelsfalle zu Gunsten des Angeklagten („in dubio pro reo“) zu entscheiden, galt, sondern selbst auf zweifelsfrei („sine dubio“) erwiesene Unschuld folgte häufig ein Urteil gegen den Angeklagten („contra reum“). In gewissem Sinne war dies im Falle von Frank Thiess geschehen, denn auch er wurde nach 1945 für mitschuldig gefunden, nicht nur, aber doch hauptsächlich als Folge der „großen Kontroverse“, die von Anfang an mit seinem Namen verbunden wurde. Wie war es zu dieser Kontroverse gekommen?

Zunächst darf nicht unterschätzt werden, daß Thomas Mann es war, der jahrelang durch seine über amerikanische und englische Radiosender vermittelten Botschaften an das deutsche Volk – er selbst spricht von einem „halbhundert“[5] – meinungsbildend eingewirkt hatte. Diesbezügliche Rezeptionsuntersuchungen müßten herangezogen werden, doch genügt hier, auf seine Sendung vom 8. Mai 1945, aufgenommen in Santa Monica (Kalifornien), hinzuweisen, worin er verlauten ließ, daß nun Deutschlands „Schmach vor den Augen der Welt“ offen sichtbar sei: „ ... alles Deutsche, alles, was deutsch spricht, deutsch schreibt, auf deutsch gelebt hat, ist von dieser entehrenden Bloßstellung mitbetroffen,“ und

---

[4] Schon *Herbert Wiesner* hat in seinem Aufsatz „Innere Emigration. Die innerdeutsche Literatur im Widerstand 1933-1945“ auf die Hauptrolle des Schuldproblems in der Kontroverse hingewiesen. In: Hermann Kunisch (Hrsg.): Handbuch der deutschen Gegenwartsliteratur. 2., verbesserte und erweiterte Aufllage München 1970, Bd. 2, S. 383-408.

[5] *Thomas Mann*: „Warum ich nicht zurückkehre!“ In: Die große Kontroverse. Ein Briefwechsel um Deutschland. Hrsg. und bearb. von J.F.G. Grosser. Hamburg / Genf / Paris 1963, S. 27-36; hier: S. 33.

dies war – niemand wird das bezweifeln – das „Dritte Reich“ gewesen: „Das Recht erstickt und die Wahrheit; die Lüge führte das Wort ganz allein; die Freiheit zertrampelt; der Charakter, jede Anständigkeit zermalmt und eine Korruption von oben bis unten, die zum Himmel stank; die Menschen, gedrillt von Kind auf in einem lästerlichen Wahn von Rassensuperiorität, Erwähltheit und Recht auf Gewalt, erzogen zu nichts als Begehrlichkeit, Raub und Plünderung; das war der Nationalsozialismus, und das soll deutsch, soll die der deutschen Natur einzig angemessene Verfassung sein!“[6]

Soweit Manns rhetorische Frage. „Nein“, mag Frank Thiess gedacht haben, als er sie vernahm. Da hatte es noch andere Deutsche gegeben, und wenn schon kein ‚anderes Deutschland‘, dann doch eine literarische Innere Emigration.

Ähnlich dachte Walter von Molo, dessen „offener Brief“ an Thomas Mann am 13. August 1945 in der *Münchner Zeitung* erschien. Er enthielt im wesentlichen eine dringende Bitte an Thomas Mann, er möge nach Deutschland zurückkommen und sich das Elend ansehen, das „Haß, Brutalität und Verbrechen“ angerichtet haben: „Ihr Volk“, schrieb er, „das nunmehr seit einem Dritteljahrhundert hungert und leidet, hat im innersten Kern nichts gemein mit den Missetaten und Verbrechen, den schmachvollen Greueln und Lügen, den furchtbaren Verirrungen Kranker ... Kommen sie bald wie ein guter Arzt ... Kommen Sie bald zu Rat und Tat.“[7] Dieser Brief ist der eigentliche Anlaß der nun folgenden „großen Kontroverse“. Sie erreichte ihren öffentlichen Höhepunkt durch den wenige Tage später, am 18. August, ebenfalls in der *Münchner Zeitung* erschienenen Aufsatz „Die Innere Emigration“ von Frank Thiess. Darin stand zu lesen, daß er oft gefragt worden sei, weshalb er selbst nicht die Emigration gewählt habe. Seine Antwort sei stets gewesen, daß er im Falle seines Überlebens dieser schauerlichen Epoche „reicher an Wissen und Erleben daraus hervorginge“, als wenn er – und dies war ohne Frage eine Spitze gegen die äußere Emigration – „aus den Logen und Parterreplätzen des Auslands der deutschen Tragödie zuschaute“. Thiess fuhr fort: „Es ist nun einmal zweierlei, ob ich den Brand meines Hauses selbst erlebe oder ihn in der Wochenschau sehe, ob ich selbst hungere oder vom Hunger in den Zeitungen lese, ob ich den Bombenhagel auf deutsche Städte lebend überstehe oder mir davon berichten lasse, ob ich den beispiellosen Absturz eines verirrten Volkes unmittelbar an hundert Einzelfällen feststellen oder nur als historische Tatsache registrieren kann.“[8] Trotzdem, so betonte Thiess, sehe er „Zeichen einer tiefen inneren Verbundenheit zwischen beiden Emigrantenlagern“ – was er aus der Sicht der Exilautoren nicht hätte schreiben dürfen, noch weniger den folgenden Satz: Er

[6] *Thomas Mann*: Radioansprache vom 8. Mai 1945. In: Ebd., S. 13-15.
[7] Walter von Molo an Thomas Mann. In: Die große Kontroverse (wie Anm. 5), S. 18-21.
[8] *Frank Thiess*: Die Innere Emigration. In: Ebd., S. 22-26; hier: S. 24.

erwarte deshalb „dafür keine Belohnung, daß wir Deutschland nicht verließen. Es war für uns natürlich, daß wir bei ihm blieben. Aber es würde uns sehr unnatürlich erscheinen, wenn die Söhne, welche um es so ehrlich und tief gelitten haben wie ein Thomas Mann, heute nicht den Weg zu ihm fänden und erst einmal abwarten wollten, ob sein Elend zum Tode oder zu neuem Leben führt."[9] Damit war die Kontroverse an ihrem Höhepunkt angelangt.

Wie bekannt, lehnte Thomas Mann das Ansinnen, nach Deutschland zurückzukehren, mit aller Entschiedenheit ab. „Warum ich nicht zurückkehre!" heißt seine Replik auf die Aufforderung, die Walter von Molo, Frank Thiess, dazu mehrere andere Autoren und Kritiker an ihn richteten. Sie erschien am 12. Oktober 1945 zuerst im *Augsburger Anzeiger*, dann in einer großen Zahl von Zeitungen des In- und Auslandes. Er hätte keineswegs vergessen, schrieb Thomas Mann an die Adresse der inneren Emigranten, „daß Sie später viel Schlimmeres durchgemacht haben, dem ich entging. Aber das haben Sie nicht gekannt: das Herzasthma des Exils, die Entwurzelung, die nervösen Schrecken der Heimatlosigkeit."[10] Nein, wird man zugeben müssen: die Erfahrungen und die Leiden der einen wie der anderen Emigranten ließen sich nur bedingt vergleichen; indes waren sie sich durchaus ähnlich. Kam es jedoch allein auf die Vergleichbarkeit an? Thomas Mann sah einen eklatanten Unterschied, wenn er betonte: „Fern sei mir Selbstgerechtigkeit. Wir draußen hatten gut tugendhaft sein und Hitler die Meinung sagen. Ich hebe keinen Stein auf, gegen niemanden."[11] Damit deutet er an, daß es seiner Meinung nach Frank Thiess war, der den ersten Stein aufgehoben hatte, weniger wohl Walter von Molo. Freilich kann man daran die Frage knüpfen, ob er, Thomas Mann, dann nicht doch einen zweiten Stein aufhob, indem er sein Versprechen vergaß. Zunächst aber ist zu fragen, ob Thomas Mann denn alle Werke kannte, die zur Zeit des NS-Regimes erschienen waren – etwa Ernst Jüngers *Auf den Marmor-Klippen* aus dem Jahr 1939 oder Frank Thiess' *Das Reich der Dämonen* aus dem Jahr 1941? Er habe manche dieser Bücher – genau: welche Bücher? – „nicht gern gesehen und bald wieder weggestellt", sagte er. Darauf folgte sein Verdikt: „Es mag Aberglaube sein, aber in meinen Augen sind Bücher, die von 1933 bis 1945 in Deutschland überhaupt gedruckt werden konnten, weniger als wertlos und nicht gut in die Hand zu nehmen. Ein Geruch von Blut und Schande haftet ihnen an. Sie sollten alle eingestampft werden."[12]

Bücher einstampfen, Bücher verbrennen – es ist vorstellbar, daß sich viele innere Emigranten durch solche Gedankenverbindungen nicht eben an humane Praktiken erinnert fühlten, weil auch sie deren Opfer wurden, eben an jene nati-

[9] Ebd., S. 25.
[10] Ebd., S. 28.
[11] Ebd., S. 30.
[12] Ebd., S. 31.

onalsozialistischen Maßnahmen, die Thomas Mann zu Recht gegeißelt hatte und worin er sich doch in vollem Einverständnis mit den allermeisten anderen Autoren wissen mußte. Immerhin sind die Thiess'schen Romane *Die Verdammten* (1921) und *Frauenraub* (1927) am 10. Mai 1933 verbrannt, *Johanna und Esther* zweimal verboten und dann nicht wieder aufgelegt, der Erzählband *Geschichte eines unruhigen Sommers* (1932) und zeitweilig der Roman *Das Reich der Dämonen* (1941) verboten worden. Thiess durfte sich in dieser Beziehung durchaus als Opfer der NS-Kulturpolitik verstehen. Überdenken müßte man auf jeden Fall die Behauptung, er habe den Begriff „Innere Emigration" – so Ralf Schnell – „in einer rüden Polemik gegen Thomas Mann" bzw. „in einer kaum verhüllten Schmährede auf die Exilierten" selbst in Mißkredit gebracht.[13]

Eine Polemik, zumal eine literarische, hat stets mehrere Kontrahenten und kann nicht anders verlaufen als kontrovers. Wenn Thomas Mann, wie er selbst sagt, „die Theorie von den beiden Deutschland, einem guten und einem bösen",[14] ablehnte, so hätte er selbst die von 1933 bis 1945 in Deutschland veröffentlichte Literatur nicht pauschal als „einzustampfen" abstempeln dürfen, und die inneren Emigranten hätten gut getan, den folgenden wahrhaft zutreffenden, aber bis heute immer noch nicht anerkannten Satz Thomas Manns mit Genugtuung aufzunehmen: „Man höre doch auf, vom Ende der deutschen Geschichte zu reden! Deutschland ist nicht identisch mit der kurzen und finsteren geschichtlichen Episode, die Hitlers Namen trägt."[15]

Leider verging kein Vierteljahr, bis Thomas Mann diesen Satz wieder zurückzunehmen schien; denn in seiner Neujahrsansprache über die Sender der BBC fragte er, wie es möglich war, daß „ein hochstehendes 70-Millionen-Volk" nicht anders konnte, als „ein Regime blutiger Halunken zu ertragen, das ihm in tiefster Seele zuwider ist, daß es einen Krieg führte, den es als wahren Wahnsinn erkannte" und trotzdem „seine ganze Kraft" daran setzte, „diesem Regime zum Siege und damit zur ewigen Fortdauer zu verhelfen". Frank Thiess, sagte er weiter, habe ihm klar gemacht, daß alles so kommen mußte, daß niemand auf die inneren Emigranten gehört habe, und daß „das entmenschte Tun der Nazis" nun auf Deutschland zurückschlage. Man könne jetzt – er meinte: jetzt, da Flucht und Vertreibung der Ostdeutschen in vollem Gange waren – nur mit Erbarmen in dem, „was Deutschen von Russen, Polen und Tschechen" an Haß entgegen komme, nichts anderes sehen als „die mechanische und unvermeidliche Reaktion auf Untaten, die ein Volk als Ganzes übt, bei der es leider nicht nach individueller Gerechtigkeit, nicht nach Schuld und

---

[13] *Schnell*: Innere Emigration (wie Anm. 3), S. 4 und in seiner eigenen Anm. 3, S. 169.
[14] *Mann*: Warum ich nicht zurückkehre! (wie Anm. 5), S. 34.
[15] Ebd.

Unschuld des einzelnen geht."[16] So wahr das historisch sein mochte, einen Dank für Thomas Manns Mangel an Mitgefühl haben mindestens die Heimatvertriebenen angesichts seiner Botschaft sicherlich nicht empfinden können.

Auch Frank Thiess konnte das nicht, der vom Norddeutschen Rundfunk aufgefordert wurde, eine Stellungnahme zu Manns Botschaft zu verfassen. Thiess betonte darin zunächst, daß er zu den Bewunderern Manns gehöre, daß er jedoch gegen dessen „Noch-in-die-Wunden-Schießen" eintreten müsse. Thomas Mann lasse jede Spur von Noblesse vermissen, würde über die inneren Emigranten spotten und „verächtlich von der ihm noch ganz schleierhaften neudeutschen geistigen Bewegung" sprechen, die sich zu regen beginne.[17] Eine Annäherung der Standpunkte konnte unter diesen Umständen nicht stattfinden, zumal sich auch der „Kulturbund zur demokratischen Erneuerung Deutschlands" durch Johannes R. Becher und die in New York erscheinende Zeitschrift *Der Aufbau* in die Kontroverse einmischten.

Aus der Distanz der Jahrzehnte scheint die Polemik unnötig, ja unverständlich – wollten doch alle Beteiligten im Grunde das Gleiche: ein neues, demokratisches deutsches Geistesleben und eine humanistische Literatur. Schon weniger polemisch liest sich der mit „E.H.V." signierte Beitrag in *Kindlers Neuem Literaturlexikon*. Dort steht über Thiess zu lesen: „Der Autor hatte sich nach anfänglicher Sympathie mit dem Nationalsozialismus zunehmend in die ‚innere Emigration' zurückgezogen und diese Haltung nach 1945 gegenüber Thomas Mann in einer grundsätzlichen und aufsehenerregenden Kontroverse als die letztlich verdienstvollere behauptet."[18] Zwar hatte Thiess nur gesagt, die inneren Emigranten würden „keine Belohnung" dafür erwarten, daß sie Deutschland nicht verlassen hatten; auf dem Höhepunkt der Polemik mußte das aber so klingen, als ob die Innere Emigration damit zugleich eine höhere moralische Rechtfertigung für sich in Anspruch nehmen wolle. Jenseits aller Polemik wollte Thiess sicherlich nur feststellen, daß die inneren Emigranten infolge ihres Verhaltens nicht automatisch Lumpen waren, und daß auch der Entschluß, nicht ins Ausland zu gehen, von Fall zu Fall ein gewisses Verdienst bedeuten konnte. Gerade das aber mußte Thomas Mann nach Lage der Dinge grundsätzlich ablehnen, und so ergab sich über die Anklage einer Kollektivschuld hinaus eine zusätzliche, ebenfalls schwerwiegende Ursache der Kontroverse, die diese weiter schwelen ließ. Heute, ein halbes Jahrhundert später, erlaubt der zeitliche Abstand, ja fordert er sogar eine Neubetrachtung dieser Fragen, sei es durch umfassendere Quellenstudien, sei es – wie im Folgenden – durch exemplari-

---

[16] *Thomas Mann*: Wo ist Deutschland? In: Die große Kontroverse (wie Anm. 5), S. 76-80; hier: S. 78 f.

[17] *Frank Thiess*: Radiobotschaft. In: Ebd., S. 81-87; hier: S. 81 und 84 f.

[18] Frank Thiess. In: Kindlers Neues Literaturlexikon, Bd. 16. Studienausgabe. München 1988, S. 499.

sches Hinzuziehen des literarischen Werkes von Frank Thiess aus der Zeit der 1920er wie auch der 1940er Jahre, sei es durch eine Neuerarbeitung aller Briefe, Zeitungsartikel und anderer Dokumente.

II. Die 1920er Jahre: „Der Leibhaftige"

Die geschilderte Kontroverse wäre sicherlich anders verlaufen, hätte man den Thiess'schen Roman *Der Leibhaftige* (1924), und nicht erst seine während des NS-Regimes geschriebenen Werke, in die Nachkriegsdispute einbezogen, stets vorausgesetzt, den Exilierten waren Werke der Nichtexilierten, darunter eben dieser Roman, noch – oder überhaupt – gegenwärtig. Man könnte gewiß nicht einfach behaupten, Thiess habe vor 1933 ‚präfaschistisch' geschrieben, jedenfalls nicht ohne den nötigen Nachweis. Nachzuprüfen wäre dann schon die Aussage von Ernst Loewy, der in seiner Studie *Literatur unter dem Hakenkreuz* unterstellt, Thiess habe sich 1933 beeilt, „dem neuen Regime seine Aufwartung zu machen, indem er den Roman *Der Leibhaftige* mit einem Vorwort versah, das ihn den Machthabern empfehlen sollte."[19] Loewy zitiert aus dem genannten Vorwort, das Thiess in der Tat der 1933 erschienenen, von ihm durchgesehenen Neuausgabe voranstellte, eine zunächst frappierende Passage, die jedoch in einem merkwürdigen, jedenfalls aufschlußreichen Widerspruch zum Romantext steht. Einerseits enthält das Vorwort Stellen, die vom „neuen deutschen Menschen" und von der „Verwandlung und Erziehung des Menschen" handeln, für Thiess – so heißt es tatsächlich – „jener wichtigere, ja wichtigste Teil einer Revolution, von dem Hitler in richtiger Erkenntnis der wirklichen und verborgenen Gefahren, die dem Dritten Reiche drohen, gesprochen hat" – der Teil, der nun zu verwirklichen sei. Andererseits, und dies klingt schon anders, würde in dem Roman „dem Leser mit dem Gesicht seiner Zeit das Gesicht des sie beherrschenden Geistes vorgestellt", damit man begreifen lerne, „daß die in ihm verspotteten Ideale des gewinnsüchtigen Eigennutzes und der elastischen Vernunft, diese ganze Knetgummimoral des lächelnden Je-nachdem, eines Tages wirklich zum Teufel gejagt werden könnten."[20] Diese Sätze sind einmal widersprüchlich, weil sich Thiess darin – vielleicht absichtlich – gefährlich nahe an die Sprache und Ideologie des Regimes heranbewegte, was in der Tat nur bedeuten konnte, daß er die Veröffentlichung des Romans sichern wollte; und zum anderen, indem er – wenn auch versteckt – trotzdem eine kritische

[19] *Ernst Loewy*: Literatur unter dem Hakenkreuz. Das Dritte Reich und seine Dichtung. Eine Dokumentation. Frankfurt a.M. 1966. Zitiert nach der Taschenbuchausgabe der Fischer Bücherei 1969, S. 311.

[20] Ebd., S. 184; zitiert nach *Frank Thiess*: Der Leibhaftige. Neue, vom Dichter durchgesehene Sonderausgabe. Berlin / Wien / Leipzig 1933.

Haltung gegenüber der NS-Lehre erkennen ließ. Nicht nur den kommerziellen Eigennutz während der 1920er Jahre, sondern auch politische Strömungen und – übergreifend – die von ihm so genannte „Je-nachdem"-Moral mochte er „zum Teufel", zum „Leibhaftigen" befördert sehen. Aus heutiger Sicht will es fast scheinen, als blicke er damit schon in eine Zeit nach dem Nationalsozialismus.

Zugegeben, Thiess befand sich mit solchen Sätzen auf einer Gratwanderung, solange jedenfalls, bis das Vorwort eine andere, schwieriger nachweisbare, nämlich kritische Dimension gewann. Er schrieb – wohlgemerkt 1933 – : „Was die Empörung anging, in der man in bestimmten Kreisen und in einer bestimmten Presse [d.h. der NS-Presse] diesen allem Anschein nach obendrein antisemitischen Roman aufnahm, so hatte man Recht." Damit sagte er wiederum zweierlei: einmal, daß *Der Leibhaftige* nicht tatsächlich diese Tendenz verkörpere, sondern daß es den NS-Kulturfunktionären nur so schien, weil sie es so sehen und die positiven jüdischen Gestalten nicht als solche erkennen wollten; zum anderen, daß sie den Widerspruch zwischen Vorwort und Roman wie zwischen dem Verhalten des Romanhelden, Caspar Müller, und den teilweise positiven jüdischen Gestalten nicht zu deuten vermochten. Die Zensur mißverstand den Roman insgesamt als antisemitisch und verkannte damit auch Frank Thiess, denn seine Werke wie sein Verhalten gegenüber Jüdischem und vor allem jüdischen Kollegen bewiesen das Gegenteil.

Als eine kritische Milieuschilderung mußte *Der Leibhaftige* neben politischen und wirtschaftlichen Entwicklungen auch das Problem des Antisemitismus behandeln, zumal die Handlung in Berlin spielte. Dazu gehörten positive und negative Züge aller an der Handlung beteiligten Gestalten, auch der jeweiligen, für diese Großstadt typischen beruflichen wie ethnischen Gruppen. „Ja, Caspar ist ein Deutscher", hieß es, der nicht deshalb, weil er „den Juden nachlief", wie Thiess dem antisemitisch gefärbten Sprachgebrauch entsprechend formulierte, auf die schiefe Bahn geriet, sondern der sich von allerlei großstädtischen Versuchungen verführen ließ, von Geld, Sexualität und Rauschzuständen aller Art. Caspar erschien geradezu als Gegentyp des sich herausbildenden ‚völkischen', später NS-ideologischen Menschenbildes, nicht bloß weil er am Ende für einen mysteriösen Auftraggeber gleich neun junge deutsche Frauen nach Amerika überführte. Auch das mag ein Grund dafür gewesen sein, weshalb sich Thiess durch ein „allem Anschein nach" systemkonformes Vorwort und deshalb notwendigerweise zweideutig zu einem Eingeständnis nicht näher erklärter moralischer Vergehen und zur 1933 angebrochenen ‚neuen Zeit' bekennen mußte. Einer Gestalt wie Caspar gegenüber solle man nicht „sich selbst verleugnend rufen ‚ich kenne den Menschen nicht!' Haben wir endlich den Mut, unsere Sünden zu bekennen, so wie wir nun den Mut gefunden haben, mit ausgekehrtem Herzen in ein neues Zeitalter aufzubrechen!"[21] Wessen neue Zeit gemeint war, die der vorerst siegreichen ‚Bewegung' oder die echter Humanitas, blieb dem Text nach offen.

Zu den Sünden, die einzugestehen waren, könnten auch diese gehören: daß Caspar Müller als ‚der Deutsche' sich schwach verhält, während der Aufstieg der NS-Bewegung mit ihrer ‚völkischen' Lehre stattfindet. Nicht Kritik an einer bestimmten Person oder einer bestimmten Rasse übte Thiess, sondern Zeitkritik. Treffend ist deshalb der Befund Loewys, der den Roman *Der Leibhaftige* gesellschaftskritisch nennt. Verharrt man bei einem Vergleich zwischen dem Roman von 1924 und dem Vorwort von 1933, so bleibt die Zweideutigkeit der Thiess'schen Aussage bestehen; geht man indes darüber hinaus, so ist zuerst zu klären, ob er beispielsweise die Gestalt des Samuel Ris positiv darstellte, um Caspar Müller als schwächliches Opfer inflationsbedingter Zeitumstände erscheinen zu lassen, oder – dies wäre im Sinne der NS-Stereotypik – ob Caspar durch jüdischen Einfluß zu dem wurde, was er offensichtlich literarisch darstellt: das negative Bild eines jungen Deutschen der 1920er Jahre. Zwei Romanszenen verdeutlichen, daß Thiess mit der bewußten Stereotypik nichts im Schilde führte, sondern sich gegensätzlich zu dieser verhielt. Im übrigen ließe sich leicht zeigen, wie andere jüdische Gestalten des Romans, die weniger positiv erscheinen als Samuel Ris, diesen Eindruck eher noch verstärken.

In der ersten Szene – sie spielt in einem Café – sieht sich Samuel Ris zu folgender Analyse veranlaßt: „Die richtige Atmosphäre der Phantastik unserer Zeit. Nichts fehlt: Schlechte Musik, Operettenschlager, gespenstische Kellner, Kokotten, Gäste, die stumm vor ihrem Bier sitzen, im Kaffee rühren, lüstern nach den Weibern schauen. Es sind keine Menschen, sondern Larven der Menschheit. Der Teufel hat sich den Spaß gemacht, ihnen Gesichter zu borgen. Er wird sich eines Tages den Spaß machen, ihnen die Gesichter wieder zu nehmen und statt dessen flache Holzbretter, verschlungene Initialen, Patronenhülsen, Maschinenteile auf die Hälse zu setzen. Oder auch gar nichts von allem. Nichts mehr. Sie werden keine Köpfe haben und genau so weiterleben."[22] Man braucht nur an Bilder von George Grosz oder Otto Dix zu denken, um zu erkennen, daß Thiess hier ein literarisches Bild liefert, das mindestens ebenso treffend ist. Darüber hinaus wird man Thiess im Blick auf das Beispiel des ‚kopflosen Weiterlebens' einen hohen Grad an Prophetie nicht absprechen können. Keinesfalls unterstützte er damit einen wie immer gearteten Antisemitismus.

Die zweite Szene spielt in einem Berliner Mietshaus. Zwar wird Caspar Müller darin von Samuel Ris aufgefordert, statt „Traditionsmoral" eine „verstellba-

[21] Ebd., S. 185.
[22] *Frank Thiess*: Der Leibhaftige. Stuttgart 1924, S. 469 f.

re Je-nachdem-Moral" zu leben und seinen bürgerlichen Haushalt in einen unbürgerlichen umzugestalten. Doch wichtiger ist Ris' Frage, ob er den Typus erkenne, „der uns not tut". Als Caspar verneint, sagt Ris: „Ja, Sie sind ein echter Deutscher. Lernen Sie erst einmal sich aus Ihrem moralischen Schlammassel selber heraushelfen, dann werden Sie der Anfang einer besseren Generation sein." Und welche Antwort er, Ris, denn habe, fragt Caspar, der nicht verstehen kann, weshalb Ris seine Talente nicht außerhalb des Mietshauses – gemeint ist wohl, prophetisch von Seiten Thiess', außerhalb Deutschlands, im Exil – verwenden wolle. Samuel Ris antwortet: „Weil ich warten muß, bis der Deutsche seine Form gefunden hat." Darauf Caspar Müller: „Was heißt das nun wieder?" Samuel Ris wiederum: „Bis er begriffen hat, daß es sinnlos ist, einen Volksgenossen andern Bluts zu hassen. Daß sein Haß gegen den Juden ein Dolchstich in die eigene Brust ist."[23] Im Vergleich mit dem Roman hat sich das Vorwort aus dem Jahr 1933 als Vorform der „Technik der historischen Camouflage"[24] erwiesen, die Thiess im *Reich der Dämonen* weiter entwickeln wird.

Allein der Satz vom „Dolchstich in die eigene Brust" dürfte als Beweis für eben jene nicht regimekonforme oder gar rassistische, sondern im besten Sinne humane Haltung gelten, die Thomas Mann in Frank Thiess und den inneren Emigranten nicht erkennen will und ihnen abzusprechen versucht. Man kann nur bedauern, daß sich ein Fehlurteil wie dieses – bei einer Reihe anderer Autoren ist es allerdings ein berechtigtes Urteil – bis in unsere Tage fortpflanzt und beispielsweise in der linksgerichteten, inzwischen weitgehend überholten *Sozialgeschichte der deutschen Literatur* (1981) zu finden ist. Dort heißt es über Thiess, er polemisiere bloß, übertreibe also – während Thomas Manns Aussage als „Verdikt", als gültiges Urteil bezeichnet wird.[25]

III. Geschichte und Literatur: „Tsushima. Der Roman eines Seekrieges"

Das Buch *Tsushima* sei vielfach als „Roman" mißverstanden worden, läßt Thiess seine Leserschaft im Vorwort zur Nachkriegsausgabe wissen; nicht er, sondern „die Geschichte selber" habe diesen Roman geschrieben. Kein Chro-

---

[23] Ebd., S. 490 f.

[24] *Ralf Schnell*: Innere Emigration. In: Literatur Lexikon. Hrsg. von Walther Killy. Bd. 13. Gütersloh / München 1992, S. 436-438.

[25] *Peter Zimmermann*: Literatur der „Inneren Emigration". In: Sozialgeschichte der deutschen Literatur von 1918 bis zur Gegenwart. Frankfurt a.M 1981, S. 395-406; hier: S. 395.

nist könne mehr tun, „als das ihm zugängliche Material nach Maßgabe seiner Plausibilität und vermutlichen Genauigkeit zu benutzen."[26]

Obwohl die Literatur ein solches ‚caveat' in vielen Variationen kennt, so möchte man Thiess doch zugute halten, daß er hier etwas besonderes meint, wenn er etwa sagt: „Der eine Leser wird mir glauben, der andere nicht. Beide haben recht. Es kommt lediglich auf das an, was er von einem Buche, das nicht Sammlung trockener Dokumente, sondern ‚der Roman' einer ungeheuren Begebenheit sein will, erwartet." (*Tsu*/8) Damit liegt die Freiheit des Urteilens eindeutig beim Leser, der ablehnen oder akzeptieren kann, ob eine Schlacht wie die vor der Insel Tsushima ein ‚unerhörtes, einmaliges Ereignis' war, etwa entsprechend dem Bauprinzip einer Novelle seit der Goethezeit, eine Begebenheit, die ungewöhnliche Mittel dichterischer Darstellung erlaubt und erfordert. Einmalig soll sie nach Thiess aber nicht gewesen sein, sondern bloß typisch. Immerhin gelingt es ihm, dies darzustellen, nicht nur, indem er – wie in früheren Romanen – auf „Zivilisationskritik, Technikfeindlichkeit und Demokratieabwehr zugunsten des Ideals der hochgestimmten Elite" zurückgreift, sondern indem er dem „Ewig-Weiblichen" ein „Ewig-Männliches" gegenüberstellt. Dies drückt sich so aus, daß dem „Siegeswillen" des japanischen Schlachtenführers der „Todeswille" des russischen entspricht.[27]

Genau da aber liegt das Problem: daß man als Leser, zumal im Jahr 1936, nicht sicher sein konnte, wovor gewarnt oder wozu ermutigt wurde – zum Siegen oder zum Sterben, oder zu beidem gleichermaßen. Gegen die Vorstellung, es handle sich um einen Roman, den die Geschichte selbst schrieb, ist nichts einzuwenden; als Roman der Inneren Emigration scheint *Tsushima* jedoch nicht in Frage zu kommen. Damit soll freilich noch nichts gesagt sein über die erzählerische Leistung.

Die Mehrdeutigkeit der Romanbotschaft bleibt vom Anfang bis zum Ende die gleiche. Heißt es zu Beginn: „Es gibt kein absolut richtiges Staatssystem", so schließt Thiess *Tsushima* mit der zwischen Sieger- und Verlierermacht ausgleichenden Feststellung: „Japan hatte gesiegt, und nicht alle siegenden Mächte haben ein reines Antlitz" (*Tsu*/17 und 456). Aus der angeblichen Gleichheit des Ungleichen bleibt letztlich nur die Resignation, wie in dieser Passage im zweiten Drittel des Buches: „Mögen die Völker noch so verschieden sein, ihre großen Männer gleichen einander dort, wo sie eine bestimmte Höhe ihres Geistes erreicht haben; denn das Wesen des Geistes entstammt übernationalen Kräften.

[26] *Frank Thiess*: Tsushima. Der Roman eines Seekrieges. Berlin / Wien / Leipzig 1936. Im Folgenden zitiert nach der Bertelsmann-Ausgabe (Gütersloh 1957) unter „Tsu/Seitenangabe", hier: S. 7.

[27] Kindlers Neues Literaturlexikon, Bd. 16 (wie Anm. 18), S. 499 f. Der Beitrag behandelt ausschließlich *Tsushima*.

Es ist Eigentum der ganzen Menschheit" (*Tsu*/336). Die Erwartung, hier müßte der Leser schließen, daß das NS-Regime untergehen müsse, weil es über keine großen Männer verfügte, scheint trotzdem etwas zu hoch gesteckt.

Es ist nicht leicht zu beurteilen, ob damit – wie Thiess unter Berufung auf eine Beobachtung Hermann Brochs sagt – eine Warnung vor einem Krieg mit Rußland ausgesprochen wurde. Nachdenkliche Leser hätten sich „ein richtiges Bild vom russischen Menschen als einem Kriegsgegner" machen können, schreibt Thiess in *Jahre des Unheils*, wobei man natürlich darauf hinweisen muß, daß die Japaner gewonnen hatten, was wiederum andere nachdenkliche Leser durchaus hätten als Ermutigung auffassen können. In der Tat ging es Thiess um Grundsätzlicheres: „Es war mein Glück", führte er ins Feld, „daß alle [NS-]Admirale, die *Tsushima* lasen, vom ‚Heldischen' entzückt waren und die Fachkenntnisse des Verfassers rühmten. Würde man begriffen haben, daß dieses Kriegsbuch ein Buch gegen den Krieg, gegen seine Schrecken und in erster Linie gegen einen Krieg mit Rußland war, hätte die Zensur zweifellos seinen Verkauf unterdrückt. Nur mein Freund Broch verstand das Werk richtig."[28]

Die damaligen Leser und die Zensur konnten das nicht begreifen, zumal – so muß man doch wohl schließen – es Rußland war, das den Krieg von 1905 verlor. Also ist *Tsushima* doch eher ein Kriegsbuch, das Mut macht, nicht eines, das warnt? Wie anfangs eingestanden: aus heutiger Sicht vermag man Thiess hier nicht mehr zu folgen, und so bleibt das Fragezeichen stehen, ob dieser Roman zur Inneren Emigration zu rechnen ist oder nicht.

Tsushima ist vor allem ein Geschichts-Sachbuch, geschrieben im Stil narrativer Geschichtsschreibung und zugleich mit Daten-, Orts- und Tatsachenangaben sowie Statistiken bestückt, die eigentlich genau das Gegenteil von dem beweisen, was Thiess als seine Intention ausgibt: *nicht* darzustellen „wie es wirklich gewesen" im Sinne Rankes (*Tsu*/8). Genau das aber, nämlich eine geschichtsgetreue Wiedergabe, hat er (fast) erreicht.

IV. Geschichte und Innere Emigration: „Das Reich der Dämonen. Der Roman eines Jahrtausends"

Das Urteil über *Das Reich der Dämonen* indes sieht anders aus. Im gegebenen Zusammenhang ist dieser Roman insofern wichtig, als Thiess darin die Schreibweise verwendet, die auch andere Autoren der Inneren Emigration be-

[28] *Frank Thiess*: Jahre des Unheils. Fragmente erlebter Geschichte. Wien / Hamburg 1972. S. 132 f. Im Folgenden zitiert unter „JdU/Seitenangabe".

nutzen, um sagen zu können, was sie für notwendig hielten, ohne die Sprache der Tyrannei gebrauchen zu müssen: die „Technik der historischen Camouflage".[29]

Auf Grund dieser Maßgabe ist zu fragen, ob es Thiess gelungen ist, mit dem *Reich der Dämonen* „von der Geschichte aus gegen das Regime zu protestieren" und damit ein „Geschichtswerk des Widerstandes" zu schreiben, wie er dreißig Jahre später in den *Jahren des Unheils* behauptet. Abgesehen davon, daß im Wort vom Jahrtausend eine Anspielung auf das ‚Tausendjährige Reich' liegen könnte, lassen sich im *Reich der Dämonen* tatsächlich eine Vielzahl von mehrdeutigen Inhalts- und Handlungsstücken finden, die einen erheblichen Grad an Oppositionsgeist offenbaren. Einige Kernpunkte sollen hier herausgestellt werden.[30]

Ein adäquates Verständnis des Romans *Das Reich der Dämonen*[31] ist nur dann möglich, wenn man die Zeitumstände und die Haltung des Autors im Auge behält. Zunächst erweist es sich als sinnvoll, die Grundstimmung des Romans zu rekonstruieren: Thiess' Kulturpessimismus, der religiöse Wurzeln hat, aber auch auf Nietzsche und Spengler gründet. Nicht nur in den Zitaten hört man die Klagelieder des Alten Testaments, wenn Thiess von der Menschheitsgeschichte als einer riesigen „Folterkammer" *(RdD*/13), einem „Meer von Blut und Tränen" (*RdD*/215) spricht, oder wie ein biblischer Prophet das Ende des Schreckens mit dem Tode des Tyrannen verbindet: „Der Schreckensherrschaft folgt mit Naturgesetzlichkeit das Ende des Tyrannen" (*RdD*/40). Immer wieder verweist er auf die Vergeblichkeit allen menschlichen Tuns. Aber selbst wenn von der „Ermordung der Wohlhabenden" (anwendbar z. B. auf den 9. November 1938) die Rede ist, sofern sie nicht „vertrieben" werden, vom Diktator, der „mit unumschränkter Gewalt" (d.h. durch ein „Ermächtigungsgesetz") regiert, so bleibt die mögliche Gedankenverbindung zum NS-Staat noch vergleichsweise allgemein. Gewiß, auch Sparta war ein „hygienisches Gefängnis", *der* „ultrasozialistische Militärstaat" (man könnte lesen: der „nationalsozialistische") mit seiner „Kasernenkultur", aber man fühlte sich dabei wohl eher in seiner Ahnung bestätigt, daß es um Deutschland ähnlich bestellt war (*RdD*/47-51). Konkretere Anspielungen darin zu sehen, war Sache des einzelnen Lesers. Näher als mit einem Satz wie diesem kommt *Das Reich der Dämonen* in seinem ersten Teil nicht an die Gegenwart der ersten Kriegsjahre heran: „Grau-

---

[29] *Schnell*: Innere Emigration (wie Anm. 24).

[30] Vgl. *Louis Ferdinand Helbig*: „Das Reich der Dämonen" als „Geschichtswerk des Widerstandes". Frank Thiess und die „Innere Emigration". In: Frank-Lothar Kroll (Hrsg.): Deutsche Autoren des Ostens als Gegner und Opfer des Nationalsozialismus. Beiträge zur Widerstandsproblematik. Berlin 2000, S. 111-126.

[31] *Frank Thiess*: Das Reich der Dämonen. Der Roman eines Jahrtausends. Berlin / Wien / Leipzig 1941. Im Folgenden zitiert unter „RdD/Seitenangabe".

samkeit vergißt man im Völkerleben, niemals aber Verstöße gegen die Menschenwürde" (*RdD*/87).

Wirksamer waren da Hinweise auf die Freiheit, die alle vermißten. Eine bessere Welt war möglich, und sie sollte es auch in der Zukunft sein. Römische Philosophen und Kaiser, die Stoiker waren, haben es bewiesen, indem sie „jene innere Freiheit" erkämpft haben, „die den Blick auf den unsterblichen Teil des Menschen richtete" – eine 1941 vielleicht nur in der Inneren Emigration mögliche Freiheit, „die lächelnd über die Schrecken des Krieges hinwegschritt und mit Gelassenheit und Ruhe dem Schicksal ins Antlitz sah" (*RdD*/102). Angesichts des eben begonnenen Angriffskrieges gegen die Sowjetunion bot ein solcher Rückzug ins Innenleben immerhin einen gewissen Trost.

Deutlicher, wenn auch weiterhin verschlüsselt, waren Passagen im Roman, die Rom zur Zeit des Augustus behandeln. Damals, schreibt Thiess, habe nach fürchterlichen Kriegen eine Art „Reaktion" eingesetzt, ein Wort, ergänzt er, dem man „mit der Zeit eine üble Nebenbedeutung" (*RdD*/133) gab – das heißt, in der NS-Zeit, als Kameraden „von Rotfront und Reaktion" (so das NS-Lied) erschossen wurden. Kaum ein Leser, der diese Stelle nicht so las, möchte man meinen, zumal Thiess sogleich weiter ausführt, daß zu jener Zeit „das eigentliche völkische Zeitalter" begonnen habe. Das Völkische war seit 1933 in der Tat „stur gehandhabter Grundsatz" und „mußte so die Blutbahn des Geisteslebens verstopfen" (*RdD*/133). Es war klar, was damit gemeint war: die „Gleichschaltung" des sozialen und kulturellen Lebens – Grund genug für die NS-Zensur, ein Verbot des Romans *Das Reich der Dämonen* zu veranlassen und vom Autor eine in ihrem Sinne verbesserte Fassung zu fordern.

Trotz pessimistischer Züge ist im *Reich der Dämonen* stets ein Fünkchen Hoffnung zu erkennen, daß der Mensch doch irgendwie aus der Geschichte zu lernen vermag. Wer hören konnte, der vernahm aus der von Thiess erzählten Geschichte West- und Ost-Roms einmal Anspielungen auf das „Dritte Reich", seine Dämonen und Dämonien. Wer aber zwischen den Zeilen zu lesen verstand, dem verhalfen Gedankenverbindungen zu aufschlußreichen Einsichten und Durchblicken, die keine Kulturpolitik reglementieren konnte. Keine Hindernisse bestanden dann für die Leserschaft der Kriegsjahre, in Diocletian den NS-Diktator, in den Christenverfolgungen des 4. Jahrhunderts die Rassenvernichtung seit 1941 zu erkennen und in Justinians Gesetzeswerk so etwas wie den nach 1945 einsetzenden moralischen Wiederaufbau vorauszuahnen. Das prophetische Moment war unverkennbar, denn noch lag die Chance des 20. Juli 1944 im Dunkel, noch war die Wende von Stalingrad im Februar 1943 nicht abzusehen, und obwohl es schon bald nach 1933 Konzentrationslager gab, erreichte die „Endlösung" erst in den letzten beiden Kriegsjahren ihren grausigen Höhepunkt. Trotz seines Geschichtspessimismus, den er mit vielen teilte, wagte Thiess Prophetie, um mit Zuversicht zu warnen, weil er ahnte, was dann kommen würde, darunter vor allem ‚das Böse'.

Thiess begründete seine Wahl Diocletians als Tyrannengestalt in den *Jahren des Unheils* aus dessen fehlendem Bewußtsein von dem, was böse war: „Wenn ich Diocletian böse nannte, so griff ich vorbei; seine Taten wie Untaten waren dicht ineinander verwoben und ihre Irrwege liefen nicht im Gegensatz zum Guten. Ich wollte das Bild des spätrömischen Kaisers langsam vor das Hitlers schieben. Griff ich damit, daß ich diesen böse nannte, nicht ebenfalls vorbei? Wenn er aber nicht ‚böse' war, was war er dann? Es wurde zur Quälerei, aus dem Begriffslexikon die genaue Bedeutung herauszuholen. Eine solche gab es nicht. Seine politische Heilsregel glich aufs Haar der Diocletians. Auch ihm fehlte der finstere Glanz des Metaphysischen, das undefinierbar Große, Überwältigende und Überweltliche" (*JdU*/151). Das war ohne Frage eine überzeugende Charakterisierung voller Parallelen, aber wird damit bereits die „Banalität des Bösen" deutlich, von der Hannah Arendt später sprach?

Wie viele seiner antiken Vorläufer – Thiess spricht namentlich von einem Agathokles – ließ sich Diocletian zum „Feldherrn und Wächter des Friedens" ausrufen und mit „außergewöhnlichen Vollmachten" ausstatten: „Man ernennt ihn auf einer Volksversammlung unter beispielloser Begeisterung zum Diktator mit unumschränkter Gewalt" (*RdD*/47). Wiederum sind offensichtliche Parallelen zu Hitlers „Machtergreifung" zu erkennen, auch in Wendungen wie: „mit brüllendem Applaus" (*RdD*/189), der Diocletian entgegendonnerte, oder im Propagandawort „Weltwende" (*RdD*/284).

Es scheint unerheblich, ob die zeitgenössische Leserschaft in der grausamen Diktatur des römischen Usurpators konkrete Züge der Herrschaft Hitlers erkannte, oder welche Antwort sich auf die rezeptionsgeschichtliche Frage nach der Zahl der Leser finden ließe; es kommt einzig und allein darauf an, festzuhalten, daß die Darstellung byzantinischer Gewalt und Rechtlosigkeit ausreichte, um die NS-Gewaltherrschaft zu identifizieren und wenigstens einige Hinweise darauf zu geben, wie sie überwunden werden könne. *Das Reich der Dämonen* erfüllte in der Tat diese Erwartung und somit in dieser Hinsicht die Merkmale eines „Geschichtswerkes des Widerstandes".

V. Frank Thiess und Hermann Broch

Was bleibt, ist die schon angekündigte Neubewertung der Freundschaft von Frank Thiess und Hermann Broch unter Heranziehung der Korrespondenzen der Jahre 1929 bis 1951 sowie der *Jahre des Unheils*. Sie muß beginnen mit der bedeutenden internationalen Ausweitung der Emigrationsdebatte, die – bisher kaum berücksichtigt – auf eine Reihe von Äußerungen von Persönlichkeiten der äußeren Emigration in der New Yorker Exilzeitschrift *Der Aufbau* des Jahres 1948 zurückgeht. Wichtig im gegebenen Zusammenhang ist dabei besonders eine Stellungnahme Hermann Brochs, den man ohne Zögern als einen absolut integren Zeitzeugen und deshalb umso glaubwürdigeren Fürsprecher für eine gerechte Beurteilung von Frank Thiess bezeichnen kann. Broch schreibt: „Zu der vor einiger Zeit im *Aufbau* (Nr. 38) erschienenen Notiz ‚Streit um Frank Thiess', laut welcher Dr. Thiess sich auf meine Zeugenschaft für seine Nazifeindlichkeit beruft, habe ich folgendes festzustellen: – 1. Nach meiner Haftentlassung im Mai 1938 waren alle meine nichtjüdischen Bekannten für mich schier spurlos von der Erdoberfläche verschwunden. Frank Thiess war einer der ganz wenigen, welche es wagten sich anders zu verhalten; er hat den Verkehr mit mir ohne Scheu und uneingeschränkt bis zu meiner Ausreise, Juli 1938, aufrecht erhalten. – 2. Während dieser drei Monate hat er für das Naziregime immer nur Worte des Hasses und der Verachtung gehabt. – 3. Er hat schließlich, sicherlich nicht ohne Selbstgefährdung, meine Manuskripte ins Ausland geschmuggelt. – Das sind Fakten, deren ich mich stets dankbar erinnern werde."[32] Es sind Fakten, um zunächst Brochs letzten Satz weiterzuführen, die weit über das hinausgehen, was heute laut Gero von Wilperts *Sachwörterbuch der Literatur* unter „Innerer Emigration" verstanden wird – nämlich die Nichtteilnahme am staatlich reglementierten Literatur- und Kulturbetrieb.[33]

Offensichtlich hat Thiess nicht nur nicht an diesem Betrieb teilgenommen, sondern er hat sich aktiv im Widerspruch zu ihm verhalten. Er war also keineswegs ein nationalistisch oder gar nationalsozialistisch angehauchter Querulant, der Thomas Mann ‚in rüder Weise' attackierte, weil dieser angeblich dem ‚Vaterland' den Rücken gekehrt hatte.

Die Bekanntschaft von Thiess mit Broch sowie die Besuche und Briefe zweier Jahrzehnte erhärten diesen Befund – wobei die definitive Broch-Biographie von Paul Michael Lützeler den Grundakkord anschlägt, wenn es dort heißt: „Brochs Karriere als Schriftsteller begann im Winter 1928/29, als er bei dem befreundeten Wiener Ehepaar Isidor und Bertha Kreisberg den erfolgreichen Romancier Frank Thiess kennenlernte."[34] Lützeler fährt fort: „Das Treffen zwischen Broch und Thiess war von den Kreisbergs arrangiert worden. Frank Thiess, damals achtunddreißig Jahre alt, galt als ein Schriftsteller mit guten Beziehungen zu Verlagen und literarischen Zeitschriften. Von ihm, dem In-

---

[32] *Hermann Broch*: Erklärung. In: Der Aufbau (New York 1948), o.S. – Dieses Dokument sowie eine Reihe anderer Quellen hat mir Frau Sigrid Mielke, Frank-Thiess-Archiv Darmstadt, dankenswerterweise zur Verfügung gestellt.

[33] „Innere Emigration." In: Sachwörterbuch der Literatur. Hrsg. von Gero von Wilpert. 7., verbesserte und erweiterte Auflage Stuttgart 1989, S. 411.

[34] *Paul Michael Lützeler*: Hermann Broch. Eine Biographie. Frankfurt a.M. 1985, S. 107.

sider, erhoffte sich Broch Hinweise und Hilfe bei seinen ersten Gehversuchen auf dem glatten Parkett des Kulturbetriebs. Zur Assistenz war Thiess gerne bereit."[35] Es kam zu einem fruchtbaren Austausch insbesondere über Brochs *Schlafwandler*-Trilogie und zu einer Freundschaft, „die Exil und Krieg überdauerte, und dies trotz der zum Teil beträchtlichen Gegensätze in literarischen, ästhetischen und kulturpolitischen Fragen."[36] Broch schreibt am 9. Oktober 1930 an Thiess: „Sie sind ein wahrer Schutzengel der *Schlafwandler*."[37]

Hier klingt ein Thema an, das ausführlicher behandelt werden müßte: Thiess, der spätere innere Emigrant, als Schutzengel Brochs, des späteren äußeren Emigranten. Für beide gilt: Literatur ist wichtiger als Ideologie. Damit beginnt der literaturästhetische Bereich, den Broch in seinem Brief an Thiess vom 5. Juni 1931 betritt, indem er unter anderem dessen „Zentralproblem" in die Diskussion einbringt, das Broch zufolge im Schreiben von Romanen liege (*Briefe*/52-54). Darauf einzugehen, muß auf eine spätere Untersuchung verschoben werden. Dies gilt erst recht für den Thiess'schen Brief, der Broch zu seiner Antwort vom 6. April 1932 veranlaßte, und in dem er seine Dankbarkeit gegenüber Thiess für dessen kritische Anregungen zum Ausdruck bringt und schließlich sagt: „Aber ich muß Ihnen zustimmen: bloß das Irrationale, das Dichterische wirkt von Mensch zu Mensch, bloß dieses ist imstande, eine Seele zu öffnen, und deshalb ist auch hier der Boden für jene angestrebte hypothetische Synthese zu suchen" (*Briefe*/66-69; hier: 68). Es mag ein wenig übertrieben klingen, aber man kann hierin durchaus schon das Thiess'sche Sisyphus-Unternehmen erahnen, sich in der „großen Kontroverse" für die Versöhnung der äußeren mit der inneren Emigration einzusetzen.

Der Weg dahin war jedenfalls vorgezeichnet, denn mit „Mein lieber Freund" begann Brochs Schreiben vom 23. Mai 1933 – bis dahin waren beide formell geblieben –, in welchem er sich bei Thiess für dessen neuen Roman *Johanna und Esther* bedankte im „Gefühl der geistigen Zusammengehörigkeit". Es muß sich dabei um die 1929 erschienene Erstausgabe gehandelt haben, die von den NS-Behörden zuerst verboten, dann kurz wieder freigegeben, schließlich aber nicht wieder aufgelegt wurde und erst nach 1945 in einer Neufassung unter dem Titel *Gäa* erschienen ist.[38]

Habent sua fata libelli – hier wird dieses Diktum offenbar. Es kann keine Rede davon sein, daß sich Thiess von Buch zu Buch mit der NS-Kulturpolitik arrangiert habe, denn daß er wiederholt einiges riskierte, Buchkonfiszierungen

---

[35] Ebd.

[36] Ebd., S. 108.

[37] *Hermann Broch*: Briefe von 1929 bis 1951. Hrsg. von Robert Pick. Zürich 1957, S. 33 (= Gesammelte Werke, Bd. 8). Im Folgenden zitiert unter „Briefe/Seitenangabe".

[38] Vgl. Verbrannte Bücher – verfemte Dichter. Hrsg. vom Börsenverein des Deutschen Buchhandels und der Stadt- und Universitätsbibliothek Frankfurt a.M. Frankfurt a.M. 1979, S. 64 f.

und Schlimmeres erlitt, ist unbestreitbar und wird nicht nur am Beispiel von *Johanna und Esther* offenbar. Wenn Broch ihm schreibt, daß „nebenbei auch alle äußeren Umstände so kompliziert wie nur möglich geworden sind“, so wußten beide, worum es ging, und man versteht, weshalb Broch dringend mit Thiess persönlich zu sprechen wünschte (*Briefe*/82).

Die erneute Begegnung mußte noch auf sich warten lassen, denn Brochs Brief vom 20. Oktober 1934 bezog sich wieder nur auf Thiess' ebenfalls brieflich geäußerten Pessimismus. Broch bestätigte dem Freund, „daß das metaphysische Bedürfnis jeden Dogmenbau, und sei er aus noch so solider Dummheit gebaut, schließlich zu Fall bringen wird, um ihn“ – auch Broch ist pessimistisch – „durch einen anderen zu ersetzen.“ Noch vor zwanzig Jahren, also bis zum Ersten Weltkrieg, habe es so etwas wie eine Ewigkeit gegeben, „keine sehr große, aber immerhin eine, mit der sich leben ließ, eine sozusagen bürgerliche Ewigkeit im wahren Sinn des Wortes“, schrieb Broch. In der bürgerlichen Welt habe das dichterische Schaffen noch seinen ungebrochenen Sinn gehabt, „und wer Werk um Werk schuf, diente seiner eigenen Unendlichkeit und der Unendlichkeit der Welt.“ Er sehe daher nur eine Möglichkeit, sein inneres Gleichgewicht zu bewahren: „... wahrscheinlich ist es das schlichteste, einfältigste, kleinste Leben, dem wir zustreben müssen“ (*Briefe*/104-106) – auch dies war eine Vorahnung, diesmal eines Zustandes, der einer „inneren Emigration“ doch schon sehr nahe kam.

Als Broch am 26. November 1937 den nächsten (abgedruckten) Brief in Alt-Aussee, also noch in Österreich, schrieb, hatten mittlerweile mehrere Begegnungen stattgefunden. Der Ton war herzlich: „Mein lieber Freund, liebster Frank“, steht zu lesen. „Du weißt“, heißt es darin, „daß ich bei Tsushima mich nicht gescheut habe, meine Bedenken ungeschminkt auszusprechen, und mit der gleichen Offenheit bejahe ich dieses Buch uneingeschränkt, bewundere ich uneingeschränkt Deine Leistung, und liebe sie umsomehr, als ich seit der *Johanna* Dich und Dein liebenswertes Wesen noch nie so klar in dem Geschaffenen ausgedrückt gefühlt habe. Quadratur des Zirkels? Gewiß, dazu ist der Dichter da“ (*Briefe*/161-163; hier: 162).

VI. Zusammenfassung

Zwischen diesem und dem darauffolgenden (abgedruckten) Brief liegen die Kataklysmen des Exils, des Zweiten Weltkriegs, des Zusammenbruchs des Deutschen Reiches. Die Freunde sollten sich nicht mehr wiedersehen. Über ein Jahrzehnt verging. Broch schrieb am 24. Mai 1948 aus Princeton (New Jersey), wo er eine „fix versprochene Universitätsstelle“ wegen Nichtfertigstellung seines massenpsychologischen Buches nicht erhalten hatte, daß anscheinend weder Thiess seinen Roman *Der Tod des Vergil* noch er, Broch, dessen Roman *Das Reich der Dämonen* erhalten habe. Dies unterstreicht erneut, wie gewagt Pauschalurteile äußerer Emigranten wie Thomas Mann über Bücher gewesen sein müssen, die während der Hitler-Zeit in Deutschland veröffentlicht wurden – und umgekehrt. Wechselseitige Wünsche zum Geburtstag und für weitere „Jahre der fruchtbaren Ernte" täuschten kaum darüber hinweg, daß auch die freundschaftliche Verbindung der beiden Autoren eines Tages zu Ende gehen werde (*Briefe*/288-290). Kein Wort in den letzten beiden (abgedruckten) Briefen Brochs vom 17. Januar 1950 und 30. April 1951 – dieser 30 Tage vor Brochs Tod – über die Bemühungen von Frank Thiess um die Nominierung Hermann Brochs für den Nobelpreis. Wie hätte er die Erwähnung Hitlers in seinem Roman *Die Schuldlosen* – ‚nomen est omen' – vermeiden sollen, fragt Broch, „da doch das ganze Buch daraufhin eingerichtet ist?" Bis zuletzt spiegelte sich im Denken und Schaffen der beiden Autoren jenes andere „Zentralproblem", wie man darstellen sollte, was eigentlich undarstellbar war – ein Problem, das Broch, der Thiess wieder einmal bestätigte, daß dessen Werke „mit Reichtum vollgepackt" seien, als Widerspruch in sich selbst empfand (*Briefe*/419 f.).

Frank Thiess scheute in den Monaten vor Hermann Brochs Tod tatsächlich keine Anstrengung, um ihm den Nobelpreis zukommen zu lassen, bat sogar Thomas Mann und Hermann Hesse um Unterstützung – vergeblich. Nachdem Broch schon Anfang 1950 vom Österreichischen PEN-Club vorgeschlagen worden war, folgte noch im gleichen Jahr die Deutsche Akademie für Sprache und Dichtung in Darmstadt. Dies „ging zurück auf eine Initiative von Brochs altem Freund Frank Thiess, der der Akademie angehörte."[39]

Dies war der letzte, wegen Brochs Krankheit bereits aussichtslose Dienst, den Thiess seinem Freund erweisen konnte. Als Broch am 30. Mai 1951 starb, verlor Thiess in ihm den einzigen Kollegen unter den Exilautoren, der von seiner Lauterkeit und Unbescholtenheit überzeugt war.

Nicht zufällig brachte Brochs Tod auch das Ende der „großen Kontroverse" – wenn auch nicht des Disputs über diesen Disput. Erst am Anfang scheint heute die Auseinandersetzung darüber zu stehen, welches Gewicht Frank Thiess nicht nur im Kontext der Inneren Emigration, sondern auch im Blick auf sein Gesamtwerk in der Literatur des 20. Jahrhundert als – vielleicht könnte man ihn so nennen – einem der bedeutendsten *postbaltischen* Autoren zukommen soll.

---

[39] *Lützeler*: Hermann Broch (wie Anm. 34), S. 349.

IV.

Werner Bergengruen – Werk und Wirkung

Literarische Wirkungen des Phantastischen

Beiträge zu einer Sonderform deutschbaltischer Dichtung im 20. Jahrhundert am Beispiel Werner Bergengruens

Von *Jutta Radczewski-Helbig*

Im Nachwort zu Werner Bergengruens Roman „Das Gesetz des Atum"[1] stellt Marianne Wünsch den deutschbaltischen Autor, überzeugt vom geringen Anteil des Phantastischen in seinem Gesamtwerk, in den Kontext der phantastischen Literatur seiner Zeit. Sie zählt einige Autoren dieses Genres auf – darunter Alfred Kubin („Die andere Seite", 1909), Max Halbe („Die Tat des Dietrich Stobäus", 1911) und Gustav Meyrink („Der Golem", 1915) – und fährt dann fort: „Der quantitative Höhepunkt dieser phantastischen Romanliteratur in Deutschland fällt ... in die erste Hälfte der Zeit der Weimarer Republik; nach der Mitte der 20er Jahre ebbt diese Woge von Phantastik dann allmählich ab."[2]

Obwohl Werner Bergengruen allgemein als religiös-konservativer Dichter bekannt ist, stellt sich bei ihm das Phantastische als ein Werkprinzip dar, das keiner Zeit und Mode unterworfen ist, sondern als eines seiner charakteristischen Mittel gewertet werden darf, um sowohl der Rätselhaftigkeit der Welt als auch den verborgenen Tiefen des Individuums und der Gesellschaft beizukommen. Darum geht das Phantastische bei diesem Autor auf eine fernere Epoche, ja auf einen bestimmten Autor zurück, nämlich auf die Romantik und auf E.T.A. Hoffmann. In den folgenden Darlegungen sollen anhand einiger exemplarischer Beispiele Bergengruenscher Prosa die Zusammenhänge zwischen der dunklen Seite der Romantik und den Intentionen eines in mehrfacher Hinsicht exzeptionellen Autors des 20. Jahrhunderts dargestellt werden.

---

[1] *Werner Bergengruen*: Das Gesetz des Atum. München 1923. Neuausgabe Frankfurt am Main 1987.

[2] *Marianne Wünsch*: Nachwort. In: Ebd. (1987), S. 223 ff.

I.

Obwohl das Werk Werner Bergengruens seit den 1970er Jahren in Vergessenheit geraten ist, da sich das offizielle Interesse seit der studentischen Protestbewegung von 1968 von der Innerlichkeit des Einzelnen zur Äußerlichkeit allgemein gesellschaftlicher Problematiken verschob,[3] behält es ungebrochen die Aussagekraft wahrer Dichtkunst, die ihre Aktualität aus der tiefen Menschlichkeit ihres Autors bezieht, und vermag gerade darum, auch den heutigen Leser in seinen Bann zu ziehen. Diese Menschlichkeit aber wurzelt in Herkunft und Schicksal Werner Bergengruens.

Am 16. September 1892 wurde er als Sohn eines Arztes in Riga geboren, das damals zum russischen Kaiserreich gehörte. Wenn er auch nur zehn Jahre in seiner baltischen Heimat verbrachte, so war es doch die entscheidend prägende Zeit einer wohlbehüteten Kindheit, in der die Welt noch in Ordnung war. Im als friedlich empfundenen Miteinander von deutscher und lettischer Bevölkerung begegneten und vermengten sich auf harmonische Weise Kultur und Natur, aufgeklärter Fortschrittsoptimismus und abergläubisch-sagenhafte Tradition, zusammengehalten durch menschliche Wärme und Aufrichtigkeit.[4]

Noch vor den revolutionären Erschütterungen des Jahres 1905 entschied sich Bergengruens Familie, Riga zu verlassen, sodaß der Zehnjährige bereits zum Emigranten wurde, in Lübeck und Marburg seine Schulzeit fortsetzte, um dann in dieser romantischen Universitätsstadt wie auch in München und Berlin zu studieren. Obwohl Bergengruen Marburg als die Stadt seiner Jugend bezeichnet hat,[5] blieb er zeitlebens den baltischen Wurzeln verhaftet, sodaß selbst die Beurteilung der kleinen Stadt an der Lahn als „Stadt der Vergänglichkeit" ihre Substanz aus dieser Ur-Quelle kindlicher Eindrücke und Erinnerungen sowie schmerzlicher Sehnsucht des Heranwachsenden beziehen dürfte. In seinem ersten bekenntnishaften Roman „Das Gesetz des Atum", den er 1922 niederschrieb, vermochte Bergengruen seinen Lesern nicht nur dieses Gefühl zu vermitteln; es gelang ihm darüber hinaus, die innere Spannung eines Mannes zwischen erfolgversprechendem Aufbruch und schauerlichem Zerfall seiner Persönlichkeit ins Dichterische zu transponieren. Indem er das schöne, mysteriöse Baltikum endgültig verläßt, um im Westen, wo angeblich die Vernunft regiert, dem Mysterium wissenschaftlich nachzuspüren, verliert er seine Heimat und sich selbst.

---

[3] *Frank-Lothar Kroll*: Dichtung als Kulturvermittlung. Über einen Grundaspekt im Schaffen Werner Bergengruens. In: Ders. (Hrsg.): Flucht und Vertreibung in der Literatur nach 1945. Berlin 1995, S. 103-121; hier S. 103 f.

[4] *Hans Bänziger:* Werner Bergengruen. Weg und Werk. 3. Aufl. Bern / München 1968, S. 7.

[5] Ebd., S. 12 f.

Der Dichter hat sich später von diesem Roman distanziert, wohl weil er, ganz im Glauben verankert, in diesem Buch die Hölle für stärker hielt als den Himmel,[6] aber vielleicht auch deshalb, weil er im weiteren Verlauf seines Lebens die Heimatlosigkeit als weniger destruktiv empfand, da sie ja die schärfste Profilierung seiner Persönlichkeit bewirkte und ihm dadurch eine andere, größere Heimat bescherte, nämlich das „Reich des Geistes".[7]

Und doch vermittelt gerade „Das Gesetz des Atum" die wesentlichen und zum großen Teil bleibenden Züge des Phantastischen, die das Werk Bergengruens weitgehend bestimmen. Mit den Wörtern „mysteriös" und „schauerlich" deuten sich schon Elemente des Phantastischen an, doch läßt es sich damit weder erfassen noch kennzeichnen. Es ist schwierig, das Phantastische überhaupt in den Griff zu bekommen – handelt es sich dabei doch weniger um ein literarisches Genre als vielmehr um eine besondere Perspektive. Zunächst aber stellt sich die Frage, wann, wo und wie es entsteht und was es bewirken will.

Das Phantastische – seit dem 16. Jahrhundert wird es im Sinn von „schwärmerisch, unwirklich, verstiegen, überspannt" verstanden, umgangssprachlich aber auch für „das Vorstellungsvermögen übersteigend, unglaublich, großartig, wunderbar"[8] gebraucht, wurzelnd zudem in geographischen und zeitlichen wie auch in menschlich-individuellen Besonderheiten. Sein Thema ist die verborgene Seite der Welt, das Unsichtbare, das Unfaßbare und damit auch der Tod.

Bergengruen selbst erläuterte diese Voraussetzungen, wenn er sich in der Einführung seines Buches „Der Tod von Reval" aus dem Jahr 1939 unter dem Titel „Die Stadt der Toten" an seine Leser wendet, die er freundlich einlädt:

> „Mein Lieber, setze dich zu mir. Die Flasche steht auf dem Tisch. Es ist Herbst, es ist Dämmerzeit, draußen schreien die Krähen, draußen schreien die Winde. Hörst du nicht die armen Seelen im Fegfeuer stöhnen?
>
> Ich möchte dir ein paar Geschichten erzählen: Geschichten aus einer alten Stadt hoch droben im Norden, hoch droben im Osten, einer Stadt am Meer. Aber es sind nicht Geschichten von dieser Stadt: es sind Geschichten von ihren Toten."[9]

Nordöstliche Landschaft, Herbst, Dämmerung und Branntwein machen den menschlichen Geist für die andere Dimension empfänglich. Bergengruen meint, „daß man vielleicht ein Nordländer sein muß, gewohnt an lange Winternächte und an kurze Getränke, um eine solchermaßen unbefangene Nachbarschaft mit dem Tode halten zu können." Er vertieft diesen Gedanken, wenn er fortfährt:

---

[6] *Bergengruen*: Das Gesetz des Atum (wie Anm. 1), S. 222.

[7] *Bänziger*: Bergengruen (wie Anm. 1), S. 7 ff.

[8] Duden, Bd. 7: Herkunftswörterbuch. Etymologie der deutschen Sprache. Mannheim / Wien / Zürich 1989, S. 526.

[9] *Werner Bergengruen*: Der Tod von Reval. Hamburg 1939, S. 7.

„Aber dort oben im Norden, dort oben im Osten, dort oben am Meer, dort wird der schwere kräftige Branntwein getrunken. Dort sind die Dämmerungen zu Hause und die Nebelwolken und Schneegestöber, und im hohen Sommer geht die Abendröte mählich hinüber in den roten Morgenschein. Und inmitten allem Leben sind die Toten gegenwärtig."[10]

Am Ende des Buches rechtfertigt sich Bergengruen gleichsam gegenüber dem Leser, der vielleicht trotz der spannenden Realität dieser wundersamen Geschichten immer noch nicht von deren Richtigkeit überzeugt ist und sie als „Dämmergespinste eines Herzens" abtut. Der Dichter hat auch darauf eine Antwort:

„Vielleicht hast du recht. Allein ich will ja lieber an solche Dämmergespinste glauben als an Gesetzesbücher und Tabellen, an Berechnungen und Proklamationen. Ich bin ein Narr, und du, der du mir hast zuhören und mit mir trinken mögen, du wirst meiner Narrheit einiges zugute halten, obzwar, fürchte ich, nicht übermäßig viel. Hierin verfahre, wie es dir gefällt; ich will nicht trachten, dich zu überreden. Mir aber wirst du erlauben, bei dem Meinigen zu bleiben, selbst wenn ich keine andere Rechtfertigung haben sollte als diese, daß durch manche Jahrhunderte hin eine Reihe meiner Vorfahren in Revaler Kirchen und auf Revaler Friedhöfen die Ruhe erlangt hat; vielleicht kann keine bündigere Rechtfertigung gedacht werden."[11]

Hier wird deutlich, daß sich der Dichter seiner anderen, seiner besonderen Stellung in der Gesellschaft bewußt ist und sich in aller Freiheit, indes ohne Überheblichkeit, vom „normalen" Bürger abhebt. Als „Narr" und also als Künstler begreift er die Realität als eine Ganzheit, die das Sichtbare, Berechenbare, Gesetzmäßige wie aber auch das Unsichtbare, Unbegreifliche, Irrationale zu gleichen Teilen umfaßt.

Nordische Herkunft, Offenheit für das Verborgene und Dämmerzeiten wie Abend, Herbst und Winter sind nicht die einzigen Bedingungen des Phantastischen. Sicher existiert es seit Menschengedenken ebenso in der Vorstellung der Völker und deren Neigung zum Märchen- und Zauberhaften wie in allen Bereichen der Kunst, die das Naive in die höchste Imagination existentieller Zusammenhänge erhebt; doch geradezu rückhaltlos beherrscht das Phantastische zum ersten Mal die Epoche der Romantik.

Zwischen der idealistisch-heilen Klassik der großen Weimarer Dichter Goethe und Schiller und den Tatsachen der politischen und sozialen Wirklichkeit einer im Auf- und Umbruch befindlichen Gesellschaft am Beginn des 19. Jahrhunderts, die ebenso vom Radikalismus der Französischen Revolution wie dann von der Unerbittlichkeit Napoleons aus dem Gleichgewicht getrieben wird, klafft ein solcher Abgrund, daß die Romantik notwendig zu einer Oppositions-

---

[10] Ebd., S. 10 ff.
[11] *Werner Bergengruen*: Abschied. In: Ebd., S. 177 ff.

bewegung gerät und aus den epochalen Gegensätzen ein zwiespältiges Lebensgefühl entwickelt, das sich dann unter anderem im Sinn für das Unheimliche und das Existentiell-Groteske niederschlägt.

E.T.A. Hoffmann (1776-1822) erleidet die Umwälzungen der Zeit in doppelter Hinsicht – politisch und persönlich –, denn die äußeren Machtkämpfe zwischen Napoleon und den deutschen Ländern spiegeln sich gleichsam in seinen Familienverhältnissen. Als Vierjähriger erlebt er die damals durchaus unübliche Ehescheidung seiner Eltern und wächst hinfort getrennt von Vater und Bruder in dem von Mutter, Großmutter und Tante autoritär gelenkten Königsberger Haushalt auf. Das läßt ihn schon früh zum Einsamen, zum Außenseiter werden, allerdings zu einem, der dabei einen unglaublichen inneren Reichtum ansammelt, alle Anregungen, die auf ihn einströmen, zu höchster Entfaltung bringt und so zum künstlerischen Universalgenie schlechthin avanciert. Als Poet, Maler und Komponist erreicht er wahre Vollkommenheit und vermag dadurch die Wirren seiner Zeit zu überstehen. Seine Genauigkeit, seine scharfe Beobachtungsgabe wendet er als Jurist und Richter im preußischen Staatsdienst ebenso an wie in seinen Erzählungen und Novellen, doch da dienen sie seiner offensichtlich exzentrischen Phantasie. Gleichwohl bedingen sich beide Tendenzen, denn E.T.A. Hoffmanns Werk ist autobiographisch konzipiert, mithin aus der eigenen lebendigen Anschauung, aus Erbe und Erfahrung des Dichters entstanden. Wulf Segebrecht weist darauf hin, daß der junge Hoffmann sehr früh und eindringlich mit dem Tod nahestehender Menschen konfrontiert wurde: „Die Jugendgeschichte Hoffmanns ließe sich geradezu als eine Geschichte von Todesfällen schreiben. Als er 19 Jahre alt war, starb der verehrte Onkel Christoph Ernst Voeteri, ein halbes Jahr später die Mutter, der ein Jahr darauf der Vater folgte. 1803 starb Hoffmanns Onkel Johann Ludwig Doerffer, bei dem er in Glogau ein Zuhause gefunden hatte, drei Monate später die Tante („Tante Füßchen“), die ihn in Königsberg erzogen hatte. Hoffmanns Jugendgeliebte starb 1803, seine eigene Tochter Caecilia, zwei Jahre alt, 1807. Diese und eine Anzahl anderer Erlebnisse schärften Hoffmanns Blick für den Tod.“[12]

Der einsame junge Mensch, der sich wohl durch die zusehends schrumpfende Familie ohnehin in seiner Existenz gefährdet sehen mußte, reagierte umso empfindlicher auf das Ableben derer, die trotz aller Schwächen als Garanten der Kontinuität gelten durften. Darum vermerkt Segebrecht sehr richtig, daß bei E.T.A. Hoffmann Darstellung und Besprechung des Todes Versuche zu einer sprachlichen Bewältigung sind, die sich vor dem Gefühl durch die Form bewahren. Segebrecht zitiert zum Beweis einige Ausschnitte aus einem Brief des

---

[12] *Wulf Segebrecht*: Hoffmanns Todesdarstellungen. In: Helmut Prang (Hrsg.): E.T.A. Hoffmann. Darmstadt 1976, S. 323.

neunzehnjährigen Ernst Theodor Wilhelm (er nennt sich erst später aus Verehrung für Mozart „Amadeus") an seinen Freund Hippel:

> „Eben jetzt zur Unzeit stirbt der Großonkel. – Eben bin ich da gewesen – da liegt er mit eingefallnen Backen, offnem Munde, brechenden Augen, und röchelt dumpf – der Anblick war grausig für mich – Der Mensch ist doch ein elendes Geschöpf, wenn er gebohren wird und wenn er stirbt – Du siehst, daß meine Abwechslungen hier sehr traurig sind ... Der Onkel balgt sich fürchterlich mit dem Tode".[13]

Der erläuternde Kommentar, diese Passage sei weder unwürdig noch bloß realistisch, sondern dränge bereits zu einer Gestaltungsform des Phantastischen und Grotesken, wie sie die späteren Dichtungen Hoffmanns bestimme, leuchtet ein, denn selbst in dieser noch unkünstlerischen Beschreibung fehlt es nicht an Präzision und Humor, ohne welche die phantastische Perspektive gar nicht möglich wäre.[14]

Die Romantik als Epoche des Umbruchs und des Aufbruchs in die Moderne mit ihren Widersprüchlichkeiten und neuen Fragestellungen ebenso wie das individuelle Schicksal E.T.A. Hoffmanns als eines östlichen Menschen, vertraut mit Einsamkeit, Heimatlosigkeit, Mobililität und Tod, müssen den jungen Werner Bergengruen besonders fasziniert haben – spiegelten sie doch im geschichtlichen Gewand der Vergangenheit die eigene Situation, die eigene Sensibilität und die sie schützende innere Distanz zum Außen.

So ergibt sich denn ein Dialog mit diesem Dichter der dunklen Seite der Romantik, ein Dialog, der sich schließlich zu einer Spurensuche ausweitet, Vorbildcharakter annimmt und bis zu gelegentlichen Übernahmen von Sprachgesten und Begriffen reicht. Schreibt E.T.A. Hoffmann in einem Brief vom 13. März 1796 an Hippel:

> „Ach Freund, wer nicht den Tod sich bey Zeiten zum Freunde macht, und auf vertraulichem Fuß mit ihm umgeht, dem macht er zuletzt seine Visite immer auf die quälendste Art ...",[15]

so sagt Bergengruen über Reval und den Tod:

> „Aber das ist keine Stadt der Schwermut, und es sind auch nicht Geschichten der Schwermut, die ich dir erzählen will. Jeder Tod hat ja sein Gelächter. Und es ist keine Unehrerbietung, wenn wir uns auch unsern Scherz mit ihm machen; denn er will uns ja vertraut werden, und auch wir sollen ihm keine Fremdlinge sein."[16]

---

[13] Ebd., S. 324 (Brief vom 25. Oktober 1795).
[14] Ebd., S. 324 f.
[15] *Segebrecht*: Hoffmanns Todesdarstellungen (wie Anm. 12), S. 324.
[16] *Bergengruen*: Der Tod von Reval (wie Anm. 9), S. 9.

Für beide Autoren gilt, daß sie den Tod ins Leben einbeziehen; künstlerisch bedeutet dies, daß die Autobiographie immer im Hinblick auf das Lebensende betrachtet wird, und daß die Lebensläufe in Sterbensläufe übergehen. So verschiedene Funktionen auch der Tod dabei ausüben mag – in Hoffmanns Romanen vom „Kater Murr“ und von den „Elixieren des Teufels“ geht es einerseits um Selbsterkenntnis, andererseits um Erlösung –, immer steht die dichterische Problematik der Zusammenhänge von Mensch und Schicksal im Vordergrund, die dennoch dank der Einbeziehung von Humor, Komik, Ironie jene höhere Heiterkeit ausstrahlt, welche die Berührung solcher Themen überhaupt erst ermöglicht. Wichtig ist zudem, daß das Sterben und der Tod wohl Themen, aber nicht Ziele dieser Dichtung sind. Ihre Ziele sind vielmehr Erkenntnis und Liebe zum Leben. E.T.A. Hoffmann setzt dem Tod das „deutliche Schauen“ entgegen, selbst noch in seinen letzten qualvollen Lebenswochen erfreut er sich am Blick aus dem Fenster, an der Beobachtung des Marktes, aus dem ein „treues Abbild des ewig wechselnden Lebens“ entsteht und, durchdrungen vom Geist des Dichters in seinen „unsterblichen Werken“, Kunst wird und mithin „die Lebensrechte der Poesie“ verteidigt werden.[17]

Bei Bergengruen geht es noch ausschließlicher um die Begriffe von Zeit und Ewigkeit. In seinem „Bericht vom Lebens- und Todeslauf eines merkwürdigen Mannes“[18] zeigt er diese Absicht deutlich auf. Es handelt sich dabei um Leben und Tod des Herzogs Karl Eugenius von Croy, der auf Grund seiner Laster von seiner adligen Familie ausgestoßen wird.[19] Als Generalfeldmarschall des russischen Zaren Peter I. (1672-1725) erlebt er dessen Niederlage in der Schlacht von Narwa (30. November 1700) und kommt als Kriegsgefangener nach Reval. Dort wird er bald bekannt als Trinker, Spieler und Schuldenmacher, aber auch als ein naiv-gütiger, ja fast kindlich-unschuldiger Mensch. Und so heißt es in Bergengruens Text:

> „Er ist ein glücklicher Mann, der Herzog von Croy: denn bei allem, was er treibt, ist sein Herz gänzlich.“[20]

---

[17] *Segebrecht*: Hoffmanns Todesdarstellungen (wie Anm. 12), S. 332 ff.

[18] *Bergengruen*: Der Tod von Reval (wie Anm. 9), S. 12-61.

[19] Zu den Herzögen von Croy: „Das seit dem 12. Jahrhundert belegte altburgundische Adelsgeschlecht, genannt nach der Herrschaft Croy in der Picardie bei Amiens, stand zunächst im Dienst der Herzöge von Burgund. Stammvater von insgesamt fünf Zweigen, die bis auf die Linie Croy-Solre ausgestorben sind, wurde Johann I. (1346-1415), Kronoberschenk von Frankreich. 1803 erhielt das Haus Croy-Solre als Entschädigung für Verluste auf dem linken Rheinufer das fürstbischöflich münsterische Amt Dülmen in Westfalen, dessen Landeshoheit bereits 1806 an Arenberg verlorenging. Der 1815 an Preußen gefallene Besitz wurde Standesherrschaft.“ In: Lexikon der deutschen Geschichte. Stuttgart 1977, S. 220. – Vgl. Grand Larousse encyclopédique, 3. Bd. Paris 1960, S. 683: „Maison de Croy, famille picarde, originaire de Crouy (Somme). Charles (1560-1562), marquis d'Havré, releva le titre de duc de Croy (1598)“.

[20] *Bergengruen*: Der Tod von Reval (wie Anm. 9), S. 20.

Die Bevölkerung von Reval liebt und ehrt diesen seltsamen Mann, der schon bald wie ein Wahrzeichen der Stadt wirkt. Wenn es sich zunächst hauptsächlich darum dreht, daß seine Gläubiger auch noch nach seinem plötzlichen Tod hoffen, auf ihre Kosten zu kommen und ihn aus diesem Grunde nicht für teures Geld beerdigen beziehungsweise im Steinboden der Kirche versenken wollen, sondern ihn in einem einfachen Fichtenholzsarg in eine Seitenkapelle von Sankt Nikolai stellen, so sorgt der verpfändete Herzog schon nach wenigen Jahren für Aufsehen und Betroffenheit. Als sich nämlich ein streunender Matrose an der adligen Leiche zu bereichern beabsichtigt, wird er beim Öffnen des Sarges fast vom Schlag getroffen, denn vor ihm liegt Karl Eugenius von Croy unversehrt an Körper und Bekleidung mit einem beinahe spöttischen Lächeln auf den Lippen, so als wolle er sagen: „Macht mit mir, was ihr wollt und was euch freut – mich kümmert es nicht mehr.“[21]

Ein Wunder war geschehen, und allen Versuchen zum Trotz, dieses Phänomen wisssenschaftlich zu erklären, bleiben die Revalenser bei ihrer eigenen Auslegung: was den Herzog vor der Verweseung schützte, das waren weder Salpeter noch Baugestein, sondern die ungeheuerlichen Mengen geistiger Flüssigkeiten, die durch diesen Leib gegangen waren und ihre Rückstände abgelagert hatten. Hier lag also „reliquiengleich ein Schutzheiliger aller Trinker!“[22]

Fast zweihundert Jahre hindurch wurde er als solcher verehrt, gegen Geld gezeigt, vorsichtig instand gehalten und überdauerte so die guten Tage wie auch die Zeit der Pest und alle Regierungen, bis schließlich die Gouverneure des russischen Kaisers dieser abergläubischen Zur-Schau-Stellung ein Ende bereiteten. Der Küster drückte jedoch genau die in der Stadt herrschende Stimmung aus, wenn er sagt: „... ich hätte eher geglaubt, Reval stürzt ein, als daß unser Herzog unter den Steinboden müßte.“[23]

Gegen Ende der Geschichte insistiert der Autor noch einmal auf ihrer Besonderheit und verwendet dabei sehr bedeutsame Worte:

> „Und hiermit endete der Todeslauf fast zweihundert Jahre, nachdem sein Lebenslauf sich geendet hatte.“[24]

Bergengruen betont, daß der Herzog den Menschen keine Ruhe gewährte – ob er selbst aber durch die Grablegung Ruhe gefunden habe, das läßt der Autor offen.

Erneut wird deutlich, daß sich das phantastische Ambiente aus dem ungewohnten, dem der Norm entgegengesetzten Blick auf die Wirklichkeit ergibt,

---

[21] Ebd., S. 38.
[22] Ebd., S. 39.
[23] Ebd., S. 59.
[24] Ebd., S. 60.

die genauestens geschildert wird. Darin ähnelt der Dichter des 20. Jahrhunderts seinem verehrten Vorbild, doch Bergengruen geht über E.T.A. Hoffmann insofern hinaus, als er sich nicht vornehmlich auf das Problem der bleibenden Kunst konzentriert, sondern immer und vor allem nach dem Verbleib des Menschen im Diesseits wie im Jenseits fragt. Dem Ungewissen, Unbegreiflichen und Verborgenen nimmt er den abergläubischen Aspekt, indem er das Ewige absolut setzt mit dem Göttlichen, dem menschlichen Geist *a priori* immerwährendes Leben zugesteht und so dem Tod das Grauen entzieht. Aber er betrachtet den Tod auch nicht bloß als Übergang in eine andere, den Lebenden verschlossene und ihnen daher unvorstellbare Existenzform, sondern als Auslöser des Lebens, und zwar in einem moralischen Sinn von Dynamik und Fortschritt, der auch Schuld und Sühne, Vergebung und Gnade, Erkenntnis und Liebe in sich birgt. Auf diese Weise darf ausgerechnet der herzogliche Säufer und Schuldner „weiterleben". Tröstlich und heiter ist die Tatsache, daß er trotzdem, oder gerade darum, von den Menschen geliebt und geachtet wird, nämlich als ihr ewiges Abbild, in welchem die sozialen Grenzen aufgehoben sind. Darin offenbart sich überdies die Ironie des Schicksals, die den modernen Dichter als den ironisch-distanzierten Betrachter der Welt anzieht und inspiriert.

Zweifellos gehörte Bergengruen zu jenen Menschen, die das Leben vom Tode her sahen und so der Welt mit Großzügigkeit und Gelassenheit gegenübertraten, dabei zugleich eine Kraft entwickelnd, die es ihm erlaubte, schamhaft verschwiegene Themen zu berühren. Seine phantastischen Geschichten verfolgen also nicht in erster Linie das Ziel, den Leser auf spannende Weise zu unterhalten, sondern sie dienen vor allem der Darstellung und Offenbarung allgemein-gesellschaftlicher und individuell-seelischer Tabus. Außenseitertum, Einsamkeit, Illegalität, Häßlichkeit, Krankheit, Schwäche, jede Art der Abweichung von der gesellschaftlichen Norm verweisen auf das ganz Andere, das Befremdende, auf das Groteske, das Bizarre, das Absurde und das Rätselhafte.

Diese absolut realistischen Aspekte des Daseins offenbaren die tragische Dimension des Phantastischen und zugleich die Problematik einer Dichtung, die durch die Gestaltung des Grotesken versucht, das Dämonische in der Welt zu bannen und zu beschwören, was soviel heißt, wie das Irrationale in Sprachbildern veranschaulichen zu wollen.[25] Thomas Cramer weist darauf hin, daß dies überhaupt erst durch die Haltung der intellektbestimmten Ironie zustande kommen könne; die Groteske sei überhaupt eine der möglichen Verwirklichungsformen der Ironie. „In ihr" – so sagt er – „werden die Spannungen, die in der Ironie intellektuell beherrscht sind, realisiert zu einer Faktizität, sodaß sie nicht mehr ideal, sondern real sind, und sich so zu eigenen, unverbundenen Welten emanzipieren können."

---

[25] *Thomas Cramer*: Das Groteske bei E.T.A. Hoffmann. 2. Aufl. München 1970, S. 15 f. u. 24 ff.

Indem die Spannung so stark ist, daß ihre Pole nicht mehr vereinbar, und damit nicht mehr beherrschbar sind, bewahrheitet sich die Definition Wolfgang Kaysers, nach der sich das Groteske als das „immer wieder sich gestaltende Grauen vor einer sich verfremdenden Welt“ darstellt.[26]

Genau hier setzt Bergengruen an, indem er Sonderlinge und Besonderheiten aller Art in den Mittelpunkt seiner Romane und Erzählungen stellt, so als hätten nur seltsame oder irgendwie ungewöhnliche Menschen Zugang zum Geheimnis des Seins und erst dadurch ein Anrecht auf Schicksal. Real heben sich die Figuren Bergengruens durch ihre gesellschaftliche Stellung von der Allgemeinheit ab, denn sie entstammen fast immer dem Adel oder dem höheren Bürgertum, und nur manchmal handelt es sich um Angehörige des Mittelstandes oder gar um arme Leute. Allen gemeinsam ist die Einsamkeit, die selbst dann herrscht, wenn die Menschen in Familien oder Gruppen leben. Einsamkeit und Verschlossenheit als Ausdrucksformen der Distanz zur äußeren Welt und der Konzentration auf die innere bilden die Voraussetzung für jene überdurchschnittliche Sensibilität, die allein das Verborgene erfühlen und erfahren oder selbst das Unglaubliche produzieren kann. Es ist, als ob die so geprägte Seele den Blick für die Dinge hinter den Dingen schärfe, die Wirklichkeit ins Symbolische erhebe, erst dann Ruhe finde, wenn sich das Sichtbare und das Unsichtbare die Waage halten und damit im gleichen Verhältnis stehen wie die Lebenden zu den Toten. Um diese Zwischenreiche darzustellen, bedient sich Bergengruen einer zwischen Ernst und Spott schillernden Sprache, sodaß es ihm gelingt, das Alltägliche ins Phantastische zu entrücken und das Phantastische als Wirklichkeit auszugeben.[27]

II.

Am Beispiel von Bergengruens schon erwähntem Roman „Das Gesetz des Atum“ sollen nun die vorausgegangenen theoretischen Erwägungen und zugleich die sein Werk bestimmenden romantischen Einwirkungen aufgezeigt werden. Letztere finden sich ebenso in der Form wie auch im Inhalt des Werkes, das mit dem Geflecht aus Liebe, Erkenntnis und Tod die Grundthemen des Autors vorführt. In Anlehnung an Bonaventura teilt Bergengruen die Kapitel des Buches in zwölf Nachtwachen ein, in denen der Ich-Erzähler Nikolai Heinrich Laurentius seine phantastisch-grotesken Erlebnisse aufzeichnet. Nikolai

[26] Zitiert nach: Ebd., S. 25.

[27] *Dietrich Weber*: Die Gespenstergeschichte. In: Otto Knörrich (Hrsg.): Formen der Literatur. Stuttgart 1981, S. 137.

betont, kein Dichter zu sein, um den unglaublichen Geschehnissen *a priori* den Stempel glaubwürdiger Wirklichkeit aufzudrücken. Nichts sei erfunden.

Aufgrund seiner vornehmen Herkunft hat Nikolai es sich finanziell leisten können, zu den „ewigen" Studenten zu zählen. Seine Vorliebe für mondhelle Nächte, in denen er sich sicherer fühlt als sonst, weist nicht nur auf seine starke Mutterbindung hin, sondern auch auf die Weichheit und die Beeinflußbarkeit des Dreiundzwanzigjährigen.[28] Dabei ist ihm klar, daß sein Leben nicht wie bisher weitergehen kann; er vermeidet aber die tragische Qual der Wahl.

Im Traum, in dem Nikolai in einem Wald an eine Weggabelung kommt, entzieht er sich der Entscheidung, indem er quer durch das Unterholz geht. In der Wirklichkeit will er sie – wie bald darauf im Schachspiel mit seinem Kommilitonen und später im Duell mit seinem Jugendfreund Percy – dem anderen, dem Gegner überlassen (13; 178), fühlt aber in beiden Fällen eine ungreifbare Macht, die ihm befiehlt und die ihn lenkt. Urgewaltige Zusammenhänge und Geschehnisse ballen sich in der Unausweichlichkeit des Schicksals zusammen (14). Diese Einsicht läßt in ihm trotz seines unvermuteten Sieges ein Gefühl von hoffnungsloser, rätselhafter Traurigkeit zurück. Er empfindet Vereinsamung und Verarmung, und in diesem Zustand beschließt er, Jena, die Stadt seines Studiums, zu verlassen. Unklar bleibt zunächst nur, ob er damit dem Schicksal entfliehen, oder ob er es beschleunigen will (15).

Er fährt daraufhin nach Riga, „nach Hause" (Novalis). Wie in E.T.A. Hoffmanns Leben und in Eichendorffs Gedichten sind Vater und Mutter schon lange tot, die Heimat ist also schon fast zur Fremde geworden. Allein die Landschaft, die Sprache und die Lieder seines Landes bewegen sein Herz (16-18).

Der Onkel, Heinrich von Müller, den Bergengruen ausdrücklich als Nikolais „Taufvater" vorstellt, führt den jungen Mann in die Geheimnisse der Okkulten Wissenschaften ein. Nikolai entdeckt so eine ihm bis dahin verschlossene Zauberwelt, fühlt sich übermächtig zu ihr hingezogen und wird der wahre Nachfolger seines Onkels, dessen Geistes Kind (62). Er soll darum schon bald mit dem im Okkulten bewanderten Professor Reepschläger in Marburg zusammenarbeiten. Es geht darum, die Siebenmeilenstiefel zu besitzen und sie gefahrlos zu verwenden. Zu dem Motiv des Märchens gesellt sich der Topos der unerfüllbaren Liebe, denn Nikolai hat sich unsterblich in die schöne, junge Frau des alten, griesgrämigen Professors verliebt (42). Die Einsicht in die Ganzheit und Gesetzmäßigkeit des Kosmos, der die Menschen und die Sterne umfaßt, vervollkommnet mit der Dimension der Unendlichkeit den Anteil an romantischen Elementen.

---

[28] *Bergengruen*: Das Gesetz des Atum (wie Anm. 1), S. 7 ff. – Seitenangaben im Folgenden nach der Ausgabe von 1987 als eingeklammerte Ziffern im Text.

Nikolai aber verfolgt von da an seine beiden Ziele mit dem Feuer und der Bedingungslosigkeit der Jugend: die Gewinnung Beates sowie die Beschaffung und die Beherrschung der Märchenstiefel. Deutet man den Schuh symbolisch als das weibliche, den Fuß aber als das männliche Geschlecht, so geht es weniger um okkulte Zaubermittel als vielmehr um das mysteriöse Wunder der Liebe und dessen Erkenntnis. Obwohl Beate verheiratet ist, betragen sich der Ehemann und der Verehrer wie zwei Rivalen, sodaß Nikolai sagen kann:

> „Beate sehen war Glück, größeres Glück noch um sie zu kämpfen." (72)

Es wird ein Kampf auf Leben und Tod, bei dem das romantische Grundschema von Liebe, Erkenntnis und Sterben als durchgehende Struktur erkennbar wird, um die sich der Inhalt mit seinen schon aufgezeigten romantischen Elementen und Motiven aufbaut.

Der Roman enthüllt – phantastisch-entrückt und zugleich realistisch-grausam – eine durchgehende Gesellschaftskritik, die auf der Offenbarung und der Darstellung mehr oder weniger verborgener menschlicher Schwächen beruht. Sie erweisen sich wie das Pendant zu den geheimen Wissenschaften, als ebenso verführerisch wie gefährlich. Die dunkle Seite des menschlichen Verhaltens hat damit eine Doppelgängerin in der dunklen Seite der Welt der Phänomene.

In dem Verhältnis der sechs Hauptfiguren des Romans treten Tabus ans Licht – erst durch die Lektüre Außenstehender, nämlich der Leser, werden sie an den Tag gebracht, d.h., allgemein und bewußt reflektiert. Es sind Tabus, die beispielsweise durch vornehme Zurückgezogenheit (Beate; Sabine) oder durch strenge, Unnahbarkeit erzeugende Gewohnheiten (Professor Reepschläger) nach außen versteckt werden. Nur die schlechthin von Liebe besessenen Menschen können diese Mauer durchbrechen. Percys unbegreifliche Zuneigung zu der abstoßenden Sabine, die trotz ihrer monsterhaft-buckligen Erscheinung Ansprüche an das Leben stellt und statt Percy ausgerechnet Nikolai liebt, ist von Anfang an von einem bösen Omen überschattet. Diese unglückselige Beziehung überschneidet sich mit dem unerlaubten Verhältnis Nikolais zu Beate, sodaß ein wahrer Schicksalsknoten entsteht, der allen zum Verhängnis wird und nach und nach den Tod der verschiedenen Protagonisten auslöst.

Das überraschende Auftauchen des eifersüchtigen Professors gerade in dem Augenblick, als Nikolai Beate zum ersten und zum letzten Male umarmt und küßt, gibt dem heimlichen Liebhaber die seltsame Ausrede ein, er habe Beate auf diese Weise für seine erfolgreiche Brautwerbung um Sabine gedankt. Die Folgen scheinen ihm klar: im Duell mit Percy würde er, Nikolai, getötet. Doch wie einst beim Schachspiel in Jena, das er wider seinen Willen gewann, so überlebt er auch jetzt die Herausforderung gegen seine Absicht und kommt mit zwei Jahren Festungshaft davon. In dieser Zeit läßt er alle Briefe von Sabine ungeöffnet zurückgehen, sodaß sie sich eines Tages das Leben nimmt. Nikolais flammende Liebesbotschaft an Beate wird hingegen von Professor Reepschläger abgefangen. Da es für ihn nun keinen Zweifel mehr an der Untreue seiner Frau gibt, bringt er sie um, allerdings bleibt sie ihm als schöne Mumie erhalten, die er in dem zu einem ägyptischen Tempel verwandelten Schlafzimmer betrachten und anbeten kann, sooft er will.

All diese ungeheuerlichen Vorfälle und Ereignisse bleiben lange geheim und kommen nur zufällig oder durch detektivähnliches Nachforschen ans Licht. Selbst die engste Umgebung Reepschlägers glaubt, seine Frau befinde sich zur Erholung in einem Schweizer Sanatorium. Wieder gelingt es Nikolai dank seiner bedingungslosen Liebe zu Beate, das grauenvolle Geheimnis zu lüften. Erschüttert von der fürchterlichen Erkenntnis, auch ihr Leiden und Sterben verursacht zu haben, schwört er Rache: der Professor soll durch seine Hand sterben (212).

Reepschläger, übrigens nicht zu unrecht „Stoßvogel" genannt, wird wenig später Opfer seiner Begeisterung und Neugier für die inzwischen gefundenen und nach Marburg gelieferten Siebenmeilenstiefel. Nikolai ist der Einzige, der diese Wunderschuhe für den Menschen gefahrlos zu gebrauchen weiß. Absichtlich unterläßt er es, die dafür eigens hergestellte Schutzrüstung ordnungsgemäß anzugeben, sodaß der Professor ahnungslos in den sicheren Erstickungstod rast. Im Bruchteil einer Sekunde glaubt Nikolai „im Mondlicht etwas wie einen zerrinnenden Schatten zu sehen." (217)

Am Ende ist Nikolai allein, doch kaum mehr er selbst, denn in ihm sind die Wesenszüge aller Toten vereint, und er hat sich in die Gestalt dessen verwandelt, den er eigenhändig umbrachte. Darin bewahrheitet sich das Gesetz des ägyptischen Gottes Atum, der, über die tote Beate wachend, so zu ihm spricht:

> „Das ist mein Gesetz:
> Wer nimmt muß geben. / Wer vernichtet, muß bauen.
> Und wessen Hand eine Lücke riß in die Kette der
> Erscheinungen, dessen Herzblut und Lebenskraft soll die
> Lücke füllen. / Wie ich in Set bin, der mich erschlug,
> da ich Osiris war, so soll der Erschlagene in dem Mörder
> sein." (220)

Vielleicht distanzierte sich Bergengruen nicht nur wegen der offensichtlich heidnisch-grausamen Radikalität später von seinem ersten Roman, sondern auch deshalb, weil dieser für ihn einen ähnlichen Stellenwert wie der „Werther" für Goethe besitzen mochte: es sind Werke, die persönliche Jugendprobleme dichterisch gestalten und damit deren Überwindung bewirken. Goethe erschoß sich nicht aus Liebeskummer; Bergengruen rächte sich nicht an anderen aus Heimweh. Für beide Dichter begann nach dieser inneren Selbstabrechnung eine respektable Karriere.

III.

Bergengruen zeigt in seinen späteren Werken umso klarer auf, daß unbewältigte Konflikte auf Irrwege oder zumindest Umwege – und damit in den physischen oder psychischen Tod führen. Sobald aber der Mut zur Konfrontation mit jeglicher Art von Problemen stärker ist als die Furcht vor sich selbst und vor den anderen, erlangt der Mensch Freiheit und Glück. Anhand einiger ausgewählter Erzählungen des Autors sollen nun noch weitere Möglichkeiten des Phantastischen herausgestellt werden, andere Varianten über Liebe, Erkenntnis und Tod.

„Der Seeteufel" aus dem Buch „Der Tod von Reval" ist eine Rahmenerzählung, die dem Leser zunächst den seltsamen Kronsarrendator von Leonorenhof vorführt. Karluscha ist ein einsamer Mann – nicht zuletzt infolge der geographischen Lage seines Wohnorts „abseits der Städte", „an der estländischen Küste", die zweifellos seinen ohnehin eigenbrödlerischen Charakter verstärkt haben dürfte. Er hat keine Frau und sucht keine Kontakte. Im durchgängig ironisch gehaltenen Text heißt es:

> „Seinen Hauptumgang hat er darum mit dem Pastor und dem Doktor, die es nur zwei bis drei Fahrstunden weit haben bis nach Leonorenhof. – Alle drei sind aneinander gewöhnt seit vielen Jahren, und außerdem sind sie das, was man in den Ostseeprovinzen Zeitgenossen nennt; hierunter versteht man nicht wie anderwärts Menschen, die miteinander auf der Erde leben, sondern solche, die zu gleicher Zeit in Dorpat studiert haben."[29]

In dieser Öde, die noch durch die ewigen schwarzen Tanghaufen vor den Fenstern des bescheidenen Herrenhauses unterstrichen wird, entwickelt Karluscha zwei bevorzugte Beschäftigungen: die Beobachtung des Wetters und die Herstellung von Schnaps (64f.). Als er seinen beiden Freunden, dem Arzt und dem Pfarrer, eines Tages eine neue Branntweinmischung kredenzt, meint der Doktor, dieses Gebräu schmecke wie die Kapitänin Holmberg, eine Redewendung aus der längst vergangenen Schulzeit (67). Daraus ergibt sich dann der Bericht über diese Frau, die den Schnaps und alle seine Liebhaber haßte, ihren Mann darum auch auf allen Seefahrten begleitete, um die Schnapsrationen für ihn und die Mannschaft selbst bestimmen zu können. Ihre Anweisungen sollten selbst über ihren Tod hinaus befolgt werden. Als sie tatsächlich auf hoher See stirbt, führt ihr Mann ihren letzten Willen aus: Sie wird in einem vollgefüllten Branntweinfaß vor dem Zerfall bewahrt und so nach Reval transportiert. Doch Mann und Mannschaft respektieren den klugen Wunsch des weiblichen „Seeteufels" nur kurzfristig und bedienen sich erst heimlich, dann offen und haltlos

---

[29] *Werner Bergengruen*: Der Seeteufel. In: Ders.: Der Tod von Reval (wie Anm. 9), S. 62 ff. – Seitenangaben im Folgenden nach dieser Ausgabe als eingeklammerte Ziffern im Text.

von dem Faß mit der Leiche der Kapitänin Holmberg, dessen Inhalt entsprechend schmecken mußte. Karluschas Schnaps steht ihm da in nichts nach, denn der erstaunte Leser erfährt jetzt, daß er aus Seetang gemacht wurde.

Nicht ganz so verwundern mag die Tatsache, daß sich der ehemals geachtete Kapitän ins Grab trinkt und damit beweist, daß die vermeintliche Bosheit seiner Frau in Wirklichkeit eine große Weisheit war. Aus der unvernünftigen, triebhaft-dummen Sicht der Seeleute wird die Kapitänin zum „Seeteufel" degradiert – und dies umso mehr, als sie die Männer trotz starker Überzahl beherrschen kann. Doch ihre Klugheit gibt ihr eine Autorität, die besonders ihren Mann von ihr abhängig werden läßt. Das Unverhältnis ihrer beider Beziehung führt schließlich zu Irrtum und Tod.

Auch in der Novelle „Die zwei Frauen des Herrn von Rodenstein" geht es um eine solche Abhängigkeit, die jedoch ins rein Phantastische gesteigert wird.[30] Ausgehend vom Bild eines Grabmals, das einen Angehörigen der Familie Rodenstein und dessen beide Frauen darstellt, nimmt die Geschichte wiederum ihren Anfang vom Tode her (241). Bergengruen greift hier den alten Sagenstoff vom Geschlecht der im Odenwald beheimateten Herren von Rodenstein auf, wobei er diesen Stoff in der zu Beginn des 19. Jahrhunderts üblichen Ritter- und Gespensterromantik behandelt.[31] Die Erzählung setzt denn auch in jenem naiv-einfachen und doch so kunstvollen Stil ein, der Märchenhaft-Historisches verheißt:

> „Es war ein Herr von Rodenstein, dem fiel nichts auf der Welt so schwer wie dieses eine: von seinem Weibe zu scheiden. Und eben darum meinte er, es müsse sein, nahm das Kreuz und machte sich auf den Weg in das heilige Land. Aber das Schiff geriet in Seenot und strandete, und die nicht ertranken, fielen den Korsaren in die Hände und wurden als Sklaven verkauft. Unter diesen war auch der Herr von Rodenstein."[32]

In der Fremde und Einsamkeit eines Königshofes in Alexandrien erinnert sich der verlorene Ritter mit Wehmut und Sehnsucht an seine schöne Frau und hadert mit seinem Schicksal. Als ihn eines Tages eine dunkelhaarige Dame aus einem Becher von Lindenholz trinken läßt und ihm einen gelb roten Apfel schenkt, erkennt er darin Zeichen aus der Heimat. Der folgende Traum erweist sich als spukhafte Vision, die den tragischen Lebenskonflikt des Ritters aus der Vergangenheit in die Zukunft projiziert – einen Konflikt, der indes unlösbar bleibt und zum Ende allen Glückes führt. Bergengruen erzählt:

---

[30] *Werner Bergengruen*: Die zwei Frauen des Herrn von Rodenstein. In: Ders.: Das Buch Rodenstein (1927). Neuauflage Frankfurt a.M. 1996, S. 241-261. – Seitenangaben im Folgenden nach dieser Ausgabe als eingeklammerte Ziffern im Text.

[31] Dazu *Elisabeth Frenzel*: Stoffe der Weltliteratur. 8. Aufl. Stuttgart 1992, S. 683.

[32] *Bergengruen*: Die zwei Frauen des Herrn von Rodenstein (wie Anm. 30), S. 241.

> „Als er [der Herr von Rodenstein] gegen Morgen in Schlummer fiel, da träumte er vom Rodensteiner Lindengarten und von einer Frau in lichtblauem Seidenkleide, die ihm lieb und vertraut war wie kein anderer Mensch. Wollte er sie aber mit Namen rufen und berühren, so entglitt sie ihm, spaltete sich, zeigte zwei Gestalten, die seines Weibes und die der Fremden, und es geschah, daß sie noch in einer dritten an ihm vorbeihuschte, nun aber traurig und blaß, einer Kindergestalt, die der kleinen Schwester seiner Frau angehörte. Denn diese hatten die Eheleute, die kinderlos waren, als eine Waise zu sich genommen, und der Herr von Rodenstein hatte sie lieb gehabt, als sei sie seine eigene Tochter." (244)

Tatsächlich führt den Ritter die schöne Fremde wieder in die Heimat, und seine Frau empfängt nicht nur ihn selbst, sondern seltsamerweise auch seine weibliche Begleitung mit großer Herzlichkeit:

> „Die Frau von Rodenstein breitete die Arme aus, die Fremde trat auf sie zu, und es war anzusehen, als verschmölzen beide Gestalten zu einer." (252)

Die vermeintliche Ehe zu Dritt enthüllt sich indes als Illusion, da die beiden Frauen nur die beiden gegensätzlichen Wesensseiten der Frau von Rodenstein verkörpern: die mädchenhaft-reine und die leidenschaftlich-dämonische, welch letztere es allerdings fertigbrachte, die kleine Schwester zu opfern, um den Ritter aus der Gefangenschaft zu erlösen. Als der Herr von Rodenstein Verstrickung und Schuld seiner Frau erahnt und sich vom Bösen befreien will, indem er die schöne Fremde vergiftet, da weiß er nicht, daß er damit auch seine eigene Frau tötet. Sterbend kann sie ihm noch ihr Hexenwerk gestehen, sich in zweierlei Leben geteilt zu haben (260). Ohne seine Frau kann der Herr von Rodenstein fortan nur noch zwischen Abend- und Morgenland umherirren.

Es wird deutlich, daß Bergengruen, die Kenntnisse seiner Zeit verwendend, also gleichsam als „Post-Romantiker", das romantische Thema des Doppelgängers im Sinne des psychopathischen Phänomens der Persönlichkeitsspaltung aufgreift, mit erotischen Tabus verknüpft und ins Phantastische verlegt – handelt es sich beim Ritter Rodenstein doch um einen Mann, der nicht nur zwischen zwei beziehungsweise drei Frauen steht, sondern dessen Handeln auch den Verdacht aufkommen läßt, aller Liebe und Treue zum Trotz seine minderjährige Schwägerin begehrt oder gar verführt zu haben. Diese im Buch verschwiegene Tatsache dürfte der wahre Auslöser für des Ritters doch eigentlich fadenscheinig begründete Teilnahme an einem Kreuzzug sein. Aus der Bußbereitschaft erwächst ihm jedoch statt Vergebung eine neue, sichtbare Gefangenschaft, eine andere Art von Sklavendasein. Indem so seine psychische Abhängigkeit und Unentschiedenheit in visionären Träumen und verfremdeten Wirklichkeiten Gestalt annimmt und dabei durch farbenstarke Bilder bezeugt wird, verweben sich Realität und Phantasie zu einem höchst feinen, unentwirrbaren Gespinst, das in seiner Vielschichtigkeit die Komplexität der menschlichen Seele ahnungsvoll spiegelt.

Von männlicher Schwäche gegenüber weiblichem Zauber und Eigensinn handelt auch die Novelle „Die Speltsche Einfahrt".[33] Allerdings resultiert diese Schwäche hier aus schwerer Erfahrung und aus dem Willen, sich gesellschaftskonform zu verhalten.

Heinrich Magnus von Walberstedt ist ein einsamer Mann, der zurückgezogen auf seinem ererbten Gut Kirwen lebt. Von Anfang an umschwebt ihn etwas Geheimnisvoll-Undurchsichtiges, denn:

> „Einige Male reiste er ins Ausland. Auch sonst war er häufig abwesend; wie es hieß, in Riga. In seinem frauenlosen Haushalt lebten Kinder, nämlich zwei Zwillingsschwestern; später kam noch ein halbjähriger Knabe hinzu. Gefragt, bezeichnete Walberstedt diese Kinder als Waisen eines entfernten Verwandten. In der Nachbarschaft hieß es, eine verschleierte Dame sei mehrere Male zu kurzem Besuch nach Kirwen gekommen."

Mit der Zeit erhob sich das Gerücht, Walberstedt sei insgeheim verheiratet und der Ring mit dem großen Saphir, den er an der rechten Hand trage, habe die Bedeutung eines Trauringes (7).

Tatsächlich symbolisiert der Saphir gemeinhin die himmlische Hoffnung,[34] die der Stabsrittmeister Walberstedt nach gescheiterter, doch aus religiösen Gründen nicht geschiedener Ehe bei Désirée findet. Sie ist eine junge Witwe, unabhängig und stolz, dabei kränklich und darauf bedacht, jegliche „Ungewöhnlichkeiten der Lebensweise" zu vermeiden. Sie zieht denn auch nicht auf das Gut Kirwen, sondern geht mit Walberstedt „jenseits der preußischen Grenzen" auf Reisen (8). So kommt es, daß Walberstedt die drei aus dieser Verbindung stammenden und schon erwähnten Kinder zu sich nimmt. Als Désirée aber ihren nahen Tod fühlt, fordert sie den Mann auf, mit den Kindern nach Riga zu kommen. Der einsetzende Eisgang macht es unmöglich, die Düna zu überqueren, sodaß sich Walberstedt aus Angst vor neugierigen Fragen und peinlicher Aufdeckung der Wahrheit in einem „seinem Stande wenig angemessenen Gasthof" in Thorensberg einquartiert. Von da an bleiben er und die Kinder unauffindbar. Désirée stirbt, ohne sie wiedergesehen zu haben. Die Erkenntnis, daß die Liebe alles überwindet, auch und gerade gesellschaftliche Konventionen, kommt zu spät.

Erst mehrere Jahrzehnte später wird die tragische Begebenheit durch ein kleines Mädchen aufgedeckt. Die knapp sechsjährige Fanny ist – so wie die Anzahl der Hauptpersonen im „Gesetz des Atum" verweist hier die Altersangabe verschlüsselt auf Hang und Fähigkeit zum Übernatürlichen – mit dem sechsten Sinn begabt und entdeckt im väterlichen Wohnhaus die Anwesenheit eines

---

[33] *Werner Bergengruen*: Die Speltsche Einfahrt. In: Ders.: Der Basilisk und andere Spuknovellen. Zusammengestellt von Charlotte Bergengruen. Frankfurt a.M. 1988, S. 7-19.

[34] *Manfred Lurker*: Wörterbuch der Symbolik. 4. Aufl. Stuttgart 1988, S. 158.

Mannes und dreier Kinder. Sie behauptet, mit den beiden fast gleichaltrigen Mädchen und dem kleinen Jungen gespielt zu haben und sie erzählt, daß alle drei danach in dem großen Kachelofen verschwunden seien. Ein anderes Mal erblickt sie „einen schlanken Herrn“ (14); es fällt ihr auf, daß dieser zwar fremdartig, aber doch sehr stattlich gekleidete Mann „keinerlei Schmuck trug“ (15). Der Übergang vom Visionären zum Realen gelingt dadurch, daß sich Fanny noch halb im Traum von etwas an der Stirn getroffen fühlt, das sich als zerknülltes Papier herausstellt:

> „Es war eine alte Nummer der ‚Rigischen Anzeigen‘, rund ein halbes Jahrhundert zurückreichend ... Frau Hochgereuth [Fannys Mutter] las: ‚Nachdem man bisher auf allerlei Art vergeblich versucht hat, sich über das Verschwinden des weiland Russisch-Kayserlichen Stabsrittmeisters Hrn. von Walberstedt auf Kirwen in Kurland und der drei mit ihm gereisten Kinder ins Klare zu setzen, wird nunmehr auf diesem Wege die Öffentlichkeit um Mitteilungen gebeten‘.“

Das Datum, an dem Walberstedt zum letzten Mal in Thorensberg gesehen worden war, stimmt mit dem Tag überein, an dem Fannys Mutter die Nachricht liest (17). Deutlicher kann die Verbindung zwischen der sichtbaren und der unsichtbaren Welt nicht sein. Sie wird zu einem realen Tatbestand, als man die Leiche Walberstedts in einer Wand des Hauses Hochgereuth eingemauert und die Kinderskelette in dem großen Kachelofen findet. Jetzt erst erfährt der Leser die Zusammenhänge: Walberstedt und seine drei Kinder sind im Gasthof, in dem sie einst abgestiegen waren, einem Gewaltverbrechen zum Opfer gefallen. Das früher als Gasthof dienende Haus aber ist nun im Besitz der Familie Hochgereuth.

Die Novelle bedürfte einer längeren Auslegung; hier seien nur drei Grundzüge genannt: 1. Innere Einsamkeit und äußeres Schicksal stehen in enger Beziehung; 2. Verdrängte Gefühle, die aus privaten oder gesellschaftlichen Rücksichten in Lebenslügen ausarten, rächen sich; 3. Erlösung, Schutz und Frieden werden immer durch Unschuldige, also Kinder, Jungfrauen, Engel oder fromme Menschen vermittelt, denn sie erfüllen die Mission göttlicher Boten.

Wann immer der Mensch den festen Willen hat, seine Schwächen – etwa Schüchternheit, Feigheit oder Unsicherheit – zu überwinden, wird ihm die Hilfe geboten, die nötig ist, um den dämonischen Zugriff zu bannen. Die Novelle „Der Strom“ soll dies bestätigen.[35]

Die Geschichte liest sich wie eine Fortsetzung der vorigen, denn im Mittelpunkt steht ein Nachfahre der begüterten patrizischen Familie Hochgereuth. Christoph Hochgereuth erbte „einen kleinen, verschuldeten und verwahrlosten Besitz jenseits der Düna, welcher Schadeckshof hieß und wenig eintrug.“ (9) Christoph erscheint als entschlußloser, dabei „wohlgeschaffener junger Mensch“,

---

[35] *Werner Bergengruen*: Der Strom. In: Ders.: Die Flamme im Säulenholz. Zürich o. J., S. 9-40.

der unter Minderwertigkeitskomplexen leidet und voller Pessimismus grüblerisch dahinlebt. Bei der Sichtung seiner ererbten Habseligkeiten entdeckt er unter anderem einen „Stoß alter handgeschriebener Werke" in lateinischer und arabischer Sprache, die er zwar nicht lesen kann, von denen er sich aber nicht trennen mag, weil er aus unbestimmten Gründen an ihnen hängt. So verwahrt er sie in einer schwarzen Holztruhe, welche die Inschrift trägt: ‚Riga rigat gentes.' „Dieses stolze, von langem her überlieferte Wort – ‚Riga benetzt die Völker' – war in jenen Tagen den Leuten nicht mehr recht verständlich." (10)

Unverständlich ist auch, daß eines Tages Christine Rosencrona zu Christoph kommt und ihn um Einsicht in die ererbten Bücher bittet. Sie stammt nicht nur aus allerhöchsten Kreisen, sondern sie ist auch eine gelehrte junge Dame:

> „Christine gab viel zu reden. Sie sprach und schrieb Latein, las Bücher und trieb Studien, die, wie es hieß, den entlegenen Wissenschaften zugewandt waren. Es sei, so sagte man, nicht bei den Studien geblieben. Vielleicht hätte man sie der Hexerei beschuldigen mögen." (12)

Christine übergeht dieses Gerede mit scheinbarer Hochmütigkeit und weist einstweilen alle Bewerber ab. Sie hat sich ganz ihrem Wissensdurst ergeben, und darum bietet sie Christoph stolze Summen an, um dessen alte Schriften zu erwerben. Er erbittet sich Bedenkzeit. Als er den Kalender aufschlägt, muß auch er – wie Fannys Mutter – einen merkwürdig-zufälligen Zusammenhang feststellen, daß nämlich an diesem Tag sein Namenstag ist, am Vortage aber der von Christine (15; 16). Zur Verwunderung tritt eine andere Erfahrung, nämlich jene, „daß ein Mensch mit seinem ganzen Seelenfrieden von ihm und seiner Entscheidung abhing" (17).

So wie Christine von den Büchern besessen ist, so ist Christoph nun von der Liebe besessen. Doch hier werden Liebe und Erkenntnis nicht dem Tod, sondern der Unschuld zugeordnet. Denn der junge Mann ist ein zutiefst guter Mensch, selbst wenn er sich durch Christines Verhalten beleidigt fühlt und sie darum demütigen möchte. Das Erschrecken über seine Dreistigkeit stellt das Bild eines naiven und etwas ungeschickten Liebhabers wieder her. Die Bücher will er ihr nämlich gerne schenken, wenn er drei Nächte lang ihr Gast sein darf (17). Zu seiner Verwunderung ist Christine einverstanden. Nachdem er aber die ersten beiden Nächte regelrecht verschlafen hat, geht er beunruhigt und ganz in Gedanken versunken an den Hafen. Während er noch zögert, vor dem Standbild des Großen Christoph auf die Knie zu fallen, beobachtet er eine Strusenrussin, die nicht nur zu Füßen des Heiligen betet, sondern ihm auch ihre letzte Münze opfert. Gerührt schenkt ihr Christoph den ganzen Inhalt seines Geldbeutels.

Durch die christlich-frommen Gesten schimmern erotische und heidnische Bezüge durch. Die „unbeschreiblich strahlenden Augen" (24) der alten Frau und ihre weit geöffnete Hand, in welche die Geldstücke gleiten, wie dann auch das Gegenmittel zu Christines Zauberkraft in Form eines „leinenen Beutelchens" (28), das dem Verliebten von der alten Frau übergeben wird, und das er unter dem Kopfkissen verschwinden lassen muß, um Christines ihn einschläfernden Bann zu brechen, belegen dies mühelos. Verbunden mit dem flüsternden Anruf: „In Sankt Christophs Gewalt" gelingt es Christoph dann wirklich, wach zu bleiben und Christines Widerstand zu überwinden. Diese „Brunhild des Intellekts" antwortet auf die ehrliche Liebe ihres Bewerbers mit Gegenliebe. Christoph und Christine heiraten, bekommen Kinder, erreichen Aufstieg und Ansehen. Erst am Ende seines langen Lebens erscheint die Alte wieder bei Christoph: beide haben nicht vergessen, daß er ihr ja außer seiner milden Gabe noch einen anderen Lohn für ihre Hilfe schuldet. Wieder erreicht Bergengruen durch die Umkehrung der Norm eine phantastische Wirkung; er bedient sich dabei des bekannten Sprichworts, Undank sei der Welt Lohn. Auf Christophs verwunderte Frage, inwiefern er der alten Frau schon ihren Lohn gegeben habe, läßt Bergengruen sie nämlich antworten: „Dank ist der Welt Lohn" (35). Und sie erklärt es ihm so:

> „Du hast Bäume gepflanzt, Brot gegessen, Wein getrunken und Recht gesprochen. Du hast Kinder gezeugt, und deine Kinder haben getan wie du. Du hast gelacht und Tränen geweint" (35).

Da spürt Christoph eine glückliche Müdigkeit und vermag das Leben in seiner Gnade ahnend zu erfassen. Doch das geschieht eben erst in der Intensität und Abgelöstheit seiner Sterbestunde. Indem er sich lebenslang in der Schuld der Gnade weiß, es aber unterläßt, das Wunderbare durch die Vernunft zu entschleiern, es zu stören, ja aufzuheben, wird er durch ein reiches Dasein belohnt. Die Erkenntnis aller dieser Zusammenhänge aber wird ihm an der Schwelle zum Tod geschenkt.

Die angeführten Beispiele zeigen, daß Bergengruen in seinem Werk und Weltbild als genauer Beobachter und als visionärer Seher gelten darf. Gleichgültig, ob er seine Erzählkunst aus Anekdote, Sage, Geschichte, Zeitungsnachricht oder Legende entwickelt – sie spannt immer den Bogen von der Realität ins Imaginäre, umfaßt stets Gefühl, Erkenntnis und Moral und strahlt so eine tiefe Weisheit aus. Sie entsteht aus der Einsicht in die Ohnmacht des Menschen gegenüber den verborgenen Geheimnissen und Gesetzen des Lebens, aber auch aus dem Vertrauen in eine höhere Gerechtigkeit, die straft oder erlöst. Ebenso wie bei den Romantikern berühren und durchdringen sich in diesem Punkt Bergengruens phantastische und religiöse Werke, die immer davon ausgehen, daß Mensch und Kosmos in der Einheit eines göttlichen Willens existieren. Das Phantastische und das Religiöse gehören so letztlich zusammen, denn das Phantastische ist nur eine besondere Ausprägungsform des Religiösen und Unbegreiflichen. Werner Bergengruen hat dieses typisch ‚romantische' Prinzip in seinem Werk eindrucksvoll fortgeführt und erneuert.

Werner Bergengruens Tagebuchaufzeichnungen zum Dritten Reich

Von *Frank-Lothar Kroll*

I.

Der deutschbaltische Schriftsteller Werner Bergengruen (1892-1964) zählt zu den profiliertesten Repräsentanten jener moralisch-intellektuellen Einstellung gegenüber dem nationalsozialistischen Herrschaftssystem nach 1933, für die sich, in Ermangelung geeigneter Begriffsbildungen, noch immer die seit langem geläufige Bezeichnung „Innere Emigration" anbietet.[1] Im März 1937 aus der Reichsschrifttumskammer ausgeschlossen, war ihm seither jede schriftstellerische Betätigung in Deutschland grundsätzlich verwehrt. Er hatte jedoch über seinen Verlag – die Hanseatische Verlagsanstalt Hamburg, in der auch dem Regime nahestehende Autoren publizierten – mehrfach Sondergenehmigungen und Ausnahmebescheinigungen erhalten, sodaß auf diese Weise zahlreiche weitere seiner Werke ihre Leserschaft fanden.[2] Dazu gehörte z.B. die 1937 erschienene Novelle „Die drei Falken", in der ein Krüppel als Hauptperson zur Verkörperung humaner Gesinnung und weitherziger Lebensauffassung wird – in den Jahren staatlich durchgeführter Ermordung geistig und körperlich Behinderter ein bewußtes Zeichen, das auch als ein solches verstanden wurde. Ähnliche Zeichen setzten die beiden zu jener Zeit publizierten Romane Bergengruens – „Am Himmel wie auf Erden" (1940) als großangelegte Schilderung der existenziellen Deformierung einer menschlichen Gemeinschaft unter dem Druck einer drohenden Katastrophe, sowie „Der Großtyrann und das Ge-

---

[1] Zur Wortgeschichte vgl. *Gisela Berglund*: Einige Anmerkungen zum Begriff der Inneren Emigration. Stockholm 1974. Als Alternativ-Begriffe dienen der literaturwissenschaftlichen Forschung der 1990er Jahre Wortprägungen wie z.B. „regimekritische Literatur" oder „Literatur der Zwischenreich-Autoren".

[2] Vgl. dazu allgemein *Jan-Pieter Barbian*: Literaturpolitik im „Dritten Reich". Institutionen, Kompetenzen, Betätigungsfelder. Überarbeitete und aktualisierte Ausgabe München 1995; *ders.*: Institutionen der Literaturpolitik im „Dritten Reich". In: Günther Rüther (Hrsg.): Literatur in der Diktatur. Schreiben im Nationalsozialismus und DDR-Sozialismus. Paderborn / München / Wien / Zürich 1997, S. 95-129; ferner *Siegfried Lokatis*: Hanseatische Verlagsanstalt. Politisches Buchmarketing im „Dritten Reich". In: Archiv für Geschichte des Buchwesens 38 (1992), S. 1-189.

richt“ (1935), das wohl wichtigste Buch der „Inneren Emigration“ überhaupt, als Parabel über den Mißbrauch der Macht in der Diktatur.[3]

Es war nicht zuletzt diese parabelhafte, von der Technik indirekter Anspielungen und verdeckter Kritik „zwischen den Zeilen“ geprägte „camouflierte“ Schreibweise, die das widerständige Potential der zur „Inneren Emigration“ rechnenden Autoren – neben Werner Bergengruen waren dies vorzugsweise Reinhold Schneider und Ernst Wiechert – in der vom Paradigmenwechsel des Jahres 1968 dominierten literaturwissenschaftlichen und germanistischen Forschung der 1970er und 1980er Jahre in Mißkredit brachte.[4] Ohne Berücksichtigung der spezifischen Kommunikationsbedingungen im Dritten Reich, die eine simple Alternative von „Dissens oder Opposition“, „offener Kritik oder Schweigen“, „Mitläuferschaft oder Kollaboration“ in dieser unvermittelten Form gar nicht zuließen, unterstellte man den „Inneren Emigranten“ vielfach ganz allgemein eine „affirmative“, bei aller vermeintlichen Distanz zum Regime Hitlers letztlich doch systemkonforme Haltung – bis hin zum Vorwurf des Eskapismus, der Politik-, Realitäts- und Gegenwartsflucht sowie der indirekten Stabilisierung des Systems. Ein Roman wie der „Großtyrann“, urteilte beispielsweise Wolfgang Emmerich 1979 in einem repräsentativen Sammelwerk, habe nicht zum Widerstand geführt, sondern, ganz im Gegenteil, von diesem abgelenkt.[5]

In den vergangenen Jahren hat sich hier indes ein bemerkwerter Einstellungswandel vollzogen. Eine wachsende Zahl jüngerer Untersuchungen bemüht

---

[3] Insgesamt erschienen in der Zeit des Dritten Reiches 28 Titel von Werner Bergengruen; vgl. Werkverzeichnis Werner Bergengruen. In: Frank-Lothar Kroll (Hrsg.): Flucht und Vertreibung in der Literatur nach 1945. Berlin 1997, S. 123 f.; die bisher einzige Monographie über Bergengruens Einstellung zum Nationalsozialismus von *Albert J. Hofstetter*: Werner Bergengruen im Dritten Reich. Diss. Freiburg / Schweiz 1968, ist wissenschaftlich mittlerweile überholt. Wichtig weiterhin die Darstellung von *Hans Bänziger*: Werner Bergengruen. Weg und Werk. 4. Aufl. Bern / München 1983, S. 7-29; zum Ganzen auch *Dieter A. Binder*: Bergengruens Briefe nach Graz. Zur konservativen Opposition in der Kriegszeit. In: Österreich in Geschichte und Literatur 27 (1983), S. 281-306.

[4] Repräsentativ für diese pejorative Sichtweise z.B. *Franz Schonauer*: Deutsche Literatur im Dritten Reich. Versuch einer Darstellung in polemisch-didaktischer Absicht. Olten / Freiburg 1961; *Ernst Loewy*: Literatur unterm Hakenkreuz. Das Dritte Reich und seine Dichtung. Eine Dokumentation. Frankfurt a.M. 1969; *Reinhold Grimm*: Im Dickicht der inneren Emigration. In: Horst Denkler / Karl Prümm (Hrsg.): Die deutsche Literatur im Dritten Reich. Themen, Traditionen, Wirkungen. Stuttgart 1976, S. 406-426; *Ralf Schnell*: Literarische Innere Emigration 1933-1945. Stuttgart 1976; *ders.*: Innere Emigration und kulturelle Dissidenz. In: Richard Löwenthal und Patrik von zur Mühlen (Hrsg.): Widerstand und Verweigerung in Deutschland 1933-1945. Berlin / Bonn 1982, S. 211-225; *ders.*: Zwischen Anpassung und Widerstand. Zur Literatur der Inneren Emigration im Dritten Reich. In: Thomas Bremer (Hrsg.): Europäische Literatur gegen den Faschismus 1922-1945. München 1986, S. 15-32; *ders.*: Dichtung in finsteren Zeiten. Deutsche Literatur und Faschismus. Reinbek 1998.

[5] *Wolfgang Emmerich*: Die Literatur des antifaschistischen Widerstandes in Deutschland. In: Denkler / Prümm (wie Anm. 4), S. 448; ähnlich denunziatorisch *Christian Grawe*: Sprache im Prosawerk. Bonn 1974, S. 9-37.

sich zunehmend um eine von postumen Selbstgerechtigkeiten und konventionellen Vorurteilen gegenüber den im Dritten Reich publizierenden Autoren weitgehend freie Neubewertung der unter den Bedingungen der Diktatur entstandenen literarischen Produktion. Solche Neuansätze richten sich nicht nur gegen das weitverbreitete Klischee moralischen Versagens der nach 1933 in Deutschland verbliebenen Autoren.[6] Sie zeigen sich auch um den Aufweis ästhetischer Gemeinsamkeiten und formaler Verwandtschaften in den Werken der „inneren" und der „äußeren" Emigration" bemüht.[7] Darüberhinaus diagnostizieren sie eine spezifische Form von „Modernität", die manchen Erzeugnissen der Literaturlandschaft des Dritten Reiches unzweifelhaft zuzusprechen ist,[8] mit

---

[6] Vgl. bes. *Friedrich Denk*: Die Zensur der Nachgeborenen. Zur regimekritischen Literatur im Dritten Reich. Weilheim 1995; *ders.*: Regimekritische Literatur im Dritten Reich. Eine Problemskizze. In: Frank-Lothar Kroll (Hrsg.): Wort und Dichtung als Zufluchtsstätte in schwerer Zeit. Berlin 1996, S. 11-33; wichtig als Fallstudie auch *ders.*: „Das Buch muß abgelehnt werden". Notizen zu Gertrud Fusseneggers „Mohrenlegende". In: Frank-Lothar Kroll (Hrsg.): Grenzüberschreitungen. Festschrift für Gertrud Fussenegger. München 1998, S. 157-169; ferner *Günter Scholdt*: Autoren über Hitler. Deutschsprachige Schriftsteller 1919-1945 und ihr Bild vom „Führer". Bonn 1993; *ders.*: „Ein Geruch von Blut und Schande?" Zur Kritik an dem Begriff und an der Literatur der Emigration im Innern. In: Wirtschaft und Wissenschaft 2 (1994), S. 23-28; *ders.*: Heiße Eisen. Ostdeutsche Schriftsteller und ihr Umgang mit heiklen Themen im Dritten Reich. In: Frank-Lothar Kroll (Hrsg.): Deutsche Autoren des Ostens als Gegner und Opfer des Nationalsozialismus. Beiträge zur Widerstandsproblematik. Berlin 2000, S. 13-44; *ders.*: Kein Freispruch zweiter Klasse. Zur Bewertung nichtnazistischer Literatur im „Dritten Reich". In: Ulrike Weiß (Red.): Zur Diskussion: Zuckmayers „Geheimreport" und andere Beiträge zur Zuckmayer-Forschung (Zuckmayer-Jahrbuch, Band 5). Göttingen 2002, S. 127-177; *ders.*: Deutsche Literatur und „Drittes Reich". Eine Problemskizze. In: Frank-Lothar Kroll (Hrsg.): Die totalitäre Erfahrung. Deutsche Literatur und Drittes Reich. Berlin 2003, S. 13-34; *Heidrun Ehrke-Rotermund / Erwin Rotermund*: Zwischenreiche und Gegenwelten. Vorstudien zur „Verdeckten Schreibweise" im „Dritten Reich". München 1999; vgl. bereits *diess.*: Literarische Innere Emigration und literarischer Widerstand. In: Viktor Zmegač (Hrsg.): Geschichte der deutschen Literatur vom 18. Jahrhundert bis zur Gegenwart. Bd. 3 / 1 (1918-1945). Königstein / Ts. 1984, S. 355-384; neuerdings auch *Horst Denkler*: Was war und was bleibt? Versuch einer Bestandsaufnahme der erzählenden Literatur aus dem „Dritten Reich". In: Zeitschrift für Germanistik, N.F. 9 (1999), S. 279-293. Aktuelle Forschungsskizze jetzt bei *Frank-Lothar Kroll*: Kultur, Bildung und Wissenschaft im 20. Jahrhundert. München 2003, S. 78 f.

[7] Darüber zuletzt *Annette Schmollinger*: „Intra muros et extra". Deutsche Literatur im Exil und in der Inneren Emigration. Heidelberg 1999; vgl. auch *Günter Scholdt*: „Den Emigranten nach aussen entsprechen die Emigranten im Innern." Kasacks Diktum und die Kritik an einem Begriff. In: Helmut John / Lonny Neumann (Hrsg.): Hermann Kasack – Leben und Werk. Symposium 1993 in Potsdam. Frankfurt a.M. 1994.

[8] Vgl. z.B. *Sebastian Graeb-Könnecker*: Autochthone Modernität. Eine Untersuchung der vom Nationalsozialismus geförderten Literatur. Opladen 1996; Christiane Caemmerer / Walter Delabar (Hrsg.): Dichtung im Dritten Reich? Zur Literatur in Deutschland 1933-1945. Opladen 1996; *Hans Dieter Schäfer*: Kultur als Simulation. Das Dritte Reich und die Postmoderne. In: Günther Rüther (Hrsg.): Literatur in der Diktatur. Schreiben im Nationalsozialismus und DDR-Sozialismus. Paderborn / München / Wien / Zürich 1997, S. 215-245; *Daniel Hoffmann*: Die Wiederkunft des Heiligen. Literatur und Religion zwischen den Weltkriegen. Paderborn / München / Wien / Zürich 1998; Walter Delabar / Horst Denkler / Erhard Schütz (Hrsg.): Banalität mit Stil. Zur Widersprüchlichkeit der Literaturproduktion im Nationalsozialismus. Bern / Berlin / Frankfurt a.M. / New York / Paris / Wien 1999.

dem Stilbegriff des „Magischen Realismus“ zu umschreiben versucht wurde[9] und, ins Grundsätzliche gewendet, die literaturgeschichtlichen Epochengrenzen keinesfalls mit den entsprechenden politischen Zäsuren zusammenfallen läßt.[10]

Einen unerwartet starken Impuls erhielt der mit alledem in Gang gekommene Perspektivenwechsel der Forschung durch die von großer öffentlicher Resonanz begleitete Publikation des „Geheimreports“ von Carl Zuckmayer,[11] einer mustergültig edierten Sammlung von Charakterskizzen über etwa 150 führende Persönlichkeiten des deutschen Kulturlebens – Schriftsteller, Publizisten, Journalisten, Verleger, Schauspieler, Regisseure und Musiker –, die während des Dritten Reiches in Deutschland geblieben waren. Der Emigrant Zuckmayer plädierte in diesen 1943/44 im Auftrag des amerikanischen Geheimdienstes entstandenen Skizzen für einen fairen und vorurteilslosen Umgang mit „jene[n] Kreise[n] des deutschen Volkes, die nie hinter Hitler standen, sondern selbst seine ersten Opfer waren“,[12] und er stellte dabei ausdrücklich immer wieder die spezifischen Umstände, Voraussetzungen und Grenzen künstlerischer Artikulation unter den Bedingungen der Diktatur in Rechnung. Zuckmayer urteilte dabei aus der Perspektive dessen, der nach 1933 beziehungsweise 1938 den für ihn persönlich keineswegs leichten Gang ins amerikanische Exil angetreten hatte, sich aber gleichwohl seiner deutschen Heimat und den dort ausharrenden Freunden eng verbunden fühlte – eine Perspektive, die ihm trotz der räumlichen Ferne sehr differenzierte Urteile über die aktuelle Situation im Reich und über die Möglichkeiten der dort weiterhin publizierenden Autoren nahelegte.

---

[9] Vgl. *Michael Scheffel*: Magischer Realismus. Die Geschichte eines Begriffs und ein Versuch seiner Bestimmung. Tübingen 1990; *Doris Kirchner*: Doppelbödige Wirklichkeit. Magischer Realismus und nicht-faschistische Literatur. Tübingen 1993.

[10] Dies erstmals eingehend aufgewiesen zu haben ist das Verdienst von *Hans Dieter Schäfer*: Zur Periodisierung der deutschen Literatur seit 1930. In: Ders.: Das gespaltene Bewußtsein. Über deutsche Kultur und Lebenswirklichkeit 1933-1945. 3. Aufl. München / Wien 1983, S. 55-71. Literaturgeschichtlich entscheidend sind nicht die politischen Zäsuren von 1933 und 1945, sondern die Epochenmarken „um 1930“ und „um 1965“. Erhellend ferner *Helmut Arntzen*: Ursprung der Gegenwart. Zur Bewußtseinsgeschichte der Dreißiger Jahre in Deutschland. Weinheim 1995, sowie *Helmuth Lehen*: Verhaltenslehren der Kälte. Lebensversuche zwischen den Kriegen. Frankfurt am Main 1994; *Martin Lindner*: Leben in der Krise. Zeitromane der neuen Sachlichkeit und die intellektuelle Mentalität der klassischen Moderne. Stuttgart / Weimar 1994.

[11] *Carl Zuckmayer*: Geheimreport. Hrsg. von Gunther Nickel und Johanna Schrön. Göttingen 2002; für den Zusammenhang vgl. jetzt auch *ders.*: Deutschlandbericht für das Kriegsministerium der Vereinigten Staaten von Amerika. Hrsg. Von Günter Nickel, Johanna Schön und Hans Wagener. Göttingen 2004.

[12] Ebd., S. 429.

II.

Werner Bergengruen war einer jener im Reich gebliebenen Autoren,[13] und auch er hat, zeitgleich mit Zuckmayer, über die Perspektiven literarischen Schaffens angesichts der Herausforderungen durch den Totalitarismus nachgedacht: In seinen tagebuchartigen autobiographischen Aufzeichnungen, von ihm selbst „Compendium Bergengruenianum" genannt – einem Textkonvolut von mehreren tausend Manuskriptseiten, das bisher nur auswahlweise an verstreuten Stellen veröffentlicht wurde[14] und erst jetzt in einer wissenschaftlich kommentierten Edition greifbar ist[15] – bot Bergengruen gleichsam ein innerdeutsches Pendant zum Exilautor Zuckmayer und erwies sich ihm dabei in manchen Einschätzungen, Wertungen und Urteilen auf erstaunliche Weise als eng verwandt. Insofern könnten die Aufzeichnungen Bergengruens zur Rolle des Schriftstellers in der Diktatur einen nicht unwichtigen Beitrag zur Vermittlung von Weltbildern und Werthaltungen der „inneren" und „äußeren" Emigration

---

[13] Bergengruen und Zuckmayer waren durch gemeinsam verbrachte Berliner Jahre – Bergengruen lebte dort von 1921 bis 1925 und von 1927 bis 1936 – persönlich gut miteinander bekannt. Erstaunlicherweise wird er in Zuckmayers „Geheimreport" nicht erwähnt. Eine moderne, heutigen wissenschaftlichen Ansprüchen genügende Biographie Bergengruens fehlt; ältere Überblicksdarstellungen bieten *Günther Klemm*: Werner Bergengruen. 4. Aufl. Wuppertal 1958; *Werner Wilk*: Werner Bergengruen. Berlin 1968; *Hans Bänziger*: Werner Bergengruen. Weg und Werk. 4. Aufl. Bern / München 1983; zuletzt *Frank-Lothar Kroll*: Dichtung als Kulturvermittlung. Der Schriftsteller Werner Bergengruen. Filderstadt 1997. Vgl. auch die spärlichen, aber sehr instruktiven autobiographischen Notizen bei *Werner Bergengruen*: Bekenntnis zur Höhle. Autobiographisches Nachwort. In: Ders.: Die Feuerprobe. Novelle (1933). Neuausgabe Stuttgart 1973, S. 49-55; *ders.*: Privilegien des Dichters. Vorwort von Reinhold Schneider. Mit Photos und vollständiger Bibliographie. 2., erweiterte Aufl. Zürich 1962; *ders.*: Schreibtischerinnerungen. Zürich 1961; *ders.*: Rückblick auf einen Roman. Mainz 1961.

[14] Vgl. *Werner Bergengruen*: Aus gelegentlichen Aufzeichnungen. In: *Ders.*: Das Geheimnis verbleibt. Geleitwort von Ida Friederike Görres. Zürich 1952, S. 63-79; *ders.*: Dichtung und Dichter. In: Ebd., S. 109-127; *ders.*: Dichtergehäuse. Aus den autobiographischen Aufzeichnungen. Hrsg. von Charlotte Bergengruen. Mit einem Nachwort von Emil Staiger. Zürich 1966; *ders.*: Geliebte Siebendinge. Aus den nachgelassenen Aufzeichnungen. Ausgewählt und herausgegeben von Charlotte Bergengruen. Zürich 1972; *ders.*: Über Symbolik. In: Literaturwissenschaftliches Jahrbuch N.F. 16 (1975), S. 1-7; *ders.*: Genie und Talent. In: Ebd., 18 (1977), S. 1-11; *ders.*: Von der Richtigkeit der Welt. Unzeitgemäße Zustimmung. Ausgewählt und eingeleitet von N. Luise Hackelsberger. Freiburg / Basel / Wien 1988; *ders.*: Compendium Bergengruenianum. Aus den Aufzeichnungen 1940-1945 von Werner Bergengruen. In: Internationale katholische Zeitschrift „Communio" 21 (1992), S. 540-544, 22 (1993), S. 91-96.

[15] *Werner Bergengruen*: Schriftstellerexistenz in der Diktatur. Reflexionen zu Politik, Geschichte und Kultur 1940-1963. Hrsg. von Frank-Lothar Kroll, N. Luise Hackelsberger und Sylvia Taschka. München 2005. Nach dieser Edition wird im Folgenden zitiert. Die Nummern der entsprechenden Notate erscheinen dabei eingeklammert im Text. – Das handschriftliche Manuskript des „Compendium Bergengruenianum" befindet sich im Deutschen Literaturarchiv / Marbach, Nachlaß Werner Bergengruen. – Einen speziellen Aspekt behandelt jetzt *Frank-Lothar Kroll*: Das Deutschlandbild Werner Bergengruens im Spiegel seiner Tagebücher. In: Gunther Nickel (Hrsg.): Literarische und politische Deutschlandkonzepte 1939-1949 (= Zuckmayer-Jahrbuch 7 [2004]), S. 187-210.

leisten, wie dies seitens der literaturwissenschaftlichen und zeitgeschichtlichen Forschung schon seit einiger Zeit eingefordert worden ist.[16]

Bergengruens autobiographische Aufzeichnungen umfassen nicht nur die Jahre der nationalsozialistischen Gewaltherrschaft. Sie erstrecken sich, von 1940 bis 1963 reichend, über fast ein Vierteljahrhundert deutscher Zeitgeschichte und bieten damit eine Fülle auch retrospektiver, das Epochenjahr 1945 überschreitender Reflexionen zur Geschichte des Dritten Reiches. Auch thematisch beziehen sich die Aufzeichnungen – insgesamt handelt es sich um 3679 handgeschriebene Seiten in 29 Kladden – nicht allein auf die Auseinandersetzung des Autors mit dem Phänomen „Nationalsozialismus“. Zunächst eher als Sammlung unzusammenhängender Überlegungen, Beobachtungen und Betrachtungen allgemeiner Natur im Sinne eines Gedankentagebuchs aus fast allen Bereichen des geistigen Lebens begonnen, verdichten sich die Notate im Jahrfünft zwischen 1943 und 1947 zu grundsätzlichen, teilweise sehr umfänglichen essayistischen Ausführungen über Probleme deutscher Literatur und Zeitgeschichte nach 1933, um sich dann im Verlauf der 1950er und frühen 1960er Jahre wieder stärker der Niederschrift persönlicher Bekenntnisse, Erinnerungen und Begegnungen zu widmen.

Bergengruen hat in seinen Aufzeichnungen das Verhältnis der „Inneren Emigranten“ zu den Exilautoren nachhaltig erörtert. Er hatte Verständnis und Mitgefühl für die nach 1933 aus Deutschland Geflohenen und empfand den Akt der Emigration als echte Charakterprobe (Nr. 123) – auch wenn er für sich selbst einen solchen Schritt zu keiner Zeit ernsthaft erwogen hat.[17] Sein Verständnis für die Emigranten hinderte ihn indes nicht daran, den von ihm hoch verehrten Thomas Mann[18] wegen dessen Reaktion auf jenen „offenen Brief“ heftig zu kritisieren, den Walter von Molo 1945 an Thomas Mann mit der Aufforderung gerichtet hatte, nach Deutschland zurückzukehren, um am Wiederaufbau des deutschen Geisteslebens teilzunehmen. Thomas Mann hatte im Verlauf der sich daraus ergebenden Kontroverse die Vertreter der „Inneren Emigration“ pauschal denunziert – alle ihre Werke gehörten eingestampft![19] Aus einer sol-

---

[16] Vgl. z.B. Claus-Dieter Krohn / Erwin Rotermund / Lutz Winckler / Wulf Koepke (Hrsg.): Aspekte der künstlerischen Inneren Emigration 1933-1945. München 1994; ferner Frank-Lothar Kroll (Hrsg.): Deutsche Autoren des Ostens als Gegner und Opfer des Nationalsozialismus. Beiträge zur Widerstandsproblematik. Berlin 2000, sowie neuerdings *Winfried Halder*: Sehnsucht nach universaler Gerechtigkeit. Zum Verhältnis von „Innerer Emigration“ und Exil während des Dritten Reiches. In: Frank-Lothar Kroll (Hrsg.): Die totalitäre Erfahrung. Deutsche Literatur und Drittes Reich. Berlin 2003, S. 173-195.

[17] Bergengruen sprach zwar fließend Russisch, aber nur sehr schlecht Französich und war des Englischen so gut wie gar nicht mächtig. Das schloß, anders als im Falle Zuckmayers, einen Exilaufenthalt in den Vereinigten Staaten praktisch aus.

[18] Vgl. *Werner Bergengruen*: Zum Tode Thomas Manns (1955). In: *Ders.*: Mündlich Gesprochen. Zürich 1963, S. 158-160.

[19] Vgl. *Thomas Mann / Frank Thiess / Walter von Molo*: Ein Streitgespräch über die äußere und die innere Emigration. Dortmund 1946; J.F.G. Grosser (Hrsg.): Die große Kontroverse. Ein Brief-

chen Sichtweise sprach für den von ihr unmittelbar betroffenen Bergengruen „Mangel an Takt, Augenmaß und Instinkt“, und er unterstellte Thomas Mann – hierin übrigens ähnlich wie Zuckmayer urteilend [20] – einen aus Doktrinarismus erwachsenden fehlenden Sinn für die realen politischen Gegebenheiten im Reich nach 1933 (Nr. 951).

Vor den Greueltaten des Regimes verschloß Bergengruen dabei zu keinem Zeitpunkt die Augen. Sein berühmtes, im Sommer 1944 – und nicht erst nach 1945 – entstandenes, 1962 zum Auftakt des Eichmann-Prozesses in Jerusalem verlesenes Gedicht „Die letzte Epiphanie“ hatte die Verbrechen, die in deutschem Namen vor den Augen Vieler geschahen, unmißverständlich offengelegt:

Die letzte Epiphanie

Ich hatte dies Land in mein Herz genommen,
Ich habe ihm Boten um Boten gesandt.
In vielen Gestalten bin ich gekommen.
Ihr aber habt mich in keiner erkannt.

Ich klopfte bei Nacht, ein bleicher Hebräer,
ein Flüchtling, gejagt, mit zerrissenen Schuhn.
Ihr riefet dem Schergen, ihr winktet dem Späher
und meintet noch Gott einen Dienst zu tun.

Ich kam als zitternde geistesgeschwächte
Greisin mit stummem Angstgeschrei.
Ihr aber spracht vom Zukunftsgeschlechte
und nur meine Asche gabt ihr frei.

Verwaister Knabe auf östlichen Flächen,
ich fiel euch zu Füßen und flehte um Brot.
Ihr aber scheutet ein künftiges Rächen,
Ihr zucktet die Achseln und gabt mir den Tod.

Ich kam als Gefangner, als Tagelöhner,
verschleppt und verkauft, von der Peitsche zerfetzt.
Ihr wandtet den Blick von dem struppigen Fröner.
Nun komm ich als Richter. Erkennt ihr mich jetzt? [21]

---

wechsel um Deutschland. Hamburg / Genf / Paris 1963; Neuere Darstellungen zur „Kontroverse“: *Antonia Grunenberg*: „Und was tatest Du?“ Schriftsteller und politische Macht nach 1945. Zum Streit zwischen Thomas Mann und Walter von Molo. In: Gerd Langguth (Hrsg.): Autor, Macht, Staat, Literatur und Politik in Deutschland. Düsseldorf 1994, S. 110-130; *Leonore Krenzlin*: Große Kontroverse oder kleiner Dialog? Gesprächsbemühungen und Kontaktbruchstellen zwischen „inneren“ und „äußeren“ literarischen Emigranten. In: Galerie. Revue culturelle et pedagogique 15 (1997), S. 7-25; *Gerhard Kurz*: „Innere Emigration“. Zur öffentlichen Kontroverse zwischen Walter v. Molo, Thomas Mann und Frank Thieß. In: Karin Böke (Hrsg.): Öffentlicher Sprachgebrauch. Praktische, theoretische und historische Perspektiven. Georg Stötzel zum 60. Geburtstag. Opladen 1996, S. 221-235.

[20] Vgl. *Zuckmayer*: Geheimreport (wie Anm. 11), S. 460 f.

[21] *Werner Bergengruen*: Die letzte Epiphanie. In: *Ders.*: Dies Irae. Eine Dichtung. München 1945, S. 9.

Auch in den Notaten wehrt sich Bergengruen entschieden gegen die 1945 oftmals vorgebrachte Ausrede, man habe von dem, was in den Konzentrationslagern geschah, nichts gewußt (Nr. 813). Zahlreiche Notate aus den ersten Wochen und Monaten nach dem Zusammenbruch des Dritten Reiches geben nüchterne Antworten auf die jüngst wieder heftig diskutierte Frage, „wie aus Deutschen Nazis wurden“,[22] und unterscheiden sich damit durchaus von jenen zahllosen emotional geprägten „Abrechnungen“ mit Hitler, wie sie für das Genre der Rechtfertigungsliteratur unmittelbar nach 1945 so charakteristisch gewesen sind.[23] „Eine Kluft“, so Bergengruen noch 1955, sei durch das seit 1933 in Deutschland Geschehene aufgerissen worden, „eine Kluft, die in alle Zukunft niemand mehr wird ausfüllen oder überspringen können“ (Nr. 681) – wobei der Nationalsozialismus, wie übrigens auch sein ideologisches Pendant, der sowjetische Bolschewismus, als einander verwandte Ausprägungsformen totalitärer Tendenzen der Moderne gelten,[24] „Vorläufererscheinungen“ (Nr. 1243) für derzeit noch unbekannte, in jedem Fall aber bedrohliche und unheilverkündende Entwicklungsperspektiven für die nähere und fernere Zukunft.

Resignative Stimmungen solcher Art sind beim späten Bergengruen keine Ausnahmeerscheinung. Eine konstante Lektüre des „Compendium Bergengruenianum“ zeigt den Dichter vielmehr immer wieder als einen mit kulturpessimistischen Reflexionen Beschäftigten – ein Befund, der dem geläufigen Bild Bergengruens als Lobsänger ewiger Ordnungen, heiler Welten, positiver Lebensbezüge keineswegs entspricht. Äußerungen optimistischer Daseinsbejahung werden in den Aufzeichnungen aus dem letzten Lebensjahrzehnt stets erneut überlagert von sorgenvollen Zukunftsprognosen, schrillen Szenarien einer bevorstehenden Totalherrschaft des Durchschnitts,[25] vom Bild atomarer Katastrophen,[26] rigider Menschenzüchtungen[27] und absoluten Freiheitsentzugs für den Einzelnen.[28] „Schon heute“ – so Bergengruen Ende der 1950er Jahre – „scheint es ausgemacht, daß die Zukunft nichts kennen wird, als die Totalität, und es wird wenig Unterschied machen, ob man von totaler Demokratie oder von

[22] *Peter Fritzsche*: Wie aus Deutschen Nazis wurden. Zürich / München 1999.

[23] Dazu explizit *Thomas Koebner*: Die Schuldfrage. Vergangenheitsverweigerung und Lebenslügen in der Diskussion 1945-1949. In: *Ders.*: Unbehauste. Zur deutschen Literatur in der Weimarer Republik, im Exil und in der Nachkriegszeit. München 1992, S. 320-351.

[24] Zu entsprechenden Positionen und Erkenntnissen der aktuellen vergleichenden Totalitarismusforschung vgl. zusammenfassend *Detlef Schmiechen-Ackermann*: Diktaturen im Vergleich. Darmstadt 2002; ferner Hans Maier und Michael Schäfer (Hrsg.): „Totalitarismus“ und „Politische Religionen“. Konzepte des Diktaturvergleichs, Bde. 1-3. Paderborn / München / Wien / Zürich 1996-2002; Eckhard Jesse (Hrsg.): Totalitarismus im 20. Jahrhundert. Bonn 1996; zuletzt *Hans Maier*: Deutungen totalitärer Herrschaft 1919-1989. In: Vierteljahrshefte für Zeitgeschichte 50 (2002), S. 349-366.

[25] Vgl. *Bergengruen*: Dichtergehäuse (wie Anm. 14), S. 381.

[26] Vgl. ebd.

[27] Vgl. *Bergengruen*: Schrifstellerexistenz (wie Anm. 15), Nr. 1242.

[28] Vgl. ebd., Nr. 1244.

totalem Autoritätsstaat spricht. Denn den Verlockungen, die an die Menschheit herantreten ... kann erfolgreich nur innerhalb von Totalsystemen nachgegeben werden. Wer heute aktiv in der Politk steht, der kämpft entweder für etwas, das auch ohne seine Hilfe sich verwirklichen wird, oder gegen etwas, das er nicht aufzuhalten vermag. Man bedarf seiner höchstens, damit kurzlebige Spielregeln für Übergangszeiten geschaffen werden oder Wiegenlieder, mit denen man Kinder ... zur Ruhe bringt".[29]

Derart kulturpessimistische Sichtweisen rücken Bergengruen an die Seite jener modernitäts- und fortschrittskritischen Autoren, die sich als Gegenströmung zum Weimarer Zeitstil der „Neuen Sachlichkeit" schon in den 1920er und frühen 1930er Jahren vernehmlich artikulierten[30] und über die Ära des Dritten Reiches hinweg bis in die 1960er Jahre einen maßgeblichen Platz im literarischen Leben auch der frühen Bundesrepublik behaupten konnten. Die von den Autoren dieser Richtung vertretene Position zeichnete sich durch eine Betonung christlich-humanistischer, an „abendländischen" Überlieferungszusammenhängen orientierter Wertmaßstäbe aus, durch eine Haltung, die in der Erfahrung des Totalitarismus, in der drohenden Totalisierung aller Lebensbereiche, die eigentliche Herausforderung der Zeit erblickte und, anders als die Vertreter der literarischen Avantgarde und der Weimarer Moderne, konservative, um Anknüpfung an die kulturellen Traditionsbestände Alteuropas bemühte Strategien zur Lösung der Gegenwartskrise entwickelten.[31] Konservative Kritik an den als negativ empfundenen Erscheinungsformen der Moderne – Entpersönlichung und Verbürokratisierung, Rationalisierung und Entmythisierung, vor allem aber Technisierung, Nivellierung und Vermassung – durchzieht denn auch weite Teile der Bergengruenschen Notate, besonders in den späten 1950er Jahren. Die hier zutage tretende Zeitdiagnose[32] ist gekennzeichnet durch eine teilweise geradezu fatalistisch anmutende Haltung.[33] Allerdings erblickte Bergengruen – auch hier in Übereinstimmung mit zahlreichen anderen kulturkonservativen Autoren der frühen Bundesrepublik urteilend – im Rückgriff auf

---

[29] Ebd., Nr. 1243.

[30] Dazu erhellend *Ulrike Hass*: Militante Pastorale. Zur Literatur der antimodernen Bewegungen im frühen 20. Jahrhundert. München 1993; vgl. ferner bereits maßgeblich *Hans Dieter Schäfer*: Die nichtnationalsozialistische Literatur der jungen Generation im Dritten Reich. In: *Ders.*: Das gespaltene Bewußtsein (wie Anm. 10), S. 7-54.

[31] Eine umfassende Untersuchung zu dieser Autorengruppe der „anderen Moderne" zählt zu den dringendsten Desideraten der gegenwärtigen literaturwissenschaftlichen und geistesgeschichtlichen Forschung.

[32] Dazu explizit *Frank-Lothar Kroll*: Geschichtserfahrung und Gegenwartsdeutung bei Werner Bergengruen. In: Ders. (Hrsg.): Wort und Dichtung (wie Anm. 6), S. 45-63.

[33] Bergengruens „Fatalismus" – nur der sein Schicksal Suchende und bewußt Annehmende galt ihm als wahrhaft „frei" – ist auch in den meisten seiner größeren Prosawerke als prägendes Formprinzip präsent; vgl. *Elisabeth Sobota*: Das Menschenbild bei Bergengruen. Einführung in das Werk des Dichters. Zürich 1962; *Hans Bänziger*: Das Menschenbild bei Werner Bergengruen. In: Frank-Lothar Kroll (Hrsg.): Wort und Dichtung (wie Anm. 6), S. 37-44.

unveränderliche, allen Wandlungen enthobene Daseinskräfte, „von denen Altes und Neues gleichermaßen gespeist werden" (Nr. 761), den einzigen Ausweg aus der deutlich empfundenen Krise der Gegenwart.

An der konservativen Ausgangsbasis seiner Gegenwartsdeutung und Zeitkritik hat Bergengruen selbst keinen Zweifel gelassen. Zahlreich sind jene Zeugnisse, die ihn als eine „auf Maß, Bestand und Dauer angelegt[e]" Natur ausweisen,[34] als einen Mann der „Kontinuität"[35] und des „Kontinuums",[36] der „Entwicklungen, nicht der ... Brüche".[37] „Versuche, die Welt aus den Angeln zu heben, haben mich nie gelockt. Wichtig und tröstlich war mir immer der Blick auf die Angeln, in denen sie sich bewegt und doch ruht."[38] Überlieferung und Dauer,[39] Konventionen und gesicherte Maßstäbe[40] – das sind die Fixpunkte, von denen aus Bergengruens Konservatismus seine Orientierungen bezieht. Mit einer bestimmten politischen Haltung oder gar der Anhängerschaft an eine politische Partei hatte all dies wenig zu tun.[41] Überhaupt ist Bergengruens Konservatismus in einem weitaus geringeren Maße „politisch" als etwa derjenige seines Freundes Reinhold Schneider. Zwar finden sich auch bei Bergengruen einzelne Versatzstücke einer konservativen politischen Theorie: Lob der Ungleichheit[42] und der ständischen Gesellschaftsordnung,[43] Insistieren auf fürstliche Gesinnung[44] und aristokratische Haltung,[45] positive Einstellung zur monarchischen Staatsform[46] bei gleichzeitiger Kritik an den Auswüchsen demokratischer Massenherrschaft.[47] Doch bleiben derartige Bekundungen relativ isoliert; und will man Bergengruens Gegenwartsdiagnose in ihrer ganzen Spannweite erfassen, so gewinnt weniger sein konservatives Poltikverständnis als vielmehr

---

[34] *Bergengruen*: Dichtergehäuse (wie Anm. 14), S. 70.

[35] Ebd., S. 206.

[36] *Werner Bergengruen*: Der dritte Kranz. Zürich 1962, S. 541.

[37] *Bergengruen*: Von der Richtigkeit der Welt (wie Anm. 14), S. 46.

[38] *Bergengruen*: Aus gelegentlichen Aufzeichnungen (wie Anm. 14), S. 63.

[39] Vgl. *Bergengruen*: Dichtergehäuse (wie Anm. 14), S. 358; *ders.*: Von der Richtigkeit der Welt (wie Anm. 14), S. 22.

[40] Vgl. *Bergengruen*: Dichtergehäuse (wie Anm. 14), S. 286.

[41] Ausdrücklich wendet sich Bergengruen (ebd., S. 412) gegen die „krähwinkeligen Karikatur[en] im Stile der deutschnationalen Patentpatrioten Hugenbergscher Richtung" und gegen dogmatisch fixierte Parteiprogramme, „diese Verzerrung und Verfälschung des Konservatismus".

[42] Vgl. z.B. *Bergengruen*: Von der Richtigkeit der Welt (wie Anm. 14), S. 54 f., 116.

[43] Vgl. *Bergengruen*: Schriftstellerexistenz (wie Anm. 15), Nr. 1239.

[44] Vgl. *Bergengruen*: Dichtergehäuse (wie Anm. 14), S. 333.

[45] Vgl. *Bergengruen*: Schriftstellerexistenz (wie Anm. 15), Nr. 1239: Hoffnung auf eine zukünftige Regeneration der Oberschicht.

[46] „Die Monarchie hat sich meistens als ein Bollwerk gegenüber totalitären Strömungen gezeigt"; *Bergengruen*: Dichtergehäuse (wie Anm. 14), S. 413. – Bergengruen teilte diese dezidiert royalistische Haltung mit seinem Freund Reinhold Schneider, aber auch mit zeitgenössischen Autoren wie Jochen Klepper, Friedrich Reck-Malleczewen, Wilhelm Hausenstein oder Rudolf Borchardt.

[47] Vgl. *Bergengruen*: Dichtergehäuse (wie Anm. 14), S. 412 f.: „Die Demokratie ist für mich keine Weltanschauung, sondern ein Zustand – man könnte auch sagen: eine Geschichtsperiode", d.h. ein „derzeit freilich nicht zu entbehrende[r] Notbehelf".

seine konservative Geschichtsauffassung zentrale Bedeutung für seine Zeitkritik. Der Blick auf die Geschichte dient gleichsam als Meßlatte zur Deutung und Einschätzung aktueller Zeittendenzen; historische Ereignisse und Gestalten werden zu Maßstäben, an denen sich der Zustand der eigenen Zeit – zumeist verstanden als ein solcher der Degeneration und des Verfalls – ablesen läßt.

III.

Neben solchen weitausholenden Darlegungen zeichnen sich Bergengruens Notate zur Deutung des Dritten Reiches im engeren Sinne durch ein für die damalige Zeit, d.h. die späten 1940er und frühen 1950er Jahre, erstaunliches Maß an analytischer Schärfe, intellektueller Souveränität und politischem Differenzierungsvermögen aus, mit welchem Bergengruen bereits kurz nach Kriegsende dem Phänomen „Nationalsozialismus" als historischer Erscheinung begegnete. Während zahlreiche andere frühe Rechenschaftsberichte zum Dritten Reich verständlicherweise ganz unter dem Gesichtspunkt moralischer Verdammung, apokalyptischer Dämonisierung und personalistischer Zuspitzung der Zeit von 1933 bis 1945 standen – paradigmatisch für eine solche Interpretationshaltung war Friedrich Meineckes 1948 mit großer Resonanz aufgenommene Buchveröffentlichung „Die deutsche Katastrophe" –, gelangte Bergengruen in seinen etwa gleichzeitig niedergeschriebenen Aufzeichnungen zu Einsichten, die in manchem wie eine Vorwegnahme dessen erscheinen, was die neuere Geschichtswissenschaft seit Beginn der 1980er Jahre als „Historisierung des Nationalsozialismus" bezeichnet. Historisierung bedeutet in diesem Zusammenhang die Herstellung größerer Distanz zum analysierten Objekt, selbstverständlich keine Ausblendung ethischer Maßstäbe und ebensowenig einen Verzicht auf persönliche Anteilnahme an menschlichen Schicksalen, aber doch eine deutliche Abkehr von moralisierender Gesinnungsbekundung und verallgemeinernder Schwarz-Weiß-Malerei im Interesse einer weitgehend vorurteilslosen Rekonstruktion deutscher Lebenswirklichkeit zwischen 1933 und 1945 und einer möglichst nuancenreichen Interpretation des Selbstverständnisses der in jenen Jahren handelnden Akteure.

Bergengruens Notate aus der unmittelbaren Nachkriegszeit antizipieren manchen Aspekt derartiger „Historisierungs"-Forderungen – freilich ohne systematischen und erst recht ohne wissenschaftlichen Anspruch. Von besonderer Bedeutung sind in solchen Zusammenhängen Hinweise auf die unlösliche Verschränkung von eindeutig verbrecherischen und dem Anschein nach gutwilligen Motiven in der nationalsozialistischen Ideologie, auf jenes – wie Bergengruen es nennt – „Gemisch von mala und bona fides", das Erfolg und Anziehungskraft des Nationalsozialismus wie auch Verführbarkeit und schuldhaftes

Verstricktsein der ihm Verfallenen wesentlich erklären hilft: „Der Nationalsozialismus" – so Bergengruen 1945 – „ist nicht wie ein Blutregen vom Himmel gefallen ... er hatte Gründe, Anstöße, Vorgeschichten ... Mit der Zeit ... wird man ihn affektloser untersuchen und ... gewahr werden, daß zu diesem verwüstenden Strom sich die verschiedenartigsten Bäche vereinigt hatten; und keineswegs sind es nur trübe Sumpfgewässer gewesen ... Der Nationalsozialismus hätte nie zur Herrschaft kommen können, wenn er von vorneherein ausschließlich die niedrigsten Instinkte der Menschen angerufen hätte. Er gab den Hunderttausenden ... etwas, das über ihr winziges privates Dasein hinausging, etwas, das sie für einen höheren Lebensinhalt meinten halten zu dürfen. ... Er war ... ein Protest gegen den banalen Fortschrittsoptimismus und begründete ... die Herrschaft der absoluten Banalität. Er war ein Protest gegen die Kollektivisierung, die er selber zur Glorie führen sollte. Er war ein Protest gegen Korruptionserscheinungen des öffentlichen Lebens, an deren Stelle er ... eine verhunderttausendfachte Korruption setzte. Er war ein Protest des Elementaren gegen die ... Normierung und Polizierung des Daseins, und es war eine grausige Ironie, daß er selber es sein mußte, der alle geschichtlich bekannten Beispiele der Normierung und Polizierung überboten hat" (Nr. 811).

Für weitaus schwerwiegender als die anfängliche Anfälligkeit großer Teile der deutschen Bevölkerung gegenüber der nationalsozialistischen Ideologie erachtet Bergengruen – gerade mit Blick auf den nach 1945 mühsam einsetzenden Konsolidierungsprozeß – den Umstand, „daß der Kampf zwischen dem Nationalsozialismus und seinen deutschen Gegnern nicht ausgetragen worden ist. Der Nationalsozialismus wurde von außen her gestürzt ... Uns aber ist es nicht gelungen, den Feind zu Fall zu bringen. ... Es hätte nicht gleich die Niederwerfung sein müssen: Schon das wäre von unschätzbarem Wert gewesen, wenn sich ... irgendetwas gezeigt hätte, das einer spontanen Volkserhebung gleichgesehen hätte ... Aber den folgsamen Deutschen fehlte der Befehl zur Befehlsverweigerung ... Und als die Alliierten schon zwei Kilometer vor dem Ortseingang standen, selbst da rührte sich niemand" (Nr. 1035). Auch diese Beobachtung Bergengruens aus dem Jahr 1949 nimmt eine Haltung vorweg, die der geschichtswissenschaftlichen Forschung erst zwei Jahrzehnte später zugewachsen ist: die Relativierung – nicht die moralische Diskreditierung – des deutschen Widerstands gegen Hitler, dem in den Aufbaujahren der Bundesrepublik vielfach die Funktion einer konsensstiftenden Geschichtslegende für das neue Staatswesen zukam und dessen differenzierte Aufarbeitung die historische Forschung erst seit Beginn der 1970er Jahre intensiver in Angriff genommen hat.

Und noch auf einem weiteren Feld bieten Bergengruens frühe Ausführungen zur Epoche der nationalsozialistischen Diktatur Bemerkenswertes: auf dem Feld der vergleichenden Totalitarismusforschung. Bereits zu Beginn der 1950er

Jahre war es für den in Gegnerschaft zum Regime Hitlers Gefestigten selbstverständlich, eine klare Trennungslinie zwischen Faschismus und Nationalsozialismus zu ziehen, ersteren als spezifisch westeuropäischen antidemokratischen Gestus zu empfinden, welcher „im Gegensatz zum Nationalsozialismus so viele Elemente der Mäßigung in sich trug“ (Nr. 1066), den Nationalsozialismus selbst hingegen, neben dem Bolschewismus und mit diesem zusammen, als einen der beiden einander strukturell verwandten Zweige totalitären Denkens zu entlarven.[48] Nationalsozialismus und Bolschewismus erscheinen bei Bergengruen als zwei von gleichgearteten Wirkprinzipien gelenkte Systeme, deren Werdegang in parallelen Entwicklungsbahnen verläuft: zunächst die Verabsolutierung einer Idee, danach die Ablösung des Idealen durch das Opportune. „Ein erreichter Zustand soll bewahrt werden ... Dergleichen hat nichts mehr mit der Idee zu tun, alles dagegen mit dem Wunsche nach Zustandsbewahrung, als deren Werkzeug nun die Idee erscheint. Als Charakteristikum der nächsten Phase stellt sich das ... unaufhaltsame Entweichen aller über den vermeintlichen Vorteil hinausgehenden Gedankenelemente dar ... Die ... verhüllenden Ideenschleier werden rissig: Endlich plagt sich, von ein paar hiermit beauftragten Halbsubalternen abgesehen, niemand mehr mit Flickversuchen“ (Nr. 1146).

IV.

Strittig ist bei alledem die literarische bzw. literaturwissenschaftliche Einordnung der Bergengruenschen Notate. Es ist nicht ganz unproblematisch, sie der Gattung der Tagebücher zuzurechnen. Auch Bergengruen hat diesen Begriff für seine Aufzeichnungen nicht verwendet, sondern sie zunächst mit dem Titel „Allerleirauh“ versehen. Da aber 1961 ein von Hans Magnus Enzensberger herausgegebenes Buch unter diesem Rubrum erschien,[49] entschied sich Bergengruen für die gelegentlich schon früher von ihm gewählte Bezeichnung „Compendium Bergengruenianum“ als Gesamtbenennung für alle Notate. Vergleicht man die Notizen mit anderen literarischen Tagebüchern aus der Zeit des Dritten Reiches,[50] etwa mit denen von Emil Barth,[51] Ernst Jünger,[52] Reinhold

---

[48] Zur Wesensverwandtschaft von Nationalsozialismus und Bolschewismus vgl. auch *Werner Bergengruen*: Zum Geleit. In: *Rudolf Pechel*: Zwischen den Zeilen. Der Kampf einer Zeitschrift für Freiheit und Recht 1932-1942. Aufsätze. Wiesentheid 1948, S. 14 f.

[49] *Hans Magnus Enzensberger*: Allerleirauh. Viele schöne Kinderreime versammelt von Hans Magnus Enzensberger. Frankfurt a.M. 1961.

[50] Dazu *Lothar Bluhm*: Das Tagebuch zum Dritten Reich. Zeugnisse der Inneren Emigration von Jochen Klepper bis Ernst Jünger. Bonn 1991.

[51] *Emil Barth*: Lemuria. Aufzeichnungen und Meditationen. Hamburg 1947.

[52] *Ernst Jünger:* Gärten und Straßen. Aus den Tagebüchern von 1939-1940. Berlin 1942; *ders.*: Strahlungen. Tübingen 1949; *ders.*: Jahre der Okkupation. Stuttgart 1958.

Schneider,[53] Felix Hartlaub,[54] Jochen Klepper,[55] Horst Lange,[56] Gerhard Nebel,[57] Friedrich Reck-Malleczewen[58] oder Theodor Haecker,[59] so ist auffällig, daß Bergengruen, im Unterschied zu den genannten Autoren, in seinen Aufzeichnungen kaum jemals den Niederschlag konkreter politischer Tagesereignisse vermerkt. Das mag mit den für viele Diarien der „Inneren Emigration" charakteristischen Neigung zusammenhängen, Vorgänge der aktuellen Tagespolitik entweder nicht zu thematisieren oder sie, aus Furcht vor Entdeckungen, nur in verschleiernder Weise zu schildern.[60] Das Ausweichen auf eine „private" Schreibform bot auch Bergengruen manche Gelegenheit, sich über die von Gerhard Nebel einprägsam geschilderte „Kerkersituation"[61] in der nationalsozialistischen Diktatur innerlich hinwegzusetzen. Als „das letzte mögliche Gespräch in einem totalen Staat"[62] wurde das Tagebuch so zu einer Art Überlebenshilfe und eröffnete vielen, mit Veröffentlichungsverbot belegten Autoren der „Inneren Emigration" eine Möglichkeit, die künstlerische Identität angesichts drückender alltäglicher Herausforderungen, zumindest im engeren persönlichen Umfeld einigermaßen zu bewahren. Günter Scholdt rechnet die Gattung des Tagebuchs denn auch „zu den stärksten Literaturleistungen im Reich ..., [die] den retrospektiven Spott über angeblich leere Schubladen der Inneren Emigration als tendenziöse Ahnungslosigkeit demaskieren."[63]

In diesem Sinne vermitteln Bergengruens „Tagebuch"aufzeichnungen mit ihrer Fülle prägnant formulierter Aphorismen, Sentenzen und Einsichten ein essayistisches Zeitpanorama von hohen Graden. Bergengruen selbst hat sich, seine Grenzen als Schriftsteller markierend, die Fähigkeit zur Essayistik und zu

[53] *Reinhold Schneider*: Tagebuch 1930-1935. Redaktion und Nachwort von Josef Rast. Frankfurt a.M. 1983.

[54] *Felix Hartlaub*: Im Sperrkreis. Aufzeichnungen aus dem Zweiten Weltkrieg. Hrsg. von Geno Hartlaub. Hamburg 1955; *ders.*: „In den eigenen Umriss gebannt". Kriegsaufzeichnungen, literarische Fragmente und Briefe aus den Jahren 1939 bis 1945. Hrsg. von Gabriele Lieselotte Ewenz, 2 Bde., Frankfurt a.M. 2002.

[55] *Jochen Klepper*: Unter dem Schatten deiner Flügel. Aus den Tagebüchern der Jahre 1932-1942. Hrsg. von Hildegard Klepper. Stuttgart 1956; *ders.*: Überwindung. Tagebücher und Aufzeichnungen aus dem Kriege. Hrsg. von Hildegard Klepper. Stuttgart 1958.

[56] *Horst Lange*: Tagebücher aus dem Zweiten Weltkrieg. Hrsg. und kommentiert von Hans Dieter Schäfer. Mainz 1979.

[57] *Gerhard Nebel*: Bei den nördlichen Hesperiden. Tagebuch aus dem Jahre 1942. Wuppertal 1948.

[58] *Friedrich Reck-Malleczewen*: Tagebuch eines Verzweifelten. Lorch / Stuttgart 1947.

[59] *Theodor Haecker*: Tag- und Nachtbücher 1939-1945. München 1947; *ders.*: Tag- und Nachtbücher 1939-1945. Erste vollständige und kommentierte Ausgabe. Hrsg. von Hinrich Siefken. Innsbruck 1989.

[60] Vgl. *Bluhm*: Tagebuch (wie Anm. 50), S. 285.

[61] *Nebel*: Bei den nördlichen Hesperiden (wie Anm. 57), S. 6.

[62] *Ernst Jünger*: Strahlungen I. In: *Ders.*: Sämtliche Werke. Erste Abteilung. Tagebücher. Bd. 2: Tagebücher II. Stuttgart 1979, S. 4, 13.

[63] *Scholdt*: Kein Freispruch zweiter Klasse (wie Anm. 6), S. 176.

„einläßlicheren Betrachtungen"[64] rundweg abgesprochen. Er könne zwar leidlich „Geschichten erzählen"; zur Abfassung gedanklich-abstrakt oder gar systematisch disponierter Auslassungen habe er jedoch „einfach nicht Verstand genug":[65] „Mein Leben lang habe ich die Neigung gehabt, dem Geschehenen und Gewachsenen den Vorrang vor dem Behaupteten zuzuerkennen und mich lieber von Tatsachen belehren als von Theorien und Konstruktionen bestechen zu lassen".[66] Eine solche Selbsteinschätzung wird, angesichts des Charakters der nun zugänglichen Bergengruenschen Aufzeichnungen, sicherlich revisionsbedürftig erscheinen. Und vielleicht führt dieser Revisionsprozeß ja auch zu einer Neubewertung des Autors Werner Bergengruen im gegenwärtigen Literaturbetrieb.

---

[64] *Bergengruen*: Dichtergehäuse (wie Anm. 14), S. 214.

[65] Ebd., S. 216; vgl. auch S. 195, 205 („Theorieferne" und „Tendenzlosigkeit" seiner Dichtung), S. 349: „... daß ich kein Systematiker bin und mich auf die Sprache der Abstraktion wenig verstehe. Was zu mir – und vielleicht auch aus mir – spricht, ist die Sprache der Anschauung, des Bildes, der Gestalt und des Symbols".

[66] *Werner Bergengruen*: Die Antwort der Geschichte. In: Kurt Ihlenfeld (Hrsg.): Die Stunde des Christentums. Eine deutsche Besinnung. Berlin-Steglitz 1937, S. 12.

Freiraum Schreibtisch

Gedanken und Erinnerungen Werner Bergengruens

Von *N. Luise Hackelsberger*

Warum erschreibt sich einer sein anderes Leben? Fehlende oder vermiedene Gesprächspartner mögen der Grund dafür sein. Eigene Orientierungssuche und neue Standortbestimmung im diaristischen Monolog können den einsamen Schreiber stabilisieren.

Wer in persönlichen Aufzeichnungen sein Außenseitertum manifestiert, setzt sich bewußt vom äußeren Tagesgeschehen ab. Er sucht den Schutzraum Schreibtisch auf – gleichgültig, ob er ein intimes, emotional gefärbtes Tagebuch schreibt oder ein literaturfähiges Journal mit dem schon heimlichen Seitenblick auf künftige Leser.

Der Chor der Schreiber solcher Lebensnotate ist vielstimmig. Er reicht vom frühen Wandervogel-Tagebuch über private Reiseberichte, Kriegsaufzeichnungen aus dem Ersten Weltkrieg und einsame Niederschriften schmerzlicher Erfahrungen im totalitären Staat bis hin zu den zahlreichen Memoiren von Politikern, Publizisten und Schauspielern im zu Ende gegangenen Millennium. Auch die Zielgruppen der Schreiber wechseln: Vom Spiegelbild des *alter ego* bis hin zum unterhaltungsfreudig-voyeuristischen Leserpublikum ist die Bandbreite groß. Ob intime Memoiren, Denktagebücher, gebündelte Lebensberichte oder vielstimmiges „Echolot" – die Zeitgeschichte spielt mit.

Innerhalb der literarischen Gattungsbestimmung zählen die solcherart manifestierten Diarien meist zur Gebrauchsliteratur, während sorgfältig aufbereitete Reflexionen und aufschlußreiche Von-Tag-zu-Tag-Journale als literaturfähig eingestuft werden.

Von chronologisch geführten biographischen Aufzeichnungen bekannter Autoren wie etwa Thomas Mann wiederum erhofft man sich Aufschlüsse über die Persönlichkeit, die einem das Werk bisher vorenthielt. Mittlerweile werden seine postum veröffentlichten Tagebücher als Autotherapeutikum angesehen.

Die Gattung der „Denktagebücher", ebenfalls literaturfähig, enthält aphoristische und essayartige Beobachtungen und Reflexionen zu mancherlei Bereichen, wie etwa Ernst Jünger sie betrieb. Eine äußere Anpassung an zeitgeschichtliche Gegebenheiten läßt sie scheinbar unbeachtet.

Andere Schreiber hingegen, die im totalitären Staat zu einem Leben im Abseits gezwungen waren, etwa Victor Klemperer, führte das monologische Dasein zu einer intensiven Beschäftigung mit dem für sie gesperrten Draußen. Klemperer verdanken wir minutiöse Beobachtungen der Sprache des Dritten Reiches sowie exakte Zustandsschilderungen der politischen Maßnahmen der braunen Machthaber. Daß der völlig Isolierte die spätere Leserschaft so zuverlässig informieren konnte, grenzt an ein Wunder. Die schmerzlich erfahrene Distanz zur Außenwelt verlangte Selbstreferenz und setzte enorme Kräfte frei.

Eine Fülle von Aufzeichnungen entstand während der Jahre der nationalsozialistischen Diktatur oder kurze Zeit danach. Jeder der dabei tätigen Autoren vollzog – ob emigriert oder in Deutschland geblieben – am Fluchtraum Schreibtisch seine eigene „innere Emigration". Ein Bedeutungswandel dieses sinnentleerten literarischen Schlagworts, das so viele Streitigkeiten und Ausgrenzungen hervorgerufen hat, wäre wünschenswert.

Manchem hat das Schreiben eines Diariums damals lebenserhaltende Kraft gegeben. Solche Aufzeichnungen waren neben dem schriftstellerischen Werk das gleichsam „zweite Bein" des Autors im totalitären Staat wie in der Emigration. Hier durfte er, bekennend, widersprechend, korrigierend, eigenen Freiraum betreten und sich der Windstille am Schreibtisch getrost überlassen.

Mit Spannung las man nach dem Krieg Jochen Kleppers autobiographische Notate, Friedrich Reck-Malleczewens Tagebuch eines Verzweifelten, Theodor Haeckers Tag- und Nachtbücher oder Reinhold Schneiders theologisierende Aufzeichnungen. Gültigen Aufschluß über das Vergangene erhielt man bei alledem freilich nicht. Auch Walter Kempowskis Kollektiv-Tagebuch „Echolot", das vielstimmig Äußerungen der verschiedensten Autoren aus dem Winter 1943 gebündelt wiedergibt, vermittelte keine objektiven Ergebnisse des Geschehenen. Wieder wurde hier lediglich im Freiraum des Einzelnen subjektiv Erfahrenes wiedergegeben, ohne daß sich eine allgemeingültige Aussage einstellen wollte.

Die Distanz zum Tagesgeschehen äußert sich vielfach auch in der sprachlichen Form des Aufgezeichneten: Der Aphorismus in Gestalt exakt formulierter Prosasätze umgreift eigenständige Gedanken und Reflexionen. Im Essay wird versucht, in literarisch gepflegter Form ein philosophisches, theologisches oder ethisches Anliegen zu erörtern. Beides kann in verdeckter Schreibweise politische Äußerungen enthalten, welche die Nachfahren kaum mehr nachvollziehen können. Mitunter tauchen aber auch kurze Randbemerkungen zu aktuellen Themen in bissigen Zuspitzungen auf, welche die Not der damaligen Zeit erkennen lassen. Mag das Tagebuch heute in vergleichsweise ruhigeren Zeiten auch als fiktive Kunstform verwendet werden, um Gedanken, Empfindungen oder politische Ansichten möglichst unmittelbar mitteilen zu können, so war es in den 1930er und 1940er Jahren den Autoren ein Ventil, das zum Überleben verhalf. Krisenhafte Situationen führten sie an den Schreibtisch, und von hier aus richteten sie den Blick nach außen.

In der Vorbemerkung zu seiner Kindheitsgschichte „Kind dieser Zeit“[1] schreibt Klaus Mann: „Die Schriftsteller, unverbesserlich, werden nie aufhören, von sich selbst zu erzählen. Aber sie werden sich als Teil eines Ganzen wissen, wenn sie in ihr Privatestes einzukehren scheinen.“

Heute nehmen die Interpretationsprobleme von Literatur in den Diktaturen ständig zu: Mit wachsender zeitlicher Distanz zu den Ereignissen bequemt man sich immer mehr zur Schwarz-Weiß-Zeichnung. Nichtengagierte, d.h. am politischen Geschehen nicht aktiv teilnehmende Kunst wird der totalen Anpassung verdächtigt. Wer nicht handgemein mit den Zwingherren wurde, seine Meinung nur verdeckt schreibend ins Bild setzte oder sie ins historische Kostüm steckte, gilt den Nachgeborenen als feiger Konformist. Rückzüge ins Schweigen statt politische Aktionen werden oft als Mitläufertum angesehen, und wer nicht umkam, konnte kein Gegner des totalitären Regimes gewesen sein. Der Standort Schreibtisch im Abseits, Papiere in der Schublade, Chiffrieren und Camouflieren erscheinen heute ebenso verdächtig wie die Eierschalen des Konservatismus und Traditionalismus der noch im 19. Jahrhundert Geborenen.

Werner Bergengruen (1892-1964) war einer jener nicht konformen Autoren nach 1933, die dem nationalsozialistischen Regime einen „Widerstand auf leisen Sohlen“ entgegenzusetzen versuchten. Der im damals russischen Riga geborene, schon früh nach Deutschland gelangte baltische Schriftsteller empfand sich zeitlebens als einen Unbehausten, der Italien ebenso zu seiner Heimat zählte wie den geliebten Nordosten. Berlin und München waren seine deutschen Lebensstationen, in seinen letzten Jahren noch Baden-Baden. In den Großstädten schrieb er seine Hauptwerke, vor allem den Roman „Der Großtyrann und das Gericht“[2] (1935), später politische Lyrik wie „Der ewige Kaiser“ (1937) oder „Dies Irae“ (1944).

In München begann er 1940 seine Aufzeichnungen „Allerleirauh“, später „Compendium Bergengruenianum“ genannt, die bis 1964 auf 28 Notizhefte und handschriftliche Bände anwuchsen und heute im Deutschen Literaturarchiv in Marbach aufbewahrt werden.

---

[1] *Klaus Mann*: Kind dieser Zeit. Reinbek 1982.

[2] Zwischen 1935 und 1943 wurden 155 000 Exemplare des Buches verkauft, 1999 waren es über eine Million.

Kurz vor seinem Tod, in seiner „Letztwilligen Verfügung“ von 1963, schrieb Bergengruen unter anderem:

> „Viel ist mir an der Veröffentlichung der Gedanken und Aufzeichnungen gelegen, mit deren Niederschrift ich 1940 begonnen und die ich bis heute fortgeführt habe ... Ohne eine andere Gliederung als die sich aus der chronologischen Reihenfolge der Eintragungen ergebende enthalten sie Zeitgeschichtliches, Autobiographisches, Aphoristisches, Kritisches, Religiöses, Gedanken zur Literatur und Literaturgeschichte – also Betrachtungen *de omnibus rebus et de quibusdam aliis*. Anfänglich habe ich die Sammlung ‚Allerleirauh‘ genannt, doch ist mittlerweile das Buch eines mir nicht erinnerlichen Autors unter diesem Titel erschienen,[3] sodaß er nicht mehr frei ist. Daher habe ich den ursprünglichen Untertitel ‚Compendium Bergengruenianum‘ zum Haupttitel werden lassen.“

Eine nach Themen geordnete kleinere Auswahl aus diesen Aufzeichnungen erschien 1966 postum unter dem Titel „Dichtergehäuse“ im Arche-Verlag, Zürich. Eine neue Auswahledition, die sich vor allem auf die den Nationalsozialismus betreffenden Passagen bezieht, liegt seit Anfang 2005 vor.[4] Bergengruens „Allerleirauh“-Notate bieten dem Leser wenig Sensationelles. Sie spiegeln eine Schriftstellerexistenz wider, die im Zufluchtsraum am Schreibtisch festhält, was ihr lesens- und bedenkenswert erscheint.

Kaum ist indes von den Verzweiflungen jener Jahre nach 1933 die Rede, vom Ausschluß aus der Reichsschrifttumskammer 1937, von den Belastungen der Ehe mit einer als „nichtarisch“ klassifizierten Frau und deren Familie. Bergengruen versuchte zu überdauern und im totalitären Staat ein Leben zwischen Distanz und eben noch notwendiger Anpassung zu führen. Seine Chance war es, daß er, als Balte und „auslandsdeutscher“ Schriftsteller etikettiert, immer wieder Papierzuteilungen für seine Bücher erhielt und aufgrund einer Sondergenehmigung publizieren konnte. Er erreichte einen bemerkenswerten Spielraum im damaligen Literaturbetrieb. Ein Zwang zur Tarnung wird in den Notizen nicht erkennbar, ähnlich wie bei Jochen Klepper.

Bergengruen sprach in seinen Büchern deutlich aus, was er zu sagen hatte, und er wurde verstanden. Die politischen Tagesereignisse jener Jahre streift er in seinen persönlichen Aufzeichnungen kaum, jeder schriftlich fixierte Text konnte gefährlich werden. Die eigene Position erscheint in den Notaten sicher und fest begründet und verlangt schriftliche Dokumentierung. Zwischen Selbstbewahrung und narzistischer Spiegelung liegen mitunter nur wenige Schritte. Fand der Kampf um die Leser in seinen Werken statt – in den Selbstzeugnissen seines „Compendiums“ ist er ganz bei sich, freilich mitunter mit Seitenblicken

---

[3] *Hans Magnus Enzensberger*: Allerleirauh. Viele schöne Kinderreime. Frankfurt a.M. 1961.

[4] Vgl. *Werner Begengruen*: Schriftstellerexistenz in der Diktatur. Reflexionen zu Politik, Geschichte und Kultur 1940-1963. Hrsg. von Frank-Lothar Kroll, N. Luise Hackelsberger und Sylvia Taschka. München 2005.

auf postume Leser. Sorgfältig numeriert er seine Aufzeichnungen, Tagesdaten gibt es nicht, das jeweilige Entstehungsjahr indes wird angegeben.

Im Gegensatz zu seinen Weggenossen Jochen Klepper und Reinhold Schneider erlag Bergengruen auch zu Beginn des Dritten Reiches nicht der Faszination des Nationalsozialismus, den er sehr bald gleichsetzte mit der bolschewistischen Bewegung nach der Russischen Revolution von 1917, deren Folgen seine baltische Familie schmerzlich zu spüren bekommen hatte. So rückte er schon in den 1920er Jahren radikal vom Kommunismus ab und stand in den Gruppierungen des PEN wie des Schutzverbandes Deutscher Schriftsteller eher auf Seiten national-konservativer Kreise, die sich von der intellektuellen Linken absetzten.

Bergengruen war Emigrierter im doppelten Sinn: ein Nichtzeitgemäßer, schreibend auf der Suche nach einer Gegenwelt. Bienenfleißig war er in den Jahren der Diktatur, im vertrauten Freundeskreis, z.B. um Carl Muth und die Geschwister Scholl in München-Solln, wo man sich fast täglich traf, begierig auf Konsens.

Mehr und mehr indes wurde er bei der Niederschrift seiner Notate zum Skeptiker, skeptisch gegenüber einer Evolution der Historie, skeptisch auch gegenüber der fortschreitenden Technik, die ihm zunehmend als Hemmschuh für jede individuelle Entwicklung erschien: Massenkult, Überversorgung des einzelnen durch den Staat würden – so seine Prognose – den Menschen auch nach dem Niedergang des Nationalsozialismus erhalten bleiben. Bergengruens Widerstand gegen die Massenbewegungen des 20. Jahrhunderts erscheint heute vielfach als altmodisch. Fast störrisch bezeichnete er sich und seine Freunde als „Letzte“, als Auslaufmodelle einer zu Ende gehenden Zeit:

> „Alles ist selbstverschuldet. Wer sich grün macht, den fressen die Zicken. Ich habe mich ‚gruen‘ gemacht, und da haben mich die Zicken gefressen. Sie werden nicht Ruhe geben, bis das letzte Blatt abgerupft ist. Dann werden sie sich ohne Bedauern nach einem anderen Strauch umsehen.“ (1959)

Auch in seinem postum veröffentlichten Aufsatz über „Genie und Talent“ äußert er sich in diesem Sinne resignierend:

> „Die Anthropologie unserer Zeit, noch von der Aufklärung und vom sogenannten deutschen Idealismus her genährt, hat ihren Schiffbruch erfahren. Die Auflösung des von ihr festgehaltenen Menschenbildes, durch Generationen vorbereitet, ist heute schauerlich offenbar geworden. Seit langem spürten wir, daß es mit diesem Menschenbilde seine Richtigkeit nicht mehr hatte. Darum erhoben es die einen justament zu den Sternen, die anderen begannen das überlieferte Bild zu prüfen, es an außerhalb seiner liegenden Maßen zu messen, es brüchig zu finden und nach einer neuen Konzeption Ausschau zu halten ... Zeiten wie die unseren verlangt es nicht mehr nach Titanen ...“ [5]

---

[5] *Werner Bergengruen*: Genie und Talent, In: Literaturwissenschaftliches Jahrbuch N.F. 18 (1977), S. 1-11.

Paradoxie der Welt

Anmerkungen zu Werner Bergengruens nachgelassenen Aufzeichnungen

Von *Maria Schütze*

I.

Werner Bergengruen hat sich nicht im streng wissenschaftlichen Sinn um die Kenntnis philosophischer Systeme und Theorien bemüht. Aber aus dem nachgelassenen Werk, das er *Compendium Bergengruenianum*[1] genannt und dessen Inhalt er als „Denkresultate" beschrieben hat, wird deutlich, daß er mit zunehmendem Alter seine Lust am genauen, oft auch scharf formulierten Gedankengang hatte. Den Weg dorthin hat er selbst so beschrieben:

> „Im Anfang der fünfziger Jahre stehend, beobachte ich nun auch an mir, der ich doch ein vorwiegend visueller Mensch bin, jenen Prozeß, der von der Erscheinung zum Gedanken leitet. Mehr als bisher empfinde ich einen Zug zum Abstrakten. Mich lockt die Lektüre philosophischer Bücher, und mich lockt es, meine Gedanken eben als Gedanken zu formulieren, während ich mich früher nur getrieben fühlte, sie in Bilder umzusetzen. Ja, es ist eine Leidenschaft des Denkens über mich gekommen" (Nr. 530).

Über weite Strecken des *Compendium* ist die kontrapunktische Diktion geradezu dessen Markenzeichen geworden. Nicht wenige dieser rund fünfzehnhundert Einträge haben aphoristischen Charakter; andere sind in das der aphoristischen Kürze verwandte lakonische Metrum des Epigramms gekleidet. Genuin wohnt dem Aphorismus ja ein Überraschungsmoment inne, das durch eine gedankliche Gegenbewegung ausgelöst wird. Oft kommen Bergengruens Aphorismen in die Nähe des *bonmot*. Dafür ein paar willkürlich herausgegriffene Beispiele von hunderten aus dem *Compendium:*

---

[1] Der Text des bisher größtenteils unveröffentlichten *Compendiums* liegt im Deutschen Literaturarchiv / Marbach, Nachlaß Werner Bergengruen. Die eingklammerten Nummern im Text entsprechen der Numerierung des Manuskripts.

„Man vertreibt sich die Zeit, und schließlich tut sie einem den Gefallen, sich vertreiben zu lassen; zuletzt hat sie einen ganz verlassen, dann ist die Ewigkeit da" (Nr. 841). „Versuche, die Welt aus den Angeln zu heben, haben mich nie gelockt. Wichtig und tröstlich war mir immer der Blick auf die Angeln, in denen sie sich bewegt und doch ruht" (Nr. 923). „Auch vom Lächerlichen zum Erhabenen ist es nur ein Schritt" (Nr. 1139). „Das Aktuelle veraltet geschwind; die Ewigkeit ist immer aktuell" (Nr. 1283).

Auch über den Aphorismus äußert er sich aphoristisch: „Der Aphoristiker ist ein Euphoristiker. Aphorismen zu produzieren ist eine euphorische Beschäftigung. Aussagen von Bestimmtheit zu machen, Beobachtungen Allgemeingültigkeit zuzuschreiben, dies zeugt von einem Zustand, in welchem man über die eigenen Verhältnisse lebt" (Nr. 970).

Die zitierten Beispiele zeigen, wozu ihm der aphoristische Effekt vorzugsweise diente: auf die Antinomien und Paradoxien der Welt aufmerksam zu machen. Dem entsprach nicht nur Bergengruens Gewohnheit, in Gegensätzen zu denken, sondern auch ein immer zum Aufbruch bereiter persönlicher Habitus, und man ist nicht überrascht, daß der Graphologe H. J. Klupsch dieses Persönlichkeitsmerkmal auch aus seiner Handschrift herauslas. Bezeichnenderweise liebte Bergengruen das Psalmistenwort: „Denn ich bin beides, Dein Pilgrim und Dein Bürger", das er (Nr. 1464) zitiert – sich damit als in der Welt zwar rechtmäßig situierten, aber zugleich unbehausten Wanderer bezeichnend – und dann fortfährt: „Pilgrim und Bürger, Zigeuner und Patrizier, Spaßmacher und Anbeter, sind denn das Gegensätze? Und gar Gegensätze im Sinn von Unvereinbarkeiten? Vielleicht. Dann aber höben sie sich am Ende auf, wie es in der *complexio* die *opposita* tun."

Er spricht sich selbst als Mann ohne Heimat an: „Tröste dich, Umgetriebener, tröste dich, Verjagter, tröste dich, Mann ohne Heimat" (Nr. 914). Er vergleicht sich da mit dem Wasserquell, der schließlich ins Meer mündet; am Bild der Natur *qua* Abbild tröstet er sich. Die Worte meinen zu allererst den Verlust seiner baltischen Heimat, wohl weniger den viel späteren Hausverlust in Solln bei München; den Habitus des Mannes ohne Heimat hatte er sich da längst angelegt. Auf seine Weise genoß er die Befreiung von Haus und Habe durch die Bombe ebenso wie die Tiroler Interimszeit unter fremdem Dach. Als er schließlich 1958 vor der Tür seines neugebauten Hauses in Baden-Baden stand, sagte er: „Ach, müßte ich doch nie diese Tür durchschreiten". Die Abneigung gegen das Seßhaftsein, die heimliche Vorliebe für die Unbehaustheit, sind mit den dreifach einsetzenden Versen „Nie noch sang ich ein Lied, das die Heimkehr priese"[2] im gleichnamigen Gedicht zur Sprache gebracht. War seine ei-

[2] *Werner Bergengruen*: Die heile Welt. Gedichte. Zürich 1952, S. 230.

gentliche Heimat die Bilderfülle der realen Welt, so setzte er dagegen „die Kehr zur äußersten Heimat"; sie „geht an Zeichen vorbei, still in das Bildlose ein".

Wie er den sprachlichen Aphorismus hochschätzte, so suchte Bergengruen zur realen, zur bürgerlich geordneten Welt in der Dichtung ihr Gegenteil auf. Diese Haltung erklärt auch seine Vorliebe für das Skurrile, seine Lust am Bizarren und Phantastischen bei E.T.A. Hoffmann, sein freundschaftliches Verhältnis zu Alfred Kubin, Rolf von Hoerschelmann und Hans Fronius. Er schreibt selbst darüber: „Die Lust am Grotesken und Bizarren hat mich bis tief ins Mannesalter begleitet. Zwei Faktoren waren dabei am Werke: Kindliche Spielfreude und die Ahnung von der Paradoxie der Welt" (Nr. 620). Gedichte wie „Die Geiße Gaugeloren", „Die Hexe", „Stimme im Hause" oder „Der Gast" zeigen plötzlich ihr anderes, ihr Schreckgesicht. Auch durch „Meines Vaters Haus" und die „Totenklage um Samogonski" geistert das Phantastisch-Unheimliche. Es ist, als müsse der die geliebte Erde, die Heimat der Pilger sonst Preisende sich gegen die böse Stunde, das unversehens einbrechende Unheil wappnen, es in Botmäßigkeit nehmen, indem er es beim Namen nennt und dadurch bannt. Mit anderen Worten: Bergengruen läßt auch dem Teufel seinen Platz in der Welt.

Schon als Gymnasiast hatte er eine Vorliebe für mittelalterliche Totentanzdarstellungen, die sich später im „Tod von Reval" und – in einer bitteren Variante – in der „Nachbarlitanei"[3] niederschlagen sollte. Von sich selbst sagte er, er habe den Tod vielleicht allzufleißig gerühmt (Nr. 913, 1205). Viele *Compendiums*-Einträge kreisen um den Tod, fast immer mit einer Konnotation des Einverstandenseins zu seiner Vorhandenheit.

Das Böse nannte er in diesem Zusammenhang ein notwendiges Ingredienz der Kunst: „So gewiß dem Künstler der Charakter nötig ist, etwas Böses wird immer in ihm sein müssen, und die künstlerische und die moralische Welt mögen und dürfen sich nicht decken" (Nr. 380). „Das Gute neigt zur Uniformität, das Böse ist immer individuell. Für die Kunst ist das Böse das Ergiebigere, vielleicht ist es ihr einziger Vorwurf. In einer sittlich vollkommenen Welt wäre keine Kunst möglich, wie ja auch im Garten Eden keine möglich gewesen ist. Adam vor dem Fall brachte es nicht einmal zu artikuliertem Lobgesang" (Nr. 924). „Es ist fraglich, ob der Versuch, das Vollkommene darzustellen, überhaupt statthaft ist. Das Vollkommene ist statisch. Wo Bewegung geschieht, muß das Element des Unvollkommenen manifest werden." (Nr. 1288). „Die Welt ist richtig, vernünftig, weisheitsvoll geschaffen und so umfassend, daß selbst Torheit, Widervernunft und Paradoxie innerhalb der Schöpfung die ihnen zugewiesene Stelle einnehmen, und da sie ja zur Totalität notwendig sind, so

---

[3] *Werner Bergengruen*: „Gestern fuhr ich Fische fangen ..." Hundert Gedichte. Hrsg. von N. Luise Hackelsberger. Zürich 1992, S. 168.

haben sie Freiheit, sich in ihrem Segment zu bewegen und lautzumachen; sodaß, wer den Blick nur auf jenes Segment richtet, meinen könnte, sie beherrschten das Ganze des Schöpfungskreises" (Nr. 359).

Die Doppelgleisigkeit eines typischen (auch seines eigenen) Menschendaseins in der Welt nennt Bergengruen mit vielen Namen: „Alles Dasein ist zwiegesichtig und voller Unvereinbarkeiten. Der Mensch, der sich zu entfalten trachtet, hat überall nach Ausgleich zwischen Härte und Weichheit, Festigkeit und Beweglichkeit, Gewöhnung und Durchbrechung aller Gewohnheit zu streben. Dieser Ausgleich ist nicht ein einmaliger, sondern ein fortwährender. Ebbe und Flut kehren immer wieder; es ist stets nur ein Augenblick, da sie sich die Waage halten" (Nr. 816). Und weiter:

> „Wir anderen, die wir die Welt immer wieder der oberen Verklärung entgegenzutragen haben, müssen sie von unten her erfassen, erlernen und erleiden. Uns ist nichts nötiger als die Kenntnis des Irdischen. Unser Weg ist der mühseligere, aber er ist der Weg des typischen Menschenschicksals. – Mein Leben ist nicht leicht gewesen und nicht, was man so im gewöhnlichen Sinne glücklich nennt, aber ich habe ... ein typisches Menschenschicksal gelebt, wie es dem Dichter jener zweiten Gattung nötig ist. Ich bin wohlhabend gewesen und arm, gesund und krank, frei und meiner Freiheit beraubt. Ich bin verschollen gewesen und wiedergekehrt. In jungen Jahren hing ich am Trunk, ich hatte Schulden, Zweikämpfe und Liebschaften. Ich bin verzweifelt gewesen und getröstet, wieder verzweifelt und wieder getröstet. Ich habe Unrecht gelitten und Unrecht getan. Ich habe Liebe empfangen und für vieles zu danken gehabt. ... Wenn ich recht leben gelernt haben werde, dann werde ich sterben müssen. Das ist alles in Ordnung." (Nr. 285).

II.

Über die Gegensätze in der diesseitigen Welt und den Sitz des Bösen in der Kunst gehen Bergengruens Denken und seine Religiosität weit hinaus in eine Region, die mit Nikolaus von Kues, Giordano Bruno und Jakob Böhme umschrieben ist und mit Thomas von Aquin, Meister Eckart und den Neuplatonikern weiter in die Antike zurückreicht – in eine metaphysische Dimension also. Daß er die Schriften der Genannten gelesen hat, ist zu vermuten – Jakob Böhme liebte er – , denn er kommt ihnen nicht nur in der Wortwahl, sondern auch in der Gedankenführung oft sehr nahe.[4] Einige Beobachtungen zur Art seiner Frömmigkeit bestätigen diese Vermutung. In dem frühen Gedicht „Der Engel spricht"[5] wird das paradoxe Wagnis des Glaubens durch die Worte des Engels

---

[4] So könnte Nr. 490 des *Compendiums* über das Gute und das Böse ohne weiteres von Cusanus stammen. Auch verwendet Bergengruen neben *coincidentia* das Cusanische *complexio*.

[5] *Werner Bergengruen*: Figur und Schatten. Gedichte. Zürich 1965, S. 52.

ins Bild gebracht; der Wagende, der Vertrauende sieht zugleich in den Abgrund. Das paulinische Wort von der Torheit des Kreuzes schwingt mit. Im *Compendium* äußert sich Bergengruen ebenfalls zum Wagnis des Glaubens als einem Sprung über ein Hindernis: „Der Glaube als ein Akt des Willens ist vergleichbar dem Sprung über eine Hürde, bei dem nach einem alten Wort der Reiter zuerst sein Herz über das Hindernis werfen muß" (Nr 172). Zehn Jahre später notiert er:

> „Der Sprung vom Unglauben oder Halbglauben zum Glauben ist eine ungeheuerliche Leistung; er ist in Wahrheit der Sprung über den eigenen Schatten. Ihm geht ein tollkühner Entschluß voraus, der Entschluß, aus Liebe zu etwas Höherem auf eins der ursprünglichsten Menschenrechte zu verzichten: auf das Recht des Zweifels, des Augenscheins, der Empirie, und diesen Verzicht als freiwilliges Geschenk darzubringen. Diese Darbringung ist die klassische Form der Selbstüberwindung. Sie macht den Glauben zur Tugend und seine getreue Bewahrung zum Verdienst" (Nr. 1127).

In Bergengruens Arbeitszimmer hing ein Linolschnitt, ein Freundesgeschenk aus seinen frühen Jahren, der in expressionistischem Stil einen zerbrochenen Anker zeigte mit der Umschrift „et tamen spero".

Wenn ein Vers lautet: „Das kranke Haus des Endlichen zerfällt",[6] oder wenn man an das Gedicht „Arges Haus"[7] denkt, das unser Leben im Hiesigen meint, ist es nicht möglich, den Verfasser als gedankenlosen Optimisten zu brandmarken, weil er einem seiner Gedichtbände den Titel „Die heile Welt" gab. Er wollte mit seinen Gedichten allerdings nicht die Heillosigkeit des gegenwärtigen Weltzustandes beschreiben, was bis zum Überdruß viele seiner Zeitgenossen taten, sondern ihr heiles Gegen-Teil, ihr *oppositum,* fast wie in einem Akt des Glaubens beschwören. Denn so begriff er seine Aufgabe als Dichter.

Nicht umsonst ist *oppositum* das *verbum finitum* zu *opponere,* zu opponieren. Als unter Papst Johannes XXIII. der hl. Georg aus der Liturgie verbannt wurde, weil er sich als eine mythologische Figur entpuppt hatte, setzte sich Bergengruen augenblicks an den Schreibtisch, um eine Litanei an den altehrwürdigen und von der Ostkirche hochgehaltenen Heiligen zu verfassen, dessen ikonologisches Urbild der heidnische thrakische Reiter war – übrigens auch ein göttlicher Helfer. Über die unter Johannes XXIII. ins Auge gefaßte Liturgiereform schrieb er 1961: „Wir werden es empfinden wie unbegreifliche Irrgänge unserer Eltern, die uns nicht von den ihnen geschuldeten Pflichten der Treue, Liebe und Dankbarkeit zu entbinden vermögen." Dem „hastigen" Reformator selbst widmete er eine ausgiebige und freimütige Kritik (Nr. 1349).

---

[6] *Werner Bergengruen*: Unendlichkeit. In: Ders.: Herbstlicher Aufbruch. Gedichte. Zürich 1965, S. 100.

[7] *Bergengruen*: Figur und Schatten. Gedichte (wie Anm. 5), S. 52.

Der Dualismus, das Einteilen in Gegensatzpaare und das generelle Bedürfnis zum Bewerten und Vergleichen sind uralte Muster des denkenden Menschen und hängen mit sinnlicher Erfahrung zusammen. Dazu Bergengruen:

> „Schwarz und weiß, hell und dunkel, hart und weich, warm und kalt, oben und unten, rechts und links, aufwärts und abwärts, empfangen und gebären, kriechen und schreiten, – der Symbolsinn aller dieser zunächst physikalischen Feststellungen ist immer und überall der nämliche. Insbesondere ist der Bau des menschlichen Körpers, die Gliederung und Lage seiner Organe hier von höchster Bedeutung. Könnten Wesen sein, die den Sitz der Denkfähigkeit unten, Genitalien und Ausscheidungsorgane oben trügen, so wäre die ganze Welt aus den Angeln gehoben." (Nr. 627). „Ich kann die Erektion nicht anders ansehen, denn einen Vorgang innerhalb des Signaturengewebes der Schöpfung, gleichen Ursprung und Sinnes mit dem Steigen der Säfte im Gewächs, dem Aufschwung des Falken, dem Emporwallen des Weihrauchs und der Erhebung des Geistes zu Gott." (Nr. 259).

Unbestreitbar ist aber, daß das dualistische Prinzip in den westlich-abendländischen Denkgewohnheiten eine prominentere Position einnimmt als etwa in der fernöstlichen Philosophie und Religion. Im indischen, chinesischen und japanischen Buddhismus gelten dualistisches Denken, vergleichende und bewertende Haltungen überhaupt als Irrwege. Das Ying-Yang-Symbol als *complexio oppositorum* ist augenfällig.

III.

Die *coincidentia oppositorum,* das Ineinsfallen der Gegensätze im Metaphysischen bzw. in Gott oder im Unendlichen, ist denn auch ein auf abendländischem Boden von Nikolaus von Kues in der Nachfolge des Aristoteles und des Neuplatonismus geprägtes Wort, eine Denkfigur, die auf Giordano Bruno und Leibniz weitergewirkt hat.[8]

Den mit dieser Denkfigur verbundenen Satz von den sich nur im Unendlichen schneidenden Parallelen vernahm der elfjährige Bergengruen in der Schule und schrieb dazu: „Wenn ich den Satz auch nicht verstand, so empfand ich doch mit einem wunderbaren Schauer das Großartig-Geheimnisvolle, das Seherische oder das Dichterische der Anschauung. Diese Empfindung hat sich bei mir nie verloren, denn der wahrhafte Schauer ist unabnutzbar. Ja, heute ist mir dieser Lehrsatz eine Verheißung. Die Parallelen werden sich schneiden, wenn die Zeit zerbricht und die empirische Welt in die transzendente übergeht" (Nr. 1388).

[8] Vgl. *Kurt Flasch*: Nicolaus von Kues. München 2001.

Was abstrakt innerhalb der Philosophie gedacht werden kann – Cusanus hat es auf zwei Ebenen, der mathematischen und der theologischen angewendet –, wurde für Bergengruen zu einer Denkfigur, die wie bei Giordano Bruno im Bereich des Glaubens liegt, und die ein Grundmuster seiner Religiosität und seiner Dichtung geworden ist. Daß er sie als „metaphysische Pointe“[9] bezeichnen konnte, zeigt, wie nahe beieinander, ja sogar ineinander verschränkt für ihn die dichterische Äußerung – Pointe hier verstanden als notwendiges *formans* des Aphorismus – und das metaphysische Denken lagen.

Die *coincidentia oppositorum* war zu einem ständigen geheimen Begleiter geworden. Bergengruen hatte sich unter anderen Meditationssymbolen das Aeschmajim der Alchimisten (den aus zwei in einander gesteckten gleichschenkeligen Dreiecken bestehenden sechszackigen Stern, dessen gegenüberliegende Zacken Feuer und Wasser bedeuten) für die *coincidentia oppositorum,* den „großen Friedensschluß aller Gegensätze und Uneinigkeiten im Mikro- und Makrokosmos“, auf einen Ring gravieren lassen (Nr. 1292). „Immer wieder erfreue ich mich an kleinen Hinweisen auf die geheime Verwandtschaft des Entgegengesetzten. Das Wort ‚Sprühregen‘ gibt dem Wasser, was eigentlich des Feuers ist und es ändert sich nichts, wenn es sich umgekehrt verhalten sollte“ (Nr. 1390).

Er meditiert in Worten: „Das wäre wenig, wenn sich die Gegensätze nur anzögen oder die Extreme sich berührten. Das Geheimnis ist größer und jedes Gegensatzpaar zugleich ein doppelgängerisches Singulare. In der Identität von Morgen- und Abendstern, der wohl als der göttliche Hermaphrodit der alchymistischen Philosophie einleuchten, ja einleuchten! – mag, scheinen alle großen Identitäten vorweggedeutet: Schmerz und Lust, Ich und Welt, Zeit und Ewigkeit, Leben und Tod“ (Nr. 915).

IV.

Ein weiterer Grundgedanke Bergengruens, nicht unverbunden mit dem schon betrachteten, ist der von der Abbildlichkeit bzw. der Spiegelung der empirischen Welt in der oberen und umgekehrt: „Der Kosmos läßt sich begreifen als eine ungeheuere biblia pauperum“ (Nr. 34). „An jedes Ding und Wesen kann man die Frage nach Gott und den Geheimnissen der Welt richten. Der Kreis, die Kugel, das gleichschenkelige Dreieck, der Kristall, die Flamme, der Wind, der laichende Aal, der heimkehrende Zugvogel werden antworten. Einzig der Mensch

---

[9] *Werner Bergengruen*: Bekenntnis zur Höhle. Autobiographisches Nachwort. In: Ders.: Die Feuerprobe. Novelle. Neuaufl. Stuttgart 1973, S. 54.

bleibt die Antwort schuldig, und vielleicht zuckt er gar verwundert die Achseln" (Nr. 1277).

Das Geschäft des Abbildens indes hat der Dichter zu betreiben: „Aufgabe des Dichters ist das Laut- und Offenbarmachen. Aber ich liebe das Schweigen, die Verborgenheit und den heiligen Johann von Nepomuk" (Nr. 129).

Hier sind mit wenigen Worten und in aphoristischem Duktus zwei Gegensatzpaare benannt und die poetische Aufgabe des Sichtbarmachens gefordert, so, wie sie Werner Bergengruen in seiner Weltsicht formuliert und verstanden hat: „Wie manche mittelalterlichen Maler bestrebt waren, auf jedem Bilde den ganzen Kosmos sichtbar zu machen, so lockt mich immer wieder der Versuch, im Gedicht oder in der Erzählung die Gesamtheit des Weltalls, visibilia omnia et invisibilia, wenigstens in Abbreviaturen aufscheinen zu lassen" (Nr. 235).

Zwar sagt er an anderer Stelle, es sei schwer, von der Aufgabe der Dichtung zu sprechen. Wolle man dies aber tun, so könne man versucht sein zu sagen, diese bestehe in der Schließung der Kluft zwischen dem Himmel und der Erde (Nr. 287).

V.

Die beiden skizzierten, für Bergengruen so essentiellen gedanklichen Vorgänge können sich aber auch verbinden und – wie in Goethes Gingko-Biloba-Gedicht aus dem West-östlichen Diwan[10] – in die Poesie hineinreichen. Die Verse Goethes waren Bergengruen ohne Zweifel zeitlebens im Ohr und im Herzen. Im Bild des doppelhälftigen Gingkoblattes sah Goethe ein Symbol für sein Selbst als Mensch und für sein Leben in der Dichtung, wobei es ihm auf die Gleichzeitigkeit und Gleichrangigkeit von *eins* und *doppelt* ankam, so als seien diese beiden Aggregatzustände – er und seine Dichtung – in einem Schwebeverhältnis miteinander. Bergengruen zitiert bewundernd und sich an die erste Berührung mit ihm in seiner Jugendzeit erinnernd ein anderes Gedicht aus dem Diwan, worin Goethe die Verschränkung von Zeit und Ewigkeit, von irdischer und himmlischer Liebe in ein lebendes Bild umgeschaffen, ja zurückverwandelt hat:[11]

> „Suleika
> Der Spiegel sagt mir, ich bin schön!
> Ihr sagt, zu altern sei auch mein Geschick.

[10] Vgl. *Siegfried Unseld*: Goethe und der Gingko. Frankfurt a.M. 1998.
[11] Zitiert in: *Compendium*, Nr. 1514.

Vor Gott muß alles ewig stehn,
In mir liebt Ihn für einen Augenblick."

Ein buchstäbliches Schwebeverhältnis der Ein- und Doppeltheit drückt Bergengruen in einem *Compendiums*-Eintrag (Nr. 1255) von 1957 aus und findet dafür, wie es dem Dichter ansteht, ein einfaches Bild aus der sichtbaren Welt:

> „Die Paradoxie gehört als eine der bestimmenden Mächte in die dichterische Welt. Sie ist der Auseinanderfall der dennoch unteilbaren Wahrheit in zwei Hälften, von denen eine immer die andere ausschließt. Das einander Entegengesetzte hebt nun aber wunderbarerweise sich nicht auf, sondern jede der zwei Hälften ist wie ein Vogel, der weit umherschweift. Abends aber finden sich beide in ihrem hochgelegenen Nest wieder zusammen und der Schlaf macht sie gleich und eins."

Er hat noch andere Bilder für dieses Leitmotiv gefunden. Das vielleicht eindringlichste ist jenes Bild von den beiden Hälften, die ein vollkommenes Ganzes bilden:

> „Nicht oft hat mich ein Anblick so ergriffen wie der eines schlafenden Schwanenpaares. Die beiden Tiere standen unbeweglich im seichten Uferwasser, durch zwei oder drei Schritte voneinander entfernt. Sie unterschieden sich in nichts, es sei denn, dass die abendliche Luft jenem von ihnen, das für das andere den Wind abfing, ein paar kleine seitlich herausstehende Flaumfederchen hob und senkte. Jedes der beiden hatte den fast zur Schlinge gekrümmten Hals auf den Rücken gelegt und den Schnabel in die sanfte Furche zwischen den zusammengefalteten Flügeln eingegraben. Nach einer Weile blinzelten sie ein wenig – wie es schien, in der gleichen Sekunde, – aber ohne den Kopf zu bewegen. Dies wiederholte sich einige Male. Es mochte mit den langen, gemächlich anrollenden Wellen zusammenhängen, die ein vorüberfahrender Dampfer verursachte. Offenbar hatte das Blinzeln sie von der Gewöhnlichkeit und Unbedrohlichkeit des Vorgangs überzeugt. Denn danach rührten sie sich nicht mehr, und noch nach einer Stunde fand ich sie in ihrer Unbeweglichkeit wieder" (Nr. 1154). „Es sind seltene und kostbare Augenblicke, in denen die getrennten Hälften zu einander finden und man die Vollkommenheit der Welt genießen darf. Dieses geschieht mir, wenn natürliche und geistliche Zeit sich decken. Heute, als am Pfingstsonntag, habe ich es erlebt, daß die erste Pfingstrose des Jahres im Garten aufblühte" (Nr. 1497).

Gegensätzliche Strukturen und deren Zusammenfinden in der Höhe treten – liest man Bergengruens *Compendium* als Ganzes – wie eine Signatur seiner Persönlichkeit, seines Denkens, Glaubens und Schreibens immer klarer hervor und lassen sich unschwer auch im Bau seiner Romane auffinden, wofür sich die erzählende Prosa schon aus der Aufgabe, Spannung zu erzeugen, anbietet, etwa durch gegensätzliche Charaktere, Handlungsmotive, Milieus und Schauplätze. Doch dies auszuführen, wäre das Thema einer eigenen Untersuchung.

V.

Ausblicke

Litauen als literarische Provinz

Von *Maximilian Rankl*

In der *Kurze[n] Beschreibung der In Europa Befintlichen Völckern Und Ihren Aigenschafften* aus dem frühen 18. Jahrhundert, der sogenannten Völkertafel, die in tabellenartiger Form den ‚Nationalcharakter' verschiedener europäischer Völker fixieren will – auf dieser Völkertafel gibt es den ‚Spanier', den ‚Frantzoß', den ‚Wälisch[en]', den ‚Teutsche[n]', den ‚Engerländer', den ‚Schwöth', den ‚Boläck', den ‚Unger', den ‚Muskawith' sowie den ‚Tirk oder Griech' –, sucht man einen ‚Litthauer' vergeblich.[1] Das hat gewiß mehrere Ursachen; eine davon ist jene, daß hier unter dem Begriff „Völcker" wohl Staatsvölker gemeint sind (der „Tirk" und „Griech" werden z.B. in einen Topf geworfen, weil Griechenland damals zum Osmanischen Reich gehörte).

Die Litauer indes hatten zu dieser Zeit schon lange keinen eigenen Staat mehr; und nicht nur das: Litauen – das ehemalige Großfürstentum zumindest – war auch kulturell Anfang des 18. Jahrhunderts weitgehend polonisiert, die litauische Sprache und Kultur war eine Sache der Bauern und spielte im Leben der Bürger sowie des Adels praktisch keine Rolle. Unter den Gesichtspunkten dieser Völkertafel würden die Litauer also unter die Rubrik „Boläck" fallen.

„Preußisch-Litthauen" als Region der Vermittlung

Anders gelagert war die Situation im damaligen Preußen. Auch hier lebten, vor allem im Gebiet südlich und nördlich der Memel, Litauer. Und hier waren sie auch schon zu dieser Zeit als ethnisch und sprachlich eigenständiges Volk ein Begriff – das Gebiet führte den Namen „Preußisch-Litthauen" –, wenngleich die soziale Schichtung ähnlich gewesen sein dürfte wie im polnischen Teil und auch hier ein gesellschaftlicher Aufstieg nur über die Sprache der „höheren" Kultur, also das Deutsche, erfolgen konnte.

Daß man das Litauertum hier aber immerhin wahrgenommen hat, lag vor allem daran, daß das Herzogtum Preußen 1525 protestantisch geworden war und

---

[1] Vgl. *Franz K. Stanzel*: Europäer. Ein imagologischer Essay. Heidelberg 1997, S. 14 f.

man staatlicherseits von Anfang an gemäß der lutherischen Lehre, das Evangelium in der Volkssprache zu verkünden, den Katechismus ins Litauische (wie übrigens auch ins Altpreußische) übersetzen ließ. Damit begann in Königsberg eine Tradition der – später auch wissenschaftlichen – Auseinandersetzung mit der litauischen (wie auch der altpreußischen) Sprache und im Anschluß daran der litauischen Volkskultur. Diese Vermittlung lag naturgemäß zunächst in Händen Königsberger Theologen. Erstmals erschienen die Litauer als Gegenstand einer ethnographischen Schrift in dem schon 1690 verfaßten, aber erst 1744 in Danzig gedruckten Werk des Pfarrers Theodor Lepner: „Der Preusche Littauer".[2]

In der Mitte des 18. Jahrhunderts setzte dann in Deutschland eine Rezeption der litauischen Volkskultur ein, die nicht begrenzt blieb auf den ostpreußischen Raum, sondern aus dem regionalen Bereich heraus in ein allgemeineres Bewußtsein des deutschen Publikums drang. Das begann mit der Übersetzung dreier litauischer Volkslieder (Dainos) im Anhang zu seinem *Litauisch-deutschen Lexikon* durch Philipp Ruhig,[3] auf die Lessing in seinem „33. Literaturbrief" (1759) aufmerksam machte.[4] Herder nahm in seine Sammlung *Stimmen der Völker in Liedern* 1779 ebenfalls acht litauische Volkslieder auf. Von Herder inspiriert, ließ übrigens Goethe sein Singspiel *Die Fischerin* mit der dritten der Ruhigschen Dainos beginnen. Auch Adalbert von Chamisso verarbeitete in seiner Lyrik litauische Volkspoesie.

Es war dann wiederum ein Königsberger Theologe – Ludwig Jedemin Rhesa –, der schließlich die erste Sammlung litauischer Dainos in Übersetzung herausgab, vor allem aber auch 1818 das schon Ende des 18. Jahrhunderts verfaßte litauische Versepos *Metai* des preußisch-litauischen Pfarrers Christian Donalitius (Kristijonas Donelaitis), zusammen mit seiner eigenen Übersetzung, zum Druck brachte. Daraus wurde dann die erste größere weltliche Dichtung in litauischer Sprache überhaupt.

Eine zweite Rezeptionsphase läßt sich im Übergang vom 19. zum 20. Jahrhundert in den (Trivial-)Romanen des zu seiner Zeit sehr populären ehemaligen Richters, Vertreters der „Linken" im Paulskirchenparlament und Schriftstellers

---

[2] *Theodor Lepner*: Der preusche Littauer (1690). Danzig 1744. – Theodor Lepner (1633-1691) war seit 1665 Pfarrer im Kirchspiel Budwethen.

[3] *Philipp Ruhig*: Littauisch-Deutsches und Deutsch-Littauisches Lexicon [etc.] Nebst einer Betrachtung der Littauischen Sprache; Wie auch einer gründlichen und erweiterten Grammatick [etc.] Königsberg 1747; vgl. *Maximilian Rankl*: Philipp Ruhig, Pfarrer und Philologe. In: Ostdeutsche Gedenktage 1999. Bonn 1998, S. 90-93.

[4] Vgl. *Gotthold Ephraim Lessing*: Werke, Bd. 5. München 1973, S. 106.

Jodocus Donatus Hubertus Temme[5] sowie in den *Litauischen Geschichten* Ernst Wicherts bzw. Hermann Sudermanns beobachten.

Eine dritte Phase verbindet sich mit den Geschehnissen des Ersten Weltkriegs und der damit verbundenen deutschen Besatzung Litauens („Ober-Ost“). In diesem Umkreis sind der Expressionist Alfred Brust oder auch Arnold Zweig zu nennen. Immerhin spielt der berühmte Roman *Der Streit um den Sergeanten Grischa* in Litauen, deutlicher noch der weniger bekannte Roman *Einsetzung eines Königs.*[6]

Johannes Bobrowski ist mit seinem Roman *Litauische Claviere* und nicht wenigen seiner Gedichte wohl der letzte, der im deutschen Bereich „Preußisch-Litthauen“ als Region der Vermittlung dichterisch verlebendigt hat – abgesehen vielleicht von den prußischen Mythologemen in den *Hundejahren* von Günter Grass.[7]

Vermittlung nach Polen

Autoren wie Bobrowski oder Sudermann werden heute von den Litauern gerne als „litauische Autoren deutscher Sprache“ bezeichnet; auf den ersten Blick mit mehr Recht lassen sich polnisch schreibende Autoren als „Litauer“ einordnen. Adam Mickiewicz läßt ja seinen berühmten *Pan Tadeusz* (immerhin das polnische Nationalepos) mit den Worten beginnen: „Litauen mein Vaterland! Du gleichst der Gesundheit. Nur wer diese verloren, weiß das Verlorene zu schätzen“;[8] und Czesław Miłosz bezeichnete sich einmal explizit als „polnisch schreibende[n] Litauer“.[9]

Zu solchen national-ethnischen Mischformen auf polnischer Seite kommt es dadurch, daß die Geschichte des Großfürstentums Litauen eng verflochten war mit der polnischen Geschichte. Seit 1386 gab es eine Personalunion, die Litauen die Christianisierung, schließlich aber auch die schon erwähnte kulturelle und sprachliche Polonisierung eintrug. In der Union von Lublin 1569 erfolgte

---

5 Vgl. z.B. [*Jodocus Donatus Hubertus Temme*]: Die schwarze Mare. Bilder aus Littauen. [Roman]. 3 Bde. Leipzig 1854; vgl. dazu auch *Maximilian Rankl*: Jodocus Donatus Hubertus Temme. Jurist, Politiker und Schriftsteller. In: Ostdeutsche Gedenktage 1998. Bonn 1997, S. 233-235.

6 Vgl. etwa *Maximilian Rankl*: ‚Litauen soll schwäbisch werden‘... – Ironie und Geschichte in Arnold Zweigs Roman „Einsetzung eines Königs“. In: Literatur in Wissenschaft und Unterricht 31 (1998), S. 125-143.

7 Zum Motiv der Prußen bei Günter Grass wie überhaupt in der deutschen Literatur vgl. *Audrone Barunaite-Willeke*: Die Prußen in der deutschen Literatur seit der Romantik. In: Lietuviu kulturos institutas / Litauisches Kulturinstitut. Jahrestagung 1992. Lampertheim 1993, S. 7-27.

8 „Litwo! Ojczyzno moja! ty jesteś jak zdrowie; / Ile cię trzeba cenić, ten tylko się dowie, / Kto cię stracił“; vgl. *Adam Mickiewicz*: Pan Tadeusz czyli ostatni zajazd na Litwie. Wrocław 1998, S. 7.

9 *Czesław Miłosz:* Die Straßen von Wilna. München / Wien 1997, S. 18.

dann auch de jure die Vereinigung der beiden unter Personalunion stehenden Länder. Jetzt wurde das Wahlkönigtum eingeführt, man spricht deswegen von dem vereinigten Polen-Litauen als „rzeczpospolita“, als „Adelsrepublik“.[10] Durch die Verbindung mit Polen wurde das ehemalige Großfürstentum katholisch, während die preußischen Litauer evangelisch blieben. Daraus erklärt sich, daß fast alle frühen Bemühungen um das Litauische als Schriftsprache (im Zuge der Reformation) von „Preußisch-Litthauen“ mit dem Zentrum Königsberg ausgingen, während es im Großfürstentum wesentliche Ansätze dazu erst später, besonders im frühen 19. Jahrhundert (vor der Schließung der Wilnaer Universität) gab – zu einer Zeit, als auch das geistige Leben Litauens und hier vor allem das der rein polnischen Universität Wilna unter den Einfluß der Romantik gerieten.[11]

In diesem intellektuellen Kontext sind auch die Dichter der polnischen Romantik zu sehen, die sich verstärkt mit litauischer Thematik befassen: Adam Mickiewicz, Władysław Syrokomla, Józef Ignacy Kraszewski und Juliusz Słowacki. Abgesehen von der „romantischen“ Hinwendung zu Volkstum, Sprache, Mittelalter etc. steht diese Dichtung unter einem eminent politischen Vorzeichen. Denn seit der Dritten Teilung Polens 1795 standen ja Kernpolen sowie Litauen unter russischer Herrschaft; und der Rekurs auf das litauische Mittelalter, bei dem vor allem die Kämpfe gegen den Deutschen Orden eine zentrale Rolle spielten, ließ sich mühelos als Analogon des Widerstands gegen die zaristische Fremdherrschaft instrumentalisieren. Später wirkte diese Stilisierung bei Henryk Sienkiewicz in seinem Roman „*Krzyżacy*“ (1900; dt. *Die Kreuzritter*).

Litauische Selbstbilder

Gegenüberstellen müßte man diesen „Fremdbildern“, die in beiden Fällen – sei es bei Autoren aus „Preußisch-Litthauen“, sei es bei polnisch schreibenden Autoren litauischer Herkunft – auch „Selbstbilder“ sind, zumindest Teilaspekte der eigenen Identität, „Selbstbilder“ litauisch schreibender Autoren also, die in den besonders relevanten Fällen – Kristijonas Donelaitis[12] aus dem 18. Jahr-

[10] Vgl. z.B. *Gotthold Rhode*: Kleine Geschichte Polens. Darmstadt 1965, S. 215 ff.

[11] *Victor Jungfer*: Litauen. Antlitz eines Volkes. Versuch einer Kultursoziologie. Tübingen 1948, S. 217.

[12] Kristijonas Donelaitis oder Christian Donalitius (1714-1780) studierte Evangelische Theologie in Königsberg und wirkte seit 1740 als Kantor, später als Rektor in Stallupönen, seit 1743 als Pastor in Tollmingkehmen. Sein Versepos *Metai* (dt. *Die Jahreszeiten*) gilt als erste größere weltliche Dichtung in litauischer Sprache und stellt bis heute für die Litauer *das* Nationalepos dar.

hundert, Jeva Simonaityte[13] und Vydunas[14] aus dem 20. Jahrhundert – eben durch ihre preußisch-litauische Herkunft hervorragend für solche Fragen nach Identitäten geeignet wären. Denn alle drei sind von ihrer Bildung her „deutsch" geprägt, jeder hat aber auf seine Weise sich für das Litauertum entschieden. In allen drei Fällen wäre in diesem Zusammenhang zu fragen, ob es sich bei den jeweils in Erscheinung tretenden „Selbstbildern" nicht eher um „re-importierte" Fremdbilder handeln könnte.

Imagologie

Bei der in Rede stehenden Thematik geht es vor allem um die Erforschung des ‚Bildes' eines Landes oder Volkes, wie es sich in der Literatur eines anderen Volkes – bzw. hier zweier anderer Völker: der Deutschen und Polen – zu bestimmten Zeiten oder auch über die Zeiten hinweg verfestigt hat. Dies ist Gegenstand einer Forschungsrichtung der literarischen Komparatistik, die sich ‚Imagologie' nennt.

Auf die methodische Problematik der literarischen Imagologie ist hier nicht näher einzugehen. Mit Franz K. Stanzel kann man verkürzt davon ausgehen, daß das jeweilige ‚Bild' vom anderen Volk ein „weithin vorgestelltes, imaginiertes, von der Realität abgehobenes Gebilde [ist], eine Fiktion also, die sich der literarischen Interpretation ebenso anbietet wie der ethnologisch-psychologischen und politisch-historischen."[15]

Nun neigen solche ‚Bilder' dazu, sich zu verfestigen, zu erstarren – man spricht dann gerne von „Stereotypen". Überdies wurde nicht zu Unrecht bezweifelt, ob sich dieser Begriff wirklich für literaturwissenschaftliche Fragestellungen eignet, vor allem auch deshalb, weil er a priori eine negative Konnotation aufweist; stattdessen wurde von Manfred S. Fischer der Begriff ‚Imagotyp' vorgeschlagen,[16] der im folgenden bevorzugt verwendet wird.

[13] Jeva Simonaityte, 1897 als Eva Simoneit in der Nähe von Memel geboren, schilderte in Romanen und Erzählungen das Leben im Memelland und starb als hochgeehrte Schriftstellerin Sowjetlitauens 1978 in Wilna.

[14] Vydunas, eigentlich Wilhelm Storost, geboren 1868 bei Heydekrug, gestorben 1953 in Detmold, war ab 1892 Lehrer in Tilsit, von 1917 bis 1919 Dozent für litauische Sprache in Berlin und setzte sich für die Sache der ostpreußischen Litauer ein. Er schrieb theosophische Mysterienspiele in litauischer sowie historische und philologische Werke in deutscher Sprache. 1944 verließ er Litauen und siedelte nach Westdeutschland über.

[15] *Stanzel*: Europäer (wie Anm. 1), S. 9.

[16] *Manfred S. Fischer*: Nationale Images als Gegenstand vergleichender Literaturgeschichte. Untersuchungen zur Entstehung der komparatistischen Imagologie. Bonn 1981, S. 20.

„Komparatistik regional“

Ein zweiter methodischer Aspekt soll noch kurz angesprochen werden, den Johann Strutz mit dem Begriff „Komparatistik regional“ eingeführt hat.[17] Denn es handelt sich bei dem vorzustellenden Thema ja um einen geradezu klassischen Fall von Literatur aus einem *interkulturellen Raum*, der ein recht differenziertes System von nationalen bzw. ethnischen Imagotypen erwarten läßt.

Auf preußisch-deutscher Seite haben wir es mit einer Gemengelage von litauischer und deutscher Bevölkerung zu tun – mit einer nicht ganz unkomplizierten sozialen Schichtung; auf der anderen Seite mit einer litauischen Bevölkerung mit polnischer bzw. polonisierter Oberschicht, die zu allem Überfluß seit den Teilungen Polens unter russisch-zaristischer (später sowjetrussischer) Herrschaft stand. Es handelt sich also um ein Gebiet, das in hohem Maße dem entspricht, was Strutz am Beispiel Venetiens, Istriens und Kärntens als Modell einer „regionalen Komparatistik“ entwickelt. Wie es sich bei Strutz im „Alpen-Adria-Raum“ um eine „mehrsprachige europäische Region“ handelt,[18] so auch im Falle Litauens (als geographisch-kultureller Raum). Wenn Strutz von den Autoren der von ihm untersuchten Region sagt, daß „zwar jeder einer bestimmten nationalen Literatur – der italienischen, kroatischen, slowenischen oder österreichischen – zugezählt wird, die aber als sprachliche Grenzgänger allesamt ihren einzelliterarischen Bereich überschreiten“,[19] so gilt ziemlich genau dasselbe für die hier in Frage stehenden Autoren, die im Hinblick auf ihre jeweilige *Sprache* der deutschen, litauischen und polnischen Literatur angehören, deren *ethnische* Zugehörigkeiten sich aber überschneiden.

Tatsache ist jedenfalls, daß es ein deutsch ausgebildeter Pfarrer preußischer Staatsangehörigkeit war, der mit den *Metai* (Jahreszeiten) *das* litauische Nationalepos schrieb (Donelaitis); daß es umgekehrt ein gebürtiger Litauer war (oder wahrscheinlich genauer: ein gebürtiger Weißrusse, der sich indes als Litauer verstand) und mit *Pan Tadeusz das* polnische Nationalepos schuf (Adam Mickiewicz) – der andererseits und umgekehrt jedoch mit *Konrad Wallenrod* und *Grażyna* (in polnischer Sprache) geradezu ein ‚Textbuch‘ des litauischen Patriotismus hervorbrachte.[20] Zu diesen interkulturellen Überschneidungen gehört auch die bereits erwähnte Tatsache, daß der exilpolnische Nobelpreisträger Czesław Miłosz sich selbst als „polnisch schreibenden Litauer“ bezeichnet[21], und daß die in Sowjetlitauen als Schriftstellerin zu großen Ehren gekommene Jeva Si-

---

[17] *Johann Strutz*: Komparatistik regional – Venetien, Istrien, Kärnten. In: Peter V. Zima (Hrsg.): Komparatistik. Einführung in die Vergleichende Literaturwissenschaft. Tübingen 1992, S. 294-331.
[18] Ebd., S. 294.
[19] Ebd.
[20] Vgl. *Mieczysław Jackiewicz*: Literatura polska na Litwie XVI-XX wieku. Olsztyn 1993.
[21] *Miłosz*: Die Straßen von Wilna (wie Anm. 9), S. 18.

monaityte ursprünglich eine stark von der deutschen Kultur geprägte Memelländerin namens Eva Simoneit gewesen ist.[22] Solche und ähnliche Phänomene eines recht komplexen interkulturellen Systems werfen jene Fragestellungen auf, die der von Strutz geforderten „regionalen Komparatistik“ zugehören.

Zum Imagotypensystem ‚Naturvolk‘

Wenn bei Johann Strutz einerseits Formulierungen fallen wie „geschichtslose Nationen im Sinne beschränkter, kleiner Gemeinschaften als Bewahrerinnen unveränderlicher, von Generation zu Generation weitergegebener Werte“[23] und dabei von der „ästhetischen Dimension des archaischen Kulturmodells“ die Rede ist, andererseits vor der Gefahr des Umschlagens von „Polyphonie in Folklore und von der archaischen Sprache zum preziösen Vegleichslexikal des Hochsprachlichen“[24] gewarnt wird, so wird sich ganz Ähnliches am literarischen Bild der Litauer zeigen lassen.

Die diesbezügliche Kernthese lautet: Das Bild der Litauer beruht – sowohl in deutscher als auch in polnischer Sicht (und in gewissem Sinne auch in der litauischen Selbst-Sicht) – auf einem Imagotypensystem, das sich auf althergebrachte Vorstellungen vom ‚Naturvolk‘ (in Opposition zum ‚Kulturvolk‘) bezieht. Dabei werden die dem jeweils eigenen, ‚zivilisierten‘ Normsystem zuwiderlaufenden Eigenschaften als charakteristische betont, andere hingegen schlichtweg ausgeblendet. Es entsteht mithin ein Bild, in welchem das als *fremd* Empfundene hervorgehoben, das der anthropologischen Konstante Zugehörige dagegen vernachlässigt wird. Dabei wird eher selten versucht, das Fremde als ein eigenwertiges Normsystem anzuerkennen. Daran ändert auch nichts die vielfach zu beobachtende exotistische Faszination des *Anderen*.

Explizit vom ‚Naturvolk‘ in Opposition zum ‚Kulturvolk‘ spricht bereits Ernst Wichert im Vorwort zu seinen *Littauischen Geschichten*:

> „Seit die Deutschen angefangen haben, sich in Littauen heimisch zu machen, zeigten sich dort alle die bedenklichen Erscheinungen, die sich stets zu zeigen pflegen, wenn ein *Naturvolk* von einem *Culturvolk* durchsetzt wird.“[25]

---

[22] Vgl. oben, Anm. 12.

[23] *Strutz*: Komparatistik (wie Anm. 17), S. 325.

[24] Ebd., S. 330.

[25] *Ernst Wichert*: Littauische Geschichten [1867-1891]. Zitiert nach der Ausgabe in 2 Bänden Dresden / Leipzig 1900-1901 (= Ernst Wichert's Gesammelte Werke, Bd. 16 und 17), hier Bd. 1, S. X. – Ernst Wichert (1831-1902); Richter und Dichter (Titel seiner Autobiographie); seit 1860 zweiter Richter in Prökuls; verfaßte zahlreiche und erfolgreiche Theaterstücke, Romane und Erzählungen; gründete 1864 zusammen mit Reicke die „Altpreußische Monatsschrift“.

Dazu sollen im Folgenden einige konkrete Beispiele gegeben werden – anhand eines *Katalogs von imagotypischen Elementen*, der schwerpunktmäßig im Blick auf das Werk von Hermann Sudermann herausgearbeitet wird.

Unverbildetheit – Kindlichkeit – Naivität

Ein Naturvolk hat – in der Vorstellungswelt des „Zivilisierten" – „unverbildet" zu sein. So befällt die Figur des Miks Bumbullis in der gleichnamigen Erzählung von Hermann Sudermann eine „geistige Übermüdung, die diese des scharfen Denkens ungewohnten *Naturkinder* oft überfällt."[26]

Schon Jodocus Donatus Hubertus Temme[27] spricht in seinem Roman „Die schwarze Mare" aus dem Jahr 1854 von den preußischen Litauern als von „ungebildete[n] Kinder[n] der Natur".[28] Ein Naturvolk ist darüber hinaus – und dies hängt mit seiner Unverbildetheit zusammen – kindlich-naiv.[29] In der „Reise nach Tilsit" heißt es: „Nun möchte ich *den* Litauer kennen lernen, der an einem Karussell vorbeigeht, ohne begierig stehenzubleiben."[30] Wie Jons und Erdme in der gleichnamigen Erzählung ihre Stube schmücken, offenbart sich in aller damit verbundenen Lust am Bunten das Zeichen eines kindlichen Geschmacks: „... Bild neben Bild geklebt, und die buntesten kriegen die vornehmsten Plätze."[31]

Wiederum gibt schon Temme das Muster ab, wenn er schildert, mit welcher Begeisterung das litauische Gesinde sich vom Tand und Flitterkram jüdischer Händler beeindrucken läßt:

---

[26] *Hermann Sudermannn*: Litauische Geschichten [1917]. Zitiert nach der Ausgabe Frankfurt a.M. 1978, S. 47.

[27] Jodocus Donatus Hubertus Temme (1798-1881); 1833-1836 Kreisjustizrat in Ragnit; 1844-1848 Direktor des Land- und Stadtgerichts in Tilsit. Liberaler Jurist und Politker, der nach seiner Amtsenthebung wegen Beteiligung an der Revolution von 1848 zu einem erfolgreichen Unterhaltungsschriftsteller wurde; zahlreiche historische Romane mit Schauplatz Preußisch-Litauen; außerdem Herausgeber von Volkssagen. – Sudermann berichtet übrigens in *Das Bilderbuch meiner Jugend*, daß ihm „die Pforten epischer Dichtung" u.a. von Temmes „dürftigen[n] Kriminalgeschichten" aus seiner „östlichen Heimat" aufgeschlossen worden seien, die er in alten Bänden der *Gartenlaube* entdeckt habe (wie Anm. 36, S. 33).

[28] *Temme*: Die schwarze Mare (wie Anm. 5), Bd. 1, S. 71.

[29] Vgl. auch *Stefan Goldmann*: Die Südsee als Spiegel Europas. Reisen in die versunkene Kindheit. In: Wir und die Wilden. Einblicke in eine kannibalische Beziehung. Hrsg. von Thomas Theye. Reinbek 1985, S. 208-242; S. 215: „Zur Beschreibung der Südseevölker griff man auf einen Topos zurück, der im 18. Jahrhundert besonders verbreitet war. Wilde, so hieß es, verhalten sich wie Kinder und, wie manche Eltern noch heute konsterniert feststellen, Kinder benehmen sich wie die Wilden. Beide, Kinder wie Wilde, haben Freude an Glasperlen, Glöckchen und Spiegeln."

[30] *Sudermann*: Litauische Geschichten (wie Anm. 26), S. 31.

[31] Ebd., S. 102.

„Allein die Litthauer waren die Käufer. Die deutschen Dienstboten hielten sich entfernt mit sehr ernsthaftem, gesetzten Wesen und warfen nur manchmal höhnische Seitenblicke auf die Litthauer, welche *wie die Kinder* fröhlich waren, aber auch unzweifelhaft *wie einkaufende Kinder* von den beiden Juden betrogen wurden."[32]

Primitivität – Gewaltbereitschaft – Gesetzlosigkeit

Ein Naturvolk verhält sich sodann gelegentlich archaisch-primitiv. Ausbrüche brutaler Gewalt sind an der Tagesordnung, etwa, wenn die Magd Busze in „Die Reise nach Tilsit" vom Schwiegervater des Bauern mit der Peitsche „eins über" bekommt: „Lang übers Gesicht und den nackten rechten Arm herunter." „Und was tut die? Sie packt den alten Mann, zieht ihn vom Wagen und fängt ihn mit den Fäusten zu verprügeln an."[33]

Die mit solcher Gewaltbereitschaft zusammenhängende Gefahr, in Konflikt mit dem „geltenden Recht" zu kommen, ist dabei gewiß ein weiteres Charakteristikum des Imagotypensystems vom „Naturvolk", und zwar in zweifacher Hinsicht: Einerseits glauben ja die ‚Zivilisierten', daß ihre Gesetze eine allgemeinmenschliche Norm verkörpern; sie übersehen dabei, daß ein „Naturvolk" möglicherweise eigene Gesetze hat, die mit den oktroyierten Normen der fremden Verwaltung kollidieren *müssen*. Andererseits ist das Fundament der Gesetzgebung das Christentum; nun ist der Naturmensch aber vorwiegend Heide und kann so nur schwer für eine christlich fundierte Moral gewonnen werden.

„Durch Listigseyn, Leugnen, Leichtschweren, Betrügen,
Durch Schadenthun, Stehlen und meisterlich Lügen,
Kan bößlich der Littau die Wahrheit besiegen."[34]

heißt es schon bei Theodor Lepner in der gereimten Zusammenfassung eines Kapitels seiner Schrift. Und weiter: „Die Littauer wissen ihre Boßheiten und Uebelthaten, so zu bedecken, und zu leugnen, daß man mit schwerer Mühe von Ihnen die Wahrheit erpressen kann."[35]

---

[32] *Temme*: Die schwarze Mare (wie Anm. 5), S. 54.
[33] *Sudermann*: Litauische Geschichten (wie Anm. 26), S. 12.
[34] *Lepner*: Der preusche Littauer (wie Anm. 2), S. 49.
[35] Ebd., S. 55.

Divergente Normsysteme über ‚Klugheit' und ‚Dummheit'

Aus litauischer Sicht klingt diese Einschätzung vollkommen plausibel. Denn in den eigenen Augen wäre ja derjenige Litauer dumm, der den Deutschen die Wahrheit sagt – um möglicherweise aufgrund von Gesetzen, die gar nicht die seinen sind, eingesperrt zu werden. Das führt zu einer weiteren Divergenz im Normsystem, die sich auf die Definition von ‚Klugheit' bzw. ‚Dummheit' bezieht.

Schon Lepner weiß zu berichten, daß die Litauer sich „auch selbst vor sehr kluge Leute [halten], darum sagen sie: die Deutschen werden bald so klug seyn, wie wir."[36] Bei Temme heißt es, noch verschärft: „Mit großer Verachtung sieht er [der Litauer] auf den Deutschen herab. Er hat ein altes Sprichwort: ‚Der dümmste Litthauer ist noch immer so klug als der klügste Deutsche'."[37]

„Da sieht sie ein, daß der dumme Deutsche klüger ist als sie selbst"[38] – heißt es bei Sudermann über die Litauerin; und weiter über die Figur des Mörders Miks Bumbullis, als er aus dem Gefängnis seiner Frau schreiben wollte, ob denn beim Tod der kleinen Anikke auch die Giltinne, die Todesgöttin, versöhnt worden sei: „Er wollte der Alute deswegen schreiben, aber er schämte sich vor den Deutschen, die den Brief durchlesen und in ihrer Dummheit über ihn lachen würden."[39]

Besonders letzteres gibt zu denken. Denn es verweist auf ein prinzipielles Verständigungsproblem zwischen Deutschen und Litauern: Die Deutschen halten den Litauer wegen seines Aberglaubens für ‚dumm', deswegen schämt er sich; er aber hält die Deutschen seinerseits wegen deren Unkenntnis des nach seinem Weltbild Notwendigen für ‚dumm'. Die Bezeichnung ‚dumm' erhält also zwei geradezu gegensätzliche Bedeutungen, je nachdem, auf welches Normsystem man sich bezieht.

Heidentum und Aberglaube

Ähnlich divergierende Normsysteme zwischen einem ‚Naturvolk' und den ‚Zivilisierten' manifestieren sich in religiösen Vorstellungen. Die Litauer sind eigentlich seit Jahrhunderten christianisiert und im Prinzip gute Protestanten.

---

[36] Ebd., S. 54.
[37] *Temme*: Die schwarze Mare (wie Anm. 5), S. 22.
[38] *Sudermann*: Litauische Geschichten (wie Anm. 26), S. 172.
[39] Ebd., S. 70.

Doch leben bei ihnen mancherlei Vorstellungen weiter, die stark dem Heidentum verhaftet scheinen.

Einige Beispiele aus Sudermanns *Litauischen Geschichten* mögen diese *baltischen Mythologeme* kennzeichnen: „... und [die Indre] ging ... an Ihnen vorbei, als sei sie eine Sonnentochter gewesen“.[40] Sie sorgt für die Wirtschaft, „als wäre sie mit der Laime, der freundlichen Göttin im Bunde.“ „Die Laime [sitzt] selber am Steuer“[41] heißt es an anderer Stelle; „die Magila, die Göttin des Zornes, saß schon im Rauchfang ...“,[42] und „Milda, die Göttin der Liebe spielt überall mit.“[43]

Durch solche Anrufungen von Göttergestalten aus der litauischen Mythologie wird freilich wenig erhellt. Was Sudermann an diesen Evokationen reizen mochte, war eben das Unvertraute, das „Fremde“, war „ein ins Heimatliche gewendeter Exotismus“.[44]

Ein weiteres Beispiel aus dem Imagotypensystem „Heidentum“ ist vielleicht noch aufschlußreicher. So wird bei Ernst Wichert in der Novelle „Der Schacktarp“ beschrieben, wie bei den Litauern traditionsgemäß ein Sarg auszusehen hat. Er mußte „mit himmelblauer Farbe angestrichen sein und grüne Kanten haben“.[45] Außerdem sollte er mit möglichst bunter Blumen-Ornamentik verziert sein; darüber hinaus „zwei gelbe Vögel mit rosa Flügeln und blauem Köpfchen [besitzen]; obenauf endlich eine kleine Säule, die auf gewundenem Draht ein kleines buntes Vögelchen zu tragen hatte“.[46] Daß diese Sargverzierungen heidnischen Ursprungs sind, liegt nahe. Dies geht auch aus der Rüge des Pfarrers hervor, der mit einer schwarzen Decke kommt, die Farbenpracht des Sarges zu verbergen: „Ich hatte gehofft, [sagt der Pfarrer zur Witwe], daß du deinen verstorbenen Mann in einem schwarzen Sarge würdest in die Grube senken lassen, wie es überall in der Christenheit so Sitte ist, und den Anderen im Dorfe mit gutem Beispiele vorangehen, damit endlich dieses heidnische Wesen aufhöre.“ Darauf antwortet ihm die Witwe: „... es ist ... so alter Brauch hier unter den Littauern, und drüben auf der Nehrung ebenso. Weicht einer davon ab, so ist gleich schlimmes Gerede, daß er zu den Deutschen in den Himmel wolle und sich hochmüthig von seinesgleichen abwende.“[47]

---

[40] Ebd., S. 9.
[41] Ebd., S. 37.
[42] Ebd., S. 214.
[43] Ebd., S. 125.
[44] *Günter Heintz*: Kompromiß und Wirkung: Kritische Anmerkungen zu Hermann Sudermanns „Der Katzensteg“. In: Hermann Sudermann. Werk und Wirkung. Hrsg. von Walter T. Rix. Würzburg 1980, S. 201-214, S. 201.
[45] *Wichert*: Littauische Geschichten (wie Anm. 25), I, S. 166.
[46] Ebd., S. 167.
[47] Ebd., S. 172.

Übrigens tauchen die Vögelchen auf dem Grab bei Sudermann wieder auf. In „Miks Bumbullis“ heißt es vom Grab der kleinen Anikke:

> „Ein neues Holzkreuz stand an den Kopfenden mit einem Dachchen darauf, wie es die jungfräulich Entschlafenen haben sollen, und zwei Vögelchen an den schrägen Enden. Die hatte sicherlich die Madlyne angebracht als Spielzeug für die Tote in der langen Ewigkeit.“[48]

Was bei Wichert eine sozio-empirische Beobachtung mit doch immerhin aufschlußreichen ethnologischen Folgerungen darstellt, wird bei Sudermann zum Rühreffekt banalisiert.

Sexualität – Amoral – „Erotik der Exotik“

Das angebliche Heidentum der Litauer führt jedenfalls zu einer weiteren Eigenschaft in unserem Imagotypen-Katalog: Ein Naturvolk – durch christliche Moralvorstellungen nur oberflächlich berührt – hat eine freiere Einstellung zur Sexualität. Dies ist selbstverständlich eine Pauschalisierung, die mit der Realität nicht immer übereinstimmt, sich aber deshalb umso mehr als Projektionsfläche für christlich-bürgerliche Phantasien und Wunschträume eignet. Dabei spielt ein Phänomen, das man „die Erotik der Exotik“ oder auch die erotische Attraktion des Fremden nennen könnte, eine Rolle.

Es ist aufschlußreich zu sehen, wie schon der bieder-rechtschaffene Richter Temme allein im Anhören der fremden, melodischen Sprache einen geradezu erotischen Reiz verspürt:

> „Ihr hört eine Sprache, die allerdings vermöge ihrer vorherrschenden Zischlaute etwas Weichliches, aber dessen ungeachtet große Leichtigkeit, Anmuth und Melodie hat. Wäret Ihr nicht in der Kirche, es könnte der sehnsüchtige Gedanke in Euch entstehen, wie süß, wie unendlich süß müßte es zum Herzen dringen, wenn ein holdes Wesen, an Eure Brust geschmiegt, in den sanften, weichen Tönen dieser Sprache Euch das Geheimnis der ersten Liebe entdeckte.“[49]

Was hier noch empfindsam verbrämt daherkommt, wird bei Sudermann zu handfester sexueller Amoralität – zumindest im christlich-bürgerlichen Sinne. Vor allem die Geschichte „Jons und Erdme“, äußerlich eine Erzählung über fleißige Moorbauern, die sich aus dem Nichts nach oben arbeiten, ist durchzogen vom Gedanken der Prostitution. Denn der latente Verdacht, daß Erdmes kleines Vermögen, das sie in die Ehe bringt, nicht ganz „ehrenhaft“ im bürgerlichen Sinne erworben sein kann, bestätigt sich am Ende der Erzählung; ebenso wie die Karriere ihrer Tochter Urte letztlich die einer Kokotte ist.

---

[48] *Sudermann*: Litauische Geschichten (wie Anm. 26), S. 72.

[49] *Temme*: Die schwarze Mare (wie Anm. 5), S. 14.

Übrigens spricht auch Wichert von einer „sehr leichte[n] Sinnesweise der Geschlechter im Verkehr miteinander“,[50] und bereits Theodor Lepner tadelte: „In vorigen Zeiten hat man nicht so sehr von der Unzucht von ihnen gehöret; Allein nun hat dieses Laster, leider! bey ihnen überhänd genommen.“[51] Auch in Zedlers *Universal-Lexicon* aus dem Jahr 1738 findet man unter dem Stichwort ‚Littauen‘ den in diesem Zusammenhang nicht ganz uninteressanten Vermerk: „Die Ehe wird leichtlich geschieden, und mögen die Weiber ihre Beyschläffer als Gehülffen des Ehestandes halten, denen Männern aber hält man es vor schändlich, Beyschläfferinnen zu haben.“[52]

Bild der Frau – matriarchalische Strukturen?

Vielleicht sollten in diesem Zusammenhang noch zwei Charakterzüge erwähnt werden, die das Bild der litauischen Frau in deutscher Sicht prägten. Da ist zunächst die Beobachtung, daß in „Preußisch-Litthauen“ auch die Frauen zum Trunke neigen. „Diese [die Weiber] besauffen sich öffters dermassen, daß sie weder gehen, stehen oder reden können ...,“[53] empörte sich schon Theodor Lepner; in Zedlers *Universal-Lexicon* heißt es: „Die Weiber ... sind aber so gut als ihre Männer zum trincken geneigt.“[54] Ähnlich konstatiert Wichert: „Über den Durst tranken ja sogar oft genug die littauischen Weiber: an den Sonntagsnachmittagen konnte man sie in den Chausseegräben liegen und ihren Rausch ausschlafen sehen.“[55] Selbst die eigentlich eher madonnenhafte Indre bei Sudermann verhält sich nicht wie eine vernünftige Bürgersfrau, sondern hält „beim süßen Muskatwein“[56] ebenso mit wie beim Rosenlikör.

Als zweiter Charakterzug „der“ Litauerin erscheint – im Positiven wie im Negativen – deren Kraft und Willensstärke, welche sie den männlichen Figuren vielfach weit überlegen sein läßt. Stellvertretend für zahlreiche Akteure, wie sie vor allem bei Ernst Wichert in Erscheinung treten, können auch die bereits erwähnten Figuren der Indre und Busze in Sudermanns „Die Reise nach Tilsit“ stehen. So unterschiedlich, ja gegensätzlich beide gezeichnet sind, wissen sie doch ganz genau, was sie wollen. Die Stärke der Busze liegt dabei in ihrer mit Durchsetzungsfähigkeit gepaarten erotischen Verführungskraft, die Stärke der Indre in ihrer fast übermenschlichen Leidens- und Duldungsbereitschaft. Der

---

[50] *Wichert*: Littauische Geschichten (wie Anm. 25), I, S. XIII.
[51] *Lepner*: Der preusche Littauer (wie Anm. 2), S. 59 f.
[52] *Johann Heinrich Zedler*: Großes vollständiges Universal-Lexikon, Bd. 17. Halle und Leipzig 1738: „Litthauen“, Sp. 1686-1702; Sp. 1689 f.
[53] *Lepner*: Der preusche Littauer (wie Anm. 2), S. 93.
[54] *Zedler*: Universal-Lexikon (wie Anm. 52), Bd. 17, Sp. 1690.
[55] *Wichert*: Littauische Geschichten (wie Anm. 25), II, S. 188.
[56] *Sudermann*: Litauische Geschichten (wie Anm. 16), S. 30.

wirkliche Verlierer ist Ansas (der Mann zwischen beiden Frauen), denn „... er ist schwach und tut, was sie wollen".[57]

Es wäre verlockend, bei diesen „starken Frauen" im Kontext der „Naturvolk"-Metapher an matriarchalische Strukturen zu denken – auch die Behauptung bei Zedler über die „Beyschläffer als Gehülffen des Ehestandes" weist stark in diese Richtung. Doch sind solche Figuren auch soziologisch bedingt: Vielfach besitzen die Frauen als Erbinnen einer „Wirtschaft", wie der Bauernhof hier genannt wird, durchaus eine gewisse materielle Macht, die sie weidlich ausnutzen.

‚Rothäute Europas'

Die bisherigen Detailbeobachtungen dürften das ‚Imagotyp' eines Naturvolks mit allen einschlägigen Implikationen deutlich gemacht haben. Nicht umsonst schrieb Alfred Brust im Jahre 1918 in einem Aufsatz mit dem Titel „Litauen und der Expressionismus":

> „Nachdem durch Erforschen der Südseekultur an den Resten jener weltabgewandten schönen Südseeinsulaner auf dieser Erdoberfläche kein vergangenes Kulturzentrum mehr vorhanden schien, tauchte das litauische Volk mit den Merkmalen kultureller Vergangenheit als plötzliche Insel vor uns auf."[58]

Litauer und Südsee-Insulaner – auf den ersten Blick ein bizarrer Vergleich! Doch hat eine solche Parallelsetzung ihr Vorbild bereits bei Louis Passarge,[59] der in einer Anmerkung zu seiner Übersetzung der Dichtungen des Donelaitis (1894) den Charakter und die Situation der Litauer folgendermaßen beschrieb:

> „Die Littauer sind in erster Reihe ein friedliches Volk, wie es die Bewohner der Südseeinseln waren vor ihrer Berührung mit den Europäern. Die Civilisation hat auf sie denselben Einfluß gehabt, wie dort, das heißt, sie nahmen in erster Reihe deren Laster an."[60]

Andererseits heißt es bei Ernst Wichert in der Vorrede zur zweibändigen Ausgabe seiner *Littauischen Geschichten*:

> „Das Völkchen der Littauer in Preußen ist dem Untergange geweiht. Dieses letzte Kämpfen um die nationale Existenz, dieses schrittweise Verdrängtwerden aus

[57] Ebd., S. 10.

[58] „Die Litauische Kultur und der Expressionismus". In: Das neue Litauen, 2. Jg. 1918, Nr. 14, 10. Mai 1918, S. 59 f.

[59] Louis Passarge (1825-1912); Jurist und Reiseschriftsteller. Schrieb u.a. *Aus baltischen Landen. Studien und Bilder* (1878).

[60] *Christian Donalitius'* Littauische Dichtungen. Übersetzt und erläutert von Louis Passarge. Halle 1894, S. 372.

den ... alten Stammsitzen, dieses Absterben bei an sich noch kräftigem Leibe, dieses sittliche Verderben ..., entbehrt nicht des tragischen Charakters. Wir brauchen nicht bis zu den Rothhäuten Nordamerikas zu gehen, um der Dichtung tragischen Stoff dieser Art zuzuführen."[61]

Doch nicht nur von deutscher Seite sind solche Parallelen zu Südseeinsulanern und Indianern gezogen worden. Bei Czesław Miłosz etwa findet sich eine ähnliche Bezeichnung für die Litauer – in der Formulierung von den „Rothäute[n] Europas".[62]

Das führt zu der Frage, ob und inwiefern das skizzierte Imagotypensystem auch für die polnische Literatur mit litauischer Thematik gilt, und wenn ja, in welcher Form und Funktion.

Obwohl man Czesław Miłosz mit Recht als einen Weltbürger bezeichnen kann, wird das kulturell und ethnisch spezifisch ‚litauische Substrat' seiner Herkunft von ihm selbst sehr bewußt gepflegt und dichterisch eingesetzt. Sein dezidiertes Ausspielen der Poesie als Gegenwelt zum naturwissenschaftlichen Weltbild, des Mythos gegen die Geschichte, die Betonung des Kindlichen im Dichter (*Das Zeugnis der Poesie*, 1983) bezieht Miłosz zum Teil explizit auf seine litauische Herkunft. In seinem Gedicht *Rue Descartes* von 1980, das sich aus dem zeitlichen Abstand von fast einem halben Jahrhundert seiner Pariser Studienzeit in den Jahren 1934/35 widmet, heißt es:

„Es waren unserer viele, aus Jassy und Klausenburg, Wilna und Bukarest,
Saigon und Marrakesch,
die sich schamvoll der heimatlichen Bräuche entsannen,
die man hier lieber niemandem weitererzählte ...

Und von allen schweren Sünden entsinne ich mich einer am besten:
Wie ich einst auf dem Waldpfad gehend einen Bach entlang
Einen großen Stein warf auf die Wasserschlange, im Gras gekringelt.
Und was immer im Leben mir zustieß, war eine verdiente Strafe,
Die eher oder später jeden ereilt, der die Verbote übertritt."[63]

Miłosz gibt dann zu diesem Gedicht eine Selbstinterpretation:

„Das Gedicht ... hat mehrere Themen. In seiner Hauptschicht ist es [aber] eine Beichte, das Eingestehen einer schweren Sünde. Nicht deshalb etwa, weil das

---

[61] *Wichert*: Littauische Geschichten (wie Anm. 25), I, S. XIV.

[62] Vgl. *Czesław Miłosz*: West- und östliches Gelände. München 1986, S. 13 f.: „Also hatte auch Europa seine Rothäute. Damals erscheint auch der erste gemeinsame Name, mit dem die Gesamtheit dieser Stämme bezeichnet wurde: Litauer."; S. 36: „Infolge seiner aristokratischen Impulse und im Gedenken an die alten Kränkungen neigte [Oscar] Miłosz zur Seite der schwerfälligen, pedantischen und eigensinnigen Bauern; sie waren einst die eigentlichen Schöpfer des [litauischen] Großfürstentums gewesen, erst später wurden sie zu Objekten verschiedener Kolonisationen. Er liebte sie wirklich, und weil sie die anderswo verlorenen Tugenden bewahrt hatten, nannte er sie die Rothäute Europas."

[63] *Czesław Miłosz*: Das Zeugnis der Poesie. München / Wien 1984, S. 15.

Töten oder Verletzen eines jeden Lebewesens böse wäre. Ich stamme aus Litauen, und dort galt die Wasserschlange als heiliges Wesen. Man stellte ihr Milch in kleinen Schüsseln vor die Schwelle der Bauernhütte. Man verknüpfte mit ihr die Fruchtbarkeit, die Fruchtbarkeit der Erde, die Fruchtbarkeit der Familie, und man liebte die Wasserschlange wie die Sonne ... Sicherlich sollte ein Student, der in Paris eifrig seine Französischarbeiten schrieb, ein Leser von Paul Valéry, dem Schlangenkult seiner Heimat nicht zu viel Bedeutung beimessen. Und doch war diese abergläubische Seite meiner Natur stärker als die universellen Ideen und ist es weiterhin, zumindest auf der Ebene, auf der die Poesie entsteht. Und obwohl mir der römische Katholizismus ein bleibendes Sündengefühl eingeimpft hat, erwies sich das andere, primitivere, heidnische Gefühl der Schuld vielleicht als das stärkere."[64]

Daß dieser paganistische Anti-Rationalismus von Miłosz eng mit seiner spezifisch litauischen Herkunft verknüpft, ja durch sie geradezu legitimiert wird, kommt an vielen Stellen seines Werks zum Ausdruck, wenngleich er „diese Provinzexotik nicht überzubewerten" gedenkt.[65]

In seinem autobiographischen Roman *Tal der Issa* (1955) teilt er darüber hinaus eine interessante Beobachtung über den Aberglauben bei den litauischen Bauern mit:

„Die Besonderheit des Issatals liegt in der Zahl seiner Teufel. Sie ist dort größer als anderswo ... Diejenigen, die sie gesehen haben, sagen, ein Teufel ... trage ein grünes Fräcklein, ein Jabot, die Haare zum Zopf geflochten, weiße Strümpfe und bemühe sich, durch Schuhe mit hohen Absätzen die Hufe, deren er sich schämt, zu verstecken ... Es ist wahrscheinlich, daß die Teufel, da sie die abergläubische Bewunderung des Volkes für die Deutschen kennen – Menschen des Handels, der Erfindung und der Wissenschaft –, sich mehr Ansehen zu geben versuchen, indem sie sich wie Immanuel Kant von Königsberg kleiden. Nicht umsonst ist an der Issa der andere Name für unheimliche Macht Niemczyk [Diminutiv für Deutscher] – der bedeuten soll, daß der Teufel auf der Seite des Fortschritts [steht] ..."[66]

---

[64] Ebd., S. 17 f.

[65] Ebd., S. 18.

[66] *Czesław Miłosz*: Tal der Issa. Roman. München 1983, S. 7 f. Zum Ganzen auch *Jochen D. Range*: Preußisch-Litauen in kulturhistorischer Sicht. In: Deutsche, Slawen und Balten. Aspekte des Zusammenlebens im Osten des Deutschen Reiches und in Ostmitteleuropa. Hrsg. von Hans Hecker und Silke Spieler. Bonn 1989, S. 55-8; S. 55 mit Anm. 1.

VI.

Erinnerungen

Eine Jugend in Estland

Von *Bernd Nielsen-Stokkebye*

Besuch in der Heimat

In einer nebligen, frostkalten Dezembernacht des Jahres 1947 führte mich eine dem nordischen Winter entsprechend vermummte junge Frau durch die tiefverschneite estnische Ortschaft Pölva. Ich trug einen Offiziersmantel der Roten Armee, allerdings ohne Schulterstücke und Rangabzeichen, so wie er in den ersten Nachkriegsjahren in der Sowjetunion von vielen Demobilisierten getragen wurde. Wir schritten schweigend einher, nur gelegentlich flüsterte mir meine Begleiterin ein paar Worte zu.

Fünf Wochen zuvor war ich aus einem Kriegsgefangenenlager in der Nähe von Moskau geflohen. Zusammen mit einem russischen Mädchen hatte ich bereits 3000 Kilometer zurückgelegt. Wir waren in Kiew, Odessa und Leningrad gewesen, immer auf der Suche nach einer Möglichkeit, aus der Sowjetunion herauszukommen. Seit ein paar Tagen waren wir in Estland, meiner Heimat, und ich seit einigen Stunden ohne sie in Pölva, wo ich aufgewachsen bin.

Marju, die nun neben mir ging, kannte ich seit frühester Kindheit. Als ich an ihr Fenster geklopft hatte, war sie erschrocken gewesen. Nach einem Zeichen von ihr, ich solle in der Dunkelheit des Hofes etwas warten, war bald darauf ein Mann aus ihrer Tür getreten. Er hatte mich nicht gesehen.

Wir fielen uns in die Arme, ich erzählte kurz das Notwendigste und fragte, ob sie mich für eine Nacht und einen Tag verstecken könne. Sie sagte ja, fügte aber gleich hinzu, es dürfe niemand, wirklich niemand, etwas davon erfahren. Ich verstand sie. Es war die Zeit Stalins, sowjetfeindliche oder sonst irgendwie verdächtige Esten wurden häufig nach Sibirien verschleppt, und keiner wußte mehr ganz genau, wem er wirklich trauen konnte und wem nicht.

„Da stand Euer Haus. Den Einmarsch der deutschen Wehrmacht hat es gut überstanden, aber bei den Kämpfen im Sommer 1944 brannte es ab.“

Der große Granitbrocken im Garten lag noch an seinem Platz, auch einige Apfelbäume standen noch. Sonst war nichts übriggeblieben von dem, was ich im Herbst 1939 zurückgelassen hatte. Ein Mann und eine Frau, beide in Schafspelzen, kamen den Weg entlang. Ich schlug meinen Mantelkragen hoch und zog mir die Mütze ins Gesicht. Als sie vorbei waren, fragte Marju mich:

„Weißt du, wer das war?"

„Im Nebel konnte ich sie nicht erkennen. Aber der Gang von ihm kam mir bekannt vor."

„Natürlich. Das war Lembit Lattik, mit dem du immer Fußball gespielt hast, anstatt mit mir Nüsse zu sammeln oder schwimmen zu gehen."

Als wir zum Platz vor der Kirche kamen, bemerkte ich sofort die Veränderung:

„Wo ist das Denkmal geblieben?"

Soweit ich zurückdenken konnte, hatte hier ein Obelisk aus rotem Granit gestanden, der der Erinnerung an die im estnischen Freiheitskriege von 1918 bis 1920 gefallenen Pölvaraner gewidmet war. Als kleiner Junge war ich oft mit estnischen Freunden von den Stufen des Denkmalsockels um die Wette gesprungen.

„Ich erzähl es dir später, wenn wir bei mir sind."

In ihrem kleinen Blockhäuschen am Flußufer war es warm, wir tranken Tee, ich bekam Brot mit Schinkenspeck, und sie erzählte.

Da der estnische Freiheitskrieg ein Kampf gegen die russischen Kommunisten gewesen war, kam bald nach Errichtung der Sowjetherrschaft aus Moskau der Befehl, alle „die Geschichte verfälschenden Denkmäler" niederzureißen. Die Pölvaraner weigerten sich jedoch beharrlich, an jeder wie immer gearteten Schändung des Denkmals teilzunehmen. So waren denn russische Rotarmisten abkommandiert worden, um den Befehl auszuführen. Sie hatten den Obelisk umgestürzt und in drei Teile zersägt, die später abtransportiert werden sollten. Dazu kam es aber nicht mehr, denn eines Tages waren die Bruchstücke auf geheimnisvolle Weise verschwunden. Es gab die verschiedensten Gerüchte. Einige alte Frauen behaupteten, Kalevipoeg, der riesenstarke estnische Sagenheld, wäre nachts gekommen, hätte sich die drei Granitstücke unter die Arme geklemmt und wäre mit ihnen im Walde verschwunden. Andere vermuteten, ehemalige Teilnehmer des Freiheitskrieges hätten sie irgendwo vergraben und geschworen, ihr Geheimnis mit ins Grab zu nehmen oder es erst dann preiszugeben, wenn Estland wieder eine unabhängige, selbständige Republik geworden wäre.

Am nächsten Abend, als es bereits zu dämmern begann und ich hoffen konnte, nicht erkannt zu werden, marschierte ich über einen Waldweg zum Bahnhof. Marju hatte mich bis zum Friedhof begleitet. In der Waldhütte eines alten russischen Wilderers, dessen Jagdflinte mein Vater mir vor zehn Jahren gekauft hatte, brannte Licht, und auch sein Hund schlug an. Ich überlegte kurz, ging dann aber doch weiter – das Risiko hineinzugehen, erschien mir zu groß. Am Tage darauf war ich wieder in Tallinn, der alten Hansestadt Reval, meiner Geburtsstadt.

Eine Woche später wurde ich dort festgenommen. Das war das Ende meiner Flucht, die so vielversprechend und abenteuerlich begonnen hatte.

42 Jahre später

An einem strahlend schönen Sommertag des Jahres 1989 stehe ich in Pölva auf dem Platz vor der Kirche, und das Freiheitskämpferdenkmal ist wieder an seinem alten Ort. Offiziell ist Pölva zwar immer noch für westliche Touristen, Korrespondenten und Diplomaten gesperrt, aber die alten totalitären Strukturen der Breschnew-Zeit sind weitgehend zerbrochen. Das Volk der Esten hat sich, ebenso wie das der Letten und Litauer, erhoben und ist dabei, das abzuschütteln, was ihm über 40 Jahre lang von Moskau aufgezwungen worden ist: Fremdherrschaft, Unterdrückung und Geschichtsfälschung. Über alles kann wieder ohne Furcht gesprochen werden, man kann demonstrieren und protestieren, sich von einem Freund in dessen Privatwagen von Tallinn (Reval) nach Pölva fahren lassen – vielleicht legal, vielleicht auch nicht ganz legal, ich weiß es nicht und habe auch nicht danach gefragt.

In der Sakristei der Kirche erfuhr ich vom Pastor und zwei alten Bekannten auch Näheres über das Schicksal des Denkmals. Als die blau-schwarz-weiße estnische Nationalflagge wieder über dem „Langen Hermann“, dem Wahrzeichen von Tallinn, wehen und auch die alte Nationalhymne wieder gesungen werden durfte, hatte man in Pölva den Beschluß gefaßt, den Obelisk wieder aufzustellen.

Von denen, die 1946 die drei Teilstücke, die Kupferplatte mit den Namen und die Reliefplatte versteckt hatten, war niemand mehr am Leben. Einige ihrer Söhne kannten aber das Versteck. So fand man tatsächlich die Namenplatte und zwei der vergrabenen Granitstücke. Das dritte, so sagte man mir, wurde vermutlich in das Fundament eines Hauses eingemauert und bleibt wohl für immer unauffindbar. So mußte das fehlende Teilstück neu gehauen und die Reliefplatte neu gegossen werden. Am 29. Juli 1989, zwei Wochen vor meinem Eintreffen in Pölva, war das Denkmal feierlich enthüllt worden. Vier Pastoren hatten das Denkmal in einem Gottesdienst eingesegnet, und die Enthüllung vollzogen drei Teilnehmer des Freiheitskrieges von 1918/20. Der Platz vor der Kirche war gedrängt voll gewesen, und über den Köpfen der Menschen hatten unzählige blau-schwarz-weiße Fahnen geweht.

Zwei Tage, nachdem ich aus Pölva zurückgekehrt war, saß ich in Tallinn in einer winzigen alten Zweizimmerwohnung im Kreise einiger ehemaliger GULAG-Häftlinge. Einer von ihnen trug ein Gedicht des jungen Dichters Tõnu Tepandi vor. Frei übersetzt hat es folgenden Wortlaut:

„Ich will nicht,
daß Moskauer Ministerien meiner Regierung befehlen.
Ich will nicht ewig abhängig sein von einem fremden Land,
von einer fremden Macht.
Ich möchte abhängig sein
von meinem Land,
von meinem Volk,
von meiner Familie,
von meinen Kindern.
Ich möchte
Rechenschaft ablegen vor meinen Kindern,
meiner Familie,
meinem Volk,
meiner Regierung.
Für die
und mich selbst möchte ich verantwortlich sein.
Das ist alles, was ich will!“

Noch bevor ich etwas sagen konnte, meldete sich die zehnjährige Tochter des Hauses, die zusammen mit ihrem kleinen Bruder auf dem Fußboden hockte und sich mit den bunten Filzstiften beschäftigte, die ich ihr geschenkt hatte: „Papa, es gefällt mir, daß in dem Gedicht auch Kinder vorkommen!“

Am Abend des gleichen Tages bekam ich das Gedicht von Tepandi noch einmal zu hören. Ich war mit meiner siebzehnjährigen Tochter Kira, die ich nach Estland mitgenommen hatte, ein paar Stunden durch die Stadt gebummelt und hatte ihr mein Geburtshaus, die Olai-Kirche, in der ich getauft wurde, und anderes gezeigt. Jetzt saßen wir unter den hohen Ahornbäumen vor dem Linda-Denkmal auf einer Bank, und ich erzählte ihr einiges aus der estnischen Geschichte und Sagenwelt. Nach kaum einer halben Stunde setzten sich ein junger Mann und ein junges Mädchen auf eine Bank in der Nähe. Zuerst lauschten sie nur den Vögeln und genossen den lauen Abend, dann holte der junge Mann aus einer Plastiktüte einige Hefte und Bücher heraus und begann, seiner Freundin etwas vorzulesen. Soweit ich es mithören konnte, waren es Gedichte. Da er eine sehr schöne und ausdrucksvolle Stimme hatte, ging ich kurz entschlossen hinüber, sagte, daß ich in Tallinn geboren sei, und bat ihn, für meine Tochter, die nicht Estnisch spreche und nicht wisse, wie schön diese finno-ugrische Sprache sei, etwas zu rezitieren.

Er war Student der Theaterwissenschaften, seine Freundin Kindergärtnerin. Ohne sich viel zu zieren, machten sie uns auf ihrer Bank Platz, und er trug ein paar Gedichte vor, darunter auch einige eigene. Als die ersten blassen Sterne am Himmel standen und man nicht mehr lesen konnte, fragte er mich plötzlich, ob ich auch etwas Politisches hören wolle.

„Natürlich, und Sie brauchen sich keine Sorgen zu machen, wir sitzen bestimmt im gleichen estnischen Fischerboot."

Und er begann: „Ma ei taha, er mingi ..."

Es war das Gedicht von Tepandi. Kira war begeistert von den beiden und bat mich, sie in unser elegantes zweiundzwanzigstöckiges Hotel „Viru" zum Essen einzuladen. So geschah es, und daraus wurde ein in jeder Hinsicht guter Abend. Vom Dachrestaurant hat man einen wunderschönen Blick über die Stadt und über das Meer. Es war eine dieser hellen Sommernächte, wie man sie nur im Norden erlebt, und diese Nacht beschloß einen Tag, an dem Estland eine neue Freundin gewonnen hatte – meine Tochter.

Am Tag darauf reisten wir ab. Über den spitzen Kirchtürmen und grauen Stadtmauern von Tallinn wölbte sich ein herrlicher Spätsommerhimmel. Vom Hafen zogen kleine weiße Wolken gemächlich nach Norden, hin zur Küste Finnlands.

Der Abschied vor der Grenz- und Zollkontrolle war überaus herzlich gewesen. Alte Freunde hatten Kira einen großen Strauß Kornblumen überreicht und ihr in einem Sprachgemisch aus Deutsch, Estnisch und Englisch zu erklären versucht, daß die Kornblume eines der nationalen Symbole Estlands sei. Ein junger Este, den sie beim Stadtbummel in der Nähe meines Geburtshauses kennengelernt hatte, heftete ihr galant eine rote Rose an die Jeansjacke, was den Teenager aus der forscheren westlichen Discowelt ebenso erfreute wie verunsicherte. Mit den Worten „Gott schütze Estland" hatten wir dann der Stadt den Rücken gekehrt und das in keiner Weise anziehende Gebäude der Grenzkontrolle betreten.

Beruflich, gelegentlich auch als Tourist, habe ich während der letzten 35 Jahre unzählige Male die Grenzen kommunistischer Staaten passiert und bin dabei noch nie ein gewisses Gefühl von Unsicherheit, ja von Furcht, losgeworden. Das hat etwas damit zu tun, daß ich in den osteuropäischen Metropolen der Chruschtschow- und Breschnew-Zeit kein gerngesehener Gast war und manchmal auch Dinge in meinem Gepäck hatte, die nach westlichen Begriffen völlig selbstverständlich und harmlos waren, von den jeweiligen östlichen Staatssicherheitsdiensten jedoch zumindest als suspekt eingestuft wurden.

Perestrojka hin, Glasnostj her – auch diesmal war ich wieder irgendwie unruhig. Immerhin hatte ich viele Gespräche mit führenden Vertretern fast aller politischen Kräfte Estlands geführt und dabei eigentlich nur die estnische KP ausgespart. Ich hatte mir Notizen gemacht und auch schriftliche Unterlagen erhalten, Zeitschriften, Protokolle, Resolutionen; alles gewiß keine Staatsgeheimnisse – aber würde es der reaktionäre, immer noch an der Moskauer Leine laufende estnische KGB ebenso sehen?

Von einem schwedischen Kollegen vorgewarnt, hatte ich einige der mitgenommenen Schriftstücke und Notizen auf meine Jackentaschen verteilt, andere in einen Umhängebeutel gesteckt. Diese Tasche mußte ich nun auf einen abseits stehenden Tisch legen, wo sie, wie man es später schriftlich formulierte, von einer „Vertreterin der Zollbehörde der Republik Estland" aufs Genaueste inspiziert wurde. Im anschließenden langen Palaver gab es immer wieder die gleichen stereotypen Fragen.

„Was ist das, von wem haben Sie das, wozu brauchen Sie das?"

Ich erläuterte die Schriftstücke, verwies darauf, daß es keine Geheimsachen seien, nannte einige Namen, auch die von Abgeordneten des Obersten Sowjets von Estland. Andere Namen verschwieg ich, stellte mich dumm oder behauptete, daß die betreffende Information schon vor mehreren Tagen in der Moskauer Presse veröffentlicht worden sei – was in einigen Fällen stimmte, in anderen nicht. Hin und wieder griffen auch ein Major und ein Zivilist von offenbar noch höherem Rang in das Verhör ein. Als fast alle Reisenden bereits an Bord des Schiffes nach Helsinki gegangen waren und sich außer mir und meiner Tochter nur noch Amtspersonen in der riesigen Halle befanden, gab der Zivilist, offensichtlich ein Russe, der estnischen Inspektorin in fehlerhaftem Estnisch die Anweisung, insgesamt sieben Schriftstücke zu beschlagnahmen.

Das Ausfüllen des Protokollformulars dauerte weitere 15 Minuten. Ich beanstandete zunächst einen sprachlichen Fehler im russischen Formulartext. Man gab mir recht, behauptete, es sei lediglich ein Druckfehler, und erlaubte mir, ihn eigenhändig zu korrigieren. Dabei erfuhr ich auch den Namen der estnischen Inspektorin. Ich notierte ihn mir auf die Handfläche.

„Warum schreiben Sie sich meinen Namen auf?"

„Ich bin Journalist. Vielleicht werde ich auch ein Buch über Estland schreiben. Diese miese Prozedur in dem europäischen Haus, von dem Ihr Herr Gorbatschow so gerne spricht, interessiert die Menschen im Westen sicherlich, und Namen erhöhen den Aussagewert jeder Story."

Zum ersten Mal konnte ich nun eine menschliche Regung feststellen. Große, braune Augen sahen mich halb vorwurfsvoll, halb verständnisheischend an.

„Mein Gott, ich bin doch nur ein ausführendes Organ!“

„Ich weiß, denn ich habe die Anweisung Ihres KGB-Vorgesetzten sehr wohl verstanden. Aber Sie haben sich diesen Beruf selbst ausgesucht, und dieser Beruf ist nicht mehr sehr zeitgemäß.“

Später, als die „Georg Ots“ längst Kurs auf Helsinki genommen hatte und ich mir die letzten Stunden in meiner Geburtsstadt durch den Kopf gehen ließ, taten mir meine harten Worte der jungen Estin gegenüber leid. Ich hätte sie aus Finnland gerne angerufen, aber als Ausländer telefonisch bis in ihren abgeschirmten Arbeitsbereich vorzustoßen, wäre absolut unmöglich gewesen. Auch den Gedanken an einen Brief verwarf ich, denn solange der sowjetische Staatsschutz in Estland immer noch seine alten stalinistischen Strukturen hatte, hätte ihr ein solcher Brief, wie gut er auch gemeint sein mochte, nur schaden können.

Meine Gefühle ihren männlichen Kollegen gegenüber waren anderer Art. So rief ich noch spät am gleichen Abend von Helsinki aus den Stockholmer Korrespondenten von „Radio Liberty“ an, der einen Monat zuvor im Hafen von Tallinn ähnliches erlebt hatte. Sein Kurzbericht über die angeblichen Staatspapiere wurde bereits am folgenden Abend vom Münchner Sender in die Sowjetunion ausgestrahlt, und ich konnte nur hoffen, daß die Herren vom estnischen KGB einen besonders guten Empfang hatten. Briefe, die mich einige Wochen später aus Tallinn erreichten, deuteten jedenfalls darauf hin.

Jagdnovelle

Als ich älter wurde, kamen in den Sommerferien aus nationalen und auch sozialen Gründen Spannungen zwischen meinen Eltern und mir auf. So sehr sie sich über jede Geselligkeit in deutschen Kreisen freuten, so skeptisch standen sie meinen Beziehungen zu estnischen Jungen gegenüber. Sportliche Kontakte, die Teilnahme an Wettkämpfen und gemeinsame Entenjagden ließen sie gerade noch gelten, aber sie wurden unerbittlich, wenn der Tag sich neigte und fast unmerklich in die helle nordische Sommernacht überging. Nach dem Abendessen durfte ich noch ein bis zwei Stunden mit älteren estnischen Jungen und Mädchen auf dem Kirchplatz Volleyball spielen, aber wenn es dann am schönsten war, mußte ich allein nach Hause ins Bett. Es ist alter estnischer Brauch, daß die Mädchen, die heiratsfähigen und auch die noch nicht ganz heiratsfähigen, im Sommer für die Nacht aus ihren kleinen Bauernhäusern ausziehen, um auf dem Boden einer Scheune im frischen Heu zu schlafen. Und es ist verständlich, daß die jungen Burschen dann am nächsten Tag die aufregendsten Dinge über ihre nächtlichen Abenteuer erzählen. So auch in Pölva. Und ich mußte immer nur zuhören und konnte selbst nichts zum besten geben. Als mir einmal eines Abends ein etwas älterer estnischer Junge mit einer Flasche Bier in der Hosentasche und eindeutigen Absichten spöttisch nachrief „Geh doch nach Hause, da kriegst du deine Milchflasche und kannst schlafen", hatte ich meine erste und auch wohl letzte lautstarke Auseinandersetzung mit meiner Mutter. Wenn ich mich recht erinnere, schrie ich: „Ich möchte auch ein Este sein!", oder: „Alle Menschen sind gleich, ich will nicht anders sein als die anderen!"

Natürlich führte alles Sich-Aufbäumen zu nichts. Meine Eltern hielten mir vor, um wieviel besser ich es doch sonst hätte als die estnischen Bauernjungen. Sie erzählten mir Altbekanntes über die besondere Rolle der Deutschen im Baltikum, wiesen auf die Bildungsunterschiede hin und konfrontierten mich mit weiteren hehren Begriffen und Traditionen. Und zum Schluß wurde mir auch noch für das nächste Jahr ein Motorrad versprochen.

Trotz allem war ich damals nicht bereit, mit der Lösung des „Mysteriums Weib" bis zum Motorrad zu warten. Und wenn es zutreffen sollte, daß wahre Lebenskunst darin besteht, Notwendiges mit Angenehmem zu verbinden, mit einem Hobby, einer Leidenschaft oder überhaupt etwas Schönem, dann muß ich bereits in früher Jugend das Gespür für eine noch gesteigerte Lebenskunst gehabt haben: die Verbindung von zwei angenehmen Dingen. So fanden der seit langem geplante Abschuß meines ersten Auerhahnes und die erste Liebesnacht mit einem estnischen Mädchen auf ganz natürliche Weise zueinander.

Etwa auf halber Strecke zwischen Pölva und Tartu lag in der Nähe eines Gutshofes ein großes Moor, von dem unheimliche Dinge erzählt wurden – Menschen seien hineingegangen und nie mehr herausgekommen. Tatsache war, daß sich in der Mitte des morastigen Kiefernwaldes ein sogenanntes Schwingmoor befand, also ein kleiner, von den Rändern her überwachsener See, der als solcher nur schwer auszumachen war. Wer ein solches Schwingmoor und die Festigkeit seiner dünnen Grasnarbe nicht genau kennt, kann tatsächlich leicht einbrechen und dann jämmerlich im Schlamm versinken.

Da ich wußte, daß am Rande des Schwingmoores, in einem fast undurchdringlichen Kiefernbestand, Auerhähne balzten, schlug ich meinem Schul- und Jagdfreund Gert Lipping vor, dort den ersten großen Hahn anzuspringen. Weil der Auerhahn in der letzten Phase seines Balzgesanges fast taub ist, nutzen die Jäger diesen Moment, um mit großen Sprüngen auf Schußweite heranzukommen, den Hahn „anzuspringen".

Gerts Vater war einige Jahre lang Verwalter des Gutes gewesen, zu dem das Moor gehörte, und der dort lebende alte Forstgehilfe Jaan hatte für Gert gewissermaßen die Rolle des jagdlichen Lehrmeisters gespielt. Dieser Jaan war einige Monate vorher gestorben und hatte eine etwa zwanzigjährige Tochter hinterlassen, die nun als Waise in der kleinen Waldhütte wohnte. Sie hieß Aino. Ich hatte mit ihr im vorausgegangenen Sommer nach irgendeinem Volksfest auf einer Waldwiese viele Polkarunden gedreht, und ihr schlanker, fester Körper, eng umschlossen von einem blau-weiß-punktierten, durchgeschwitzten Baumwollkleidchen, war seitdem mehr als einmal in meinen nächtlichen Halbträumen aufgetaucht.

Zu Beginn der Osterferien – die Hähne balzten bereits – war Gert zum Gut gefahren und hatte mit Aino gesprochen. Ich weiß nicht, was er ihr alles versprechen mußte, jedenfalls hatte sie sich bereit erklärt, uns abwechselnd so lange zum Balzplatz zu führen, bis jeder von uns seinen Auer- oder Urhahn im Rucksack hatte. Daß sie das Moor und die Balzplätze seit frühester Kindheit fast so gut kannte wie ihr Vater, das wußten wir. Immerhin, der Anmarsch bei totaler Dunkelheit am Rande des Schwingmoores war nicht ungefährlich.

Gert und ich hatten uns schlecht und recht in einem leerstehenden Nebengebäude des Gutshauses einquartiert; Lebensmittel hatten wir mitgebracht, auch ein paar Flaschen Bier. Sein Drilling und meine belgische Doppelflinte, die mein Vater kurz zuvor einem russischen Wilderer abgekauft hatte, hingen liebevoll geputzt an der rohen Balkenwand. Im Herd prasselten Birkenscheite. Gert war gerade hinausgegangen, um neues Holz zu holen, da klopfte es an der Tür, und Aino trat ein. Ich hatte sie ein dreiviertel Jahr nicht gesehen, und sie erschien mir jetzt noch begehrenswerter als damals beim Tanzen – trotz der dicken, grauen Kleidung und unförmigen Stiefel, die sie trug. Sie nahm ihr Kopftuch ab, setzte sich, strich sich ihren schönen flachsblonden Zopf zurecht und sah mich an. So saßen wir wohl eine Weile stumm da. Schließlich durchbrach ich das Schweigen.

„Erinnerst du dich noch an das Tanzen?"

„Ja."

„Hat es dir gefallen?"

„Ja."

Dann senkte sie den Kopf und spielte mit ihrem Zopf. Nachdem Gert gekommen war, aßen wir noch zusammen einen Teller vorgekochter Erbsensuppe und besprachen die Jagd. Aino meinte, es wäre nicht nötig, den einfallenden Hahn noch am gleichen Abend zu „verhören", denn sie hätte das bereits zweimal während der letzten Tage getan und wüßte, wo wir ihn finden würden. Ich sagte ihr, Gert und ich hätten beschlossen zu losen, und einer von uns beiden würde dann morgen früh um halb drei an ihr Fenster klopfen.

Als Aino ging, trat ich aus der Tür und sah ihr nach. In der Ferne glaubte ich, Kraniche rufen zu hören. Plötzlich stand mein Entschluß fest. Ich lief schnell hinter ihr her, legte ihr die Hände auf die Schultern und drehte sie sanft um.

„Wenn ich beim Losen gewinnen sollte, darf ich dann schon heute kommen?"

Sie gab keine Antwort. Da es bereits sehr dämmrig geworden war und ein leichter Nieselregen fiel, konnte ich weder ihre Augen noch ihren Gesichtsausdruck sehen. Schließlich nickte sie unbestimmt, wandte sich ab und ging langsam auf den Wald zu.

Nachdem wir noch zwei Flaschen Bier getrunken hatten, fragte ich Gert, ob er bereit sei, auf das Losen zu verzichten und mir den Vortritt zu lassen, denn morgen wäre der Siebzehnte und somit ein Glückstag für mich.

„Wieso Glückstag?"

„Ich bin, wie du weißt, an einem Siebzehnten geboren, mein Vater und meine Mutter ebenfalls. Am 17. August 1917 haben sie geheiratet und vieles ähnliche mehr. Ich möchte meinen ersten Auerhahn auch an einem Siebzehnten schießen, und zwar mit 17 Jahren."

„Einverstanden. Ich wollte es dir sowieso vorschlagen, denn hier bist du gewissermaßen mein Gast. Außerdem balzen im Moor mehrere Hähne, ich werde also auch meinen noch bekommen."

Dann saß ich noch eine Weile still und nachdenklich vor dem Herd und blickte in das offene Feuer. Das Blockhaus hatte kein elektrisches Licht. Die flackernde Petroleumlampe und die tanzenden Flammen des Herdes zauberten herrliche Schattenspiele auf die Wände. Gert hatte sich auf seinen Strohsack gelegt und döste vor sich hin. Schließlich stand ich auf, packte meine Jagdsachen zusammen und sagte ihm:

„Ich habe beschlossen, schon jetzt zu Ainos Hütte zu gehen."

„Warum? Du hast doch noch massig Zeit."

„So ist es. Und darum gehe ich jetzt."

Als ich aus dem Hause trat, war es schon fast dunkel. Aber ich kannte den Weg, denn ich war schon einmal dort gewesen, als der alte Jaan noch lebte. Langsam strich ein quorrendes Waldschnepfenmännchen am Walde entlang – auf der Suche nach einem Weibchen. Instinktiv nahm ich die Flinte hoch, aber nicht um zu schießen, sondern um dem Vogel mitziehend das Geleit zu geben, bis er sich im Dunkel des Waldes zur Paarung verlor.

Ainos Hütte war recht kümmerlich. Ein einziger Raum mit festgestampftem Lehmboden. Ein Tisch, ein Schrank, ein paar Stühle, eine Waschschüssel und in der Ecke eine Strohschütte, über die eine aus verschiedenen Wildfellen zusammengenähte Decke gebreitet war. Auf einem der Stühle lagen eine weitere Decke und ein Leinenlaken. Hinter einem breit herabhängenden Tuch gab es noch einen Verschlag, in dem Aino wahrscheinlich geschlafen hatte, als ihr Vater noch lebte.

Sie hatte Kartoffeln gekocht und zwei Heringe sauber gemacht. In einem kleinen Samowar, sicherlich eine Kriegsbeute ihres Vaters, summte das Teewasser. Ihre dicke graue Jacke hatte sie ausgezogen und ihre Stiefel gegen die typischen estnischen Lederpasteln vertauscht. Wir aßen und tranken schweigend, gehemmt. Schließlich hielt ich das Schweigen nicht mehr aus. Ich stand auf, ging um den Tisch herum zu ihr hinüber, hob langsam ihren Kopf hoch und küßte ihre Augen, dann ihren Mund, dann ihr Haar und wieder ihren Mund. Dann lief ich zu meinem Stuhl zurück und sah sie lachend an.

Alle Befangenheit war wie weggewischt. Ich holte noch eine Bierflasche aus meinem Rucksack, wir plauderten über dies und das, waren fröhlich, und ab und zu streichelte ich mit meinem Fuß unter dem Tisch ihr Knie. Immer wenn ich dabei ihren dicken, selbstgewebten Wollrock etwas höher zu schieben versuchte, bekam ich einen Klaps auf den Fuß.

„Später."

„Was später?"

„Das mußt du selbst wissen."

Ich wußte es und wußte auch, daß es nicht leicht sein würde. Hatte ich Angst? Das eigentlich nicht. War sie mit ihren 19 oder 20 Jahren noch unschuldig, so wie ich? Wahrscheinlich ja.

Je länger wir am Tisch saßen, um so mehr kehrte die anfängliche Befangenheit zurück. Also stand ich auf, hängte mir meine Lodenjoppe um die Schultern und ging hinaus. Es hatte aufgehört zu regnen, einzelne Sterne waren zu sehen und mein Auerhahn hatte sicherlich längst seinen Balzbaum gefunden. Ich spürte förmlich die Nähe des großen Vogels, aber noch mehr spürte ich Ainos Nähe.

Als ich ins Zimmer zurückkehrte, hatte sie den Tisch abgeräumt und stand etwas unschlüssig mit einer Wasserkanne vor dem Herdfeuer.

„Was willst du machen?"

„Das Feuer löschen. Damit es dunkel ist."

Ich nahm ihr die Kanne aus der Hand. Ich wollte sie sehen, nackt sehen, im flackernden Feuerschein. Ich wollte ihren schönen Körper küssen und streicheln und all das tun, wonach ich mich schon so lange sehnte. Und ich wollte es nicht auf dem Leinentuch tun, das sie inzwischen auf der Strohschütte ausgebreitet hatte, sondern auf den Fellen, die aus dem Wald stammten, in dem die Hütte stand.

Irgendwann in der Nacht wachte ich auf. Das Feuer war niedergebrannt, es glimmten nur noch ein paar Kohlen. Draußen schrie eine Eule, aber es war kein Waldkauz. Sollte es ein Uhu sein? Kurz schweiften meine Gedanken nach Pölva hinüber. Wenn meine Eltern das wüßten! Ich nahm mir vor, nach dem Abitur, oder besser noch, wenn ich bereits Student sein würde, mit meinem Vater darüber zu sprechen. Dann dachte ich noch an den Auerhahn, strich Aino über das jetzt entflochtene Haar, legte meine Hände auf ihre Brüste und schlief wieder ein.

Als sie mich weckte, brannte in der Hütte die Petroleumlampe, und auf dem Tisch standen zwei Tassen mit dampfendem Roggenkaffee. 20 Minuten später waren wir im Wald. Sie ging voran, ich hinterher. Ich hatte ihr gesagt, daß ich seit einer Mittelohroperation nicht gut hörte, und wir waren übereingekommen, daß sie mich in der letzten Phase des „Anspringens" an der Hand fassen sollte, denn ich war mir nicht sicher, ob ich den Übergang vom Hauptschlag der Balz-Arie zum „Schleifen", also zum sogenannten Taubsein des Hahnes, richtig mitbekommen würde.

Der Anmarsch war wirklich nicht leicht. Mehrere Mal versank ich bis zu den Knien in einem Moorloch, ständig peitschten uns in der Dunkelheit Zweige der niedrigen Kiefern ins Gesicht. Als wir einmal etwas zu sehr nach links abgekommen waren, flüsterte Aino mir zu, wenn wir so weitergingen, würden wir versinken, und zog mich mehr nach rechts hinüber. Und plötzlich stand sie still. Sie hatte einen Hahn gehört, ich nicht. Es war noch ziemlich dunkel und der Balzbaum auch noch ein Stück entfernt, aber jetzt hatte Aino die Richtung und trieb mich voran. In der Hütte hatten wir uns noch die Gesichter und besonders die Augenlider mit Ruß geschwärzt. Sie sagte, ihr Vater hätte sie das gelehrt.

Und dann hörte auch ich den Hahn, zuerst den Hauptschlag und dann die ganze Balz-Arie: das Knappen, den Triller, den Hauptschlag und das Schleifen. Aber sehen konnten wir ihn immer noch nicht. Schließlich meinte Aino, er müsse in einer großen Kiefer sitzen, die noch etwa 80 Meter von uns entfernt war. Als wir auf 50 Meter herangekommen waren und der Hahn eine Pause einlegte, kauerten wir uns nieder und hofften, der Hahn würde sich vielleicht von einem Ast zum anderen „überstellen" und dabei sichtbar werden. Aber es passierte nichts. Dann nahm der Hahn sein Balzlied wieder auf, und plötzlich sah ich ganz deutlich seinen Hals und seinen Kopf. Beim nächsten Schleifen kamen wir fünf Meter voran, beim übernächsten weitere fünf Meter.

Nach dem Schuß hörte ich zunächst nur das Fallen des schweren Vogels durch die Äste, dann weitere Geräusche am Fuß der Kiefer. Als ich ihn hochhob, war er bereits tot. Was für ein Tag! Es war der Siebzehnte des Monats, und ich war 17 Jahre alt.

Studentische Freuden

Es gab in Estland bis zur Umsiedlung 1939 eine sogenannte höhere Töchterschule, das Stift Finn, in dem unsere jungen Damen, vor oder nach dem Abitur, im Laufe eines Jahres alles lernen konnten, was zu einem baltischen Gutshaushalt gehörte – einschließlich der Bienenzucht. Wir Studenten nannten Finn nur den Jungfernzwinger, und in der Tat führte die jeweilige Priorin dort ein sehr strenges Regiment. Immerhin, jeden Winter gab es den Finnischen Ball, mit Frackzwang, allem Drum und Dran und den Dorpater Studenten als begehrten Tänzern für heute so exotisch klingende Tänze wie Mazurka, Vengerka, Krakowiak und Polonaise. Im Februar 1939 war auch ich als frischgebackener Farbenträger der „Baltonia" dabei und saß mit einem etwas älteren Livonen an einem Tisch. Beim Tanzen mußten wir unsere Farbdeckel artig in der linken Hand und somit auf der rechten Hand der Dame halten. Der Livone Hollmann vergaß nun, wahrscheinlich betört von der Huld seiner Dame, bei einer Polonaise seinen roten Balldeckel auf unserem Tisch, und ich steckte ihn angesichts dieses völlig commentwidrigen Betragens einfach in eine auf dem Tisch stehende Blumenvase. Das war eine „schwere Beleidigung", und das Schicksal nahm seinen Lauf. Hollmann ließ mich noch am gleichen Abend von seinem Sekundanten „fordern". In Dorpat tagte ein Ehrengericht, ich wurde „verdonnert", und das Urteil lautete auf sieben verschärfte Mensur-Gänge.

Eine Woche später saß ich also zur Mensur „getakelt", alle Schlagadern gut verpackt, mit dem scharfen Schläger auf den Knien im roten Backsteinbau der „Livonia". Meine Corpsbrüder standen im Halbkreis um mich herum und sangen das traditionelle „Drei Lilien, drei Lilien, die pflanzt ich auf sein Grab" – wahrlich ein besonders sinniges Liedchen unmittelbar vor einer scharfen Mensur. Mein Sekundant gab mir noch die letzten Ratschläge und erinnerte mich daran, daß Hollmann sogenannte Seconden schlagen würde. Diese galten als besonders schwierig, wurden nur selten betrieben und mußten ausdrücklich angekündigt werden.

Nach dem feierlichen Einzug beider Parteien in den wappenbehangenen großen Saal tönte das Kommando des Unparteiischen:

„Zum ersten Gang die Klingen bindet ...!"

Nach 30 Sekunden war alles vorüber. Hollmann hatte eine Seconde geschlagen, also die Klinge von unten in Richtung der Achselhöhle hochgezogen. Entweder war der Schlag zu kurz angesetzt, oder aber ich hatte die Schulter instinktiv etwas zurückgezogen, jedenfalls fuhr mir die Klinge über die rechte Wange und das rechte Augenlid. Die beiden „Flicker", Medizinstudenten im höheren Semester, wagten sich an das blutende Auge nicht heran, und so wurde ich mit einer Taxe in die Klinik gebracht. Nachdem das Augenlid zwei Nähte und die Wange deren drei erhalten hatte, erklärte mir der Chirurg, selbst ehemaliger Dorpater Corpsstudent, vorwurfsvoll:

„Es fehlten keine zwei Millimeter, sondern nur einer, und Sie hätten Ihr rechtes Auge verloren."

Jahrzehnte später haben sich Maskenbildnerinnen des ZDF vor einer Live-Sendung gelegentlich bemüht, die verbliebene Furche auf der Wange mit Creme und Puder unkenntlich zu machen.

Aber zurück zum Stift Finn. Ein großes Vergnügen nach durchtanzter Ballnacht waren am nächsten Vormittag die traditionellen Schlittenpartien durch den verschneiten Winterwald. Diese Schlittenfahrten wurden auch deshalb von den Studenten so geschätzt, weil der kutschierende Kommilitone natürlich nur zu gern bereit war, die aus je zwei Damen und zwei Herren bestehende Schlittengesellschaft bei erstbester Gelegenheit durch ein bewußtes Abweichen vom Weg in den frischen Schnee zu kippen, was allen Beteiligten die sonst so selten gebotene Gelegenheit zu etwas intimerem Körperkontakt bot. Es versteht sich, daß sich die passenden Paare auch unter diesem Gesichtspunkt in den einzelnen Schlitten zusammenfanden. Nur in einem Jahr sollen die vergnüglichen Schlittenfahrten ausgefallen sein – zur Strafe; zur Strafe dafür, daß Mitte der dreißiger Jahre ein Estone zu sehr vorgeschrittener Stunde nicht seine eigene Tür fand, sondern plötzlich im Schlafzimmer der Priorin stand. Frau von R., in ihrem mit lila Schleifchen versehenen blütenweißen Nachtgewand, hatte sich angeblich so steil in ihrem Bett aufgesetzt und so schrill geschrien, daß der arme Studiosus noch tagelang ganz verstört herumgelaufen sei.

Gewiß läßt sich gegen die Erziehung der Dorpater Corporationen aus heutiger Sicht eine ganze Menge einwenden, aber auch sie ist nur vor dem Hintergrund der historischen und sozialen Gegebenheiten zu verstehen. Jahrhundertelang waren im Baltikum die Begriffe „Deutscher" und „Herr" synonym. Und wenn auch vom Adel behauptet wurde, man werde zum Herren geboren, so kennzeichnet es wiederum gerade den Standpunkt der nichtadligen baltischen Oberschicht, daß zum Herrsein auch eine entsprechende Erziehung gehöre. Diese Erziehung, die im Elternhaus begann und in der Schule fortgesetzt wurde, fand in den Corporationen ihren Abschluß. Und sie war in vielem liberaler als die Erziehung vergleichbarer reichsdeutscher Verbindungen: Wir kannten keinen Saufzwang, und vor allem gab es keine Bestimmungsmensuren. Jeder sogenannte Ehrenhandel kam vor ein sogenanntes Ehrengericht, und dessen Schiedsspruch ließ dem Beleidigten immer die Wahl zwischen der Mensur und einer vom Beleidiger auszusprechenden Entschuldigung. Niemand wurde gezwungen, sich die „Drei Lilien" anzuhören, und in der Regel wurde auch niemandes Gesicht durch „Schmisse" verunziert.

Heimatlos

Mich erreichte die Nachricht von der Umsiedlung mitten im Dorpater Studentenleben. Da nicht alle deutschen Güter und Höfe in den ländlichen Bezirken Telefonanschlüsse hatten, stellte ich mich als Motorradbesitzer für die Nachrichtenübermittlung zur Verfügung. Ich erhielt eine Liste mit etwa 20 Namen und fuhr dann im strömenden Regen drei Tage lang über verschlammte Waldwege von Gut zu Gut. Dann blieben mir nur noch etwa zehn Tage zum Abschiednehmen, denn im Familienrat war beschlossen worden, daß ich vorausfahren und mich dort, wo immer wir angesiedelt werden würden, rechtzeitig um eine gute Apotheke für meinen Vater kümmern sollte. Hinzu kam, daß alle Medizinstudenten gebeten wurden, sich als Hilfspersonal für den Transport der Alten und Kranken zur Verfügung zu stellen, die Ende Oktober mit der 11.000 Tonnen schweren „Sierra Cordoba" von Tallinn nach Gdynia (Gdingen, Gotenhafen) – westlich von Danzig (Gdansk) – verschifft werden sollten.

Zehn Tage – und das für einen recht sentimentalen Menschen wie mich. Alles war plötzlich anders geworden, ich sah Dinge, die ich früher nie gesehen, und hörte Worte, die ich früher nie gehört hatte, von Freunden wie auch von völlig Fremden.

In Pölva saß ich stundenlang ganz allein am Fluß, neben einem Erlenbusch, wo ich meinen ersten großen Hecht gefangen hatte, oder ich besuchte den alten Wilderer, von dem meine Flinte stammte. Ich fuhr zu Bauernhöfen, mit deren Söhnen oder Töchtern mich irgend etwas verband, verschenkte einige meiner Sachen, auch meinen Jagdhund, oder bekam selbst Abschiedsgeschenke – einen besonders schönen silbernen Schnapsbecher mit einem Wappen und einem Stück Bernstein, bei dem ich schon meine Phantasie arg strapazieren mußte, um mir auszumalen, wie der seinen Weg von Sankt Petersburg oder sonstwoher in dieses Bauerngehöft gefunden hatte. Ich weiß es nicht mehr genau, aber wahrscheinlich habe ich damals, abgesehen von meinen frühen Kindertagen, auch zum erstenmal geweint. Und auf dem Weg nach Tartu war ich noch eine Stunde bei Aino. Es war das letzte Mal, daß ich sie gesehen habe, denn als ich drei Jahre später als Soldat der deutschen Wehrmacht nach Estland zurückkehrte, stand ihre Waldhütte nicht mehr; sie war abgebrannt, und niemand konnte mir sagen, wo Aino geblieben war. Sollte sie beim Einmarsch der Rotarmisten ins Moor gelaufen sein?

Die Stimmung unter den estnischen Studenten in Tartu war zwiespältig. Neben Trauer über das Nachgeben gegenüber Moskau und Sorge um die Zukunft machte sich auch eine Tanz-auf-dem-Vulkan-Stimmung breit. In Nachtlokalen herrschte eine hektische Atmosphäre. Es gab auch antideutsche Töne. Als ich eines Tages in das altvertraute „Vanemuine“ kam, hörte ich zur Melodie des Lambeth-Walk den Text:

„Kauft Butter ein, kauft Butter ein, Adolf Hitler ruft euch heim!“

Die wenigen Tage vergingen in einem Rausch, einem schmerzvollen Rausch. Der Convent der „Baltonia“ löste sich auf, wir verteilten unsere Silberpokale, Paraderapiere, Alben und andere Erinnerungsstücke untereinander, statteten einigen estnischen und russischen Conventsquarrieren Besuche ab, nahmen herzlichen Abschied von Kellnern, die uns bei leeren Brieftaschen Kredit eingeräumt hatten, und von so manchem Droschkenkutscher, der uns zu früher Morgenstunde sicher und wohlbehalten zu unseren Studentenbuden gebracht hatte. Es floß auch so manche weibliche Träne. Und immer wieder die gleiche Frage: Werden wir uns je wiedersehen? Und vielleicht das Wichtigste: Mir war nie so klargeworden wie in diesen Oktobertagen des Jahres 1939, wie nah mir die Esten eigentlich standen. War es nicht doch Verrat, jetzt dieses Land zu verlassen, wo die ersten sowjetischen Truppen bereits einmarschbereit hinter der Narova standen? So wie ich dachten damals viele Deutsch-Balten, und ich bin sicher, daß viele auch geblieben wären, wenn die estnische Führung damals beschlossen hätte, Widerstand zu leisten und zu kämpfen, wie es die Finnen zwei Monate später taten, als Stalin auch ihnen ein Ultimatum stellte.

Bis zur Flucht meiner Eltern aus dem damals so benannten Warthegau oder Wartheland im Winter 1945 existierte ein Foto, das mich zeigt, wie ich einer alten, offenbar gehbehinderten Dame aus dem Revaler adligen Damenstift behilflich bin, über den Laufsteg an Bord der „Sierra Cordoba“ zu gehen. Es könnte eine Freundin der Fürstin K. gewesen sein, die kurz nach der Umsiedlung ein schönes Beispiel dafür geliefert hat, wie wenig einige der älteren Umsiedler von dem wußten, was sie erwartete, und wie weltfremd sie den Machtstrukturen des nationalsozialistischen Deutschland gegenüberstanden. Von der Fürstin erzählte man sich folgende Geschichte:

Die Damen des Revaler Stiftes kamen in ein Heim im westpreußischen Schwetz an der Weichsel. Da sich verschiedene Erwartungen der Umsiedler gleich während der ersten Wochen nicht erfüllten, ein Teil des Gepäckes ausblieb, die Versorgung mit Lebensmitteln bereits der Kriegslage entsprach, und so weiter, wurde unter den Umsiedlern schon sehr bald gemurrt und geschimpft. Dies meldeten die örtlichen Partei-Dienststellen oder sonstigen Überwachungsorgane natürlich nach Berlin. Dort beschloß man daraufhin, die Stimmung der Umsiedler durch ein Weihnachtsgeschenk aufzubessern, das die Bezeichnung „Führerpaket“ erhielt.

So machte sich kurz vor Weihnachten der NSDAP-Kreisleiter von Schwetz auf den Weg, um die ersten „Führerpakete“ höchstpersönlich zu überreichen. Im kleinen Zimmer der Fürstin K. knallte er die Hacken zusammen und rief:

„Frau Fürstin, ich habe die Ehre, Ihnen das ‚Führerpaket' zu überreichen!"

Nun war die alte Durchlaucht schon seit Jahrzehnten fast stocktaub. Allerdings besaß sie ein wunderschönes, mit Tula-Silber verziertes Hörrohr aus Elfenbein, das man in drei Schüben ausziehen konnte – mit angeblich sich steigernder Hörleistung. Obwohl die Stufe eins bereits ausgefahren war, verstand die Fürstin kein Wort, sondern fragte nur:

„Was, bitte, sagten Sie doch, junger Mann?"

Der gestiefelte „Goldfasan" schaute entsetzt drein und wiederholte dann seine Rede noch lauter. Durchlaucht, die ihr Hörrohr inzwischen um weitere zehn Zentimeter verlängert hatte, meinte:

„Verzeihen Sie, ich habe Sie immer noch nicht verstanden. Sprechen Sie doch etwas lauter."

Der Kreisleiter, brüllend:

„Ich darf Ihnen, ich muß Ihnen, Frau Fürstin, das ‚Führerpaket' überreichen, das Paket unseres geliebten Führers, Adolf Hitler!"

Die Fürstin hatte mittlerweile ihr Hörrohr auf die äußerste Länge gebracht, und so zog schließlich ein erfreutes Lächeln des Verstehens über ihr runzliges Gesicht:

„Ach so, Sie sind Herr Hitler. Angenehm!", und sie reichte dem Sprachlosen gnädig ihre Hand zum Kuß.

Cognac

Der erste Ostfrontwinter lag hinter mir. Ein halbes Jahr lang hatte ich am Oranienbaumer Kessel, wenige hundert Meter vom Zarenschloß Peterhof entfernt, in einem Bunker gehockt. Dort mußte ich, abwechselnd mit einem anderen Nachrichten-Dolmetscher, im vordersten Graben rund um die Uhr den Fernsprechverkehr der vor uns liegenden sowjetischen Regimenter abhören und, sobald Wichtiges anfiel, dem zuständigen Ic der Division – das war der Stabsoffizier für militärische Sicherheit und Feindnachrichten – melden. Das war ein ebenso gefährliches wie auch nervtötendes Geschäft für mich, denn das, was der Niederfrequenzverstärker von sich gab, war meistens zu leise und kaum zu verstehen. Und wenn dann die sogenannten Lausch-Schleifen, die wir zwischen den beiden Grabensystemen im sogenannten Niemandsland ausgelegt hatten, zerschossen waren, mußten wir sie, oft unter Beschuß, wieder flicken. 1959, während des Besuches von USA-Vizepräsident Nixon in der Sowjetunion, habe ich diesen kleinen Bunker wiedergesehen. Nixon besichtigte damals auch das restaurierte Schloß Peterhof, und ich konnte mich für eine halbe Stunde von dem ihn begleitenden Pressetroß lösen. Der Bunker war jetzt voller Wasser, ein dicker Frosch glotzte mich an. Es standen auch noch die Stümpfe der beiden hohen, von Granaten zerfetzten Fichten daneben. Aber da, wo damals eine vereiste Schneefläche gewesen war, erstreckte sich nun eine grüne Wiese mit gelben Blumen. Dazwischen lagen 17 Jahre.

Zurück zum Jahr 1942. Als Ausgleich für den winterlichen Fronteinsatz durfte ich während der Sommermonate in der Zentrale unserer Aufklärungseinheit, beim Stab der 18. Armee, an einem bequemen Schreibtisch sitzend, verschlüsselte Funksprüche entziffern und übersetzen. Estland war inzwischen seit einem Jahr deutsches Okkupationsgebiet und unterstand einem Generalkommissar mit Sitz in Reval, wie Tallinn nun offiziell wieder hieß. Wie hinkommen? Irgendwann im Juli hatte ich eine Idee: Ich ließ meinen Abteilungskommandeur über einen befreundeten Leutnant wissen, daß ich als gebürtiger Revalenser in der Lage wäre, in Reval für das Offizierscasino Liqueur und Cognac aufzutreiben, mit Sicherheit 20 Flaschen, vielleicht sogar noch mehr. Der Major biß an. Ich wurde formell zu einem kurzen Gasschutz-Lehrgang nach Reval abkommandiert, brauchte mich dort aber nur zu melden und durfte dann drei Tage lang meiner Schnapsjagd nachgehen.

Von Leningrad bis Tallinn sind es etwa 350 Kilometer, das war mit Wehrmachtslastern in einem Tag zu schaffen. So stand ich also an einem schönen Julimorgen im Zentrum von Reval und wußte nicht so recht, wo und wie anfangen. Als Wiener Student sagte ich mir schließlich: Geh ins Café, da kommen einem die besten Gedanken, und da trifft man die wichtigsten Leute. Und in der Tat, kaum hatte ich das „Café Feischner" am Freiheitsplatz betreten, sah ich auch schon die großen abstehenden Ohren von Herbert Petersen, dem ehemaligen Chefredakteur der „Dorpater Zeitung". Das letztemal hatte ich ihn 1940 in einem Wiener Nachtlokal getroffen, wo er mir mit seinen überdimensionalen Ohren die Sicht auf eine afrikanische Nackttänzerin – damals eine nur in Österreich mögliche Kabarettsensation – geraubt hatte.

„Petersen, was machst du hier?"

„Ich bin Chefredakteur der wiedererstandenen ‚Revalschen Zeitung'. Du kommst wohl aus dem vordersten Graben, sonst wüßtest du das."

Ich klärte ihn auf und flehte ihn an, mir zu helfen.

„Geh ins Generalkommissariat, zu Hunnius, der leitet die Wirtschaftsabteilung und kann dir vielleicht deine 20 Flaschen besorgen. Beruf dich auf mich."

Ich kannte diesen Herrn von Hunnius nicht. Zudem kam ich mir als lumpiger Gefreiter der Wehrmacht im ehemaligen Schloß der estnischen Regierung auf dem Domberg, wo jetzt so viele hohe Offiziere und andere wichtigtuerische

„Goldfasane" herumliefen, ohnehin höchst deplaziert vor. Immerhin, die Sperre am Tor konnte ich passieren, und als ich dann einen langen Gang durchwanderte und die Namensschilder an den Türen studierte, traf mich plötzlich fast der Schlag: „Dr. Dietrich Abels, Beauftragter für die Sicherstellung deutschen Kulturgutes". Es war wirklich ein mir sehr gewogener ehemaliger Lehrer aus unserem Internat in Dorpat. Er fand meinen Plan hinreißend, meinte aber, Hunnius sei kein Typ wie er oder ich, und es wäre wohl besser, er würde mich telefonisch anmelden. Das geschah dann auch, und ich konnte Herrn von Hunnius mit ergreifenden Worten die Sehnsucht des Frontsoldaten nach seiner Geburtsstadt und das daraus resultierende Versprechen schildern.

„Da haben Sie sich den Mund Ihrem Kommandeur gegenüber aber ziemlich voll genommen, mein Lieber. Aber was solls, ich werde bei Dellingshausen ein gutes Wort für Sie einlegen."

Baron Dellingshausen, ein weiterer Balte in der Schar derjenigen, die damals im besetzten Estland nicht nur reichsdeutsche Interessen vertraten, sondern auch dazu beitrugen, das Los der Esten erträglicher zu gestalten, war kommissarischer Leiter der ehemaligen Rosenschen Cognacfabrik, der größten des Landes.

Um es kurz zu machen: Ich bekam insgesamt 22 Flaschen Cognac und Liqueur, besorgte mir eine Droschke, verlud meine Herrlichkeiten und ließ mich von dem recht mageren Gaul die Narvasche Straße entlang ziehen.

„Pändi!"

Mein Gott, hatte sich denn die ganze Welt in diesem Krieg in Tallinn versammelt? Das konnte nur ein estnischer Freund sein, denn wie allen finnougrischen Völkern fällt es auch den Esten schwer, die Konsonantenfolge „rnd" auszusprechen. Und da die estnische Sprache, abgesehen von Fremdworten, zudem an Wortanfängen auch kein „B" kennt, hieß ich seit meiner Kindheit statt Bernd immer nur Pändi, wobei das „i" am Ende ein gewisses Vertrautsein ausdrückt.

Es war Kalju Lina, ein Leutnant der estnischen Armee aus einem Nachbardorf von Pölva, der auch jetzt noch stolz seine alte olivfarbene Uniform trug. Aus Jux salutierte ich zackig, darauf fielen wir uns in die Arme. Das Allernotwendigste war schnell erzählt, und dann roch Kalju auch schon den Alkohol, so wie ein guter Setter die Witterung von einem schottischen Moorhuhn auch dann bekommt, wenn man dieses in zehn Plastiktüten verpackt.

„Meine Cousine Monika hat heute Geburtstag, es sind ein paar Leute eingeladen, wir wollen tanzen und feiern, und du kommst natürlich auch hin. Zur Not kannst du auch dort übernachten."

Nachdem er mir noch die Adresse genannt und ich ihm gesagt hatte, ich würde was zu trinken mitbringen, sprang er aus der Droschke. Ich ließ mich ins Soldatenheim kutschieren, wickelte meinen Schnapskarton in eine herumliegende alte Zeltplane, schob ihn unters Bett und hatte dann noch Zeit, einige Stunden durch Tallinn zu schlendern. Die Stadt war bei der Eroberung durch die deutsche Wehrmacht nur wenig zerstört worden. In der Innenstadt fiel mir nur die Ruine des ausgebrannten „Bristol" auf, eines der ehemals elegantesten Hotels von Tallinn. Zerstörungen gab es auch in der Umgebung des Hafens. Die sowjetischen Truppen, denen der Landweg nach Leningrad abgeschnitten worden war, hatten unter heftigem Beschuß übers Meer fliehen müssen.

Alles in allem machte Tallinn jetzt den Eindruck einer relativ friedlichen Etappenstadt. Abgesehen von den estnischen Zivilisten und den Matrosen der deutschen Kriegsmarine, sah man auf den Straßen fast mehr Offiziere als niedere Dienstgrade; ich mußte ständig grüßen. Dazwischen tauchten auch immer wieder die goldgelben Uniformen der Angehörigen des Generalkommissariats sowie die grauen der SS auf. Die Schaufenster der Geschäfte entsprachen dem Kriegszustand, das meiste war rationiert, und die Menschen auf der Straße waren noch genauso gekleidet wie vor drei Jahren.

Estnische Bauarbeiter nahmen mich in ihrem Lastwagen nach St. Brigitten mit und setzten mich bei der Klosterruine ab. Ich ging zum Strand, der für einen warmen Julitag verhältnismäßig leer war, zog meine Stiefel aus, watete eine Weile durch das seichte Wasser und setzte mich dann unter eine Kiefer in den weißen Sand. Drei Jahre lang hatte ich kein Meer gesehen, die rissige Eisfläche vor dem Schloß Peterhof, die ich hin und wieder mit dem Feldstecher betrachtet hatte, zählte nicht. Jetzt lagen zwischen mir und Tallinn ein paar Kilometer richtige blaue Ostsee. Das Meer, die vertraute Stadtsilhouette, der sonnige Sommertag – was für ein Kontrast zu den eisigen Wintermonaten an der Leningrader Front. Mich ergriff ein Glücksgefühl, wie ich es zuvor und auch nachher nur selten empfunden habe. Es sind dies die Augenblicke, an die man sich noch nach Jahrzehnten erinnern kann, an alle Einzelheiten, an alle Begleitumstände. Oft liegen diese Erinnerungen wie verschüttet am Boden des Gedächtnisses, um dann plötzlich, aus unerklärlichem Anlaß, wieder deutliche Konturen anzunehmen. Man sieht alles ganz klar, kann es geradezu sinnlich wahrnehmen.

Als die Sonne sank und das Meer sich zu verfärben begann, fuhr ich in die Stadt zurück. Im Soldatenheim nahm ich zwei der 22 Flaschen, sagte dem diensthabenden Unteroffizier, daß ich wahrscheinlich anderswo übernachten würde, und reagierte abweisend auf eine anzügliche Bemerkung von ihm, denn nach der einsamen Stunde in St. Brigitten gingen mir andere Dinge durch den Kopf.

Das Haus von Monikas Mutter lag in Lilleküla, zu Deutsch „Blumendorf". Dieser neue Stadtteil von Tallinn hieß so, weil alle seine Straßen Blumennamen hatten. Es waren weißumzäunte Holzhäuser mit einem kleinen Garten davor und einem größeren dahinter. Die ganze Siedlung ist beim sowjetischen Bombenangriff auf Tallinn am 9. und 10. März 1944 abgebrannt. Finnische Freunde haben mir später erzählt, sie hätten über das Meer hinweg einen riesigen brennenden Scheiterhaufen gesehen.

In der Heidekraut-Straße 16 war das lautstarke Fest bereits in vollem Gange, und als ich den Vorgarten durchschritt, fragte ich mich einen Augenblick lang, ob ich dafür überhaupt in der richtigen Stimmung sei. Doch dann schüttelte ich alle Sentimentalität ab, schob alle ernsten Gedanken einfach beiseite, vergaß die Monate, die hinter mir lagen, und auch, daß ich auf Menschen geschossen hatte. Hier war kein Krieg mehr, hier waren nur fröhliche Leute, und ich wollte zu ihnen gehören.

Monika war 19 Jahre alt, fast so groß wie ich, eher vollschlank als schlank, hatte braunes lockiges Haar, braune Augen und einen dunklen Teint. Ihr ruhiges, ausgeglichenes Wesen empfand ich als angenehm, nicht als erregend. Ihr Vater, ein Richter, war im Sommer 1940 von den Sowjets verschleppt worden und irgendwo östlich des Ural-Gebirges gestorben. Eine offizielle Todesnachricht hatte ihre Mutter nie erhalten, aber ein guter Freund, der aus der Verbannung zurückgekehrt war, hatte glaubwürdig davon berichtet.

Ein Zimmer des zweistöckigen Hauses war an einen deutschen Hauptmann der Pioniertruppe vermietet, oder vielleicht war er auch auf Anordnung der Stadtkommandantur einfach einquartiert worden, jedenfalls hatte er offensichtlich dazu beigetragen, daß die Geburtstagstafel so reichlich gedeckt war. Außer mir war er der einzige deutsche Gast.

Das estnische, wie auch jedes andere östliche Eßritual, sieht zuerst salzige oder weniger salzige Fische vor; dazu wird klarer, eiskalter Schnaps getrunken. Erst dann gibt es Fleischwaren oder Fleisch, und man bleibt beim Schnaps oder trinkt Bier dazu. Eine gute alte Regel empfiehlt, zwischen den vielen Schnäpsen immer wieder Mineralwasser zu trinken, um nicht vorzeitig betrunken zu werden. Als ich Ende der fünfziger Jahre als Moskauer dpa-Korrespondent bei einem der damals noch üblichen großen Kreml-Empfänge mit dem schnauzbärtigen, legendären Reitermarschall Semjon Budjonnyj größere Mengen von Wodka trank und Ministerpräsident Chruschtschow dies lächelnd bemerkte, riet auch er mir gutmütig: „Herr Korrespondent, trinken Sie genau viermal soviel Mineralwasser wie Wodka, sonst rutschen Sie unter den Tisch, und der arme Marschall muß allein weitersaufen."

Unter den Tisch rutschte ich in dieser Nacht in Tallinn zwar nicht, aber als später im Garten unter einem klaren Sternenhimmel zu Grammophonmusik getanzt wurde, beschränkte ich mich auf Tango und Slowfox, denn etwas Schnellerem oder Leidenschaftlicherem fühlte ich mich nicht mehr gewachsen. Wohlig schläfrig schaute ich zu den Sternen hinauf, gab mich der Melodie hin und war rundum zufrieden.

Die letzten Gäste waren gegangen, und der Horizont begann sich bereits rötlich aufzuhellen, als mir im Wohnzimmer auf einem Diwan ein Lager bereitet wurde. Kurz bevor ich einschlief und ihre Mutter sich offenbar auch schon zurückgezogen hatte, kam Monika in einem bodenlangen Nachthemd noch schnell hineingehuscht, beugte sich über mich und fragte, ob ich alles habe, was ich brauche. Ich griff mit den Händen nach dem, was sich mir darbot, sagte lachend ja, küßte sie und dachte mir, morgen wäre ja auch noch ein Tag.

Drei Jahre später

Der einzige Tag, an dem ich in Kurland wirklich etwas Entscheidendes getan habe, an dem ich mein Schicksal in die eigenen Hände genommen und einen Beschluß gefaßt habe, der mir das Leben retten sollte, lag noch vor mir. Anfang Mai erhielt ich den Befehl, mit meinem Trupp zum Kompaniestab zu stoßen, der irgendwo nördlich von Liepaja lag. Dort erlebte ich den Tag der Kapitulation, den 8. Mai 1945. Vor angetretener Kompanie gab unser Chef in dürren Worten die Unterzeichnung der Kapitulationsurkunde durch Generaloberst Jodl bekannt, sprach wohl auch noch ein paar Sätze des Dankes und der Anerkennung und verkündete dann, die Kompanie werde zum nächstgelegenen, vom sowjetischen Oberkommando bestimmten Gefangenensammelpunkt marschieren. Später fügte er allerdings noch hinzu, jeder könne jetzt machen, was er wolle, und da einige von uns sogenannte Geheimnisträger wären und Sonderausweise besäßen, bestünde vielleicht auch die Möglichkeit, in einem der kurländischen Häfen auf ein Schiff zu gelangen.

Ich setzte mich zunächst mit meinen sechs russischen „Hiwis" in den Schatten eines großen Baumes, um mit ihnen zu besprechen, was nun zu tun sei. Zu diesem Zeitpunkt war ich noch entschlossen, zusammen mit der Kompanie in Gefangenschaft zu gehen, was für die „Hiwis" als Angehörige der sowjetfeindlichen Wlassow-Armee, die auf deutscher Seite stand und sich aus russischen Kriegsgefangenen rekrutierte, natürlich nicht in Frage kam.

„Ich kann euch jetzt nicht mehr viel helfen. Morgen bin ich selbst sowjetischer Kriegsgefangener. Ich kann euch Geld geben und versuchen, Zivilkleidung aufzutreiben. Ihr könnt, wenn ihr wollt, auch Waffen bekommen, ebenfalls Verpflegung für ein paar Tage. Das ist aber auch alles."

Nach einer Stunde trennten wir uns, und ich wußte, daß ich es leichter haben würde als sie – was immer da kommen möge. Mit einigen von ihnen war ich während der beiden letzten Jahre Tag und Nacht zusammengewesen – und jetzt dieser schreckliche Abschied. Als sie einer hinter dem anderen, nun schon in Zivil und mit einem Bündel auf dem Rücken, dem nächsten Wald zumarschierten, war mir ziemlich klar, daß sie ihrem Tode entgegengingen. Und auch sie selbst dürften nur wenig Hoffnungen gehabt haben.

Allein

Dann saß oder lief ich eine Weile unschlüssig herum und rang mit mir selbst. Sollte ich wirklich in die Gefangenschaft gehen oder vielleicht doch irgendwie den Sprung übers Meer nach Schweden wagen? Die Insel Gotland war nur 120 bis 150 Kilometer entfernt, aber der Luftraum über der Ostsee wurde von der sowjetischen Luftwaffe beherrscht. Über die Lage in Liepaja und Ventspils (Windau), den beiden größten kurländischen Häfen, gab es stündlich neue Gerüchte: Mal hieß es, das letzte Transportschiff der Kriegsmarine sei bereits in See gestochen, mal hörte man, es lägen noch Schiffe im Hafen. Dann wieder wurde gesagt, sowjetische Zerstörer würden die Häfen blockieren und niemanden mehr herauslassen. Als mir schließlich ein aus Riga stammender Unteroffizier unserer Entzifferungsabteilung sagte, er würde in keinem Fall in Gefangenschaft gehen, sondern versuchen, irgendwo an der Küste ein Motorboot aufzutreiben, waren auch bei mir die Würfel gefallen.

In meinem Geländewagen fuhren wir zum Fischerdorf Pavilosta (Paulshafen), das ungefähr auf halber Strecke zwischen Liepaja und Ventspils liegt und von unserer Kriegsmarine zu einem kleinen Nachschubhafen ausgebaut worden war. Als wir dort ankamen, war es bereits später Nachmittag geworden. Der Ort sah aus wie leergefegt. Man sah kaum Menschen, dafür viele offene Türen, in größter Eile verlassene Häuser sowie Speicher, die nicht mehr ganz ausgeräumt worden waren. Von unserer Kriegsmarine war niemand mehr da, und im Hafen lag noch ein einziges altes Fischerboot. Es war aber bereits überfüllt, in ihm hockten etwa zwanzig Mann statt der zehn, die es normalerweise fassen konnte. Das Kommando hatte offenbar ein Hauptmann, und ein halbbetrunkener Maat der Marine war hektisch bemüht, den Motor in Gang zu bringen. Das sah alles gar nicht gut aus. Hier half nur Entschlossenheit bis zum Äußersten, notfalls bis zur kalten Drohung.

Als wir unser Anliegen vortrugen, sagte der Hauptmann kurzweg nein, zwei Mann mehr an Bord, das wäre schierer Selbstmord. Dann folgte der unmißverständliche Befehl zu verschwinden.

„Herr Hauptmann, der Krieg ist aus, Ihre Befehle können Sie sich sparen. Ich stamme aus Estland, und das ist jetzt wieder eine Sowjetrepublik. Außerdem gehöre ich zur Nachrichtenaufklärung, und das kann mir von den Russen als Spionage ausgelegt werden. Ich bin also fest entschlossen, mit diesem Boot mitzufahren, denn ein anderes gibt es nicht mehr. Treiben Sie mich nicht zum Äußersten, immerhin habe ich ein paar Eierhandgranaten in der Tasche.“

Es ging noch etwas hin und her, einige wollten uns aufs Boot lassen, andere waren dagegen. Schließlich saßen wir doch drin, und der Maat hatte es auch geschafft, den Motor in Gang zu setzen. So fuhren wir aus dem Hafen, auf die gerade untergehende Sonne zu.

Schon nach zwei bis drei Kilometern wußte ich, daß ich einen Fehler gemacht hatte. Der Motor lief unregelmäßig, spuckte und stotterte. Das Boot war nicht ganz dicht, vielleicht infolge der Überlastung, jedenfalls mußte ständig geschöpft werden. In der Ferne zogen die ersten sowjetischen Flugzeuge vorbei, allerdings in großer Höhe. Und schließlich der besoffene Maat: Auf dem Boden zusammengekauert, stieß er alle paar Minuten ein kaum verständliches „der Kahn sackt ab“ hervor. Es war zum Verrücktwerden, mich würgte die nackte Todesangst.

Ich mußte raus, zurück an Land, koste es, was es wolle. Als dann hier und da die ersten Flüche und Rufe wie „der Maat hat recht“, „wir gehen drauf“, „so kommen wir nie übers Meer“ laut wurden, beschloß ich zu handeln. Zuerst erklärte mich der Hauptmann, der jetzt gewissermaßen als Kapitän des Bootes tatsächlich die Befehlsgewalt hatte, für verrückt.

„Was wollen Sie eigentlich, Sie Blödmann? Zuerst verlangen Sie mitgenommen zu werden, drohen mit Ihren Handgranaten, quatschen mir die Ohren voll, und jetzt möchten Sie wieder raus.“

Wieder gab es ein längeres Hin und Her, in dessen Verlauf einer sogar schrie, man solle mich einfach über Bord werfen. Als der Hauptmann schließlich doch nachgab, dann nur deshalb, weil inzwischen sechs bis sieben Mann erklärt hatten, sie würden in Pavilosta ebenfalls aussteigen und den Drinbleibenden damit eine reelle Chance geben, doch noch nach Gotland zu gelangen. Außerdem wäre es dann dunkler, und die Gefahr, von sowjetischen Flugzeugen entdeckt zu werden, würde dann geringer sein.

Eine halbe Stunde später kam es dann am Hafenkai zum Schwur. Nun war plötzlich außer mir nur noch einer bereit, auszusteigen. In größter Not klammern sich die meisten Menschen offenbar doch aneinander und suchen Halt in der Menge. Alles Schreien des Hauptmanns half nichts, das kaum entlastete Boot tuckerte nach zehn Minuten wieder aufs offene Meer hinaus. Es ist nie in Gotland angekommen.

Ich ging in eine offensichtlich in aller Hast geräumte Wohnung eines Marineoffiziers. Im Kleiderschrank hing noch der Mantel des Oberleutnants zur See, in der Küche fand ich eine Dauerwurst, Brot, Kaffee, Fliegerschokolade und eine halbe Flasche Cognac. Die ganze Spannung der letzten hektischen Stunden fiel von mir ab, ich genoß die Ruhe und Einsamkeit. Nachdem ich langsam und bedächtig gegessen hatte, legte ich mich mit einer Decke und dem Rest des Cognacs in die Hängematte, die im Garten zwischen zwei Apfelbäumen ausgespannt war. Ganz verschwommen tauchte ab und zu das Bild des Motorbootes vor mir auf, das über das dunkle Meer seinem Untergang entgegenfuhr. Dann fragte ich mich, woher ich denn die Gewißheit hätte, daß dieses Boot tatsächlich nicht in Schweden ankommen würde, und wußte keine Antwort auf diese Frage. Ich wußte nur, daß es so sein würde.

Im fast menschenleeren Pavilosta herrschte eine absolute, irgendwie unheimliche Stille. Kein Fahrzeug war zu hören, nicht einmal ein Tierlaut. So döste ich im Halbschlaf vor mich hin. Aufkommende Gedanken an die am nächsten Tag beginnende Gefangenschaft schob ich träge von mir. Soweit sie wirklich in mein Bewußtsein drangen, vermischten sie sich mit irgendwelchen völlig irrealen Vorstellungen zu einem Phantasiegespinst, das mir keinen Schrecken einjagen konnte. Später in der Nacht – es war kalt und der Wind blies immer stärker vom Meer her – ging ich ins Häuschen und schlief im Bett des Marinekriegers traumlos bis zum nächsten Morgen.

Der 9. Mai 1945 war ein schöner sonniger Tag. Ich frühstückte in aller Ruhe im Garten, und dann verflüchtigte sich auch schon die mir sonst so fremde Passivität des letzten Abends. Plötzlich hatte ich das Gefühl, wieder irgend etwas entscheiden und unternehmen zu müssen. Aber was? Beraten konnte ich mich mit niemandem, denn Pavilosta schien noch genauso menschenleer zu sein wie am Tag zuvor. Die wenigen verbliebenen Zivilisten hielten sich wohl in Erwartung der im Lauf des Tages anrückenden sowjetischen Truppen in ihren Häusern versteckt.

Nach einem Blick auf die Generalstabskarte, die an der Wand meiner Behausung hing, beschloß ich, auf gut Glück einfach nach Norden zu fahren, nach Ventspils (Windau) oder Kuldiga (Goldingen). Davon, was mir das bringen könnte oder was ich dort tun sollte, hatte ich keine Vorstellungen. Einen konkreten Plan faßte ich erst, als ich am Straßenrand, bei der Abzweigung einer langen Allee, das Hinweisschild eines Feldlazaretts sah. Ja, das war genau das richtige! Dort ging ich hin.

Dem Oberstabsarzt schilderte ich meine Lage und bot ihm meine Dienste an. Ich spräche gut Russisch, wäre Medizinstudent und Apothekerssohn und könnte beim Anrücken der Russen als Dolmetscher sicher nützlich sein. Er möge mir doch bitte andere Schulterstücke und eine Rot-Kreuz-Binde geben, und ich würde gewiß einen guten Unterarzt abgeben. Letzteres wurde ich zwar nicht, wohl aber Unterapotheker, denn der Leiter der Lazarettapotheke war von seinem letzten Urlaub nicht mehr zurückgekehrt und sein Platz gerade frei.

Die sowjetische Einheit, die das Lazarett sozusagen übernahm oder gefangennahm, war ein Artillerie-Aufklärungsbataillon. Am späten Nachmittag fuhren zwei Jeeps vor, denen ein Major und andere Offiziere entstiegen. Der Oberstabsarzt ging ihnen entgegen, erstattete vorschriftsmäßig seine Meldung, ich übersetzte, der Major stellte sich vor und erklärte, daß er das Kommando über das Lazarett übernehme. Und das war sie dann auch, meine Gefangennahme. Ich weiß, daß Millionen deutscher Soldaten etwas völlig anderes erlebt haben.